国学经典文库

图文珍藏版

领悟圣哲思想智慧　萃取中华文化精华

孔子家语

〔春秋〕孔子·原著　马博·主编

线装书局

曲礼子夏问第四十三

【题解】

本篇所记多为孔子解答弟子或他人问礼之事，也很琐碎，多属曲礼范畴，又因以子夏问为首章，因以名为"曲礼子夏问"。

本篇绝大部分为有关丧礼的讨论。面对丧礼中出现的林林总总的情况，孔门弟子有疑则问，而孔子的回答或含蓄婉转，或直陈己见。对烦琐的仪节所蕴含的深层的礼义的发掘，对古今礼仪礼制的差异所反映的不同精神的阐释，看似繁琐，实则恰恰反映了孔子——这位深通于礼的文化大师的真精神。其中，在闪现着孔子智慧：仁者爱人、中庸中道、择善而从、明哲保身（趋利避害）、重义轻利等等。比如，劝阻季氏家不用玙璠殡殓，说明孔子认为，不可僭越的原因不仅仅是尊卑等级，更主要的是僭越容易招致祸端。这与《易传》中孔子"慢藏诲盗，冶容诲淫"的思想是一致的。孔子对敬姜的赞赏，对晏婴的嘉许，对阳虎的容忍，对季氏的揶揄，处处体现了孔子对"礼"的体认，对"礼"的践履。另外，如对旧馆舍主人的深情，对无舍之宾的厚意，是孔子仁者风范的写照；丧事中"哀而不伤"的主张，乃孔子智者气象的注脚，也透露出孔子与《孝经》思想的某种关联；对殷周二代礼制的互有臧否，择善而从，不仅体现了孔子的中庸思想，而且也反映了其总结传统、损益礼制的历史文化观。

本篇内容散见于《左传》《国语》《礼记》等，亦有几节不见于他书。不仅可据此和其他文献互相参证，考察孔子及其弟子的思想，尤其是礼的思想，而且，其中有些资料与其他文献记载并不一致，这就使我们可以重新考察一些悬而未决的公案。比如，孔子任中都宰的时间，琴张与琴牢是否一人，孔子丧母时的年龄等等。另如，孔子屡称"闻诸老聃"，参照本书其他篇章所记，对孔子与老子关系研究，也提供了新的思考维度。当然，有的材料的可靠性仍需认真辨别，例如，鲁定公吊颜回就恐为传抄致误。

【原文】

子夏问于孔子曰："居父母之仇如之何[①]？"

孔子曰："寝苫枕干[②]，不仕，弗与共天下也。遇于朝市，不返兵而斗[③]。"

曰："请问居昆弟之仇，如之何？"

孔子曰:"仕,弗与同国,衔君命而使④,虽遇之,不斗。"

曰:"请问从父昆弟之仇,如之何?"

曰:"不为魁⑤,主人能报之,则执兵而陪其后。"

【注释】

①居父母之仇:对待杀害父母的仇人。

②寝苫枕干:睡在草垫子上枕着盾牌。干,楯。

③不返兵而斗:不返回家取兵器。王注:"兵常不离于身。"

④衔君命而使:奉君命出使。"衔"原作"御","君"原作"国",据《四部丛刊》本《家语》改。

⑤魁:魁首,带头人。

【释义】

子夏问孔子说:"对杀害父母的仇人,应该如何对待?"

孔子说:"睡在草垫上,枕着盾牌,不做官,和仇人不共戴天。不论在集市或官府,遇见他就和他决斗,兵器常带在身,不必返家去取。"

子夏又问:"对杀害亲兄弟的仇人,应该如何对待?"

孔子说:"不和他在同一个国家里做官,如奉君命出使,即使相遇也不和他决斗。"

子夏又问:"对杀害叔伯兄弟的仇人,应该如何对待?"

孔子说:"自己不要带头动手,如果受害人的亲属为他报仇,你可以拿着兵器在后面陪着。"

【原文】

子夏问:"三年之丧既卒哭①,金革之事无避②,礼与,初有司为之乎③?"

孔子曰:"夏后氏之丧,三年既殡,而致事④,殷人既葬而致事,周人既卒哭而致事。《记》曰:'君子不夺人之亲,亦不夺故也。'"

子夏曰:"金革之事无避者,非与?"

孔子曰:"吾闻老聃曰:'鲁公伯禽有为为之也⑤。'今以三年之丧从利者,吾弗知也。"

①卒哭：停止不时之哭。王注："卒哭，止无时之哭。大夫三月而葬，正月而卒哭。士既虞而卒哭也。"

②金革之事：服兵役参战之事。避：避开，躲避。

③有司：王注："有司，当吏职也。"

④致事：不处理朝政。王注："致事，还政于君也。"

⑤鲁公伯禽：周公的儿子，封于鲁。有为为之也：有原因这样做的。王注："伯禽有母丧，东方有戎为不义，伯禽为方伯，以不得不诛之。"

【释义】

子夏问道："为父母守三年之丧，已不再不时地哭泣，国家有了战事就不能逃避兵役，这是礼制规定的呢？还是当初有关官员制定的规矩呢？"

孔子说："夏后氏时代，服父母三年之丧，是在停柩在堂的时候退职守丧，殷朝是在埋葬之后退职守丧，周朝是在卒哭之后退职守丧。《记》中记载：'君子不能剥夺对亲人的亲情，也不剥夺对逝去亲人的感情。'"

子夏说："那么卒哭之后，必须参加征战之事，是错误的吗？"

孔子说："我听老聃说过：'鲁公伯禽因为有不得已的情况才出征的。'现在有人在守父母三年之丧时，从私利出发而去从事战争，那就不是我能知道的了。"

【原文】

子夏问于孔子曰："《记》云'周公相成王，教之以世子之礼①'，有诸？"

孔子曰："昔者成王嗣立②，幼未能莅阼③，周公摄政而治，抗世子之法于伯禽④，欲王之知父子君臣之道，所以善成王也。夫知为子者，然后可以为父；知为人臣者，然后可以为人君；知事人者，然后可以使人。是故，抗世子法伯禽，使成王知父子、君臣、长幼之义焉。凡君之于世子，亲则父也，尊则君也。有父之亲，有君之尊，然后兼天下而有之，不可不慎也。行一物而三善皆得⑦，唯世子齿于学之谓也⑥。世子齿于学，则国人观之，曰：'此将君我，而与我齿让，何也？'曰：'有父在，则礼然。'然而众知父子之道矣。其二曰：'此将君我，而与我齿让，何也？'曰：'有臣在，则礼然。'然而众知君臣之义矣。其三曰：'此将君我，而与我齿让，何也？'曰：'长长也，则礼然。'然而众知长幼之节矣。故父在，斯为子；君在，则为臣。居子与臣之位，所以尊君而亲亲也。在学,学之为父子焉,学之为君臣焉,学之为长幼焉。父子、君臣、长幼之道得,而后国治。语曰⑦:'乐正司业⑧,父师司成⑨,一有元良⑩,万国以贞⑪。'世子之谓。闻之曰:'为人臣者,曰杀其身有益于君,则为之。'况于其身以善其君乎⑫?周公优为也⑬。"

【注释】

①世子:古代天子、诸侯的嫡长子。

②嗣立:继承王位。

③莅阼:登上帝位治理朝政。

④抗世子之法于伯禽:把教育世子的方法用到伯禽身上。

⑤行一物而三善皆得:原作"行一物而善者",据《四部丛刊》本《家语》改。

⑥齿:年齿。

⑦语:古语,人们常说的话。

⑧乐正司业:乐正负责学业。乐正,乐官之长。

⑨父师司成:老师负责培养成有德之人。王注:"师有父道,成生人者。"

⑩一有元良:为国造就一位最好的国君。元良,大善。王注:"一谓天子地。大善,太子也。"

⑪万国以贞:天下因此太平。贞,正。

⑫况于其身:指不必牺牲自身。王注:"于,宽也大也。"

⑬优为:做得最好。

【释义】

子夏问孔子:"《记》上说:'从前周公辅佐成王的时候,教给他如何做好太子的道理。'有这样的事吗?"

孔子说:"从前成王刚继承王位的时候,因为年幼不能临朝处理政事,周公代理成王主持国政,把教育世子的方法施用到伯禽身上,想让成王知道为父为子为君为臣的道理,这是为了成王好。知道了如何做儿子,然后才可以做父亲;知道了如何做臣子,然后才可以做国君;知道了如何侍奉人,然后才会指使人。因此,就把教育世子的办法施用到伯禽身上,让成王知道父子、君臣、长幼的道理。国君对于世子来讲,在家是至亲的父亲,在国是至尊的君主。即有为父之亲,又有为君之尊,而后又有统治天下的权势,培养和教育世子就不能不慎重。做一件事情能得到三项益处,唯有世子在学校里按年龄大小互相礼让这件事。世子在学校里按年龄而行礼让,国人看到了,有人就会说:'他将来要做我们的国君,却和我们按年龄大小谦恭礼让,为什么呢?'知礼者就会这样回答:'他有父亲在,礼应如此。'这样一来民众就懂得父子之道了。其二,有人会问:'他将来要做我们的国君,却和我们按年龄大小谦恭礼让,为什么呢?'知礼者也会这样回答:'他的周围有大臣在,礼应如此。'这样一来民众就清楚君臣之义了。其三,有人问:'他将来要做我们的国君,却和我们按年龄大小谦恭礼让,为什么呢?'知礼者也会这样回答:'他这是尊敬比他年长的,礼应如此。'这样一来人们就懂得长幼之序了。父亲在,他就是儿子;国君在,他就是臣子。他处于子与臣的地位,所以要尊敬国君热爱父母。在学校就要学习怎样为父为子,为君为臣,为长为幼。掌握了父子、君臣、长幼的道理,国家从而就能够得到治理。古语说:'乐正负责学业,父师成就德行,有位贤良君主,天下公正太平。'这就是针对世子而言的。我听说:'作为臣子,即使牺牲生命而有益于国君,也要去做。'何况不必杀身就有利于国君呢?周公是做得最好的。"、

【原文】

子夏问于孔子曰:"居君之母与妻之丧,如之何?"

孔子曰:"居处言语饮食衎尔①,于丧所,则称其服而已②。"

"敢问伯母之丧,如之何?"

孔子曰:"伯母、叔母,疏衰期而踊不绝地③,姑、姊、妹之大功踊绝于地④。若知此者,由文矣哉⑤。"

【注释】

①衎尔:安定的样子。

②称其服:服装合适。

③疏衰:即齐衰,丧服名,用粗麻布做成。期:一年。踊不绝地:跳脚痛苦,但脚前掌不离地。

④姑姊妹:王注:"意当言姑姊妹而已,'姊,上长'姑,字也。"大功:丧服名,其服用熟麻布制成,服期九个月。踊绝于地:哭踊时脚要离地。

⑤文:指礼制。

【释义】

子夏问孔子说:"遇到国君母亲或国君妻子的丧事,如何对待?"

孔子说:"生活起居、言语饮食各个方面保持从容安适,去吊丧,穿着合适的服装而已。"

子夏又问:"请问遇到伯母的丧事,如何对待?"

孔子说:"为伯母叔母服丧,虽服齐衰周年的重服,但哭踊时脚前掌不离地。为姑、姊、妹服丧,虽服大功九月之服,哭踊时脚要离地。如果懂得其中的道理,就能应用礼文了。"

【原文】

子夏问于夫子曰:"凡丧,小功已上①,虞、祔、练、祥之祭皆沐浴②。于三年之丧,则尽其情矣。"

孔子曰:"岂徒祭而已哉? 三年之丧,身有疡则浴,首有疮则沐,病则饮酒食肉。毁瘠而病③,君子不为也。毁则死者,君子为之无子④。且祭之沐浴,为齐洁也,非为饰也。"

【注释】

①小功已上:小功为服丧名,小功已上指大功、齐衰、斩衰等丧。

②虞、祔、练、祥:均为祭名。既葬还祭于殡宫曰虞祭。新死者附祭于先祖曰祔祭。父母死后十一个月祭于家庙,穿练布服,称练祭。死后十三个月而祭称祥祭。

③毁瘠而病:因哀伤憔悴而生病。毁瘠,羸瘦,骨露。

④君子为之无子:"无子"二字原无,据《四部丛刊》本《家语》补。

【释义】

子夏问孔子说:"凡服丧,为死者服小功已上的亲属,遇到虞祭、祔祭、练祭、祥祭的日子都要沐浴。为父母服三年之丧,儿子则尽了孝亲之情。"

孔子说:"岂只在祭日可以沐浴呢? 服三年之丧的人,身上有疡可以洗澡,头上有疮可以洗头,有病则可以饮酒食肉。因哀伤憔悴而生病,君子是不这样做的。因悲伤过度而致死,君子认为如同父母没有这个儿子。况且在祭日沐浴,是为了整齐洁净,并不是为了修饰。"

【原文】

子夏问于孔子曰:"客至无所舍,而夫子曰:'生于我乎馆。'客死无所殡矣,夫子曰：'于我乎殡。'敢问礼与？仁者之心与？"

孔子曰："吾闻诸老聃曰：'馆人，使若有之，恶有有之而不得殡乎?，夫仁者，制礼者也。故礼者，不可不省也。礼不同不异，不丰不杀①，称其义以为之宜，故曰：'我战则克，祭则受福。'盖得其道矣。"

【注释】

①不丰：不奢侈。不杀：不简单、吝啬。

【释义】

子夏问孔子说："客人来了没有住处，而您说：'住在我家里。'客人死了无处殡殓，您说：'就在我那里殡殓。'请问这是礼制规定的呢？还是仁者之心要这样做的呢？"

孔子说："我听老聃说：'招待客人，能使客人住下，如果死了，哪有有地方而不让殡殓呢？'那些仁者，是制定礼制的人。所以对于礼，不能不审查。礼应该不同不异，不奢侈不俭吝，合乎礼仪就是适宜的，所以说：'我战则胜，我祭祀就得福。'大概是因为符合道吧！"

【原文】

孔子食于季氏，食祭①。主人不辞②，不食③，客不饮而餐。子夏问曰："礼与？"

孔子曰："非礼也，从主人也。吾食于少施氏而饱④，少施氏食我以礼。吾食祭，作而辞曰：'疏食，不足祭也。'吾餐而作辞曰：'疏食，不敢以伤吾子之性。'主人不以礼，客不敢尽礼；主人尽礼，则客不敢不尽礼也。"

【注释】

①食祭：古时为客之礼，饭前表示感谢上天的一种仪式。
②主人不辞：主人没有致辞，即没说一些谦让的话。
③不食：《礼记·玉藻》作"不食肉"，是。
④少施氏：鲁惠公施父的后代。

【释义】

孔子在季氏家吃饭，食前作祭。主人没有致祝辞，不吃肉，不饮酒，而只吃饭。

子夏问道:"这是礼吗?"

孔子说:"这不是礼,是随从主人罢了。我在少施氏家里吃饭吃得很饱,少施氏以礼来招待我吃饭。当我吃前食祭时,他站起来致辞说:'粗茶淡饭,不值得祭呀!'当我开始吃的时候,他又致辞说:'这些粗疏的食品,不敢让它伤了您的胃口。'主人不以礼相待,客人也不敢尽礼;

主人尽礼,那么客人也不敢不尽礼。"

【原文】

子夏问曰:"官于大夫①,既升于公②,而反为之服③,礼与?"

孔子曰:"管仲遇盗,取二人焉,上之为臣④。曰:'所以游辟者⑤,可人也⑥。'公许。管仲卒,桓公使为之服。官于大夫者为之服,自管仲始也。有君命焉。"

【注释】

①官于大夫:在大夫家做家臣。

②既:已经。升:提升。公:指公家、朝廷。

③服:服丧。

④上:推荐。

⑤游:交游、交往。辟者:邪僻的人。

⑥可人:可用之才。

【释义】

子夏问孔子说:"曾做过大夫的家臣,后来被提升到朝廷做官,而又为原来的大夫服丧,这是礼的规定吗?"

孔子说:"管仲遇到盗贼,从中选取二人,推荐给朝廷为臣。他说:'因与邪僻之人交往才做了强盗,他们是可用之才。'齐桓公允许了。管仲去世,桓公让这二人为管仲服丧。在大夫家当过家臣而为大夫服丧的成例,是从管仲开始的。这是有国君的命令的。"

【原文】

子贡问居父母丧。

孔子曰:"敬为上,哀次之,瘠为下①。颜色称情,戚容称服。"

曰:"请问居兄弟之丧?"

孔子曰:"则存乎书筴矣②。"

【注释】

①瘠:即毁瘠之意,因哀伤憔悴而消瘦。

②书筴:书策,简策。古代用竹简记事。

【释义】

子贡问为父母服丧的礼仪。

孔子说:"以敬为上,其次是哀,再次为憔悴消瘦。容颜和哀情相称,悲戚的容貌和丧服相称。"

子贡又问:"请问为兄弟服丧的礼仪?"

孔子曰:"那些礼仪都记载在书策上。"

【原文】

字贡问于孔子曰:"殷人既窆而吊于圹①,周人反哭而吊于家②,如之何?"

孔子曰:"反哭之吊也,丧之至也③。反而亡矣,失之矣,于斯为甚,故吊之。死,人卒事也。殷以愨④,吾从周。殷人既练之明日,而祔于祖,周人既卒哭之明日,祔于祖。祔,祭神之始事也。周以戚⑤,吾从殷。"

【注释】

①窆:埋葬。"窆"原作"定",据《礼记·檀公下》改。

②反:同"返"。

③丧之至也:丧,《礼记·檀公上》作"哀",较胜。

④愨:诚实。

⑤戚:仓促。王注:"戚犹促也。"

【释义】

子贡问孔子说:"殷人是在死者下葬以后,亲友就在墓地慰问孝子,周人在孝子送葬返家哭泣时慰问孝子,这两种情况怎么样呢?"

孔子说:"孝子返回家哭泣时来慰问,这是孝子最哀伤的时候。返家一看亲人没了,从此永远消逝了,这时最为悲痛,所以要慰问。死,是人生最后一件事,殷人的做法太直率质朴,我赞同周人的做法。殷人在练祭的第二天,在祖庙举行祔祭。周人在卒哭后的第二天,在祖庙举行祔祭。祔祭,是祭神的开始。周人的做法太仓促,我赞同殷人的做法。"

【原文】

子贡问曰:"闻诸晏子,少连、大连善居丧①,其有异称乎?"

孔子曰:"父母之丧,三日不怠,三月不解,期悲哀,三年忧。东夷之子②,达于礼者也。"

【注释】

①少连、大连:人名。生平不详。

②东夷:古代对东方少数民族的泛称。

【释义】

子贡问孔子说:"我听晏子说,少连和大连守丧做得特别好,他们做得有什么特别的地方吗?"

孔子说:"为父母守丧,三天内号哭不止,三个月朝夕祭祀不懈怠,一年都悲哀不已,三年仍然忧愁难过。这两个东方少数民族的孩子,是懂礼的人啊!"

【原文】

子游问曰:"诸侯之世子丧慈母①,如母,礼与?"

孔子曰:"非礼也。古者男子,外有傅父,内有慈母,君命所使教子者也,何服之有?昔鲁孝公少丧其母,其慈母良,及其死也,公弗忍,欲丧之。有司曰:'礼,国君慈母无服。今也君为之服,是逆古之礼而乱国法也。若终行之,则有司将书之,以示后世,无乃不可乎?'公曰:'古者天子丧慈母,练冠以燕居②。'遂练冠以丧慈母。丧慈母如母,始则鲁孝公之为也。"

【注释】

①世子:诸侯的嫡长子。慈母:古代称抚育自己的保姆或庶母。

②练冠以燕居:练冠,丧服名,用细白练布做成。燕居,平居,闲居。王注:"谓

庶子王为其母也。"可参看。

【释义】

子游问道："诸侯世子的保姆去世了，他像对母亲一样为她服丧，这合乎礼吗？"

孔子说："这不合乎礼。古代国君的儿子，在家外有师傅，在家内有保姆，是国君派他们管教照顾儿子的，儿子为什么要为他们穿丧服呢？从前鲁孝公少年丧母，他的保姆很善良，后来她死了，鲁孝公不忍心，打算为她穿孝服。掌管礼仪的官员说：'根据礼，国君的保姆死，国君不穿孝服。现在您要为她穿孝服，是违反古礼而扰乱国法的。如果你一定要这样做，那么有关官员将把此事记载下来，以揭示于后世，这恐怕不可以吧？'鲁孝公说：'古代天子的保姆死了，平居时有戴着细白布冠的。'于是戴着细白布冠为保姆服丧。为保姆戴孝如同生母，是从鲁孝公开始的。"

【原文】

孔子适卫，遇旧馆人之丧①，入而哭之哀。出，使子贡脱骖以赠之②。

子贡曰："于所识之丧③，不能有所赠。赠于旧馆，不已多乎？"

孔子曰："吾向人哭之，遇一哀而出涕④。吾恶夫涕而无以将之⑤，小子行焉。"

【注释】

①旧馆人：旧时馆舍的主人。

②脱骖以赠：解开骖马赠给别人。骖，辕马两侧的马。

③所识：所认识的人。

④遇：触动。

⑤恶：讨厌。将：送。

【释义】

孔子到卫国去，遇到曾经住过的馆舍的主人死了，孔子进去吊丧，哭得很伤心。出来以后，让子贡解下驾车的骖马送给丧家。

子贡说："对于仅仅相识的人的丧事，不用赠送什么礼物。把马赠给旧馆舍的主人，这礼物是不是太重了？"

孔子说："我刚才进去哭他，正好一悲痛就落下泪来。我不愿光哭而没有表示，你就按我说的做吧！"

【原文】

子路问于孔子曰："鲁大夫练而床[1]，礼与？"

孔子曰："吾不知也。"

子路出，谓子贡曰："吾以为夫子无所不知，夫子亦徒有所不知也。"

子贡曰："子所问何哉？"

子路曰："由问鲁大夫练而床礼邪？夫子曰：吾不知也。"

子贡曰[2]："止，吾将为子问之。"遂趋而进，曰："练而床，礼与？"

孔子曰："非礼也。"

三羊尊

子贡出，谓子路曰："子谓夫子而弗知之乎？夫子徒无所不知也，子问非也。礼，居是邦则不非其大夫。"

【注释】

①练而床：练，练祭。床，原作"杖"，据《荀子·子道》改。《礼记·间传》曰："父母之丧，期而小祥，居恶室，寝有席；又期而大祥，居复寝；中月而禫，禫而床。"指禫祭后可睡在床上，作"杖"误。

②"由问鲁大夫"至"子贡曰"：此二十字原本脱落，据《荀子·子道》补。

【释义】

子路问孔子说："鲁国大夫举行练祭以后就睡到床上，这符合礼吗？"

孔子说："我不知道。"

子路出来后，对子贡说："我以为老师无所不知呢，原来老师也有不知道的。"

子贡说："你所问的是什么问题呢？"

子路说："我问鲁大夫练祭以后就睡在床上，是不是符合礼。老师说：我不知道。"

子贡说："你等等，我去为你问问。"于是快步走了进去，说："练祭以后就睡在床上，符合礼吗？"

孔子说："不符合礼。"

子贡出来,对子路说:"你不是说老师也有不知道的事吗?老师真的是无所不知啊,是你问得不对。按照礼,居住在这个国家,就不应该非议这个国家的大夫。"

【原文】

叔孙武叔之母死①,既小敛②,举尸者出户③。武叔从之,出户乃袒④,投其冠而括发⑤。子路叹之。

孔子曰:"是礼也。"

子路问曰:"将小敛则变服,今乃出户,而夫子以为知礼,何也?"

孔子曰:"汝问非也。君子不举人以质事⑥。"

【注释】

①叔孙武叔:鲁国贵族。

②小敛:为死者穿上衣服为小敛。入棺为大敛。

③举:抬着。户:寝门。

④袒:袒露左臂。古代一种表示哀痛的礼仪。

⑤括发:用麻缕束发。

⑥不举人:不举出具体人名。质事:质正事情。王注:"质犹正也。"

【释义】

叔孙武叔的母亲死了,用衣衾将尸体包裹好以后,人们扛举着尸体出了寝门。叔孙武叔跟在后面,出了门才袒露左臂,脱掉帽子用麻缕绾住发髻。子路见后,不满地叹了一声。

孔子说:"这是符合礼的。"

子路问道:"按照礼,在将要小敛的时候就应该袒臂束发,现在他出门才这样做,而您却认为他知礼,这是为什么呢?"

孔子说:"你问得不对。君子是不指名道姓来质正事情的。"

【原文】

齐晏桓子卒①,平仲粗衰斩②,苴绖、带、杖③,以菅屦④,食粥,居傍庐⑤,寝苫枕草⑥。其老曰⑦:"非大夫丧父之礼也。"

晏子曰:"唯卿大夫⑧。"

曾子以问孔子。

孔子曰:"晏平仲可谓能远害矣。不以己之是驳人之非,逊辞以避咎⑨,义也夫。"

【注释】

①晏桓子:即晏弱,齐国大夫。晏婴父。

②平仲:即晏婴,字平仲。粗衰斩:粗布做的斩衰丧服。

③苴绖:用麻布做的丧带,此指系在头上的带子。带:此指系在腰上的麻带子。杖:丧棒。

④菅屦:服丧时穿的草鞋。

⑤傍庐:居丧时临时搭的草棚。

⑥苫:草席,草垫子。

⑦老:指主管晏氏家事的家臣。

⑧唯卿大夫:一解为"只有卿大夫才这样做",一解为"只有卿才是大夫",据下文,译文采用后者。

⑨逊辞以避咎:用谦逊的词语来避免责难。王注:"记者乃举人避害之逊以辞,而谓大夫士丧父母有异,亦怪也。"

【释义】

齐国的晏桓子死了,晏婴穿着粗布丧服,头上和腰里系着麻带子,拿着丧杖,穿着草鞋,吃粥,住在临时搭的草棚里,睡在草席上,枕着干草。他的家臣说:"这样做不是大夫丧父的礼节。"

晏婴说:"只有卿才是大夫。"

曾子以此事请教孔子。

孔子说:"晏平仲可以说是能远离祸患的人啊!不以自己做的正确就驳斥别人的非难,用谦逊的言辞来避免别人的责问,是合乎义的啊!"

【原文】

季平子卒①,将以君之玙璠敛②,赠以珠玉。

孔子初为中都宰,闻之,历级而救焉③,曰:"送而以宝玉,是犹曝尸于中原也④。其示民以奸利之端,而有害于死者,安用之?且孝子不顺情以危亲,忠臣不兆奸以陷君⑤。”

乃止。

【注释】

①季平子：即季孙意如，鲁国大夫。

②玙璠：鲁国的宝玉。敛：殡殓。此指将宝玉作为陪葬。

③历级：同“历阶”。王注：“历级，遽登阶不聚足。”即快步登上台阶，不停步。

④曝尸于中原：尸体暴露在野外。

⑤兆奸：奸邪的征兆。王注：“兆奸，为奸之兆成也。”

【释义】

季平子去世以后，将要用国君用的美玉玙璠来殉葬，同时还要用很多珠宝玉石。

这时孔子刚刚当上中都宰，听说后，快步登上台阶赶去制止。他说：“送葬时用宝玉殉葬，这如同把尸体暴露在野外一样。这样做会引发民众获取奸利的念头，对死者是有害的，怎能用呢？况且孝子不因为顾及自己的感情而危害亲人，忠臣不让邪恶的征兆出现来陷害国君。”

于是停止了用玙璠珠玉陪葬。

【原文】

孔子之弟子琴张与宗鲁友①。卫齐豹见宗鲁于公子孟絷②，孟絷以为参乘焉③。及齐豹将杀孟絷，告宗鲁，使行。宗鲁曰：“吾由子而事之，今闻难而逃，是僭子也④。子行事乎，吾将死以事周子⑤，而归死于公孟可也⑥。”

齐氏用戈击公孟，宗鲁以背蔽之，断肱，中公孟，宗鲁皆死。

琴张闻宗鲁死，将往吊之。

孔子曰：“齐豹之盗，孟絷之贼也，汝何吊焉？君不食奸，不受乱，不为利病于回⑦，不以回事人，不盖非义⑧，不犯非礼。汝何吊焉？”

琴张乃止。

【注释】

①宗鲁：人名。生平不详。

②齐豹:齐恶之子,为卫国司寇。孟絷:卫灵公之兄。

③参乘:在车右边陪乘的人。

④是僭子也:是使您的话没有信用。王注:"僭,不信。使子言不信。"

⑤周:保密。

⑥归死:此指为公孟而死。归,回到。

⑦不为利病于回:不为利益而做邪恶的事。回,邪恶。

⑧盖:掩盖。

【释义】

孔子的弟子琴张和宗鲁是朋友。卫国的齐豹把宗鲁推荐给公子孟絷,孟絷让他做了参乘。齐豹将要杀孟絷时,告诉了宗鲁,让宗鲁先走。宗鲁说:"由于您的推荐,我事奉了公孟,现在听到他有难而逃走,这是使您的话没有信用。您办您的事吧,我打算以死来保守您的秘密,回去再为公孟而死,可以吧!"

齐氏用戈敲击公孟,宗鲁用背部来遮蔽他,折断了胳膊,戈击中了公孟,孟絷和宗鲁都死了。

琴张听到宗鲁死了,打算前往吊唁。

孔子说:"齐豹所以成为坏人。孟絷所以被杀害(都是由于宗鲁),你为什么还去吊唁呢?君子不食坏人的俸禄,不接受动乱,不为利益而容忍邪恶,不用邪恶的方法待人,不掩盖不义的事,不做出非礼的行为。你为什么还要去吊唁呢?"

琴张就没去。

【原文】

郕人子蒲卒①,哭之呼灭②。子游曰:"若哭,其野哉③!孔子恶野哭者。"

哭者闻之,遂改之。

【注释】

①郕:地名,在今山东宁阳东北。子蒲:郕人灭的字。

②哭之呼灭:哭着呼喊着灭。王注:"旧说以为灭,子蒲名。人少名灭者,又哭名,其父不近人情。疑以孤穷,自谓亡灭也。"

③野:粗野失礼。

【释义】

郈人的儿子蒲死了,他的父亲哭着呼喊着"灭"。子游说:"这样哭,太粗野失礼了! 孔子不喜欢这种粗野的哭号。"

哭者听到这话,就改正了。

【原文】

公父文伯卒①,其妻妾皆行哭失声。敬姜戒之曰②:"吾闻好外者③,士死之;好内者④,女死之。今吾子早夭,吾恶其以好内闻也。二三妇人之欲供先祀者⑤,请无瘠色,无挥涕,无拊膺⑥,无哀容,无加服,有降服⑦。从礼而静,是昭吾子也⑧。"

孔子闻之,曰:"女智无若妇⑨,男智莫若夫⑩。公父氏之妇智矣! 剖情损礼⑪,欲以明其子为令德也。"

【注释】

①公父文伯:鲁国大夫。

②敬姜:公父文伯之母。

③好外:指喜欢结交朋友。

④好内:指喜好女色。

⑤供先祀:王注:"言欲留不改嫁,供奉先人之祀。"

⑥无挥涕,无拊膺:王注:"挥涕,不哭,流涕以手挥之。拊,犹抚也。膺,谓胸也。"

⑦无加服,有降服:《国语·鲁语》注:"重于礼为加,轻于礼为降。"

⑧昭:昭明。

⑨女智无若妇:幼女的智慧不如成年妇人。

⑩男智莫若夫:幼男的智慧不如成年男人。

⑪剖情损礼:剖析事物的道理,减损丧事的礼仪。

【释义】

公父文伯去世,他的妻妾都痛哭失声。公父文伯的母亲敬姜告诫她们说:"我听说在外喜欢结交朋友的人,士愿为他而死;在家中喜好女人的人,女人愿为他而死。现在我儿子早死,我不愿他以好女色闻名。你们几个女人想留下来继续供奉先人祭祀的，请不要损毁容颜，不要挥泪，不要捶胸，不要有哀痛的容颜。丧服不要加等，可以降等。按照礼仪，保持安静，这样才是显示我儿子的德行啊！"

孔子听说此事，说："幼女的智慧不如妇人，幼男的智慧不如丈夫。公父氏的妇人真是有智慧的人啊！给死者的妻妾讲明道理，让她们减损礼仪，是为了彰显其子的好名声啊！"

【原文】

子路与子羔仕于卫①，卫有蒯聩之难②。孔子在鲁闻之，曰："柴也其来，由也死矣！"

既而卫使至，曰："子路死焉。"

夫子哭之于中庭。有人吊者，而夫子拜之。已哭，进使者而问故。使者曰："醢之矣③。"遂令左右皆覆醢，曰："吾何忍食此！"

【注释】

①子羔：孔子弟子，即卫大夫高柴。

②蒯聩之难：卫国太子蒯聩，因与卫灵公夫人南子有隙，逃到晋国。灵公死后，回国与其子蒯辄争夺王位，发生内乱。子路即死于此难。

③醢：把人杀死后剁成肉酱。

【释义】

子路和子羔同时在卫国做官，卫国的蒯聩为争夺君位发生了动乱。孔子在鲁国听到这件事，说："高柴会回来，仲由会死于这次动乱啊！"

不久卫国的使者来了，说："子路死在这次动乱中了。"

孔子在正室厅堂哭起来。有人来慰问，孔子拜谢。哭过之后，让使者进来问子路死的情况。使者说："已经被砍成肉酱了。"孔子让身边的人把肉酱都倒掉，说："我怎忍心吃这种东西呢！"

【原文】

季桓子死①，鲁大夫朝服而吊②。子游问于孔子曰："礼乎？"夫子不答。他日，又问。

夫子曰："始死则已，羔裘玄冠者③，易之而已。汝何疑焉？"

【注释】

①季桓子：鲁国正卿，名斯。

②朝服：上朝穿的服装，一种吉服。

③羔裘玄冠：羊羔皮做的衣服，黑色帽子。也是吉服。

【释义】

季桓子死了，鲁国大夫都穿着朝服去吊丧。子游问孔子："这合乎礼吗？"孔子不回答。过了几天，又问。

孔子说："刚死时就算了，后来去吊丧，穿戴羔裘玄冠的人，改穿深衣素冠就可以了。你还有什么疑问吗？"

【原文】

子罕问于孔子曰①："始死之设重也②，何为？"

孔子曰："重，主道也③。殷主缀重焉④，周人彻重焉⑤。"

"请问丧朝⑥？"

子曰："丧之朝也，顺死者之孝心，故至于祖考，庙而后行。殷朝而后殡于祖，周朝而后遂葬。"

【注释】

①子罕：原作"子牵"，据《四部丛刊》本《家语》改。

②重：古代丧礼，安葬前设置的依神之牌位。

③重，主道也：《礼记·檀弓下》郑玄注："始死未做主，以重主其神也。"郑注中，前"主"字指葬后设置的神主，后"主"字为代替、代表之义。

④殷主缀重：王注："缀，连也。殷人做主而连其重，悬诸庙也。"

⑤周人彻重焉：王注："周人做主彻重，就所倚处而治。"

⑥丧朝：王注："丧将葬，朝于庙而后行焉。"

【释义】

子罕问孔子："人刚死的时候，而设重，这是为何啊？"

孔子说："重，与神主的道理是一样的。殷人做了神主牌位后，还要将之与重连子罕又问："请问在即将下葬的时候，还要在祖庙祭拜，是为什么啊？"

孔子说："在下库之前祭拜于祖庙，这是顺从死者的孝心，因此要到祖父、父亲的宗庙里告辞，然后才上路。殷人是在祭拜宗庙以后，还要把灵柩停放于庙中一段时间，而周人则是祭拜祖庙后就出葬。"

【原文】

孔子之守狗①死，谓子贡曰："路马②死，则藏之以帷，狗则藏之以盖③。汝往埋之。吾闻弊帏④不弃，为埋马也；弊盖不弃，为埋狗也。今吾贫，无盖。于其封⑤也，与之席，无使其首陷于土⑥焉。"

【注释】

①守狗：看家的狗。此记载又见于《礼记·檀弓下》。

②路马：为国君驾车的马。《礼记·曲礼上》："大夫、士下公门，式路马。"王肃注："路马，常所乘马。"不知何据。常，或为"君"之讹。

③盖：车盖，车篷。

④弊帏：破旧的帷幔。帏，同"帷"，四库本作"帷"，帷帐，帷幔。

⑤封：埋后封土筑坟，借为埋葬。

⑥陷于土：指直接埋在土里。

【释义】

孔子的看家狗死了，孔子对子贡说："国君的驾车的马死了，要用帷幔包裹好再埋掉，狗死了，要用车篷盖包裹好再埋掉。你去把狗埋了吧！我听说，破旧的帷幔不丢掉，为的是可以来埋马；破旧的车篷盖不丢掉，为的是可以用来埋狗。现在我很贫穷，连车篷都没有，你在埋它的时候，也得用张席子把它裹起来，不能让它的头直接埋在土里。"

曲礼公西赤问第四十四

【题解】

本篇集中记载了孔子对丧葬、祭祀礼仪的见解和具体处理方式，这些事情都属于曲礼的范围,又因所记第一件事为公西赤所问,故以"曲礼公西赤问"名篇。

本篇共叙述了七件事情:第一,去职的大夫死后以何等礼仪葬祭;第二,嫡子死,立谁为继嗣;第三,孔子如何葬母;第四,陪葬是否应用木偶;第五,孔子如何对待祥祭颜渊的祭肉;第六,孔子为何祭祀时没有做到"济济漆漆";第七,祭祀时间怎么安排。

丧礼和祭礼是周礼的核心,作为礼学宗师,孔子一生都在研磨古礼。从本篇看,孔子维护周制较多,主张丧葬祭祀要与人的身份地位相称,以人当前的身份地位为准。本篇中孔子说:"大夫废其事,终身不仕,死则葬之以士礼。老而致仕者,死则从其列。"《礼记·中庸》:"父为大夫,子为士,葬以大夫,祭以士;父为士,子为大夫,葬以士,祭以大夫。"这种礼制影响可谓深远。孔子认为虽然天子诸侯之祭与平民百姓之祭在礼仪上有隆杀之分,但其背后所蕴含的礼义却是相通的,尤其丧祭之礼,发自内心的哀痛和恭敬才是最重要的。

关于具体的礼制,由于人们理解各异而存在不同看法。《家语》的记载,对于正确理解这些制度十分有益。例如"孔子之母既丧"一节:"及二十五月而大祥,五日而弹琴不成声,十日过禫而成笙歌。"对于此处,学者译注往往有误。《曲礼子贡问第四十二》:"鲁人朝祥而暮歌者,子路笑之……孔子曰:'又多乎哉,逾月则其善也。'"对此,人们多理解为"假若能过一个月再唱歌,就好了",事实上,这里涉及王肃、郑玄之学论争的一个焦点:郑玄认为大祥与禫祭不同月,三年之丧二十七个月,而王肃认为大祥与禫祭同月,三年之丧二十五个月。孔子以为大祥后"逾月则其善也",若是按传统理解,大祥后再过一个月才可唱歌,则孔子大祥后五天而弹琴就违礼。如果大祥后五天举行禫祭,十天后已过本月,则孔子吹笙亦不违礼。所以,大祥与禫祭应为同月,大祥后唱歌只要逾过这一个月就可以,并不是再过一个月。总之,并不是十天后禫祭,而是禫祭后十天已出去了这个月,因此可以吹笙唱歌。

又如,"孔子尝"一节中的"反馈乐成,进则燕俎",有的解释"燕俎"为宴饮、宴席。"进则燕俎"译为进而宴饮,恐误。《礼记·祭义》曰:"仲尼尝……反馈乐成,荐其荐俎,序其礼乐,备其百官,君子致其济济漆漆。"又曰:"孝子将祭……荐其荐俎,序其礼乐,备其百官,奉承而进之。""荐其荐俎",意思是进献笾豆和肉俎。"反馈乐成",是说天子诸侯的宗庙大祭,先在庙堂之上荐血腥,向尸主献酒,再返于庙室中举行馈食礼。既然庙堂之祭已完,这时的血腥牲体要"退而合烹,体其犬豕牛羊,实其簠簋笾豆铏羹"(《问礼第六》),所以"进则燕俎"应为庙堂之祭的血腥牲体,退而合烹,实其簠簋笾豆铏羹,为馈食宾客宴饮做准备。《国语·周语中》记定王享随会以肴烝，说"唯是先王之宴礼，欲以贻女"，并进一步解释为"于是乎有折俎加豆"，折俎，肴烝，将牲体折骨割肉置于俎案上。因此这里的"燕俎"或即"折俎"，俱为"宴礼"所用。由此我们知道"进则燕俎"意思是进献宴飨用的肉俎。

　　本篇个别记载的可靠性也存在争议。比如孔子丧母，《史记》云在孔子十七岁前，《家语》与《礼记》却说孔子如何令门人修墓起坟。本篇内容皆见于《礼记》，以丛刊本为底本，由于有些内容与前面几章混杂，意义不连贯，故据四库本、同文本、陈本及《礼记》作了个别调整。四库本、同文本等在篇末比丛刊本多出三章，今依丛刊本，未录。

【原文】

　　公西赤问于孔子曰[①]："大夫以罪免，卒，其葬也，如之何？"

　　孔子曰："大夫废其事，终身不仕，死则葬之以士礼；老而致事者[②]，死则从其列。"

【注释】

　　①公西赤：孔子弟子。

　　②致事：不再处理政事。《四部丛刊》本《家语》作"致仕"，指退休。

【释义】

　　公西赤问孔子说："大夫因犯罪而被免官，这样的人死后，他的葬礼应怎样办呢？"

　　孔子说："大夫被免官以后，终身再也没有做官的，死后安葬用士人的礼仪；因年老而不能处理政务的，死后则按照其生前官阶之礼来安葬。"

【原文】

　　公仪仲子嫡子死[①]，而立其弟[②]。檀弓谓子服伯子曰[③]："何居？我未之前闻也。"

　　子服伯子曰："仲子亦犹行古人之道。昔者文王舍伯邑考而立武王[④]；微子舍其孙腯立其弟衍[⑤]。"

　　子游以问诸孔子，子曰："否，周制立孙。"

【注释】

①公仪仲子:鲁国贵族。

②而立其弟:《礼记·檀弓上》作"仲子舍其孙而立其子"。其子,指仲子的庶子。

③檀弓:鲁国知礼的人。子服伯子:即子服景伯,鲁国大夫。

④舍:舍弃。伯邑考:周文王之长子。

⑤微子:商纣王的庶兄,武王灭商后,周公旦封他于宋,为宋国始祖。腯:微子孙。衍:微子庶子。

【释义】

公仪仲子的长子死了,公仪仲子立他的庶子作继承人。檀弓对子服伯子说:"这是为什么呢? 我从前没听说过这样的事啊!"

子服伯子说:"仲子还是依照古人之道而行的。从前周文王舍弃他的长子伯邑考而立武王;微子舍弃他的孙子腯而立了庶子衍。"

子游向孔子询问此事,孔子说:"不是这样,周代的制度是立嫡孙。"

【原文】

孔子之母既丧,将合葬焉。曰:"古者不祔葬①,为不忍先死者之复见也。《诗》云②:'死则同穴。'自周公已来祔葬矣。故卫人之祔也,离之,有以间焉。鲁人之祔也,合之,美夫,吾从鲁。"遂合葬于防。

曰:"吾闻之:古者墓而不坟。今丘也,东西南北之人,不可以弗识也。吾见封之若堂者矣③,又见若坊者矣④,又见若覆夏屋者矣⑤,又见若斧形者矣。吾从斧者焉。"于是封之,崇四尺。

孔子先反虞⑥,门人后。雨甚,至墓崩,修之而归。孔子问焉,曰:"尔来何迟?"对曰:"防墓崩。"孔子不应。三云,孔子泫然而流涕,曰:"吾闻之,古不修墓。"及二十五月而大祥⑦,五日而弹琴不成声,十日过禫而成笙歌⑧。"

【注释】

①祔:合葬。

②诗:指《诗经·王风·大车》。

③封之若堂：坟头筑成四方像堂屋的样子。王注："堂形四方若高者。"

④若坊者：像堤防的样子。王注："坊形旁杀平，上而长。"

⑤若覆夏屋者：如夏代屋顶的样子。

⑥虞：祭名。安葬后，回来祭于殡宫叫虞。

⑦大祥：父母死后两周年的祭礼。

⑧十日过禫而成笙歌：禫，由穿丧服到换吉服之间的一个月服制叫禫。笙歌，吹笙吹出了曲调。王注："孔子大祥二十五月，禫而十日，踰月而歌也。"

【释义】

孔子的母亲死后，准备与他的父亲合葬在一起。孔子说："古代不合葬，是不忍心再看到先去世的亲人。《诗经》上说：'死则同穴。'自周公以来开始实行合葬。卫国人合葬的方式是夫妇棺椁分两个墓穴下葬，中间是有间隔的。鲁国人是夫妇棺椁葬在同一个墓穴，鲁国人的方式好，我赞成鲁国人的合葬方式。"于是把父母合葬在防。

孔子说："我听说：古代墓地是不做坟头的。现今我孔丘是个东西南北奔走的人，不可以不在墓地上做个标记。我见过把坟头筑成四方而高像堂屋形的，又见过下宽上窄像堤坊的，又见过两边有漫坡像夏代屋顶的，又见过像斧头形的。我赞成像斧头形的。"于是筑成斧头形坟头，高四尺。

孔子先返回去举行虞祭，门人是后回来的。雨很大，以至墓塌了，门人修好墓才回来。孔子问他们："你们为什么这么迟才回来啊？"门人回答说："防地的坟墓塌了。"孔子没应声。门人说了三次，孔子难过地流下泪来，说："我听说，古代不在墓上筑坟头。"到第二十五月举行大祥祭，又过五天，弹琴不成声调。十天禫祭以后，吹笙才吹出曲调。

【原文】

孔子有母之丧，既练，阳虎吊焉①，私于孔子曰："今季氏将大飨境内之士②，子闻诸？"

孔子答曰："丘弗闻也。若闻之，虽在衰绖③，亦欲与往。"

阳虎曰："子谓不然乎？季氏飨士，不及子也。"

阳虎出，曾参问曰："语之何谓也？"

孔子曰："己则衰服，犹应其言，示所以不非也④。"

【注释】

①阳虎:季孙氏家臣。

②飨:用酒食款待。

③衰绖:丧服,此指服丧期间。

④示所以不非:王注:"孔子衰服,阳虎之言犯礼,故孔子答之,以示不非其言者也。"不非,不责怪。

【释义】

孔子的母亲去世了,练祭之后,阳虎来吊丧,私下对孔子说:"今天季氏将邀请并款待国内的士人,您听说了吗?"

孔子回答说:"我没有听说。如果听到了,虽然还在服丧,也想前去参加。"

阳虎说:"您认为我说的不是事实吧? 季氏款待士人,没有邀请您。"

阳虎出来后,曾参问道:"您的话是什么意思呢?"

孔子说:"我正在服丧,还应答他的话,表示我没有责怪他的无理之言。"

【原文】

颜回死,鲁定公吊焉,使人访于孔子。

孔子对曰:"凡在封内①,皆臣子也。礼,君吊其臣,升自东阶,向尸而哭,其恩赐之施,不有筭也②。"

【注释】

①封:疆界。

②筭:计算。"筭"字处原为空格,据《四部丛刊》本《家语》补。

【释义】

颜回死了,鲁定公去吊唁,派人向孔子询问这方面的礼仪。

孔子回答说:"凡在国君封地内的,都是国君的臣民。根据礼,国君吊唁臣子,从东面的台阶上去,面向尸体而哭,这样他所施的恩惠,就难以计算了。"

【原文】

原思言于曾子曰①:"夏后氏之送葬也,用明器②,示民无知也;殷人用祭器,示民有知也;周人兼而用之,示民疑也。"

曾子曰:"其不然矣。夫以明器,鬼器也;祭器,人器也。古之人胡为而死其亲也?"

子游问于孔子。

曰:"之死而致死乎,不仁,不可为也;之死而致生乎,不智,不可为也。凡为明器者,知丧道也。备物而不可用也,是故竹不成用③,而瓦不成滕④,琴瑟张而不平,笙竽备而不和,有钟磬而无簨虡⑤。其曰明器,神明之也。哀哉! 死者而用生者之器,不殆而用殉也⑥!"

【注释】

①原思:孔子弟子原宪,字子思。《礼记·檀弓上》作"仲宪"。

②明器:也叫盟器,古代殉葬的器物。

③竹不成用:陪葬的竹器没编成形,不能使用。王注:"谓筥之无缘。"

④瓦不成滕:瓦器没有经过烧制。王注:"滕,镔。"镔指精炼的铁,此处代指烧炼、烧制。

⑤有钟磬而无簨虡:有钟磬而无悬挂的木架。王注:"簨虡可以悬钟磬也。"

⑥殆:近于,几乎。殉:王注:"杀人以从死谓之殉。"

【释义】

原思对曾子说:"夏后氏送葬时,殉葬用的是不能使用的明器,是让人知道死者是无知觉的;殷人殉葬用的是生时用的祭器,是让人知道死者是有知觉的;周人两者兼而用之,是表示他们对有知无知是疑惑的。"

曾子说:"恐怕不是这样。明器,是鬼用的;祭器,是人用的。古人怎么知道死去的亲人没有知觉呢?"

子游向孔子请教这个问题。

孔子说:"送走死去的亲人就认为死者没有知觉了,这是不仁的,不可以这样做;送走死去的亲人就认为死者还是有知觉的,这是不智的,也不可以这样做。凡是准备了各种殉葬的器物,是懂得丧葬的礼仪啊! 所以,准备了各种器物而不能实际使用,竹器不编边不能用,瓦器没烧制不能用,琴瑟张着弦不能弹,笙竽具备外形而不能吹,有钟磬而无悬挂的架子不能击打。这些随葬的器物叫作明器,意思是把死者当作神明来供奉。可悲呀! 死者如果用生者所用的器皿来殉葬,这不就近于用真人来殉葬了吗!"

【原文】

子游问于孔子曰:"葬者涂车刍灵①,自古有之。然今人或有偶②,是无益于丧。"孔子曰:"为刍灵者善矣,为偶者不仁,不殆于用人乎?"

【注释】

①涂车刍灵:《礼记·檀弓下》:"涂车、刍灵,自古有之,明器之道也。"孙希旦集解:"涂车、刍灵,皆送葬之物也。涂车即遣车,以采色涂饰之,以象金玉。"刍灵,郑玄注:"刍灵,束茅为人马;谓之灵者,神之类。"此记载又见于《礼记·檀弓下》。

②偶:王肃注:"偶亦人也。"即土、木制成的偶像。《国策·齐策三》:"今臣来过于淄上,有土偶人与桃梗相与语。"

【释义】

子游向孔子请教说:"随葬的泥做的车,草扎的人马,自古就有了。然而如今有人制作土、木偶像来陪葬,这样做对丧事没有什么好处。"孔子说:"扎草人、草马的人心地善良,制作土偶、木偶的人居心不仁,用制作得惟妙惟肖的偶像陪葬,这不是接近于用真人来殉葬了吗?"

【原文】

颜渊之丧,既祥①,颜路馈②祥肉③于孔子。孔子自出而受之,入,弹琴以散情,而后乃食之。

【注释】

①祥:此处指大祥之祭,凡礼,对小祥不单言祥。此记载又见于《礼记·檀弓上》。

②馈:泛指赠送。《论语·乡党》:"朋友之馈,虽车马。非祭肉,不拜。"《孟子·公孙丑下》:"前日于齐,王馈兼金一百而不受。"

③祥肉:祥祭时所供之肉。

【释义】

颜渊的那次丧事,大祥祭过后,颜路给孔子送来祥祭时所供的肉。孔子亲自到门口接受了，回到屋里，先弹琴以排遣哀痛之情，然后才开始吃肉。

【原文】

孔子尝①，奉荐②而进，其亲也悫③，其行也趋趋以数④。已祭，子贡问曰："夫子之言祭也，济济漆漆⑤焉。今夫子之祭⑥，无济济漆漆，何也？"

孔子曰："济济⑦者，容也远也；漆漆者，自反⑧。容以远，若⑨容以自反，夫何神明之及交？必如此，则何济济漆漆之有？反馈⑩乐成⑪，进则燕俎⑫，序其礼乐，备其百官，于是君子致其济济漆漆焉。夫言岂一端而已哉？亦各有所当也⑬。"

【注释】

①尝：王肃注："尝，秋祭也。"此记载又见于《礼记·祭义》。

②荐：祭品。《周礼·天官·庖人》："以共王之膳，与其荐羞之物。"郑玄注："荐，亦进也，备品物曰荐，致滋味乃为羞。"又《天官·笾人》："凡祭祀，共其笾荐羞之实。"郑玄注："荐、羞，皆进也，未食未饮曰荐，既食既饮曰羞。"

③其亲也悫：王肃注："悫，亲之奉荐也。悫，质也。"悫，诚笃，忠厚。《史记·孝文本纪》："法正则民悫。"

④趋趋以数：王肃注："言少威仪。"即匆忙貌。数，频繁。指举步频繁，步履急速。

⑤济济漆漆：王肃注："威仪容止。"济济，庄严恭敬貌。《礼记·玉藻》："朝廷济济翔翔。"漆漆，恭敬貌。《礼记·祭义》："漆漆者，容也，自反也。"孔颖达疏："谓容貌自反复而修正也。"按，反复修整容貌，以示祭祀的虔诚。

⑥子之祭：原无"子之祭……亦各有所当也"一段，今据四库本、同文本、陈本、文献集本及《礼记·祭义》补。

⑦济济：四库本、同文本此后有"漆漆"二字。

⑧自反：回过来要求自己，反躬自问。《礼记·学记》："知不足，然后能自反也。"此为自我修整，做到仪容矜持。四库本、同文本此前有"以"字。

⑨若：而，又。

⑩反馈：天子诸侯的宗庙大祭，先在庙堂之上荐血腥，向尸主献酒，再返于庙室举行馈食礼。

⑪乐成：指乐舞合成，音乐由舞蹈伴随着奏响。

⑫进则燕俎：进献宴飨用的肉俎。燕，通"宴"。俎，古代祭祀、设宴时用以载

国学经典文库

孔子家语

《孔子家语》原典释义

图文珍藏版

牲的礼器。

⑬也：四库本、同文本无。

【释义】

孔子为亡亲举行秋祭，手捧祭品上前进献，他亲自做这些事情时显得非常质朴，走起路来也步伐急促。祭祀结束后，子贡问道："先生您以前谈到祭祀的时候，要求祭祀时做到仪态庄严恭敬，仪容端庄恭谨，可是如今先生您祭祀，却没有做到仪态庄严恭敬，仪容修整恭谨，这是为什么呢？"

作尊彝尊

孔子说："所谓仪态庄严恭敬，表情是疏远的；所谓仪容修整恭谨，神情是自我矜持的。疏远的表情，自我矜持的神情，那怎么么能与亲人的神灵交互感应呢？假若真是这样，哪里还会有仪态庄严恭敬，仪容修整恭谨呢？这就完全失去了原有的意义。天子诸侯的宗庙大祭，先在庙堂之上荐血腥，向尸主献酒，再返于庙室中举行馈食礼，一时间，乐舞合成，接着进献宴飨用的肉俎，有顺序地安排礼乐，备具助祭的百官，这些助祭的君子身处这种隆重的场面，自然应该仪态庄严恭敬，仪容端庄恭谨。所以我那话怎么能只从一个方面理解呢？也是各有其适当的场合的。"

【原文】

子路为季氏宰。季氏祭，逮①昏而奠②，终日不足，继以烛。虽有强力之容，肃敬之心，皆倦怠矣。有司跛倚③以临事④，其为不敬也大矣。他日⑤，子路与焉。室事交于户⑥，堂事⑦当于阶。质明⑧而始行事，晏朝⑨而彻⑩。

孔子闻之，曰："以此观之⑪，孰谓由也而不知礼⑫？"

【注释】

①逮：及，到。《左传·哀公六年》："逮夜至于齐。"此记载又见于《礼记·礼器》。

②奠：祭，向鬼神献上祭品。《诗·召南·采苹》："于以奠之，宗室牖下。"

③跛倚：靠着它物歪斜地站立，一种不庄重的样子。《礼记·礼器》："有司跛倚以临祭，其为不敬也大矣。"郑玄注："偏任为跛。依物为倚。"

④事：原无，据四库本、同文本、陈本补。

⑤他日：四库本、同文本此后有"祭"字。

⑥室事交于户：《礼记·礼器》："室事交乎户。"孔颖达疏："谓正祭之事，事尸在室。"室事，在室内举行的正祭，有充当祖先神像的尸。户，本指单扇的门，引申为出入口的通称。交，授受。

⑦堂事：《礼记·礼器》："堂事当于阶。"孔颖达疏："正祭后傧尸之事，事尸于堂。"指正祭过后，在厅堂举行的款待尸的祭祀。

⑧质明：犹黎明，天刚亮时。《仪礼·士冠礼》："宰告曰：'质明行事。'"郑玄注："质，正也。宰告曰：'旦日正明行冠事。'"程大昌《演繁露》卷十："质明，则已晓也。"

⑨晏朝：黄昏，日落时。晏，晚。

⑩彻：完，结束。

⑪以此观之：原无，今据四库本、同文本、陈本补。

⑫孰谓由也而不知礼：原作"孰为士也而不知礼"，今据陈本及《礼记·礼器》改。谓，四库本、同文本作"为"。

【释义】

子路当了鲁国大夫季氏的家宰。从前季氏举行宗庙祭祀，天还没亮的时候就开始陈列祭品，一整天时间还不够，晚上又点燃蜡烛，继续进行。即使有强壮的体力，严肃恭敬的心意，也都疲倦懈怠了。执事人员都歪斜着身子，依靠着它物，来应付祭祀的各种仪式。那真是对神灵极大的不恭敬。另有一天，举行庙祭，子路参与了有关的司礼工作，室内举行正祭，有充当祖先神像的尸，所需的各种祭品在内室门口交接，正祭完毕，在堂上款待尸，所需的食物在西阶之上交接。从天亮开始进行，到傍晚就结束了。

孔子听说了这件事，说："就这件事看来，谁说仲由不懂得礼呢？"

【原文】

卫庄公之反国①，改旧制，变宗庙，易朝市②。高子皋问于孔子曰③："周礼绎祭于祊④，祊在庙门之西⑤，前朝而后市。今卫君欲其事事①更之，如之何？"

孔子曰:"绎之于库门内,祊之于东市⑥,朝于西方,失之矣。"

【注释】

①卫庄公:指蒯聩,卫灵公子。为君在位三年,谥庄。反国:蒯聩因得罪灵公出奔晋国,灵公死后他返国抢夺君位。

②易:改换,改变。

③高子皋:人名,生平不详。

④绎祭:正祭之后的次日又祭为绎祭。祊:庙门旁祭祖叫祊。庙门也称祊。

⑤庙门:疑当作"库门",指王宫最外的门。

⑥东市:《礼记·郊特牲》作"东方",较胜。

【释义】

卫庄公返回国内,变更以前的制度,改变宗庙,改换朝廷和集市的位置。高子皋以此事问孔子说:"周代的礼制,在庙门旁举行绎祭,庙门在王宫庙最外面大门的西边,庙门的前方是朝廷,后面是早市。现在卫国国君要事事变更,怎么样?"

孔子说:"在王宫大门内举行绎祭,在庙门外东方祭祀,设早市于城中西方,这是错误的。"

【原文】

季桓子将祭,齐三日,而二日钟鼓之音不绝。冉有问于孔子。

子曰:"孝子之祭也,散斋七日①,慎思其事②,三日致斋而一用之③。犹恐其不敬也,而二日伐鼓,何居焉?"

【注释】

①散斋:斋戒共十天,三天致斋,七天散斋。散斋指检束生活,如不娱乐,不与女人同房等。

②慎思其事:时刻思念被祭者的一切事情,如音容笑貌和所做之事。

③三日致斋而一用之:三天致斋要独处一室,一心思念被祭祀的亲人。王注:"情一而用之也。"

【释义】

季桓子将要举行祭祀,斋戒三天,而有两天钟鼓之声不绝。冉有以此事请教孔子。

孔子说:"孝子举行祭祀,散斋七天,这期间要时刻思念被祭者的一切事情,检束自己的行为;三天致斋,独处一室,一心思念被祭祀的亲人。这样还恐怕不够恭敬,而季桓子有两天还要敲鼓作乐,这是干什么呢?"

【原文】

公父文伯之母,季康子之从祖母。康子往焉,侧门而与之言①,内皆不逾阈②。文伯祭其祖悼子③,康子与焉,进俎而不受④,彻俎而不与燕⑤,宗老不具则不绎⑥,绎不尽饫则退⑦。

孔子闻之,曰:"男女之别,礼之大经⑧。公父氏之妇,动中德⑨,趋度于礼矣。"

【注释】

①侧门而与之言:王注:"侧门,于门之侧而与之言。"

②不逾阈:逾,越过。阈,门槛。王注:"言不外身,不逾门限。"

③悼子:王注:"悼子,文伯始祖。"

④进俎而不受:王注:"进俎康子而不亲授。"进俎,端上祭品。

⑤彻俎而不与燕:王注:"彻俎之后而不与欢燕之坐。"彻俎,撤下祭品。

⑥宗老不具则不绎:王注:"绎,又祭。宗老,大夫家臣也,典祭祀及宗族之事。不具,不在。"

⑦绎不尽饫:王注:"饫,献神。不尽厌饫之礼而去也。"

⑧大经:大法,常规。

⑨动中德,趋度于礼:王注:"中意之趋,合礼之度。"

【释义】

公父文伯的母亲,是季康子的从祖母。季康子到她那里去,她在门侧和康子说话,身体在门内不迈出门槛。文伯祭奠他的祖先悼子,康子也参加祭祀,康子呈送祭品,文伯的母亲不亲自接受,撤下祭品大家欢宴时她也不参加,主持祭祀的宗老不在不举行第二天的绎祭,绎祭时不等献神完毕就退下。

孔子听到这事,说:"男女之别,是礼的大法则。公父氏的妇人,行动合乎道德,做法合乎礼度。"

国学经典文库

孔子家语

《孔子家语》原典释义

图文珍藏版

【原文】

季康子朝,服以缟①。曾子问于孔子曰:"礼乎?"

孔子曰:"诸侯皮弁以告朔②,然后服之以视朝③。若此,礼者也。"

【注释】

①缟:白色。此指用白绢做的服装。王注:"朝服以缟,宗礼也。孔子恶指斥康子,但言诸侯之礼而已。"

②诸侯皮弁以告朔:皮弁,用白鹿皮制作的帽子。告朔,周代天子每年季冬以明年朔政(天子每年季冬颁发来年十二个月的政事于诸侯称朔政)分赐诸侯,诸侯受而藏之于祖庙,诸侯于月初祭庙受朔政称告朔。

③然后服之以视朝:王注:"朝服明不用缟。"

【释义】

季康子上朝时,穿着白色衣服。曾子向孔子请教说:"这合乎礼吗?"

孔子说:"诸侯戴着皮弁参加告朔,然后穿着朝服临朝听政。这样的穿戴才是合乎礼制的。"

【原文】

《孔子家语》者,皆当时公、卿、士大夫及七十二弟子之所诤访、交相对问言语者,既而诸弟子各自记其所问焉,与《论语》《孝经》并时。弟子取其正实而切事者,别出为《论语》,其余则都集录之,名之曰《孔子家语》。凡所论辨疏判较归①,实自夫子本旨也。属文下辞,往往颇有浮说烦而不要者,亦犹七十二子各共叙述,首尾加之润色,其材或有优劣,故使之然也。

孔子既没,而微言绝;七十二弟子终,而大义乖。六国之世,儒道分散,游说之士各以巧意而为枝叶。唯孟轲、荀卿守其所习。当秦昭王时,荀卿入秦,昭王从之问儒术。荀卿以孔子之语及诸国事、七十二弟子之言凡百余篇与之,由此秦悉有焉。始皇之世,李斯焚书,而《孔子家语》与诸子同列,故不见灭。高祖克秦,悉敛得之,皆载于二尺竹简,多有古文字。及吕氏专汉②,取归藏之,其后被诛亡,而《孔子家语》乃散在人间。好事亦各以意增损其言,故使同是一事而辄异辞。孝景皇帝末年,募求天下礼书,于时士大夫皆送官,得吕氏之所传《孔子家语》,而与诸国事及七十二子辞妄相错杂,不可得知,以付掌书,与《曲礼》众篇乱简,合而藏之秘府③。

元封之时④,吾仕京师⑤,窃惧先人之典辞将遂泯灭,于是因诸公、卿、士大夫,私以人事募求其副,悉得之。乃以事类相次,撰集为四十四篇。又有《曾子问礼》一篇,自别属《曾子问》,故不复录。其诸弟子书所称引孔子之言者,本不存乎《家语》,亦以其已自有所传也,是以皆不取也。将来君子不可不鉴。

【注释】

①论辨:议论分辨。疏判:分疏判断。较归:比较归纳。
②吕氏:指汉高祖刘邦的皇后吕雉,曾主政八年。
③秘府:皇宫中藏书的地方。
④元封:汉武帝年号,公元前110—前105年。
⑤吾仕京师:我在京城做官。此"吾"是孔安国自称。

【释义】

《孔子家语》这部书,都是当时公、卿、士大夫及七十二弟子向孔子咨询请教、相互对问的话语,既而各个弟子分别把自己所问和孔子回答的话记录下来,与《论语》《孝经》是同一时代的。弟子选取那些平实而又合乎事理的,编辑为《论语》,其余的都集录在一起,定名为《孔子家语》。所有探讨论辨、分别归纳,实际内容都是来自孔子的根本思想。而文章的语言和文辞,往往颇有虚浮不实和烦琐而不简要的,也如同孔子的七十二弟子各自或共同叙述一件事,首尾加以润色,取材也有优劣,因此出现了这种情况。

孔子去世以后,这些精微的言论就绝灭了;七十二弟子死后,阐释孔子的言论就与孔子的大义要旨乖离了。到了六国时代,儒家的学说分散,游说之士各以自己的意思添枝加叶。只有孟轲、荀子遵守他们所学习的道理。到秦昭王时,荀子到秦国去,秦昭王向他询问儒家的学术,荀子把孔子的言论以及记载各国政事的典籍、七十二弟子记载的言论共百余篇给了秦昭王,由此秦国就有了这些典籍。到了秦始皇时代,李斯焚书,因为《孔子家语》和诸子的书属于同类,所以没有被焚毁。汉高祖灭秦以后,这些典籍都归了汉朝,这些资料都记载在二尺竹简上,多有古文字。到吕氏篡汉后,把这些都收藏起来,后来吕氏被诛灭,《孔子家语》就散落在人间。喜好这些典籍的人各以自己的想法来增添或删减其中的言论,因此使同是一事而记载不同。汉孝景皇帝末年，征集天下礼书，当时士大夫家把这些资料都送到官府，从而得到了吕氏所传的《孔子家语》，而《孔子家语》与记载各国政事及七十二子的言论相互错杂，不知哪些是《家语》，交付给掌管书籍的人，又与《曲礼》等篇章乱简，一起藏在秘府。

到了元封年间，我在京师做官，恐怕先人典籍泯灭不传，于是我私下向一些公、卿、士大夫送了些礼品募求这些典籍的副本，都收集到了。然后按照事类编次，撰集为四十四篇。还有《曾子问礼》一篇，另外归属《曾子问》，所以不再复录。其他有的弟子所记载的称引孔子言论的资料，原来就没收在《家语》中的，因其已各有所传，也都不收录。将来读《孔子家语》的人不可不了解这些情况。

【原文】

孔安国，字子国，孔子十二世孙也。孔子生伯鱼，鱼生子思，名伋，伋常遭困于宋，作《中庸》之书四十七篇，以述圣祖之业。授弟子孟轲之徒数百人，年六十二而卒。子思生子上，名白，年四十七而卒。自叔梁纥始出妻，及伯鱼亦出妻，至子思又出妻，故称孔氏三世出妻。子上生子家，名傲，后名永，年四十五而卒。子家生子直，名檣，年四十六而卒。子直生子高，名穿，亦著儒家语十二篇，名曰《□言》，年五十七而卒。子高生武，字子顺，名微，后名斌，为魏文王相，年五十七而卒。子武生子鱼，名鲋；及子襄，名腾；子文，名袖。子鱼后名甲。子襄以好经书，博学，畏秦法峻急，乃壁藏其《家语》《孝经》《尚书》及《论语》于夫子之旧堂壁中。子鱼为陈王涉博士太师，卒陈下。生元路，一字符生，名育，后名随。子文生㝡，字子产，子产后从高祖，以左司马将军从韩信破楚于垓下，以功封蓼侯，年五十三而卒，谥曰夷侯。长子灭嗣，官至太常；次子襄，字子士，后名让，为孝惠皇帝博士，迁长沙王太傅，年五十七而卒。生季中，名员，年五十七而卒。生武及子国。子国少学《诗》于申公，受《尚书》于伏生，长则博览经传，问无常师。年四十为谏议大夫，迁侍中博士。天汉后，鲁恭王坏夫子故宅，得壁中诗书，悉以归子国。子国乃考论古今文字，撰众师之义，为《古文论语训》十一篇、《孝经传》二篇、《尚书传》五十八篇，皆所得壁中科斗本也。又集录《孔氏家语》为四十四篇，既成，会值巫蛊事①，寝不施行②。子国由博士为临淮太守，在官六年，以病免，年六十卒于家。其后孝成皇帝诏光禄大夫刘向校定众书③，都记录，名《古今文书论语别录》。

子国孙衍④，为博士，上书辩之曰："臣闻明王不掩人之功，大圣不遗人小善，所以能其明圣也。陛下发明诏，诏群儒，集天下书籍，无言不悉。命通才大夫校定其义，使遐载之文以大著于今日，立言之士垂于不朽，此则蹈明王之轨，遵大圣之风者也。虽唐帝之焕然，周王之彧彧⑤，未若斯之极也。故述作之士莫不乐测大伦焉⑥。臣祖故临淮太守安国，逮仕于孝武皇帝之世，以经学为名，以儒雅为官，赞明道义见称。前朝时鲁恭王坏孔子故宅⑦，得古文科斗《尚书》⑧、《孝经》《论语》，世人莫有能言者。安国为之今文读，而训传其义。又撰次《孔子家语》，既毕，值巫蛊事起，遂各废不行于时。然其典雅正实，与世所传者不同日而论也。光禄大夫向，以为其时所未施行，故《尚书》则不记于《别录》，《论语》则不使名家也。臣窃惜之。且百家章句无不毕记，况《孔子家语》古文正实，而疑之哉？又戴圣近世小儒⑨，以《曲礼》不足，而乃取《孔子家语》杂乱者，及子思、孟轲、荀卿之书，以裨益之，总名曰《礼记》。今尚见其已在《礼记》者，则便除《家语》之本篇，是灭其原而存其末，不亦难乎？臣之愚以为，宜如此为例，皆记录别见。故敢冒昧以闻。"

奏上，天子许之。未即论定，而遇帝崩，向又病亡，遂不果立。

【注释】

①巫蛊：古代迷信，巫师使用邪术加害于人称巫蛊。此指汉武帝时，江充任直指绣衣使者，诬陷太子刘据用巫术加害武帝。太子起兵捕杀江充，自己也自缢身亡。

②寝：停止。

③刘向：原名更生，字子政。后改名向。任光禄大夫，校阅经传诸子诗赋等书籍，写成《别录》一书。

④子国：孔安国字。孙衍：孔安国的孙子孔衍。

⑤彧彧：茂盛貌。

⑥乐测大伦：愿意以其为准绳。

⑦鲁恭王：汉景帝子，名馀，为鲁王，谥号为恭。曾坏孔子宅，以广其宫，于壁中得古文经传。

⑧科斗：指蝌蚪文字。

⑨戴圣：汉代人，宣帝时博士。曾删定《礼记》四十九篇，即今《礼记》。

【释义】

孔安国，字子国，是孔子的十二世孙。孔子生伯鱼，伯鱼生子思，子思名叫伋，伋曾经被困在宋国，作了《中庸》这部书，共四十七篇，用以记述他的祖先圣人孔子的业绩。他教授弟子孟轲等有数百人，年六十二而死。子恩生子上，名叫白，年四十七而死。从孔子的父亲叔梁纥开始休妻，到孔子的儿子伯鱼也休妻，至孔子的孙子子思又休妻，所以称孔氏三世出妻。子上生子家，名叫傲，后来又叫永，年四十五而死。子家生子直，名叫槜，年四十六而死。子直生子高，名叫穿，也著儒家语十二篇，书名为《口言》，年五十七而死。子高生武，字子顺，名叫微，后名斌，为魏文王相，年五十七而死。子武生子鱼，名叫鲋；以及子襄，名叫腾；子文，名叫袝。子鱼后来改名甲。子襄喜好经书，博学，畏惧秦法峻急，于是把《家语》《孝经》《尚书》及《论语》藏在孔子旧宅堂壁中。子鱼任楚王陈涉的博士太师，死于陈下。子鱼生元路，一字符生，名叫育，后又名随。子文生取，字子产，子产后来跟从汉高祖，以左司马将军的官职和韩信一起在垓下打败了项羽，因功封蓼侯，年五十三而死，谥号为夷侯。长子灭嗣，官至太常；次子襄，字子士，后名让，为孝惠皇帝博士，升任长沙王太傅，年五十七而死。子襄生季中，名叫员，年五十七而死。生武及子国。子国年少时学《诗》于申公，学《尚书》于伏生，长大后则博览经传，问无常师。四十岁时为谏议大夫，升任侍中博士。天汉年以后，鲁恭王毁坏孔子故宅，得到壁中所藏诗书，全都给了子国。子国于是考证论述古今文字，聚集众多经师释经之义，编辑为《古文论语训》十一篇、《孝经传》二篇、《尚书传》五十八篇，都是得之孔壁中的科斗文字本。又集录《孔氏家语》为四十四篇。书成，遇到巫蛊这件事，停下来不能施行。子国由博士担任临淮太守，在官六年，后因病免官，年六十死于家中。其后孝成皇帝下诏让光禄大夫刘向校定群书，都记录下来，定名《古今文书论语别录》。

　　子国的孙子孔衍，为博士，向皇帝上书辨白说："臣听说圣明的君王不掩盖别人的功劳，道德高尚完备的人不会看不到别人的小善，所以能成就明君大圣的称号。陛下发布圣明的诏书，向群儒咨询，征集天下书籍，所有古代先哲遗言都收藏了。命令博学多识的大夫校定其义，以使久远年代的典籍在今天广泛流传，让那些创立学说的人垂于不朽，这正是沿着圣明君王的大道，遵循大圣遗风的做法。即使唐尧时代帝王的兴盛，周代文王武王的兴旺，也没有达到现在的程度。所以那些愿意阐释古代典籍和创作的人都愿意以其为准绳。我的祖先孔安国曾任临淮太守，在孝武皇帝之世为官，以精通经学出名，以博学儒雅为官，以佐助彰明道义见称。汉景帝时，鲁恭王坏孔子故宅，得古文科斗《尚书》《孝经》《论语》，当时人没有会读。安国用今文来读，并解释其义。又编撰《孔子家语》一书，书成后，正遇到巫蛊这件事，于是搁置下来，在当时没有流行。然而其书内容典雅真实，与世上所流传的不可同日而论。光禄大夫刘向，认为当时未流行，所以《尚书》没有记载在《别录》里，

《论语》也没有赋予重要地位：我很为此感到惋惜。况且《别录》对百家章句无不毕记，何况《孔子家语》是用古文记录史实，言论真实，而要怀疑吗？又戴圣是近世的小儒，因为编辑《曲礼》的材料不足，就取《孔子家语》杂乱的部分以及子思、孟轲、荀子的书，来增加篇幅，总名为《礼记》。而现今尚存在于《礼记》的文字，便将《家语》中相关的内容删除，这是灭其原而存其末，这是很难达到目的啊！以臣的愚见，应当以此为例，把这种情况都另外记录下来。故敢冒昧上书。"

奏章上达后，天子准许了。但没等下令，汉成帝驾崩，刘向又病亡，因此《孔子家语》没有列在学官。

【原文】

嗟乎！是书之亡久矣，一亡于胜国王氏①，其病在割裂；一亡于包山陆氏②，其病在倒颠。先辈每庆是书未遭秦焰，至于今日，何异与焦炬同烟销耶？予每展读，即长跪宣尼像前，誓愿遵止。及见郴阳何燕泉叙中云云③，不觉泣涕如雨。夫燕泉生于正德间，又极稽古④，尚未获一见，余又何望哉！余又何望哉！抚卷浩叹，愈久愈痛。

忽丁卯秋，吴兴贾人持一编至，乃北宋板王肃注本子，大书深刻，与今本迥异。惜二卷十六叶已前皆已蠹蚀，因复向先圣焚香叩首，愿窥全豹。幸己卯春从锡山酒家复觏一函，冠冕岿然⑤，亦宋刻王氏注也。所逸者，仅末二卷，余不觉合掌顿足，急倩能书者，一补其首，一补其尾，二册俨然双璧矣。纵未必夫子旧堂壁中故物，已不失王肃本注矣。三百年割裂颠倒之纷纷，一旦而垂绅正笏于夫子庙堂之上矣⑥。是书幸矣？余幸矣？亟公之同好。凡架上王氏、陆氏本，俱可覆诸酱瓿矣。即何氏所注，亦是暗中摸索，疵病甚多，未必贤于王、陆二家也。但其一序亦可参考，因缀旒于跋之下⑦。虞山毛晋识⑧。

【注释】

①胜国：被灭亡的国家，这里指元朝。王氏：即王广谋，字景猷，元人，著《孔子家语句解》四卷。

②包山陆氏：名陆治，字叔平。号包山子，明吴县（今江苏苏州）人。国家图书馆今藏："《孔子家语》十卷，题魏王肃注，明嘉靖四十三年陆治抄本，清惠栋评点，王鸣盛跋。"

③郴阳：地名，今属湖南。何燕泉：即何孟春。详见下注。

④稽古:研习古事。

⑤冠冕:都是戴在头上的帽子,此指书的装帧和开端。岿然:屹立的样子。此指书完整地摆放着。

⑥垂绅正笏:绅为大带,垂绅,是恭敬肃立的意思。笏,朝会时手里拿的记事手板。正笏即严肃端正持笏的意思。这里是指书而言。

⑦缀旒:表率,归依。这里是附录的意思。

⑧虞山毛晋:虞山,山名,在江苏常熟境内,这里是指毛晋故里。毛晋,字子晋,号潜在。原名凤苞,字子久。明末著名藏书家。

【释义】

唉!《孔子家语》亡佚已经很久了,一是亡佚在元代王氏的整理,他的毛病在割裂文字;一是亡佚在包山陆氏手里,他的毛病在倒颠篇章。先辈每每庆幸此书在秦朝未遭到焚烧,但至于今日,与被秦火焚烧飞灰湮灭有什么不同呢?我每展读此书,即长跪于孔子像前,誓愿《家语》的厄运能够停止。等看到郴阳何燕泉的叙,不觉泣涕如雨。何燕泉生于明正德年间,又极爱研究古代的事,他尚未见到《孔子家语》,我又有什么希望呢!我又有什么希望呢!手抚书卷浩叹,愈久愈痛。

忽然,在丁卯秋,吴兴的商人拿一典籍来,竟是北宋板王肃注的《孔子家语》,此书字大深刻,与现今的流行本迥异。只可惜第二卷十六页以前都被虫了蠹蚀,因此我又向先圣焚香叩首,希望能看到全本。幸运的是,己卯春从锡山酒家又购得一函,书的封套装帧齐全,也是宋刻王氏注本。所逸失的,仅最后二卷。我不觉高兴地合掌顿足,急忙请善于书法的人书写,一补其首,一补其尾,二册俨然成为双璧了。纵然未必是夫子旧堂壁中故物,但已不失为王肃注本了。三百年割裂颠倒之纷乱情况,一个早晨就可以端正严肃地摆放在夫子庙堂之上了。这是书的幸运呢?还是我的幸运呢?赶快把这事告诉同样喜好此书的人。凡是书架上王氏本、陆氏本,都可以用来盖酱坛子了。即使何孟春所注的《家语》,也是暗中摸索,疵病甚多,未必比王、陆二家的本子好。但何孟春的序可以参考,因此附录于我的跋文之下。虞山毛晋识。

【原文】

何孟春曰①:《孔子家语》,如孔衍言,则壁藏之余,实孔安国为之,而王肃代安国序未始及焉,不知何谓。此书源委流传,肃序详矣。愚考《汉书·艺文志》载《家

国学经典文库

孔子家语

《孔子家语》原典释义

图文珍藏版

语》二十七卷,颜师古曰"非今所有《家语》也"②。《唐书·艺文志》有王肃注《家语》十卷,然则师古所谓今之《家语》者欤? 班史所志大都刘向较录已定之书,肃序称四十四篇,乃先圣二十一世孙猛之所传者。肃辟郑氏学,猛尝学于肃,肃从猛得此书,遂行于世。然则肃之所注《家语》也非安国之所撰次及向之所较者明矣。虞舜《南风》之诗,玄注《乐记》云:"其辞未闻。"今《家语》有之。马昭谓王肃增加③,非郑玄所见,其言岂无据耶? 肃之口异于玄,盖每如此。既于《曾子问》篇不录,又言诸弟子所称引皆不取,而胡为赘此? 此自有为云尔。

肃之注愚不获见,而见其序。今世相传《家语》殆非肃本,非师古所谓今之所有者。安国本世远不复可得,今于何取正哉? 司马贞与师古同代人也④,贞作《史记索隐》,引及《家语》,今本或有或无,有亦不同。愚有以知其非肃之全书矣。今《家语》,胜国王广谋所句解也。注庸陋荒昧,无所发明,何足与语于述作家? 而其本使正文漏略,复不满人意,可恨哉! 今本而不同于唐,未必非广谋之妄庸有所删除而致然也。《史记》传颜何字冉,《索隐》曰:《家语》字称。仁山金氏考七十二子姓氏⑤,以颜何不载于《家语》,《论语》"仲弓问子桑伯子"朱子注:"《家语》记伯子不衣冠而处。"张存中取《说苑》中语为证颜何暨伯子事⑥,广谋本所无者,盖金、张二人所见已是今本。以此类推,此书同事异辞,灭源存末,乱于人手不啻在汉而已。安国及向之旧,至肃凡几变,而今重乱而失真矣,今何所取正?'而愚重为之注,不亦广谋之比乎?

嗟夫! 先民有言:见称圣人,圣有遗训,谁其弗循! 书莫古于三代,古莫圣于孔子。吾夫子之言,如雷霆之洞人耳,如日月之启人目,六经外,《孝经》《论语》后幸存此书,奈之何使其汶汶而可也? 此书肃谓其烦而不要,大儒者朱子亦曰杂而不纯,然实自夫子本旨,固当时书也,而吾何可焉而莫之重耶?《论语》出圣门高弟记录,正实而切事者。颜回死,颜路请子之车,子曰:"鲤也死有棺而无椁⑦。"校以《家语》所纪岁年,子渊死时⑧,伯鱼盖无恙也⑨。或以《论语》为设事之辞,《论语》且有不可信者矣,吾又何得于此书之不可信者而并疑其余之可信者哉! 学者就其所见而求其论于至当之地,斯善学者之益也。春谨即他书有明著《家语》而今本缺略者以补缀之,今本不少概见,则不知旧本为在何篇而不敢以入焉。分四十四篇为八卷,他书所记事同语异者笺其下,而一二愚得附焉。其不敢以入者,仍别录之,并春秋、战国、秦、汉间文字载有孔子语者,录为《家语外集》,存之私塾,以俟博雅君子或得肃旧本而是正焉。是岂独春之幸哉! 时大明正德二年,岁次丁卯仲春二月壬寅日识。

【注释】

①何孟春：字子元，郴州(今属湖南)人，明弘治癸丑进士，授兵部主事，累官右副都御史，巡抚云南，入为吏部左侍郎，以争大礼左迁南京工部左侍郎，寻削籍。隆庆初，赠礼部尚书，谥文简。事绩具《明史》本传。

②颜师古：字籀，以字行，祖籍琅邪临沂(今属山东)人。后迁往京兆万年(今陕西西安)，唐初儒家学者，曾为《汉书》作注。

③马昭：魏博士，主郑玄学，与王肃论辩。

④司马贞：字子正，唐河内(今河南沁阳)人。开元中官至朝散大夫，弘文馆学士。唐代著名史学家，著《史记索隐》三十卷。

⑤仁山金氏：即金履祥，字吉甫，号仁山，兰溪(今属浙江)人，从学于王柏，德祐初以史馆编修召，不赴。入元隐居教授以终，事迹具《元史·儒学传》。

⑥张存中：字德庸，元新安人。著有《四书通证》六卷。

⑦"颜回死"四句：事见《论语·先进》。

⑧子渊：颜回字。

⑨伯鱼：孔鲤字。

【释义】

何孟春序说：《孔子家语》一书如孔衍所说，是孔子故宅壁中所藏之物，实际是孔安国编辑的，而在王肃代孔安国所写的序中没讲到这事，不知是为什么。此书的源委流传，王肃的序已叙述得很详细了。我考证《汉书·艺文志》记载《家语》二十七卷，唐颜师古说"不是今天所看到的《家语》"。《唐书·艺文志》有王肃注《家语》十卷，难道这个本子是颜师古所谓的今之《家语》吗？班固《汉书·艺文志》所著录的大都是刘向校定的书，王肃序称《孔子家语》四十四篇，乃是孔子二十一世孙孔猛所传。王肃曾批评郑玄的学说，孔猛曾经就学于王肃，王肃从孔猛那里得到此书，《孔子家语》才流行于世。这样看来，王肃所注《家语》也不是孔安国所撰次及刘向所校定之书，这是很明显的了。虞舜《南风》之诗，郑玄注《乐记》说："没听说过歌辞。"现在流行的《家语》有歌辞。马昭说是王肃增加的，不是郑玄所见的《家语》，这个说法难道没有根据吗？王肃的本子和郑玄不同的，每每如此。既然《曾子问》篇不收录，又说诸弟子所称引的都不取，而为什么还有此多余的东西呢？这大概是有目的的。

　　王肃的注我没有看到，只看到他的序。现今世上流传的《家语》大概不是王肃本，也不是颜师古所说的"今之所有者"。孔安国本世代久远不复可得，现今用什么来取正呢？司马贞与颜师古是同时代的人，司马贞作《史记索隐》，引用了《家语》，今本《家语》或有或无，即使有文字也有不同。我因此推知今本《家语》不是王肃的全本。现今流行的《家语》，是元朝的王广谋做的句解。他的注庸陋荒昧，无所发明，怎么同著作家相比呢？而他这个本子正文遗漏简略，更让人不满意，真让人遗憾啊！现今流行的版本和唐代的不同，未必不是由王广谋的狂妄无知有所删除而造成的。《史记·七十二弟子列传》记载，颜何，字冉。《索隐》说：《家语》以字称。仁山金氏考证七十二子的姓氏，说颜何在《家语》中没有记载。《论语》"仲弓问子桑伯子"句下。朱子注："《家语》记伯子不衣冠而处。"张存中采用《说苑》中的话证明颜何和伯子的事，这是王广谋本没有的，看来金、张二人所见的已是今本。以此而推，此书同事异辞，灭源存末，乱于人手，不只是在汉代开始。孔安国以及刘向的本子，至王肃已经过多次变动，现今更加混乱而失真，现在用什么来取正呢？而我再为之作注，不也和王广谋一样吗？

　　唉！先民有言，被称为圣人的人，圣人留有遗训，哪个不遵循呢！书没有古于三代的，古人没有比孔子更圣明的。我们先师孔子的言论，如雷霆之贯耳，如日月之耀眼，六经以外，在《孝经》《论语》之后幸存此书，为何要使其蒙垢呢？此书王肃说它烦而不要，大儒者朱熹也说它杂而不纯，然而实际都来自孔子的本来要旨，确实是当时的书，而我们怎么可以不重视呢？《论语》出自圣门高弟的记录，是平实而又合乎事理的。颜回死，他的父亲颜路请求孔子卖掉车来替颜回办外椁，孔子说："我的儿子鲤死了，也只有内棺而无外椁。"校以《家语》所纪岁年，颜回死时，孔子的儿子鲤还健在呢。有人认为《论语》是假设之辞，《论语》都有不可信的事，我又何能以此书不可信的事而怀疑其余可信的事呢！学者应当根据他所看见的资料把自己的立论做到最为恰当，这对善学者才是有益的。我谨就他书有明确著明为《家语》的文字而今本又缺略的，加以补缀，今本有不少概略的记载，但不知在旧本的何篇的，则不敢加进去。分四十四篇为八卷。他书所记，事同语异的，作为笺注置于正文之下，我的一些心得也附在下面。有些篇章不敢编入集中的，仍加以别录，与春秋、战国、秦、汉时期载有有关孔子文字的，录为《家语外集》，存在私塾，等待那些博雅君子中有得到王肃旧本的人来校正。这难道只是我何孟春的幸运吗！大明正德二年，岁次丁卯仲春二月壬寅目识。

第二章　孔子言行典籍译注

一、《论语》所载孔子言行

【原文】

子曰:"学而时习之,不亦说乎? 有朋自远方来,不亦乐乎? 人不知而不愠,不亦君子乎?"[论语·学而]

【释义】

孔子说:"学习又不断地温习,不是很快乐的事情吗? 有朋友从远方来,不是很高兴的事情吗? 他人不了解我,我又不气愤,不是一个有德的君子吗?"

【原文】

子曰:"巧言令色,鲜矣仁。"[论语·学而]

【释义】

孔子说:"花言巧语,假装和善,这种人很少有仁心。"

【原文】

子曰:"道千乘之国,敬事而信,节用而爱人,使民以时。"[论语·学而]

【释义】

孔子说:"治理有一千辆兵车的国家,要尽忠职守又恪守信用,节省开支又爱护众人,在适当的时候役使百姓。"

【原文】

子曰:"弟子,入则孝,出则悌,谨而信,泛爱众,而亲仁。行有余力,则以学

文。"［论语·学而］

【释义】

孔子说："弟子们在家要孝敬父母，出门要服从兄长，言行谨慎，说话诚实，普遍地关怀别人，并亲近那些有仁德的人。做好这些事后还有余力，再去学习书本知识。"

【原文】

子曰："君子，不重则不威，学则不固。主忠信，无友不如己者。过则勿惮改。"［论语·学而］

【释义】

孔子说："君子不庄重就没有威严，即使读书，所学的也不会巩固。以忠信为本，不与志趣不同的人交往，有了过错，不怕去改正。"

【原文】

子禽问于子贡曰："夫①子至于是邦也，必闻其政，求之与，抑与之与？"子贡曰："夫子温、良、恭、俭、让以得之。夫子之求之也，其诸异乎人之求之与。"［论语·学而］

【注释】

①《史记·田叔列传》赞引：孔子称曰"居是国必闻其政"。

【释义】

子禽问子贡说："老师每到一个国家，一定会听到这个国家的政治情况，这是他自己求得的，还是别人主动告诉他的呢？"子贡说："老师是靠温和、善良、严肃、节俭、谦逊来取得的。老师得到的方法，和别人得到的方法是不同的。"

【原文】

子曰："父在，观其志；父没，观其行；三年无改于父之道，可谓孝矣。"［论语·学而］

国学经典文库

孔子家语

孔子言行典籍译注

图文珍藏版

【释义】

孔子说:"当父亲活着的时候,要观察他的志向;父亲去世后,要观察他的行为;如果他能长期不改变父亲为人处世之道,就可以称得上孝顺了。"

【原文】

子曰:"君子食无求饱,居无求安,敏于事而慎于言,就有道而正焉,可谓好学也已。"[论语·学而]

【释义】

孔子说:"君子,饮食不求饱足,居住不求安逸,办事敏捷说话谨慎,主动向有正道的人请教,这样可以称得上好学了。"

【原文】

子贡曰:"贫而无谄,富而无骄,何如?"子曰:"可也。未若贫而乐,富而好礼者也。"子贡曰:"《诗》云:'如切如磋,如琢如磨。'其斯之谓与?"子曰:"赐也!始可与言《诗》已矣,告诸往而知来者。"[论语·学而]

【释义】

子贡说:"贫穷而不谄媚,富贵而不骄傲,怎么样?"孔子说:"这样可以了。但还比不上贫穷却乐于道,富贵却好礼的人。"子贡说:"《诗经》上说:'就像对待骨角、象牙、玉石一样,要不断切磋琢磨',讲的就是这个意思吧?"孔子说:"赐呀,现在我可以同你谈论《诗经》了,你已经能从我讲过的话中领悟到另一件事情了。"

【原文】

子曰:"不患人之不己知,患不知人也。"[论语·学而]

【释义】

孔子说:"不怕别人不了解我,只怕我不了解别人。"

【原文】

子曰:"为政以德,譬如北辰,居其所而众星共之。"[论语·为政]

【释义】

孔子说:"以道德来治理政事,就像北极星那样,自己居于一定的位置,其他星辰都会环绕在它的周围。"

【原文】

子曰:"《诗》三百,一言以蔽之,曰:'思无邪'。"[论语·为政]

【释义】

孔子说:"《诗经》三百篇,用一句话来概括它,就是:思想纯正。"

【原文】

子曰:"道之以政,齐之以刑,民免而无耻;道之以德,齐之以礼,有耻且格。"[论语·为政]

【释义】

孔子说:"用政法去教导百姓,用刑罚来约束百姓,百姓免于犯罪受罚却不知廉耻;用德行引导百姓,用礼制统一言行,百姓知道羞耻而且还守规矩。"

【原文】

子曰:"吾十有五而志于学,三十而立,四十而不惑,五十而知天命,六十而耳顺,七十而从心所欲不逾矩。"[论语·为政]

【释义】

孔子说:"我十五岁立志于学习,三十岁说话做事都有把握,四十岁免于迷惑,五十岁懂得了天命,六十岁能正确对待各种言论,七十岁能随心所欲而不越出规矩。"

【原文】

孟懿子问孝。子曰:"无违。"樊迟御,子告之曰:"孟孙问孝于我,我对曰无违。"樊迟曰:"何谓也?"子曰:"生,事之以礼;死,葬之以礼,祭之以礼。"[论语·为政]

孟懿子问什么是孝。孔子说："不要违背礼。"樊迟给孔子驾车，孔子告诉他说："孟孙问我什么是孝，我告诉他说不要违背礼。"樊迟说："不要违背礼是什么意思呢？"孔子说："父母活着的时候，按照礼节侍奉他们；父母去世后，按礼节埋葬他们，祭祀他们。"

【原文】

孟武伯问孝。子曰："父母唯其疾之忧。"［论语·为政］

【释义】

孟武伯请教什么是孝。孔子说："做父母的只是为孝子的疾病发愁。"

【原文】

子游问孝。子曰："今之孝者，是谓能养。至于犬马，皆能有养，不敬，何以别乎？"［论语·为政］

【释义】

子游问什么是孝。孔子说："现在所谓的孝，是指能够赡养父母。可是就连犬马都能够得到饲养，如果没有孝敬，那么赡养父母与饲养犬马有什么区别呢？"

子游

【原文】

子夏问孝。子曰："色难。有事，弟子服其劳；有酒食，先生馔，曾是以为孝乎？"［论语·为政］

【释义】

子夏问什么是孝。孔子说："子女对父母保持和颜悦色很不容易。有了事情，儿女替父母去做，有了酒饭，让父母吃，这样就可以算是孝了吗？"

国学经典文库

孔子家语

孔子言行典籍译注

图文珍藏版

483

【原文】

子曰：“吾与回言，终日不违，如愚。退而省其私，亦足以发，回也不愚。”［论语·为政］

【释义】

孔子说：“我整天跟颜回讲话，他从来不提反对意见，好像一个蠢人。等他离开之后，留意他私下的言论，发现他也有不少心得，颜回并不愚蠢。”

【原文】

子曰：“视其所以，观其所由，察其所安，人焉廋哉？人焉廋哉？”［论语·为政］

【释义】

孔子说：“看清楚他言行的动机，观察他过去的所作所为，考察他安心干什么事情，这样，这个人怎样能隐藏得了呢？这个人怎样能隐藏得了呢？”

【原文】

子曰：“温故而知新，可以为师矣。”［论语·为政］

【释义】

孔子说：“温习旧知识时，能有新的领悟，就可以担任老师了。”

【原文】

子曰：“君子不器。”［论语·为政］

【释义】

孔子说：“君子的目标，不能像器具那样只有某一方面的特定用途。”

【原文】

子贡问君子。子曰：“先行其言而后从之。”［论语·为政］

【释义】

子贡问什么是君子。孔子说：“对于要说的话，要实践以后再说出来。”

【原文】

子曰:"君子周而不比,小人比而不周。"〔论语·为政〕

【释义】

孔子说:"君子开诚布公而不与人勾结,小人与人勾结而不开诚布公。"

【原文】

子曰:"学而不思则罔,思而不学则殆。"〔论语·为政〕

【释义】

孔子说:"学习而不思考问题,就不会有新的收获,思考问题而不学习,就会充满疑惑。"

【原文】

子曰:"攻乎异端,斯害也已。"〔论语·为政〕

【释义】

孔子说:"批判那些不同观点的言论,祸害就可以消除了。"

【原文】

子曰:"由,诲女,知之乎? 知之为知之,不知为不知,是知也。"〔论语·为政〕

【释义】

孔子说:"由,我教给你怎样,你明白吗? 知道的就是知道,不知道就是不知道,这就是智慧啊!"

【原文】

子张学干禄。子曰:"多闻阙疑,慎言其余,则寡尤;多见阙殆,慎行其余,则寡悔。言寡尤,行寡悔,禄在其中矣。"〔论语·为政〕

【释义】

子张请教谋取官职的办法。孔子说:"要多听各种观点,有怀疑的地方先放在一旁,谨慎地说出有把握的东西,这样就可以少犯错误;要多看各种行为,有怀疑的地方先放在一旁,谨慎地去做其余有握的事情,这样就能减少后悔。说话少过失,做事少后悔,官职俸禄自然不成问题。”

【原文】

哀公问曰:“何为则民服?”孔子对曰:“举直错诸枉,则民服;举枉错诸直,则民不服。”[论语·为政]

【释义】

鲁哀公问:“怎么做才能让百姓服从呢?”孔子回答说:“提拔那些正直无私的人,把那些欺上瞒下的人置于一旁,百姓就会服从;提拔那些欺上瞒下的人,把正直无私的人置于一旁,百姓就不会顺从。”

【原文】

季康子问:“使民敬、忠以劝,如之何?”子曰:“临之以庄,则敬;孝慈,则忠;举善而教不能,则劝。”[论语·为政]

【释义】

季康子问:“要使老百姓尊敬、尽忠并努力干活,该怎样做呢?”孔子说:“用庄重的态度对待百姓,他们就会尊敬;对百姓仁慈,他们就会尽忠;提拔善良的人并教育能力差的人,百姓就会加倍努力。”

【原文】

或谓孔子曰:“子奚不为政?”子曰:“《书》云:‘孝乎惟孝,友于兄弟。’施于有政,是亦为政,奚其为为政?”[论语·为政]

【释义】

有人对孔子说:“你为什么不参与政治呢?”孔子回答说:“《尚书》上说:‘孝就是孝敬父母,友爱兄弟。’把这道理推广到政治上,就是参与政治,不然怎样才算是参与政治呢?”

【原文】

子曰:“人而无信,不知其可也。大车无輗,小车无軏,其何以行之哉?”[论语

·为政]

【释义】

孔子说:"一个人如果不讲信用,不知道他怎么跟人交往。就好像大车没有輗、小车没有軏一样,它靠什么行走呢?"

【原文】

子张问:"十世可知也?"子曰:"殷因于夏礼,所损益,可知也;周因于殷礼,所损益,可知也。其或继周者,虽百世,可知也。"[论语·为政]

【释义】

子张问孔子:"今后十世的制度现在能预知吗?"孔子说:"殷朝继承了夏朝的制度,所废除和所增加的内容是可以知道的;周朝又继承商朝的制度,所废除的和所增加的内容也是可以知道的。以后有继承周朝的制度,就是一百世以后的情况,也是可以预知的。"

【原文】

子曰:"非其鬼而祭之,谄也。见义不为,无勇也。"[论语·为政]

【释义】

孔子说:"不是你应该祭祀的鬼神,若是去祭祀它,就是谄媚。见到应该做的事情却没有采取行动,就是怯懦。"

【原文】

孔子谓季氏:"八佾舞于庭,是可忍也,孰不可忍也!"[论语·八佾]

【释义】

孔子谈到季氏,说:"他在自己的庭院举行八佾之舞,这样的事他都容忍,还有什么事情不能容忍呢?"

【原文】

三家者以《雍》彻。子曰:"'相维辟公,天子穆穆。'奚取于三家之堂?"[论语·

【释义】

鲁国三家大夫在祭祖完毕撤去祭品时,也会让乐工唱《雍》诗。孔子说:"《雍》诗上说:'助祭的是诸侯,天子严肃静穆地在那里主祭。'这样的仪式,怎么能用在这三家的庙堂里呢?"

【原文】

子曰:"人而不仁,如礼何? 人而不仁,如乐何?"[论语·八佾]

【释义】

孔子说:"一个人没有仁德,他能用礼做什么呢? 一个人没有仁德,他能乐做什么呢?"

【原文】

林放问礼之本。子曰:"大哉问! 礼,与其奢也,宁俭;丧,与其易也,宁戚。"[论语·八佾]

【释义】

林放请教什么是礼的根本道理。孔子说:"你问的问题真是大问题。一般的礼,与其奢侈,不如节俭;至于丧事,与其仪式上周备,不如内心真正悲伤。"

【原文】

子曰:"夷狄之有君,不如诸夏之亡也。"[论语·八佾]

【释义】

孔子说:"夷狄虽然有君主,还不如中原诸国没有君主呢。"

【原文】

季氏旅于泰山。子谓冉有曰:"女弗能救与?"对曰:"不能。"子曰:"呜呼! 曾谓泰山不如林放乎?"[论语·八佾]

【释义】

季孙要去祭祀泰山。孔子对冉有说:"你不能劝阻他吗?"冉有说:"不能。"孔子说:"唉! 难道认为泰山神还不如林放知礼吗?"

【原文】

子曰:"君子无所争,必也射乎! 揖让而升,下而饮,其争也君子。"[论语·八佾]

【释义】

孔子说:"君子没有什么可争的。如果有的话,那就是射箭比赛了。比赛时,先相互作揖谦让,比赛后,又相互作揖再喝酒,这就是君子之争。"

【原文】

子夏问曰:"'巧笑倩兮,美目盼兮,素以为绚兮。'何谓也?"子曰:"绘事后素。"曰:"礼后乎?"子曰:"起予者商也,始可与言《诗》已矣。"[论语·八佾]

【释义】

子夏问:"'笑得真好看,美丽的眼睛真漂亮,白色的衣服就很光彩夺目了。'这几句诗是什么意思呢?"孔子说:"这是说先有白底,然后再绘画。"子夏又问:"那么,礼是不是后来才产生的呢?"孔子说:"商,你真是能启发我的人,现在可以跟你讨论《诗经》了。"

【原文】

子曰:"夏礼吾能言之,杞不足征也。殷礼吾能言之,宋不足征也。文献不足故也。足,则吾能征之矣。"[论语·八佾]

【释义】

孔子说:"夏朝的礼我能说出来,但是它的后代杞国没办法证实;殷朝的礼我能说出来,但它的后代宋国没办法证实。这都是由于资料和人才不足的缘故。如果足够的话,我就可以证实了。"

【原文】

子曰:"禘自既灌而往者,吾不欲观之矣。"[论语·八佾]

【释义】

孔子说:"举行禘礼的仪式时,从第一次献酒以后,我就不想看了。"

【原文】

或问禘之说。子曰:"不知也。知其说者之于天下也,其如示诸斯乎!"指其掌。[论语·八佾]

【释义】

有人请教举行禘祭的规定。孔子说:"我不知道。知道这种规定的人如果要治理天下的事,就会像把这东西摆在这里一样容易吧!"他指着自己的手掌。

【原文】

祭如在,祭①神如神在。子曰:"吾不与祭,如不祭。"[论语·八佾]

【注释】

①董仲舒《春秋繁露·祭义篇》引孔子曰:"吾不兴祭,祭神如神在。"

【释义】

祭祀祖先就好像祖先真在面前,祭神就好像神真在面前。孔子说:"如果我不亲自参加祭祀,那就和不祭祀一样。"

【原文】

王孙贾问曰:"'与其媚于奥,宁媚于灶',何谓也?"子曰:"不然。获罪于天,无所祷也。"[论语·八佾]

【释义】

王孙贾问道:"'与其讨好奥神,不如奉承灶神',这话是什么意思?"孔子说:"不是这样的。如果得罪了天,那祷告也没用。"

【原文】

子曰:"周监于二代,郁郁乎文哉,吾从周。"[论语·八佾]

【释义】

孔子说:"周朝的礼仪制度借鉴了夏商两代的,非常完备。我遵从周朝的。"

【原文】

子入太庙,每事问。或曰:"孰谓鄹人之子知礼乎? 入太庙,每事问。"子闻之,曰:"是礼也。"[论语·八佾]

【释义】

孔子进了周公庙,每件事情都要问。有人说:"谁说这个鄹人之子懂礼数呀? 他到了太庙,什么事都要问别人。"孔子听到后说:"这就是礼呀!"

【原文】

子曰:"射不主皮,为力不同科,古之道也。"[论语·八佾]

【释义】

孔子说:"射箭比赛不是为了穿透靶子,因为每个人的力气不一样。这是自古以来的规矩。"

【原文】

子贡欲去告朔之饩羊。子曰:"赐也! 尔爱其羊,我爱其礼。"[论语·八佾]

【释义】

子贡想要省掉每月初一在祖庙告祭用的活羊。孔子说:"赐呀! 你爱惜那只羊,我却爱惜那种礼。"

【原文】

子曰:"事君尽礼,人以为谄也。"[论语·八佾]

【释义】

孔子说:"我服侍君主完全按照周礼的规定去做,别人却以为我这是谄媚。"

【原文】

定公问:"君使臣,臣事君,如之何?"孔子对曰:"君使臣以礼,臣事君以忠。"〔论语·八佾〕

【释义】

鲁定公问:"君主使唤臣下,臣子服侍君主,该怎样做呢?"孔子回答说:"君主应该按照礼节去使唤臣子,臣子应该尽忠来服侍君主。"

【原文】

子曰:"《关雎》,乐而不淫,哀而不伤。"〔论语·八佾〕

【释义】

孔子说:"《关雎》这篇诗,快乐而不放荡,悲哀而不伤心。"

【原文】

哀公问社于宰我,宰我对曰:"夏后氏以松,殷人以柏,周人以栗,曰:使民战栗。"子闻之,曰:"成事不说,遂事不谏,既往不咎。"〔论语·八佾〕

【释义】

鲁哀公问宰我关于社主的事情,宰我回答说:"夏朝用松树,殷朝用柏树,周朝用栗树。用栗树的意思是:使老百姓战栗。"孔子听到后说:"已经做过的事就不用再解释了,已经完成的事就不用再去劝阻了,已经过去的事也不必再追究了。"

【原文】

子曰:"管仲之器小哉!"或曰:"管仲俭乎?"曰:"管氏有三归,官事不摄,焉得俭?""然则管仲知礼乎?"曰:"邦君树塞门,管氏亦树塞门;邦君为两君之好有反坫,管氏亦有反坫。管氏而知礼,孰不知礼?"〔论语·八佾〕

【释义】

孔子说:"管仲这个人的度量太小了!"有人说:"管仲不是很节俭吗?"孔子说:"他有三处居所,手下人员也不用兼职工作,这怎么谈得上节俭呢?"那人又问:"那么管仲懂礼吗?"孔子回答:"国君在大门口设立照壁,管仲也在大门口设立照壁。国君宴请宾客,在堂上有放空酒杯的土台,管仲也有这样的土台。如果说管仲知礼,那么还有谁不知礼呢?"

【原文】

子语鲁大师乐,曰:"乐其可知也:始作,翕如也;从之,纯如也,皦如也,绎如也,以成。"[论语·八佾]

【释义】

孔子告诉鲁国乐官音乐的道理说:"音乐是可以理解的:开始演奏时,各种乐器合奏,非常热烈;接下来众音合奏,和谐单纯,节奏分明,连续不断,音乐就这样完成了。"

【原文】

仪封人请见,曰:"君子之至于斯也,吾未尝不得见也。"从者见之。出曰:"二三子何患于丧乎? 天下之无道也久矣,天将以夫子为木铎。"[论语·八佾]

【释义】

仪这个地方的官吏请求见孔子,他说:"凡是有道德学问的人到这里来,我没有不与之相见的。"孔子的学生领他去见了孔子。他出来后说:"你们为什么会为没有官位而发愁呢? 天下无道的日子已经很久了,上天将以你们的老师当作木铎,来教化百姓。"

【原文】

子谓《韶》:"尽美矣,又尽善也。"谓《武》:"尽美矣,未尽善也。"[论语·八佾]

【释义】

孔子评论《韶》说:"形式太美了,内容也很好。"评论《武》说:"形式很美,但内容差了一些。"

【原文】

子曰:"居上不宽,为礼不敬,临丧不哀,吾何以观之哉?"[论语·八佾]

【释义】

孔子说:"居于统治地位却不能宽以待人,行礼的时候不严肃,参加丧礼时不悲哀,这种人我怎么能看得下去呢?"

【原文】

子曰:"里仁为美,择不处仁,焉得知?"[论语·里仁]

【释义】

孔子说:"跟有仁德的人住在一起才是好的,如果你选择的住处不是跟有仁德的人在一起,怎么能说你是明智的呢?"

【原文】

子曰:"不仁者不可以久处约,不可以长处乐。仁者安仁,知者利仁。"[论语·里仁]

【释义】

孔子说:"没有仁德的人不能长期处在贫困中,也不能长期处在安乐中。有仁德的人安于仁道,有智慧的人利用仁道。"

【原文】

子曰:"唯仁者能好人,能恶人。"[论语-里仁]

【释义】

孔子说:"只有有仁德的人才能爱人,也才能恨人。"

【原文】

子曰:"苟志于仁矣,无恶也。"[论语·里仁]

【释义】

孔子说:"如果立志行仁,就不会做坏事了。"

【原文】

子曰:"富与贵,是人之所欲也,不以其道得之,不处也;贫与贱,是人之所恶也,不以其道得之,不去也。君子去仁,恶乎成名?君子无终食之间违仁,造次必于是,颠沛必于是。"[论语·里仁]

【释义】

孔子说:"富有和尊贵是每个人都想要的,但不用正当的方法得到它,君子是不会接受的;贫穷与低贱是每个人都厌恶的,但不用正当的方法去摆脱它,君子也不会去摆脱的。君子如果抛弃了仁德,又怎么能叫君子呢?君子没有一顿饭的时间背离仁德,就是在最紧迫的时刻也与仁德同在,在颠沛流离时也与仁德同在。"

【原文】

子曰:"我未见好仁者,恶不仁者。好仁者,无以尚之;恶不仁者,其为仁矣,不使不仁者加乎其身。有能一日用其力于仁矣乎?我未见力不足者。盖有之矣,我未之见也。"[论语·里仁]

【释义】

孔子说:"我没有见过爱好仁德的人,也没有见过厌恶不仁的人。喜欢仁德的人,已经达到最高的极限;厌恶不仁的人,只是不让不仁的东西影响自己。有能花一天时间把力量用于仁德上吗?我还没看过力量不够的。这种人可能有,但我没见过。"

【原文】

子曰:"人之过也,各于其党。观过,斯知仁矣。"[论语·里仁]

【释义】

孔子说:"人们的错误,按照人们的性格特征分门别类。只需看看一个人所犯的错误,就知道他有没有仁德了。"

【原文】

子曰:"朝闻道,夕死可矣。"［论语·里仁］

【释义】

孔子说:"早晨懂得了道,就是当晚死去也值得了。"

【原文】

子曰:"士志于道,而耻恶衣恶食者,未足与议也。"［论语·里仁］

【释义】

孔子说:"士有志于追求真理,但又以自己吃得不好、穿得不好为耻辱,这种人,是不值得与他谈论道的。"

【原文】

子曰:"君子之于天下也,无适也,无莫也,义之与比。"［论语·里仁］

【释义】

孔子说:"君子对于天下的事情,没有固定的亲疏标准,只是按照义的标准去做。"

【原文】

子曰:"君子怀德,小人怀土;君子怀刑,小人怀惠。"［论语·里仁］

【释义】

孔子说:"君子思念的是道德,小人思念的是乡土;君子关心的是法制,小人关心的是恩惠。"

【原文】

子曰:"放于利而行,多怨。"［论语·里仁］

【释义】

孔子说:"为追求利益而行动,就会招致很多的怨恨。"

【原文】

子曰:"能以礼让为国乎,何有? 不能以礼让为国,如礼何?"[论语·里仁]

【释义】

孔子说:"能够用礼让来治理国家,那还有什么困难呢? 不能用礼让来治理国家,礼有什么用呢?"

【原文】

子曰:"不患无位,患所以立;不患莫己知,求为可知也。"[论语·里仁]

【释义】

孔子说:"不愁没有官位,就怕自己没有能够胜任的能力。不怕没人知道自己,只求能得到使别人知道自己的本领。"

【原文】

子曰:"参乎,吾道一以贯之。"曾子曰:"唯。"子出,门人问曰:"何谓也?"曾子曰:"夫子之道,忠恕而已矣。"[论语·里仁]

【释义】

孔子说:"参啊,我讲的道可以用一个原则贯彻始终的。"曾子说:"是。"孔子出去以后,其他同学便问曾子:"这是什么意思?"曾子说:"老师的道,就是忠恕罢了。"

【原文】

子曰:"君子喻于义,小人喻于利。"[论语·里仁]

【释义】

孔子说:"君子明白大义,小人只知道小利。"

【原文】

子曰:"见贤思齐焉,见不贤而内自省也。"[论语·里仁]

【释义】

孔子说:"见到贤人,就应该向他看齐,见到不贤的人,就应该自我反省。"

【原文】

子曰:"事父母几谏,见志不从,又敬不违,劳而不怨。"[论语·里仁]皇本"敬"下有"而"字。

【释义】

孔子说:"侍奉父母,如果父母有不对的地方,应当委婉地劝说。自己的意见表达出来,父母没有采纳,还应该对他们恭敬,不要触犯他们,虽然为他们忧心,但并不怨恨。"

【原文】

子曰:"父母在,不远游,游必有方。"[论语·里仁]

【释义】

孔子说:"父母在世时,不出门远行;如果不得已要出远门,也必须有一定的去处。"

【原文】

子曰:"三年无改于父之道,可谓孝矣。"[论语·里仁]

【释义】

孔子说:"如果他能长期不改变父亲为人处世之道,就可以称得上孝顺了。"

【原文】

子曰:"父母之年,不可不知也。一则以喜,一则以惧。"[论语·里仁]

【释义】

孔子说:"父母的年纪,要时时记在心上。一方面为他们的长寿而高兴,一方面又为他们的衰老而忧虑。"

【原文】

子曰:"古者言之不出,耻躬之不逮也。"[论语·里仁]

【释义】

孔子说:"古人不肯轻易许诺,因为他们以自己做不到为耻辱。"

【原文】

子曰:"以约失之者鲜矣。"[论语·里仁]

【释义】

孔子说:"用礼来约束自己,再犯错误的人就很少了。"

【原文】

子曰:"君子欲讷于言而敏于行。"[论语·里仁]

【释义】

孔子说:"君子说话时要小心谨慎,做事时要敏捷快速。"

【原文】

子曰:"德不孤,必有邻。"[论语·里仁]

【释义】

孔子说:"有道德的人是不会孤单,一定有人与他相处。"

【原文】

子谓公冶长:"可妻也。虽在缧绁之中,非其罪也。"以其子妻之。[论语·公冶长]

【释义】

孔子评论公,冶长说:"可以把女儿嫁给他。他虽然坐过牢,但并不是他的过错呀!"后来孔子把自己的女儿嫁给了他。

国学经典文库

孔子家语

孔子言行典籍译注

图文珍藏版

【原文】

子谓南容："邦有道,不废;邦无道,免于刑戮。"以其兄之子妻之。《论语·公冶长》

【释义】

孔子评论南容说："国家有道时,他不会被抛弃;国家无道时,他也可以免于刑罚。"于是把自己的侄女嫁给了他。

【原文】

子谓子贱："君子哉若人,鲁无君子者,斯焉取斯。"[论语·公冶长]

【释义】

孔子评论子贱说："这个人是个君子。如果鲁国没有君子,他是从哪里学到这些品德的呢?"

【原文】

子贡问曰："赐也何如?"子曰："女,器也。"曰："何器也?"曰："瑚琏也。"[论语·公冶长]

【释义】

子贡问孔子："我这个人怎么样?"孔子说："你就像一个器具。"子贡问："什么器具?"孔子说："盛粮食的瑚琏。"

【原文】

或曰："雍也仁而不佞。"子曰："焉用佞? 御人以口给,屡憎于人。不知其仁。焉用佞?"[论语·公冶长]

【释义】

有人说："冉雍这个人有仁德,但没有口才。"孔子说："为什么要有口才呢? 伶牙俐齿地与人辩论,常常招致别人的讨厌。我不知道他是不是做到仁,但何必要有口才呢?"

【原文】

子使漆雕开仕。对曰:"吾斯之未能信。"子说。[论语·公冶长]

孔子讲学图

【释义】

孔子让漆雕开去做官。漆雕开回答说:"我对做官这件事还没有信心。"孔子听后很高兴。

【原文】

子曰:"道不行,乘桴浮于海,从我者,其由与!"子路闻之喜。子曰:"由也好勇过我,无所取材。"[论语·公冶长]

【释义】

孔子说:"如果我的主张行不通,我就乘上木筏到海上去。能跟从我的可能只有仲由一个人吧!"子路听了非常高兴。孔子说:"仲由啊,你的勇气超过了我,但其他没有可取的才能。"

【原文】

孟武伯问:"子路仁乎?"子曰:"不知也。"又问。子曰:"由也,千乘之国,可使治其赋也,不知其仁也。""求也何如?"子曰:"求也,千室之邑,百乘之家,可使为之

宰也。不知其仁也。""赤也何如？"子曰："赤也，束带立于朝，可使与宾客言也，不知其仁也。"[论语·公冶长]

【释义】

孟武伯问："子路算得上仁吗？"孔子说："不知道。"孟武伯又问了一遍。孔子说："仲由呀，在一个拥有千辆兵车的国家，可以让他负责军事，但我不知道他是否做到了仁。"孟武伯又问："冉求这个人怎么样？"孔子说："冉求这个人，在一个有千户人家的城市或有百辆兵车的采邑，可以让他当总管。但我也不知道他是否做到了仁。"孟武伯又问："公西赤又怎么样呢？"孔子说："公西赤呀，可以让他穿着礼服，在朝廷上接待宾客，我也不知道他是否做到了仁。"

【原文】

子谓子贡曰："女与回也孰愈？"对曰："赐也何敢望回？回也闻一以知十，赐也闻一以知二。"子曰："弗如也。吾与女弗如也。"[论语·公冶长]

【释义】

孔子对子贡说："你与颜回相比，谁更好一些呢？"子贡回答说："我不敢和颜回相比。颜回听到一件事就可以推知十件事；我呢，知道一件事只能推知两件事。"孔子说："你是不如他，我和你都不如他。"

【原文】

宰予昼寝。子曰："朽木不可雕也，粪土之墙不可圬也，于予与何诛！"子曰："始吾于人也，听其言而信其行；今吾于人也，听其言而观其行。于予与改是。"[论语·公冶长]

【释义】

宰予在白天睡觉。孔子说："腐朽的木头就不能雕刻了，粪土垒的墙壁不能粉刷。对于宰予，责备还有什么用呢？"孔子说："起初我对于人，是听了他的话便相信他的行为；现在我对于人，听了他的话还要观察他的行为。这种态度，是经历了宰予的事情才改变的。"

国学经典文库

孔子家语

孔子言行典籍译注

图文珍藏版

【原文】

子曰:"吾未见刚者。"或对曰:"申枨。"子曰:"枨也欲,焉得刚?"[论语·公冶长]

【释义】

孔子说:"我没有见过刚毅的人。"有人说:"申枨就是刚毅的人。"孔子说:"申枨的欲望太多,怎么能刚毅呢?"

【原文】

子贡曰:"我不欲人之加诸我也,吾亦欲无加诸人。"子曰:"赐也,非尔所及也。"[论语·公冶长]

【释义】

子贡说:"我不愿别人强加给我的事,我也不愿强加给别人。"孔子说:"赐呀,这不是你所能做到的了。"

【原文】

子贡曰:"夫子之文章,可得而闻也;夫子之言性与天道,不可得而闻也。"[论语·公冶长]

【释义】

子贡说:"老师关于诗书礼乐的知识,靠听就能够学到;老师关于人性和天道的理论,光靠听是无法学到的。"

【原文】

子贡问曰:"孔文子何以谓之'文'也?"子曰:"敏而好学,不耻下问,是以谓之'文'也。"[论语·公冶长]

【释义】

子贡问道:"孔文子为什么有'文'的谥号呢?"孔子说:"他聪敏又好学,不以向地位卑下的人请教为耻,所以得到'文'的谥号。"

【原文】

子谓子产："有君子之道四焉：其行己也恭，其事上也敬，其养民也惠，其使民也义。"［论语·公冶长］

【释义】

孔子评论子产说："他有四种君子的德行：待人处世谦恭，侍奉君主恭敬，养护百姓有恩惠，役使百姓合乎道理。"

【原文】

子曰："晏平仲善与人交，久而敬之。"［论语·公冶长］皇本、高丽本、足利本"而"下有"人"字。

【释义】

孔子说："晏平仲善于与人交往，时间长了，别人就会尊敬他。"

【原文】

子曰："臧文仲居蔡，山节藻棁，何如其知也！"［论语·公冶长］

【释义】

孔子说："臧文仲在屋里藏了一只大乌龟，柱头雕成山的形状，短柱上画着水草花纹，这怎么能算是有智慧呢？"

【原文】

子张问曰："令尹子文三仕为令尹，无喜色；三已之，无愠色。旧令尹之政，必以告新令尹。何如？"子曰："忠矣。"曰："仁矣乎？"曰："未知。焉得仁？""崔子弑齐君，陈文子有马十乘，弃而违之，至于他邦，则曰：'犹吾大夫崔子也。'违之。之一邦，则又曰：'犹吾大夫崔子也。'违之，何如？"子曰："清矣。"曰："仁矣乎？"曰："未知，焉得仁？"［论语·公冶长］

【释义】

子张问道："令尹子文三次做令尹，没有显出高兴的样子；三次被免职，也没有显出怨恨的样了。交接时一定把旧有的政事全部告诉接任的令尹。这个人怎么样?"孔子说:"可算得上是忠了。"子张问:"算得上仁吗?"孔子说:"不知道。怎么能算仁呢?"子张又问:"崔杼杀了齐国君主,陈文子有四十匹马,都舍弃不要了,离开了齐国,到了另一个国家时,他说:'这里的大臣和齐国的大夫崔子差不多。'于是离开了。到了另一个国家,又说:'这里的大臣和齐国的大夫崔子差不多。'又离开了。你看这个人怎么样?"孔子说:"可算得上清白了。"予张说:"算得上仁吗?"孔子说:"不知道。这怎么能算得仁呢?"

【原文】

季文子三思而后行。子闻之,曰:"再,斯可矣。"[论语·公冶长]

【释义】

季文子每做一件事,都要考虑很多次。孔子听到后说:"考虑两次就够了。"

【原文】

子曰:"宁武子,邦有道则知,邦无道则愚,其知可及也,其愚不可及也。"[论语·公冶长]

【释义】

孔子说:"宁武子这个人,当国家昌明时,他就显得聪明,当国家黑暗时,他就装傻。他的聪明,别人能赶得上,他的装傻,别人就做不到了。"

【原文】

子在陈,曰:"归与! 归与! 吾党之小子狂简,斐然成章,不知所以裁之。"[论语·公冶长]

【释义】

孔子在陈国说:"回去吧! 回去吧! 家乡的学生胸怀远大但行为粗率;有文采但不知道怎样来节制自己。"

【原文】

子曰:"伯夷、叔齐不念旧恶,怨是用希。"[论语·公冶长]

【释义】

孔子说:"伯夷、叔齐不记以往的恩怨,因此别人对他们的怨恨就少了。"

【原文】

子曰:"孰谓微生高直? 或乞醯焉,乞诸其邻而与之。"[论语·公冶长]

【释义】

孔子说:"谁说微生高这个人直率呀? 有人向他讨点醋,他不直说没有,却到邻居家里讨了点给人家。"

【原文】

子曰:"巧言、令色、足恭,左丘明耻之,丘亦耻之。匿怨而友其人,左丘明耻之,丘亦耻之。"[论语·公冶长]

【释义】

孔子说:"花言巧语,和颜悦色,左右逢迎,左丘明认为这种人可耻,我也认为可耻。把怨恨装在心里,表面上却装出友好的样子,左丘明认为这种人可耻,我也认为可耻。"

【原文】

颜渊、季路侍。子曰:"盍各言尔志。"子路曰:"愿车马衣裘与朋友共,敝之而无憾。"颜渊曰:"愿无,伐善,无施劳。"子路曰:"愿闻子之志。"子曰:"老者安之,朋友信之,少者怀之。"[论语·公冶长],《后汉纪·光武帝纪》论曰:孔子称颜回之仁,以不伐为先。

【释义】

颜渊、子路在孔子身边侍立。孔子说:"你们说说自己的志向。"子路说:"我愿拿出自己的车马、衣服、皮袍与朋友分享,用坏了也不抱怨。"颜渊说:"我愿意不夸耀自己的长处,不表白自己的功劳。"子路向孔子说:"希望听听您的志向。"孔子说:"我的志向是让老人安乐,让朋友们信任我,让年轻人得到关怀。"

【原文】

子曰:"已矣乎! 吾未见能见其过而内自讼者也。"［论语·公冶长］

【释义】

孔子说:"算了,我还没有看见过能够看到自己的错误,又能在内心责备自己的人。"

【原文】

子曰:"十室之邑,必有忠信如丘者焉,不如丘之好学也。"［论语·公冶长］

【释义】

孔子说:"十户人家的村子,就会有像我这样讲忠信的人,只是不如我好学罢了。"

【原文】

子曰:"雍也可使南面。"［论语·雍也］

【释义】

孔子说:"冉雍这个人,可以让他去做官。"

【原文】

仲弓问子桑伯子。子曰:"可也,简。"仲弓曰:"居敬而行简,以临其民,不亦可乎? 居简而行简,无乃大简乎?"子曰:"雍之言然。"［论语·雍也］

【释义】

仲弓问子桑伯子这个人怎么样。孔子说:"这人还不错,办事非常简要。"仲弓说:"如果做事恭敬而行事简要,像这样来治理百姓,不是也可以吗? 如果内心简单,又以简要的方法办事,这不是过于简单了吗?"孔子说:"冉雍,这话你说得对。"

【原文】

哀公问:"弟子孰为好学?"孔子对曰:"有颜回者好学,不迁怒,不贰过,不幸短

【释义】

鲁哀公问:"你的学生中谁最好学?"孔子回答说:"有一个叫颜回的学生好学,他从不把怨气发在别人身上,也从不重犯同样的过错,但不幸英年早逝。现在没有这种人了,没有听说谁是好学的。"

【原文】

子华使于齐,冉子为其母请粟。子曰:"与之釜。"请益。曰:"与之庾。"冉子与之粟五秉。子曰:"赤之适齐也,乘肥马,衣轻裘。吾闻之也,君子周急不继富。"［论语·雍也］

【释义】

公西华出使齐国,冉求替他的母亲要一些谷米。孔子说:"给他一釜。"冉求请求再增加一些。孔子说:"再给他一些。"冉求又给他五秉。孔子说:"公西华去齐国,乘坐肥马拉的车子,穿着暖和轻便的皮袍。我听说过,君子只是周济困难的人,而不周济富人。"

【原文】

原思为之宰,与之粟九百,辞。子曰:"毋,以与尔邻里乡党乎!"［论语·雍也］

【释义】

原思给孔子家当总管,孔子给他九百俸米,他推辞不肯要。孔子说:"不要推辞。拿去给你的乡亲吧!"

【原文】

子谓仲弓,曰:"犁牛之子骍且角。虽欲勿用,山川其舍诸?"［论语·雍也］

【释义】

孔子评论仲弓说:"耕牛产下的牛犊长着红色的毛,角也饱满端正,人们虽不想用它做祭品,但山川之神难道会舍弃它吗?"

国学经典文库

孔子家语

孔子言行典籍译注

图文珍藏版

【原文】

子曰:"回也,其心三月不违仁,其余则日月至焉而已矣。"[论语·雍也]

【释义】

孔子说:"颜回的内心可以在长时间内不违背仁德,其余的人只能在短时间内做到仁。"

【原文】

季康子问:"仲由可使从政也与?"子曰:"由也果,于从政乎何有?"曰:"赐也可使从政也与?"曰:"赐也达,于从政乎何有?"曰:"求也可使从政也与?"曰:"求也艺,于从政乎何有?"[论语·雍也]

【释义】

季康子问:"仲由这个人,可以让他管理政事吗?"孔子说:"仲由做事果断,对于管理政事有什么困难呢?"季康子又问:"端木赐这个人,可以让他管理政事吗?"孔子说:"端木赐通达事理,对于管理政事有什么困难呢?"又问:"冉求这个人,可以让他管理政事吗?"孔子说:"冉求富有才能,对于管理政事有什么困难呢?"

【原文】

伯牛有疾,子问之,自牖执其手,曰:"亡之,命矣夫,斯人也而有斯疾也!斯人也而有斯疾也!"[论语·雍也]

【释义】

伯牛病了,孔子去探望他,从窗户外面握着他的手说:"失去这个人,是命里注定的事吧!这样的人竟会得这样的病啊,这样的人竟会得这样的病啊!"

【原文】

子曰:"贤哉回也!一箪食,一瓢饮,在陋巷,人不堪其忧,回也不改其乐。贤哉回也。"[论语·雍也]

【释义】

孔子说:"颜回多么贤良啊!一篓饭,一瓢水,住在简陋的巷子里,别人都忍受不了这种困苦生活，颜回却没有改变，并自得其乐。颜回真是贤良啊！"

【原文】

冉求曰："非不说子之道，力不足也。"子曰："力不足者，中道而废。今女画。"〔论语·雍也〕

【释义】

冉求说："我不是不喜欢老师所讲的道，是我的能力不够呀！"孔子说："如果能力不够，到半路才停下来，现在你是自己给自己划了界限不想前进呀！"

【原文】

子谓子夏曰："女为君子儒，无为小人儒。"〔论语·雍也〕

【释义】

孔子对子夏说："你要做君子式的学者，不要做小人式的学者。"

【原文】

子游为武城宰。子曰："女得人焉耳乎？"曰："有澹台灭明者，行不由径，非公事，未尝至于偃之室也。"〔论语·雍也〕

【释义】

子游做了武城的长官。孔子说："你在那里得到了人才没有？"子游说："有一个叫澹台灭明的人，从来不走邪路，没有公事从不到我屋子里来。"

【原文】

子曰："孟之反不伐，奔而殿，将入门，策其马，曰：'非敢后也，马不进也'。"〔论语·雍也〕

【释义】

孔子说："孟之反从来不夸耀自己。撤退的时候，他在最后掩护全军。快进城门的时候，他鞭打着马说：不是我敢殿后，是我的马不肯快跑。"

【原文】

子曰:"不有祝之佞,而有宋朝之美,难乎免于今之世矣。"[论语·雍也]

【释义】

孔子说:"如果没有祝鮀那样的口才,却有宋朝的美貌,那在今天的社会就比较艰难了。"

【原文】

子曰:"谁能出不由户,何莫由斯道也?"[论语·雍也]

【释义】

孔子说:"谁能走出屋子却不经过屋门？为什么没有人走这条道路呢?"

【原文】

子曰:"质胜文则野,文胜质则史。文质彬彬,然后君子。"[论语·雍也]

【释义】

孔子说:"质朴胜过文采,就未免显得粗野,文采胜过质朴,就流于虚浮。只有质朴和文采配合得当,才是个君子。"

【原文】

子曰:"人之生也直,罔之生也幸而免。"(论语·雍也]

【释义】

孔子说:"一个人生存是由于正直,而不正直的人也能生存,那只是由于他侥幸避免了灾祸。"

【原文】

子曰:"知之者不如好之者,好之者不如乐之者。"[论语·雍也]

【释义】

孔子说:"懂得它不如爱好它,爱好它不如以它为乐。"

【原文】

子曰:"中人以上,可以语上也;中人以下,不可以语上也。"[论语·雍也]

【释义】

孔子说:"中等水平以上的人,可以跟他讨论高深的学问,中等水平以下的人,不能跟他讲高深的学问。"

【原文】

樊迟问知,子曰:"务民之义,敬鬼神而远之,可谓知矣。"问仁,曰:"仁者先难而后获,可谓仁矣。"[论语·雍也]

【释义】

樊迟问怎样才算是智慧,孔子说:"专心做好服务老百姓的事,尊敬鬼神但要远离它,就可以说是智慧了。"樊迟又问怎样才算是仁,孔子说:"仁人是难事做在人前面,有收获时退居人后,这就叫仁了。"

【原文】

子曰:"知者乐水,仁者乐山;知者动,仁者静;知者乐,仁者寿。"[论语·雍也]

【释义】

孔子说:"智者喜爱水,仁者喜爱山;智者爱动,仁者沉静。智者快乐,仁者长寿。"

【原文】

子曰:"齐一变,至于鲁;鲁一变,至于道。"[论语·雍也]

【释义】

孔子说:"齐国一改变,就变成鲁国的样子,鲁国一改变,就能达到先王之道了。"

【原文】

子曰:"觚不觚,觚哉! 觚哉!"《》论语·雍也》

【释义】

孔子说:"觚不像个觚了,这是觚吗? 这是觚吗?"

【原文】

宰我问曰:"仁者,虽告之曰:井有仁焉。其从之也?"子曰:"何为其然也? 君子可逝也,不可陷也;可欺也,不可罔也。"[论语·雍也]

【释义】

宰我问道:"有仁德的人,即使告诉他井里掉下去一位仁人,他会跟着跳下去吗?"孔子说:"为什么要这样做呢? 君子可以到井边去看看,却不可以陷入井中;君子可以被欺骗,但不可以愚弄他。"

【原文】

子曰:"君子博学于文,约之以礼,亦可以弗畔矣夫。"[论语·雍也]

【释义】

孔子说:"君子广泛地学习文献知识,又用礼来约束自己,也就不会背离人生正途了。"

【原文】

子见南子,子路不说。夫子矢之曰:"予所否者,天厌之! 天厌之!"[论语·雍也]

【释义】

孔子去见南子,子路不高兴。孔子发誓说:"如果我什么事情做得不对的话,让上天谴责我吧! 让上天谴责我吧!"

【原文】

子曰:"中庸之为德也,其至矣乎! 民鲜久矣。"[论语·雍也]

【释义】

孔子说:"中庸作为一种道德,是最高的了! 长期以来,人们很少能做到。"

【原文】

子贡曰:"如有博施于民而能济众,何如? 可谓仁乎?"子曰:"何事于仁? 必也圣乎! 尧舜其犹病诸。夫仁者,己欲立而立人,己欲达而达人。能近取譬,可谓仁之方也已。"〔论语·雍也〕

【释义】

子贡说:"假如有一个人,他能普遍照顾百姓又能周济大众,怎么样呢? 可以算是仁了吗?"孔子说:"岂止是仁? 简直是圣人了! 就连尧、舜都难以做到。所谓仁,就是自己想站得住,同时也帮助人家站得住;想自己过得好,同时也帮助人家过得好。凡事能从自己的情况推己及人,这就是实行仁的方法了。"

【原文】

子曰:"述而不作,信而好古,窃比于我老彭。"〔论语·述而〕

【释义】

孔子说:"只传述而不创作,相信又爱好古代文化,我私下把自己比做老彭。"

【原文】

子曰:"默而识之,学而不厌,诲人不倦,何有于我哉?"〔论语·述而〕

【释义】

孔子说:"默默地记住所见所闻,认真学习而不觉得厌烦,教导别人而不知道疲倦,这对我能有什么困难呢?"

【原文】

子曰:"德之不修,学之不讲,闻义不能徙,不善不能改,是吾忧也。"〔论语·述而〕

【释义】

孔子说:"对品德不加以修养,学问不去好好讲求,听到义却不能跟着去做,有了缺失不能改正,这些都是我所忧虑的事情。"

【原文】

子之燕居,申申如也,夭夭如也。[论语·述而]

【释义】

孔子在家里闲居的时候,态度温和舒畅,神情舒缓。

【原文】

子曰:"甚矣吾衰也!久矣吾不复梦见周公。"[论语·述而]

【释义】

孔子说:"我实在太衰老了!我好久都没有梦见周公了。"

【原文】

子曰:"志于道,据于德,依于仁,游于艺。"[论语·述而]

【释义】

孔子说:"以道为目标,以德为根据,以仁为凭借,活动于六艺的范围之中。"

【原文】

子曰:"自行束脩以上,吾未尝无诲焉。"[论语·述而]

【释义】

孔子说:"只要自愿拿着薄礼来见我的人,我没有不给他教导的。"

【原文】

子曰:"不愤不启,不悱不发。举一隅①不以三隅反,则不复也。"[论语·述而]

【注释】

①皇本、高丽本、蜀石经"隅"下有"而示之"三字。

【释义】

孔子说:"不到学生想弄明白却不能的时候,我不会去开导他;不到他努力想出

国学经典文库

孔子家语

孔子言行典籍译注

图文珍藏版

来却说不出来的时候,我不会去启发他。教给他一个方面的东西,他却不能随着联想到三个方面的东西,那就不再教他了。"

【原文】

子食于有丧者之侧,未尝饱也。[论语·述而]

【释义】

孔子在有丧事的人旁边吃饭时,从来没有吃饱过。

【原文】

子于是日哭,则不歌。[论语·述而]

【释义】

孔子在这一天哭过,就不再唱歌了。

【原文】

子谓颜渊曰:"用之则行,舍之则藏,唯我与尔有是夫。"子路曰:"子行三军,则谁与?"子曰:"暴虎冯河,死而无悔者,吾不与也。必也临事而惧,好谋而成者也。"[论语·述而]

【释义】

孔子对颜渊说:"有人任用,我就去实行主张;没人任用,我就隐退,只有我和你能做到这样。"子路说:"老师统率军队的话,会和谁在一起共事呢?"孔子说:"赤手空拳和老虎搏斗,徒步涉水过河,这种死了都不会后悔的人,我是不会和他共事的。我要找的,一定要是遇事小心谨慎,仔细谋划以求成功的人。"

【原文】

子曰:"富而可求也;虽执鞭之士,吾亦为之。如不可求,从吾所好。"[论语·述而]

【释义】

孔子说:"富贵如果可以追得,就算拿着鞭子守门,我也会去做。如果不能求得,那就还是追随我的理想吧!"

【原文】

子之所慎:齐、战、疾。[论语·述而]

【释义】

孔子以谨慎态度对待斋戒、战争和疾病这三件事。

【原文】

子在齐闻《韶》,三月不知肉味,曰:"不图为乐之至于斯也。"[论语·述而]

【释义】

孔子在齐国听到了《韶》乐,很长时间尝不出肉的滋味,说:"想不到欣赏音乐能达到如此的境界。"

【原文】

冉有曰:"夫子为卫君乎?"子贡曰:"诺,吾将问之。"入,曰:"伯夷、叔齐何人也?"曰:"古之贤人也。"曰:"怨乎?"曰:"求仁而得仁,又何怨?"出,曰:"夫子不为也。"[论语·述而]

【释义】

冉有说:"老师会帮助卫君吗?"子贡说:"好,我去问问他。"子贡进屋问孔子:"伯夷、叔齐是什么样的人?"孔子说:"古代的贤人。"子贡问:"他们有没有抱怨吗?"孔子说:"他们求仁而得到了仁,还抱怨什么呢?"子贡出来对冉有说:"老师不会帮助卫君。"

【原文】

子曰:"饭疏食饮水,曲肱而枕之,乐亦在其中矣。不义而富且贵,于我如浮云。"[论语·述而]

【释义】

孔子说:"吃的是粗粮,喝的是白水,弯着胳膊当枕头,乐趣也就在这里头了。

孔子家语

孔子言行典籍译注

图文珍藏版

孔子学院

用不正当的手段得来的富贵,对于我来讲就像天上的浮云一样。"

【原文】

子曰:"加我数年,五十以学《易》,可以无大过矣。"[论语·述而]

【释义】

孔子说:"让我多活几年时间,到五十岁学习《易》,以后就没有大的过错了。"

【原文】

子所雅言,《诗》《书》、执礼,皆雅言也。[论语·述而]

【释义】

孔子有时讲雅言,读《诗经》《尚书》和执行礼仪时,都说雅言。

【原文】

叶公问孔子于子路,子路不对。子曰:"女奚不曰:其为人也,发愤忘食,乐以忘忧,不知老之将至云尔。"[论语·述而]

【释义】

叶公问子路孔子的为人,子路没有回答。孔子说:"你为什么不这样说:他发愤用功,就会忘记吃饭,内心快乐就会忘记忧虑,连自己快要老了都不知道,如此而已。"

【原文】

子曰："我非生而知之者,好古,敏以求之者也。"［论语·述而］

【释义】

孔子说："我并不是生来就有知识,而是爱好古代的文化,勤奋敏捷地去学习而得来的。"

【原文】

子不语怪、力、乱、神。［论语·述而］

【释义】

孔子不谈论怪异、暴力、悖乱和鬼神。

【原文】

子曰："三人行,必有我师焉。择其善者而从之,其不善者而改之。"［论语·述而］

【释义】

孔子说："几个人一起走路,其中必定有人可以做我的老师。我选择他们的优点来学习,看到他不好的地方就加以改正。"

【原文】

子曰："天生德于予,桓魋其如予何?"［论语·述而］

【释义】

孔子说："上天把德行赋予了我,桓魋能把我怎么样呢?"

【原文】

子曰："二三子以我为隐乎? 吾无隐乎尔。吾无行而不与二三子者,是丘也。"［论语·述而］

【释义】

孔子说:"你们这些学生以为我对你们有什么隐瞒的吗?我对你们没有任何隐瞒。我的一切行为都对你们公开,我就是这样的人。"

【原文】

子以四教:文、行、忠、信。[论语·述而]

【释义】

孔子用四种内容教育学生:历代文献、社会生活的实践,对待别人的忠心与人交际的信实。

【原文】

子曰:"圣人,吾不得而见之矣!得见君子者,斯可矣。"子曰:"善人,吾不得而见之矣!得见有恒者,斯可矣。亡而为有,虚而为盈,约而为泰,难乎有恒矣。"[论语·述而]

【释义】

孔子说:"圣人,我是没机会看到了,能看到君子就可以了。"孔子又说:"善人,我是没机会看到了,能见到有恒心的人就可以了。明明没有却装作有,空虚却装作充实,穷困却装作富足,这样的人是难以有恒心的。"

【原文】

子钓而不纲,弋不射宿。[论语·述而]

【释义】

孔子钓鱼,不用有许多鱼钩的绳子,只射飞鸟,不射在巢中休息的鸟。

【原文】

子曰:"盖有不知而作之者,我无是也。多闻,择其善者而从之,多见而识之,知之次也。"[论语·述而]

【释义】

孔子说："有人什么都不懂却在那里凭空创造,我与他们不同。多听,选择其中正确的来学习;多看,然后记在心里,这样的知仅次于'生而知之'。"

【原文】

互乡这地方难与言,童子见,门人惑。子曰:"与其进也,不与其退也,唯何甚?人洁己以进,与其洁也,不保其往也。"[论语·述而]

【释义】

互乡这地方的人很难沟通,但互乡的一个童子却受到了孔子的接见,学生们都觉得困惑。孔子说:"我是肯定他的进步,不是肯定他的倒退,这有什么过分呢?人家改正了错误以求进步,我们肯定他的改过,不要追究他的过去。"

【原文】

子曰:"仁远乎哉?我欲仁,斯仁至矣。"[论语·述而]

【释义】

孔子说:"仁难道离我们很远吗?我想要仁,仁就来了。"

【原文】

陈司败问:"昭公知礼乎?"孔子曰:"知礼。"孔子退,揖巫马期而进之曰:"吾闻君子不党,君子亦党乎?君取于吴,为同姓,谓之吴孟子。君而知礼,孰不知礼?"巫马期以告。子曰:"丘也幸,苟有过,人必知之。"[论语·述而]

【释义】

陈司败问:"鲁昭公懂礼吗?"孔子说:"懂礼。"孔子出来后,陈司败向巫马期作揖,上前对他说:"我听说君子是没有偏袒的,难道君子也偏袒自己人吗?鲁君在吴国娶了一位夫人,是国君的同姓,所以称她吴孟子。如果鲁君算是知礼,还有谁不知礼呢?"巫马期把这话告诉了孔子。孔子说:"我真是幸运。如果有过错,人家一定会知道。"

【原文】

子与人歌而善,必使反之,而后和之。[论语·述而]

【释义】

孔子与别人一起唱歌,如果别人唱得好,一定要请他再唱一遍,然后再和他一起唱。

【原文】

子曰:"文,莫吾犹人也。躬行君子,则吾未之有得。"[论语·述而]

【释义】

孔子说:"文化知识,大概我和别人差不多,身体力行达到君子的修养,我还没有做到。"

【原文】

子曰:"若圣与仁,则吾岂敢?抑为之不厌,诲人不倦,则可谓云尔已矣。"公西华曰:"正唯弟子不能学也。"[论语·述而]

【释义】

孔子说:"说到圣与仁,我怎么敢当呢?不过在学问方面努力而不厌倦,教诲别人也不倦怠,如此而已。"公西华说:"这正是我们没有办法学到的。"

【原文】

子疾病,子路请祷。子曰:"有诸?"子路对曰:"有之。《诔》曰:'祷尔于上下神祗。'"子曰:"丘之祷久矣。"[论语·述而]

【释义】

孔子病得很重,子路要做祷告。孔子说:"有这回事吗?"子路说:"有的。《诔》文上说:'为你向天地神灵祷告。'"孔子说:"我长期以来一直在祷告。"

【原文】

子曰:"奢则不孙,俭则固。与其不孙也,宁固。"[论语·述而]

【释义】

孔子说:"奢侈就会傲慢,节俭就会寒酸。但是与其傲慢,宁可寒酸。"

【原文】

子曰:"君子坦荡荡,小人长戚戚。"[论语·述而]

【释义】

孔子说:"君子心胸坦荡宽广,小人经常愁眉苦脸。"

【原文】

子温而厉,威而不猛,恭而安。[论语·述而]
《释文》曰:一本子作"子曰"。

【释义】

孔子温和而又严肃,威严而不刚猛,庄重而又安详。

【原文】

子曰:"泰伯,其可谓至德也已矣。三以天下让,民无得而称焉。"[论语·泰伯]

【释义】

孔子说:"泰伯的品德至高无上。他多次将天下让出,老百姓找不出恰当的语言来赞美他。"

【原文】

子曰:"恭而无礼则劳,慎而无礼则葸,勇而无礼则乱,直而无礼则绞。君子笃于亲,则民兴于仁;故旧不遗,则民不偷。"[论语·泰伯]

【释义】

孔子说:"一味谦虚而不懂礼就会劳倦,谨慎而不懂礼就会畏缩,勇敢而不懂礼就会作乱,直率而不懂礼就会尖刻伤人。君王对自己的亲族厚道,百姓就会走向仁德;不遗弃过去的老朋友,百姓就不会对人冷漠。"

【原文】

子曰:"兴于《诗》,立于礼,成于乐。"[论语·泰伯]

【释义】

孔子说:"学《诗》使人奋发向上,学礼使人在社会上自立,学乐使人达到目标。"

【原文】

子曰:"民可使由之,不可使知之。"[论语·泰伯]

【释义】

孔子说:"老百姓,可以让他们去做,不可以让他们知道那是为什么。"

【原文】

子曰:"好勇疾贫,乱也。人而不仁,疾之已甚,乱也。"[论语·泰伯]

【释义】

孔子说:"好勇又厌恶贫困,就会作乱生事。指责不仁之人,如果太过分,也会引起祸乱。"

【原文】

子曰:"如有周公之才之美,使骄且吝,其余不足观也已。"[论语·泰伯]

【释义】

孔子说:"即使一个人的才能如同周公一样卓越,但只要骄傲吝啬,那其余的部分就不值一提了。"

【原文】

子曰:"三年学,不至于谷,不易得也。"[论语·泰伯]

【释义】

孔子说:"读书三年还没有当官的念头,这是非常不容易的。"

【原文】

子曰:"笃信好学,守死善道,危邦不入,乱邦不居。天下有道则见,无道则隐。邦有道,贫且贱焉,耻也;邦无道,富且贵焉,耻也。"[论语·泰伯]

【释义】

孔子说:"以坚定的信心勤奋学习,誓死捍卫真理。不去危险的国家,不住动乱的国家。天下政治清明就出来做事,天下政治黑暗就隐退山林。政治清明而自己却贫贱,这是耻辱;政治黑暗而自己却富贵,也是耻辱。"

【原文】

子曰:"不在其位,不谋其政。"[论语·泰伯]

【释义】

孔子说:"不在那个职位上,就不考虑那个职位上的事。"

【原文】

子曰:"师挚之始,《关雎》之乱,洋洋乎盈耳哉!"[论语·泰伯]

【释义】

孔子说:"从太师挚开始演奏起,到结束时演奏的《关雎》,我的耳边一直回荡着美妙的音乐。"

【原文】

子曰:"狂而不直,侗而不愿,悾悾而不信,吾不知之矣。"[论语·泰伯]

【释义】

孔子说:"狂妄而不直率,愚昧而不老实,表面忠厚却不讲信用,我不知道这种人是怎么回事。"

【原文】

子曰:"学如不及,犹恐失之。"[论语·泰伯]

【释义】

孔子说:"学习时就像赶不上什么一样,赶上了还担心又丢掉了。"

【原文】

子曰:"巍巍乎,舜禹之有天下也而不与焉!"[论语·泰伯]

【释义】

孔子说:"真是伟大啊!舜和禹拥有天下,一点也不为自己。"

【原文】

子曰:"大哉尧之为君也!巍巍乎!唯天为大,唯尧则之。荡荡乎!民无能名焉。巍巍乎其有成功也!焕乎其有文章!"[论语·泰伯]

【释义】

孔子说:"尧成为君主真是伟大啊!多么伟大啊!只有天是最伟大的,只有尧能效法天的伟大。多么广博啊!百姓不知道用什么语言来称赞他。他的功绩多么崇高,他的礼仪制度多么辉煌啊!"

【原文】

舜有臣五人而天下治。武王曰:"予有乱臣十人。"孔子曰:"才难,不其然乎?唐虞之际,于斯为盛。有妇人焉,九人而已。三分天下有其二,以服事殷。周之德,其可谓至德也已矣。"[论语·泰伯]

【释义】

舜有五位贤臣,而天下太平。周武王说:"我有十位治理天下的大臣。"孔子说:"人才难得,不正是这样吗?唐尧虞舜以后,武王时人才最为鼎盛。十位人才中还有一位妇女,实际上是九位。周朝得了天下的三分之二,仍臣服于殷朝。周朝的德行,可以说是达到了至高的境界。"

【原文】

子曰:"禹,吾无间然矣。菲饮食而致孝乎鬼神,恶衣服而致美乎黻冕,卑宫室而尽力乎沟洫。禹,吾无间然矣。"[论语·泰伯]

【释义】

孔子说:"对于禹,我没有任何批评。饮食简单,但祭祀鬼神的祭品却很丰富,穿着粗糙,而祭祀的衣服却很华关,住所简陋,而致力于修筑水利。对于禹,我没有任何批评。"

【原文】

子罕言利与命与仁。[论语·子罕]

【释义】

孔子很少谈论利益、命运与仁德。

【原文】

达巷党人曰:"大哉孔子! 博学而无所成名。"子闻之,谓门弟子曰:"吾何执? 执御乎? 执射乎? 吾执御矣。"[论语·子罕]

【释义】

达巷地区有人说:"孔子真是伟大! 学问广博而无法说他是哪一方面的专家。"孔子听到后,对学生说:"我专心做什么呢? 专心驾马车吗? 专心射箭吗? 我驾马车好了。"

【原文】

子曰:"麻冕,礼也;今也纯,俭,吾从众。拜下,礼也;今拜乎上,泰也。虽违众,吾从下。"[论语·子罕]

【释义】

孔子说:"以麻制成的礼帽,合乎礼的规定。现在用丝绸制作,这样比较节省,我赞成大家的做法。在堂下跪拜,也是合乎礼的规定。现在大家都在堂上跪拜,这样不太恭顺。虽然与大家的做法不一样,我还是赞同在堂下拜。"

【原文】

子绝四:毋意,毋必,毋固,毋我。[论语·子罕]

【释义】

孔子没有这四种毛病:不随意揣测,不坚持己见,不拘泥固执,不自以为是。

【原文】

子畏于匡,曰:"文王既没,文不在兹乎? 天之将丧斯文也,后死者不得与于斯文也;天之未丧斯文也,匡人其如予何?"[论语·子罕]

【释义】

孔子被匡地的人们所围困,他说:"周文王死后,礼乐文化不都在我这里吗? 如果上天要消灭这种文化,那后代的人就没有机会掌握这种文化了;如果上天不消灭这种文化,那么匡人又能对我怎么样呢?"

【原文】

太宰问于子贡曰:"夫子圣者与? 何其多能也?"子贡曰:"固天纵之将圣,又多能也。"子闻之,曰:"太宰知我乎! 吾少也贱,故多能鄙事。君子多乎哉? 不多也。"[论语·子罕]

【释义】

太宰问子贡:"孔先生是位圣人吗? 为什么这样多才多艺呢?"子贡说:"既然上天让他成为圣人,当然就会让他多才多艺。"孔子听到后说:"太宰了解我呀! 我小时候家里贫穷,所以学了不少技艺。做一个君子需要这样多的技艺吗? 不需要的。"

【原文】

牢曰:"子云,'吾不试,故艺'。"[论语·子罕]

【释义】

子牢说:"孔子说过,'我没有去做官,所以学了许多技艺'。"

【原文】

子曰:"吾有知乎哉? 无知也。有鄙夫问于我,空空如也。我叩其两端而竭焉。"[论语·子罕]

【释义】

孔子说:"我有知识吗? 其实没有知识。有一个乡下人问我,我一无所知。我只是从问题的两端仔细推敲,然后找到了答案。"

【原文】

子曰:"凤鸟不至,河不出图,吾已矣夫!"[论语·子罕]

【释义】

孔子说:"凤凰不飞来了,河图也不出现了,我这一生没有指望了!"

【原文】

子见齐衰者、冕衣裳者与瞽者,见之,虽少,必作;过之,必趋。[论语·子罕]

【释义】

孔了遇见穿丧服的人、穿官服的人和盲人时,虽然他们年轻,也一定会站起来;经过他们面前时,一定会加快脚步。

【原文】

颜渊喟然叹曰:"仰之弥高,钻之弥坚;瞻之在前,忽焉在后。夫子循循然善诱人,博我以文,约我以礼,欲罢不能。既竭吾才,如有所立卓尔。虽欲从之,未由也已。"[论语·子罕]

【释义】

颜渊感叹说:"越抬头看越觉得高,越钻研越觉得深;看起来是在前面,忽然又到后面去了。老师能循序渐进地诱导人,用知识充实我,用礼节约束我,使我想停止也停不下来。我尽了全力,似乎看到大道就在前方,但想追随它,却又找不到道路。"

【原文】

子疾病，子路使门人为臣。病问，曰："久矣哉，由之行诈也。无臣而为有臣。吾谁欺？欺天乎？且予与其死于臣之手也，无宁死于二三子之手乎？且予纵不得大葬，予死于道路乎？"[论语·子罕]

【释义】

孔子病得很重，子路派门徒去做孔子的家臣料理后事。后来病情缓和，孔子说："很久以来，仲由就弄虚作假。没有家臣却偏偏要装作有家臣，我骗谁呢？难道骗上天吧？与其死在家臣的手里，不如死在学生的手里，这样不是更好吗？就算得不到隆重的安葬，难道会死在路边没人埋吗？"

【原文】

子贡曰："有美玉于斯，韫椟而藏诸？求善贾而沽诸？"子曰："沽之哉！沽之哉！我待贾者也。"[论语·子罕]

【释义】

子贡说："有一块美玉，是把它放匣中藏好呢？还是找一个识货的商人卖掉呢？"孔子说："卖掉吧！卖掉吧！我正等待着识货的商人呢。"

【原文】

子①欲居九夷。或曰："陋，如之何？"子曰："君子居之，何陋之有？"[论语·子罕]

【注释】

①罗泌《国名记》引逸《论语》："子欲居九夷，从凤嬉。"○《宋史·苏舜钦传》引：孔子曰："吾欲居九夷。"

【释义】

孔子想搬到偏远的地方去住。有人说："那里很简陋，怎么行呢？"孔子说："君子住在那里，有什么简陋的呢？"

【原文】

子曰:"吾自卫反鲁,然后乐正,《雅》《颂》各得其所。"[论语·子罕]

【释义】

孔子说:"我从卫国回到鲁国以后,乐才得到订正,《雅》和《颂》也有了适当的安排。"

【原文】

子曰:"出则事公卿,入则事父兄,丧事不敢不勉,不为酒困,何有于我哉?"[论语·子罕]

【释义】

孔子说:"在外服侍公卿,在家伺候父母兄长,尽力办好丧事,不因酒而误事,这对我有什么困难呢?"

【原文】

子在川上曰:"逝者如斯夫! 不舍昼夜。"[论语·子罕]

【释义】

孔子在河边说:"消逝的时光就像河水这样啊! 日夜不停息。"

【原文】

子曰:"吾未见好德如好色者也!"[论语·子罕]

【释义】

孔子说:"我没见过喜爱道德如同喜爱美色的人!"

【原文】

子曰:"譬如为山,未成一篑,止,吾止也。譬如平地,虽覆一篑,进,吾往也。"[论语·子罕]

【释义】

孔子说:"比如堆土成山,只差一筐土就成功了,如果停下来,那是我自己停下来的。比如平整的土地,即使才倒下一筐土,如果要继续前进,那也是我自己要前进的。"

【原文】

子曰:"语之而不惰者,其回也与!"[论语·子罕]

【释义】

孔子说:"听我说话而从不懈怠的弟子,大概只有颜回吧!"

【原文】

子谓颜渊,曰:"惜乎!吾见其进也,未见其止也。"[论语·子罕]

【释义】

孔子谈到颜渊,说:"可惜啊!我只看见他不断进取,从没看见他停下来。"

【原文】

子曰:"苗而不秀者有矣夫!秀而不实者有矣夫!"[论语·子罕]

【释义】

孔子说:"庄稼发芽而不开花是有的吧!开花了而不结果实也是有的吧!"

【原文】

子曰:"后生可畏,焉知来者之不如今也?四十、五十而无闻焉。斯亦不足畏也已。"[论语·子罕]

【释义】

孔子说:"年轻人值得尊重,怎么知道他们的将来不如现在的人呢?但是,如果四五十岁了还默默无闻,那也就没有什么值得尊重的了。"

【原文】

子曰:"法语之言,能无从乎? 改之为贵。巽与之言,能无说乎? 绎之为贵。说而不绎,从而不改,吾未如之何也已矣。"[论语·子罕]

【释义】

孔子说:"严肃的劝诫的话,能不听从吗? 但要改正错误才是可贵的。恭维的话,听了能够不高兴吗? 但要以能仔细思考才是可贵的。盲目高兴而不假思索,表面接受而实际不改,我不知道该拿这种人怎么办了。"

【原文】

子曰:"主忠信,毋友不如己者,过则勿惮改。"[论语·子罕]

【释义】

孔子说:"要以忠诚守信为根本,不和不如自己的人交朋友,有了过错不怕去改正。"

【原文】

子曰:"三军可夺帅也,匹夫不可夺志也。"[论语·子罕]

【释义】

孔子说:"军队的主帅可以被夺去,一个人的志气却不可被夺去。"

【原文】

子曰:"衣敝缊袍,与衣狐貉者立,而不耻者,其由也与?"[论语·子罕]

【释义】

孔子说:"穿着破旧的棉袍,与穿着狐貉皮袍的人站在一起而不觉得可耻,大概只有仲由吧!"

【原文】

"不忮不求,何用不臧?"子路终身诵之。子曰:"是道也,何足以臧?"[论语·

【释义】

"不嫉妒,不贪求,难道不好吗?"子路听后,反复吟诵。孔子说:"仅仅做到这样,怎么能说够好呢?"

【原文】

子曰:"岁寒,然后知松柏之后彫①也。"[论语·子罕]

【注释】

①皇本"彫"作"凋"。

【释义】

孔子说:"天气真正冷了,才知道松柏是最后落叶的。"

【原文】

子曰:"知者不惑,仁者不忧,勇者不惧。"[论语·子罕]

【释义】

孔子说:"聪明的人没有困惑,有仁德的人没有忧愁,勇敢的人不会畏惧。"

【原文】

子曰:"可与共学,未可与适道;可与适道,未可与立;可与立,未可与权。"[论语·子罕]

【释义】

孔子说:"可以一起学习的人,未必志同道合;志同道合的人,未必可以一起建功立业;可以一起建功立业的人,未必可以一起权衡是非。"

【原文】

"唐棣之华,偏其反而。岂不尔思? 室是远而。"子曰:"未之思也,夫何远之有?"[论语·子罕]

【释义】

"唐棣树的花，翩翩地摇摆。我怎么能不想你？只是住的地方太远了。"孔子说："还是没有真的想念，如果真的想念，怎么会觉得遥远呢？"

【原文】

孔子于乡党，恂恂如也，似不能言者。其在宗庙朝廷，便便言，唯谨尔。朝，与下大夫言，侃侃如也；与上大夫言，訚訚如也。君在，踧踖如也，与与如也。〔论语·乡党〕

【释义】

孔子在乡里之间很恭敬，好像不会说话的样子。他在宗庙和朝廷上，讲话流畅，也很谨慎。上朝时，与下大夫说话，安详从容；与上大夫说话，正直诚恳。国君临朝时，恭恭敬敬，得体自然。

【原文】

君①召使摈，（孔子）色勃如也，足躩如也。揖所与立，左右手，衣前后，襜如也。趋进，翼如也。宾退，必复命，曰："宾不顾矣。"〔论语·乡党〕

【注释】

①《文选·四子讲德论》注引："君召"二句上题"子曰"二字。

【释义】

国君召孔子去接待宾客，孔子神色立即庄重起来，脚步也随之加快。他向站在一起的人作揖，向左或向右拱手，衣服前后摆动却很整齐。快步前进的时候，像鸟儿展开双翅一样。宾客辞别后，他一定向君主回报说："客人已经不再回头看了。"

【原文】

（孔子）入公门，鞠躬如也，如不容。立不中门，行不履阈。过位，色勃如也，足躩如也，其言似不足者。摄齐升堂，鞠躬如也，屏气似不息者。出，降一等，逞颜色，怡怡如也。没阶，趋进，翼如也。复其位，踧踖如也。〔论语·乡党〕

【释义】

孔子进入朝廷大门,恭恭敬敬,好像没有容身之地。站立时,不站在门的中间,行走时,不踩在门槛。经过君位时,脸色庄重,脚步加快,说话就像气力不足的样子。提着衣襟走上堂去,恭恭敬敬,屏住气好像不敢呼吸一样。出来时,下了一级台阶,脸色才放松,显出轻松自得的样子。下完台阶,快步前行,如同鸟儿展翅一样。回到自己的位置时,神情又恭恭敬敬。

【原文】

(孔子)执圭,鞠躬如也,如不胜。上如揖,下如授。勃如战色,足蹜蹜如有循。享礼,有容色。私觌,愉愉如也。[论语·乡党]

【释义】

孔子捧着玉圭出使外国,神情恭敬,好像手拿不动一样。上举时如同作揖,下执时好像要给人。脸色矜持而谨慎,脚步急促,好像沿着什么在走一样。献礼时雍容大方。私下以个人身份交往,显得轻松自在。

【原文】

君①子不以绀緅饰,红紫不以为亵服。当②暑,袗絺绤,必表而出之。缁③衣羔裘,素衣麑裘,黄衣狐裘。亵裘长,短右袂。必有寝衣,长一身有半。狐④貉之厚以居,去丧,无所不佩。非帷裳,必杀之。羔裘玄冠不以吊。吉月,必朝服而朝。[论语·乡党]

玉圭

【注释】

①邢疏云:君子谓孔子也。

②《礼记·曲礼》郑注引:"当暑"上题"孔子曰"三字。

③同上。《玉藻》郑注引:孔子曰:"素衣麑裘。"孔子曰:"缁衣羔裘。"孔子曰:"黄衣狐裘。"

④《文选·辨命论》注引:子曰:"狐貉之厚以居。"

【释义】

君子不用天蓝色和铁灰色做衣服的镶边,不用红色和紫色做便服。夏天时,穿粗的或细的葛布单衣,出门时一定要加上一件外套。黑色外衣配黑色羔裘,白色外衣配白色鹿裘,黄色外衣配黄色狐裘。居家穿的皮衣比较长,但要把右边的衣袖做得短一截。睡觉时要有睡衣,睡衣有一个半人那么长。座位上铺着厚厚的狐貉皮。服丧期满,什么饰物都可以佩戴。平常穿的礼服,一定要剪去一些布。不穿黑色的羊皮衣和戴黑色的礼帽去吊丧。正月初一,一定要穿着正式的衣服去上朝。

【原文】

(君子)齐,必有明衣,布。齐必变食,居必迁坐。〔论语·乡党〕

【释义】

君子斋戒期间,必须穿洁净的布衣。斋戒期间,必须改变食物,变更住处。

【原文】

(君子)食不厌精,脍①不厌细。食饐而餲,鱼②馁而肉败,不食。色恶,不食。臭恶,不食。失饪,不③食。不时,不食。割不正,不食。不④得其酱,不食。肉虽多,不使胜食气。唯酒无量,不及乱。沽酒市脯,不食。不撤姜食,不多食。祭十公,不宿肉,祭肉不出三日。出三日,不食之矣。食不语,寝不言。虽⑤疏食菜羹瓜祭,必齐如也。〔论语·乡党〕

【注释】

①陆佃礼记解引:孔子曰:脍不厌细。
②事文类聚续集引:"鱼馁而肉败"以下一段上题"孔子曰"三字。
③陈襄古众集详定礼文引:孔子曰:不时不食。
④尔雅翼引:孔子曰:不得其酱,不食。
⑤论衡祭意篇引:孔子曰:虽疏食菜羹瓜祭,必齐如也。

【释义】

君子食物不嫌做得精,鱼肉不嫌切得细。食物放久变质了,鱼和肉腐烂了,不吃。颜色难看的,不吃。气味难闻的,不吃。烹调不当的,不吃。不到该当吃饭的时候,不吃。切割方法不对的,不吃。没有合适的调味料,不吃。肉虽然吃得多,但不超过饭量。酒不限量,但不能喝醉。买来的酒和肉干,不吃。姜可以吃,但也不宜多吃。参加国君祭祀,分到的肉不能留到第二天。祭祀用的肉不超过三天。超过三天,就不吃了。吃饭时不交谈,睡觉时不说话。虽是火糙米饭菜汤,也一定得先祭一祭,祭时要恭恭敬敬,好像斋戒了的一样。

【原文】

(君子)席不正,不坐。[论语·乡党]

【释义】

席子放得不合礼制,不坐。

【原文】

(君子)乡人饮酒,杖者出,斯出矣。[论语·乡党]

【释义】

君子与乡里人喝酒,要等老年人先出去,他才出去。

【原文】

(君子)乡人傩,朝服而立于阼阶。[论语·乡党]

【释义】

乡里人举行迎神驱鬼的仪式时,君子总是穿着朝服站在东面的台阶上。

【原文】

问人于他邦,(君子)再拜而送之。[论语·乡党]

【释义】

托人向他国的朋友问候,对受托者拜两次才告辞。

【原文】

康子馈药,拜而受之。曰:"丘未达,不敢尝。"[论语·乡党]

【释义】

季康子赠送药品,孔子拜谢后收下了,说:"我不清楚这种药的药性,不敢服用。"

【原文】

厩焚,子退朝,曰:"伤人乎?"不问马。[论语·乡党]

【释义】

马厩失火了,孔子退朝回来,问:"伤到人没有?"没有问马的情况。

【原文】

君赐食,(子)必正席先尝之。君赐腥,必熟而荐之。君赐生,必畜之。侍食于君,君祭,先饭。[论语·乡党]

【释义】

国君赐给煮熟的食物,孔子一定端坐好,先尝一点。国君赐给生肉,一定煮熟了,先给祖先上供。国君赐给活物,一定要饲养起来。陪同国君吃饭,在国君举行饭前祭礼的时候,一定要先吃饭。

【原文】

(子)疾,君视之,东首,加朝服拖绅。[论语·乡党]

【释义】

孔子病了,国君来探视,就头朝东,身上盖上朝服,拖着大腰带。

【原文】

君命召,(子)不俟驾行矣。[论语·乡党]

【释义】

国君召见,孔子不等车马驾好就动身了。

【原文】

(子)入太庙,每事问。[论语·乡党]

【释义】

孔子进入宗庙,每件事都问个详细。

【原文】

朋友死,无所归,(子)曰:"于我殡。"[论语·乡党]

【释义】

朋友死了,家中没有人料理后事,孔子说:"我为他办理丧事吧!"

【原文】

朋友之馈,虽车马,非祭肉,(子)不拜。[论语·乡党]

【释义】

朋友馈赠物品,即使是车马,只要不是祭肉,孔子也不拜谢。

【原文】

(子)寝不尸,居不客。[论语·乡党]

【释义】

孔子睡觉时不像死尸那样僵卧,平常在家也不像做客那样端坐。

【原文】

见①齐衰者,虽狎必变。见冕者与瞽者,虽亵必以貌,凶服者式之,式负版者。有盛馔,必变色而作。迅雷风烈,必变。[论语·乡党]

【注释】

①皇本、高丽本"见"上有"子"字。

【释义】

见到穿齐衰孝服的人，虽然是平日熟悉的，也必定改变神情。见到戴官帽的与盲人，即使是熟人，也一定以礼相待。在车中遇着拿了送死人衣物的人，手扶车前之横木，表示同情。遇到丰盛的菜肴，必站起身表示感谢。遇到急雷大风，必定改变神色。

【原文】

（子）升车，必正立执绥。车中，不内顾，不疾言，不亲指。〔论语·乡党〕

【释义】

孔子上了车，一定端正站好，手拉着绳子。在车上，不向里乱看，不急速说话，不用手指点。

【原文】

色斯举矣，翔而后集。曰："山梁雌雉，时哉时哉！"子路共之，三嗅而作。〔论语·乡党〕

【释义】

鸟见人的脸色有变化，盘旋飞翔后集结在树上。孔子说："山坡上的鸟，真知时呀！"子路向它们拱拱手，它们叫了三声飞走了。

【原文】

子曰："先进于礼乐，野人也；后进于礼乐，君子也。如用之，则吾从先进。"〔论语·先进〕

【释义】

孔子说："先学习礼乐然后做官，是普通的士人；先做官然后学习礼乐，是贵族子弟。如果选用人才，那我主张选用先学习礼乐的人。"

【原文】

子曰："从我于陈、蔡者，皆不及门也。"〔论语·先进〕

【释义】

孔子说:"曾跟随我困在陈国、蔡国的学生,现在都不在我身边了。"

【原文】

德①行:颜渊,闵子骞,冉伯牛,仲弓。言语:宰我,子贡。政事:冉有,季路。文学:子游,子夏。[论语·先进]

【注释】

①《七经考文补遗》曰:古本《德行》上有"子曰"二字。

【释义】

道德良好的:颜渊,闵子骞,冉伯牛,仲弓。能说善辩的:宰我,子贡。适合从政的:冉有,季路。熟悉文献的:子游,子夏。

【原文】

子曰:"回也非助我者也,于吾言无所不说。"[论语·先进]

【释义】

孔子说:"颜回不是对我有帮助的人,他对我说的话没有不满意的。"

【原文】

子曰:"孝哉闵子骞! 人不问于其父母昆弟之言。"[论语·先进]

【释义】

孔子说:"闵子骞真孝顺呀! 人们都不怀疑他的父母兄弟称赞他的话。"

【原文】

南容三复白圭,孔子以其兄之子妻之。[论语·先进]

【释义】

南容多次诵读《白圭》之诗,孔子把侄女嫁给了他。

【原文】

季康子问："弟子孰为好学?"孔子对曰："有颜回者好学,不幸短命死矣,今也则亡。"[论语·先进]

【释义】

季康子问："学生中谁是好学的?"孔子回答说："有一个叫颜回的学生很好学,遗憾的是他短命死了。现在再也没有这样的学生了。"

【原文】

颜渊死,颜路请子之车以为之椁。子曰："才不才,亦各言其子也。鲤也死,有棺而无椁。吾不徒行以为之椁。以吾从大夫之后,不可徒行也。"[论语·先进]

【释义】

颜渊死了,颜路请求孔子卖掉车子为颜渊置办个外椁。孔子说："不管有没有才能,但各自都是自己的儿子。孔鲤死的时候,也是有棺无椁。我也没有徒步给他买椁。因为我曾经当过大夫,按理是不能步行的。"

【原文】

颜渊死,子曰："噫! 天丧予! 天丧予!"[论语·先进]

【释义】

颜渊死了,孔子说："唉! 老天爷是要我的命呀! 老天爷是要我的命呀!"

【原文】

颜渊死,子哭之恸。从者曰："子恸矣。"曰："有恸乎? 非夫人之为恸而谁为?"[论语·先进]

【释义】

颜渊死了,孔子哭得很悲伤。随从的人说："您太伤心了!"孔子说："我太伤心了吗? 我不为这样的人伤心,又要为谁伤心呢?"

【原文】

颜渊死,门人欲厚葬之,子曰:"不可。"门人厚葬之。子曰:"回也视予犹父也,予不得视犹子也。非我也,夫二三子也。"[论语·先进]

【释义】

颜渊死了,孔子的弟子们想要隆重地安葬他。孔子说:"不能这样做。"孔子的弟子们还是隆重地安葬了他。孔子说:"颜回把我当父亲一样看待,我却不能把他当亲生儿子一样看待。这种不合礼仪的事不是我的过错,是那些学生们干的。"

【原文】

季路问事鬼神。子曰:"未能事人,焉能事鬼?"曰:"敢问死。"曰:"未知生,焉知死?"[论语·先进]

【释义】

子路问怎样侍奉鬼神。孔子说:"还没侍奉好活人,谈什么侍奉鬼呢?"子路又问:"请问死是怎么回事?"孔子回答说:"还没弄清楚生,怎么能弄清楚死呢?"

【原文】

闵子侍侧,訚訚如也;子路,行行如也。冉有、子贡,侃侃如也。子乐。"若①由也,不得其死然。"[论语·先进]

【注释】

①皇本若上有"曰"字。

【释义】

闵子骞站在孔子身旁,温和而正直的样子;子路很刚强的样子;冉有、子贡安详快乐的样子。孔子非常高兴。说:"像仲由那样,恐怕不得善终。"

【原文】

鲁人为长府。闵子骞曰①:"仍旧贯,如之何? 何必改作?"子曰:"夫人不言,言必有中。"[论语·先进]

【注释】

①《隋书·何妥》上事引孔子曰:"仍旧贯,何必改作? 亦无如之何?"

【释义】

鲁国人准备改建长府。闵子骞说:"照老样子有什么不可以? 为什么一定要改建呢?"孔子说:"这人平时不说话,一说就切中了要害。"

【原文】

子曰:"由之瑟奚为于丘之门?"门人不敬子路。子曰:"由也升堂矣,未人于室也。"[论语·先进]

【释义】

孔子说:"仲由鼓瑟,为什么会在我的门下呢?"学生们因此瞧不起子路。孔子于是说:"仲由的修养已经升堂了,只是还没有进入内室罢了。"

【原文】

子贡问:"师与商也孰贤?"子曰:"师也过,商也不及。"曰:"然则师愈与?"子曰:"过犹不及。"[论语·先进]

【释义】

子贡问:"子张和子夏,哪一个比较杰出?"孔子说:"子张过头了,子夏还不够。"子贡说:"那么子张要好一些吗?"孔子说:"过分与不足同样不好。"

【原文】

季①氏富于周公,而②求也为之聚敛而附益之。子曰:"非吾徒也。小子鸣鼓而攻之可也。"[论语·先进]

【注释】

①《后汉书》杨秉文传注引:孔子曰:"季氏富于周公。"

②《汉书·诸侯王表》师古注引此文,省"而"字,上题"孔子云"字。

【释义】

季氏的财富超过了周朝的公侯,而冉求还在帮他搜刮来增加他的钱财。孔子说:"冉求不是我的学生了,你们可以公开声讨他。"

【原文】

柴①也愚,参也鲁,师也辟,由也喭。子曰:"回也其庶乎,屡空。赐不受命,而货殖焉,亿则屡中。"[论语·先进]

【注释】

①朱注云:吴氏曰:"此章之首脱'子曰'二字。"或疑下章子曰,当在此章之首,而通为一章。

【释义】

高柴愚笨,曾参迟钝,颛孙师偏激,仲由鲁莽。孔子说:"颜回的修养差不多了吧,可是常常贫穷不堪。子贡不安本分去经商,猜测行情每每很准。"

【原文】

子张问善人之道。子曰:"不践迹,亦不入于室。"子曰:"论笃是与,君子者乎?色庄者乎?"[论语·先进]

【释义】

子张请教做善人的方法。孔子说:"如果不追随前人,那学问和修养就达不到最高境界。"孔子说:"言论笃实诚恳可以表示赞许,但要区分他是真君子,还是貌似庄重的人呢?"

【原文】

子路问:"闻斯行诸?"子曰:"有父兄在,如之何其闻斯行之?"冉有问:"闻斯行诸?"子曰:"闻斯行之。"公西华曰:"由也问闻斯行诸,子曰,'有父兄在';求也问闻斯行诸,子曰,'闻斯行之'。赤也惑,敢问。"子曰:"求也退,故进之;由也兼人,故退之。"[论语·先进]

【释义】

　　子路问："听说了就可以去做吗?"孔子说:"父亲和兄长还在,怎么能听说了就可以去做呢?"冉有问:"听说了就可以去做吗?"孔子说:"听说了就可以去做。"公西华说:"仲由问听说了就可以去做吗,您说'父亲和兄长还在';冉求问父亲和兄长还在,您却说'听说了就可以去做'。我有些困惑,所以冒昧地请教。"孔子说:"冉求做事比较退缩,所以我鼓励他前进;仲由做事好勇争胜,所以我让他保守些。"

【原文】

　　子畏于匡,颜渊后。子曰:"吾以女为死矣。"曰:"子在,回何敢死?"[论语·先进]

【释义】

　　孔子被匡地的人围困,颜渊后来才逃出来。孔子说:"我以为你已经死了呢。"颜渊说:"老师还活着,我怎么敢死呢?"

【原文】

　　季子然问:"仲由、冉求可谓大臣与?"子曰:"吾以子为异之问,曾由与求之问。所谓大臣者,以道事君,不可则止。今由与求也,可谓具臣矣。"曰:"然则从之者与?"子曰:"弑父与君,亦不从也。"[论语·先进]

【释义】

　　季子然问:"仲由、冉求可以称得上是大臣吗?"孔子说:"我以为您要问别的事,原来是问仲由和冉求啊! 所谓大臣,用道义来侍奉君主,行不通就辞职。现在的仲由和冉求,可以称得上是称职的臣子。"季子然又问:"那么,他们会一切顺从上级吗?"孔子说:"如果是杀父杀君的事情,那他们是不会顺从的。"

【原文】

　　子路使子羔为费宰。子曰:"贼夫人之子。"子路曰:"有民人焉,有社稷焉,何必读书,然后为学?"子曰:"是故恶夫佞者。"[论语·先进]

【释义】

子路让子羔担任费地的长官。孔子说："这简直是误人子弟。"子路说："既有民众又有社稷，为什么一定要读书才算学习呢？"孔子说："所以我讨厌强词夺理的人。"

【原文】

子路、曾皙、冉有、公西华侍坐。子曰："以吾一日长乎尔，毋吾以也。居则曰：'不吾知也！'如或知尔，则何以哉？"子路率尔而对曰："千乘之国，摄乎大国之间，加①之以师旅，因之以饥馑；由也为之，比及三年，可使有勇，且知方也。"夫子哂之。"求！尔何如？"对曰："方六七十，如五六十，求也为之，比及三年，可使足民。如其礼乐，以俟君子。""赤！尔何如？"对曰："非曰能之，愿学焉。宗庙之事，如会同，端章甫，愿为小相焉。""点！尔何如？"鼓瑟希，铿尔，舍瑟而作，对曰："异乎三子者之撰。"子曰："何伤乎？亦各言其志也。"曰："莫春者，春服既成，冠者五六人，童子六七人，浴乎沂，风乎舞雩，咏而归。"夫子喟然叹曰："吾与点也！"三子者出，曾皙后。曾皙曰："夫三子者之言何如？"子曰："亦各言其志也已矣。"曰："夫子何哂由也？"曰："为国以礼，其言不让，是故哂之。""唯求则非邦也与？""安见方六七十如五六十而非邦也者？""唯赤则非邦也与？""宗庙会同，非诸侯而何？赤也为之小。孰能为之大？"［论语·先进］

【注释】

①《晋书·食货志》引"加之以师旅，因之以饥馑"二句为孔子语。

【释义】

子路、曾皙、冉有、公西华在孔子身旁坐着。孔子说："我比你们年长一些，希望不要因此而拘束。你们平常总是说：'没有人了解我！'如果有人了解你们，那你们又要怎么做呢？"子路立刻答道："拥有一千辆兵车的国家，夹在大国中间，外面有军队侵犯，里面发生饥荒。如果让我来治理它，只要三年，可以使老百姓勇敢而懂得大道理。"孔子听了微微一笑。"冉求！你怎么样？"冉求回答说："方圆六七十里或五六十里的地方，如果我来治理，只要三年，可以使老百姓富足。至于礼乐教化，则需要君子来推行了。""公西赤，你怎么样？"公西赤回答说："我不敢说能做什么，只是愿意学习罢了。宗庙祭礼或者外交会见的事,我愿意穿戴好礼服礼帽,做一个小小的司仪。""曾点,你怎么样?"弹瑟的声音渐稀,铿的一声,曾皙放下瑟站起来回答道:"我的想法与他们三位讲的不同。"孔子说:"那有什么关系呢?不过是各自谈谈志向罢了。"曾皙说:"暮春三月,穿上春装,约上五六个成年人、六七个小孩子,在沂水里洗洗澡,在舞雩台上吹吹风,然后一路唱着歌儿回来。"孔子感叹说:"我欣赏曾点的想法啊!"子路、冉有、公西华三人出去了,曾皙留在后面。曾皙问:"他们三位的话怎么样?"孔子说:"也不过是各自谈谈志向罢了。"曾皙说:"那老师为什么要笑仲由呢!"孔子说:"治理国家靠的是礼让,他的话却毫不谦让,所以笑他。"曾皙说:"难道冉求讲的不是治理国家吗?"孔子说:"谁说方圆七十里或五六十里就不是国家呢?"曾皙说:"难道公西赤讲的就不是治理国家吗?"孔子说:"有宗庙祭祀和外交会见,不是诸侯之国又是什么呢?如果公西赤只能做一个小司仪,那谁还能做大司仪呢?"

【原文】

颜渊问仁。子曰:"克己复礼为仁。一日克己复礼,天下归仁焉。为仁由己,而由人乎哉?"颜渊曰:"请问其目。"子曰:"非礼勿视,非礼勿听,非礼勿言,非礼勿动。"颜渊曰:"回虽不敏,请事斯语矣。"[论语·颜渊]

【释义】

颜渊问什么是仁。孔子说:"约束自己使言行都合于礼,这就是仁。一旦约束自己而使言行都合于礼,天下人就会称赞你。修德全靠自己,难道会靠别人吗?"颜渊说:"请说说具体的做法。"孔子说:"不合乎礼的不看,不合乎礼的不听,不合乎礼的不说,不合乎礼的不做。"颜渊说:"我虽然迟钝,也要努力做到这些。"

【原文】

仲弓问仁。子曰:"出门如见大宾,使民如承大祭。己所不欲,勿施于人。在邦无怨,在家无怨。"仲弓曰:"雍虽不敏,请事斯语矣。"[论语·颜渊]

【释义】

仲弓问什么是仁。孔子说:"走出家门,要像接待贵宾一样,役使百姓,要像承办大家典礼一样。自己不想做的事情,也不要强加给别人。在国家做官没有人怨恨，在家族做事也没有人怨恨。"仲弓说："我虽然迟钝，也要努力做到这些。"

【原文】

司马牛问仁。子曰："仁者其言也切"曰："其言也切斯谓之仁已乎?"子曰："为之难，言之得无切?"［论语·颜渊］

【释义】

司马牛问什么是仁。孔子说："仁者说话非常谨慎。"司马牛说："说话谨慎就可以叫作仁了吗?"孔子说："做起来困难，说起来能不谨慎吗?"

【原文】

司马牛问君子。子曰："君子不忧不惧。"曰："不忧不惧，斯谓之君子已乎?"子曰："内省不疚，夫何忧何惧?"［论语·颜渊］

【释义】

司马牛问什么是君子。孔子说："君子不忧愁也不恐惧。"司马牛说："不忧愁不恐惧，就可以叫作君子了吗?"孔子说："能自己反省而不感到任何愧疚，那又忧愁什么恐惧什么呢?"

【原文】

司马牛忧曰："人皆有兄弟，我独亡。"子夏曰："商闻之矣：死生有命，富贵在天。君子敬而无失，与人恭而有礼，四海之内皆兄弟也。君子何患乎无兄弟也?"［论语·颜渊］

【释义】

司马牛忧伤地说："别人都有兄弟，只有我没有。"子夏说："我听说过：生死各有命运主宰，富贵全取决于天意。君子态度认真又没有过失，待人谦恭有礼，那四海之内都是兄弟。君子何愁没有兄弟呢?"

【原文】

子张问明。子曰："浸润之谮，肤受之愬，不行焉，可为谓明也已矣。浸润之谮，肤受之愬，不行焉，可谓远也已矣。"［论语·颜渊］

【释义】

子张问什么叫贤明:孔子说:"日积月累的谗言和切肤之痛的诬告,在你这里都行不通,可以称得上是贤明了。日积月累的谗言和切肤之痛的诬告,在你这里都行不通,可以称得上是有远见了。"

【原文】

子贡问政。子曰:"足食,足兵,民信之矣。"子贡曰:"必不得已而去,于斯三者何先?"曰:"去兵。"子贡曰:"必不得已而去,于斯二者何先?"曰:"去食。自古皆有死,民无信不立。"[论语·颜渊]

【释义】

子贡问怎样治理政事。孔子说:"使粮食充足,军备充实,老百姓对政府就信任了。"子贡说:"如果迫不得已要去掉一项,在这三项之中先去掉哪一项呢?"孔子说:"去掉军备。"子贡又问:"如果迫不得已还要去掉一项,在这两项之中又先去掉哪一项呢?"孔子回答说:"去掉粮食。因为自古以来人难免一死,如果没有老百姓的信任,国家就会垮掉。"

【原文】

子张问崇德、辨惑。子曰:"主忠信,徙义,崇德也。爱之欲其生,恶之欲其死。既欲其生,又欲其死,是惑也。'诚①不以富,亦只以异。'"[论语·颜渊]

【注释】

①朱注云:"诚不以富"二句,程子曰:此错简当在第十六季氏篇"齐景公有马千驷"之上,因此下文亦有齐景公字而误也。

【释义】

子张问怎样增进德行,辨别迷惑。孔子说:"以诚信为原则,顺从大义,就可以增进德行。喜爱一个人便想要他活得长久,厌恶他时便又希望他马上死去。既想要他活得长久,又想要他马上死去,这就是迷惑。《诗经》说:'并非她家比我富,是你异心相辜负。'"

【原文】

　　齐景公问政于孔子。孔子对曰："君君,臣臣,父父,子子。"公曰："善哉! 信如君不君,臣不臣,父不父,子不子,虽有粟,吾得而食诸?"［论语·颜渊］

【释义】

　　齐景公向孔子询问如何治理政事。孔子回答说："君王要像君王,臣子要像臣子,父亲要像父亲,儿子要像儿子。"齐景公说："说得对啊! 如果君王不像君王,臣子不像臣子,父亲不像父亲,儿子不像儿子。就算粮食很多,我吃得到吗?"

齐景公

【原文】

　　子曰："片言可以折狱者,其由也与?"子路无宿诺。［论语·颜渊］

【释义】

　　孔子说："根据一面之词就可以断案的人,大概就只有仲由吧?"子路答应要做的事,从不拖延。

【原文】

　　子曰："听讼,吾犹人也。必也使无讼乎。"［论语·颜渊］

【释义】

　　孔子说："审判诉讼案件,我和别人一样。必须使诉讼永远消失。"

【原文】

　　子张问政。子曰："居之无倦,行之以忠。"［论语·颜渊］

【释义】

　　子张问怎样治理政事。孔子说："在位时不要倦怠,执行任务时要忠诚。"

【原文】

子曰:"博学于文,约之以礼,亦可以弗畔矣夫。"[论语·颜渊]

【释义】

孔子说:"君子广泛地学习文献知识,又以礼来约束自己,也就可以不背离人生正途了。"

【原文】

子曰:"君子成人之美,不成人之恶,小人反是。"[论语·颜渊]

【释义】

孔子说:"君子成全别人的好事,不促成别人的坏事,小人则正好相反。"

【原文】

季康子问政于孔子。孔子对曰:"政者,正也。子帅以正,孰敢不正?"[论语·颜渊]

【释义】

季康子向孔子询问如何治理政事。孔子回答说:"政就是端正。您带头端正,谁敢不端正呢?"

【原文】

季康子患盗,问于孔子。孔子对曰:"苟子之不欲,虽赏之不窃。"[论语·颜渊]

【释义】

季康子因为盗贼太多而烦恼,向孔子询问对付的办法。孔子回答说:"如果您不贪图财物,即使奖励他们盗窃,他们也不会干的。"

【原文】

季康子问政于孔子曰:"如杀无道,以就有道,何如?"孔子对曰:"子为政,焉用

杀？子欲善而民善矣。君子之德风，小人之德草，草上之风，必偃。”［论语·颜渊］

【释义】

季康子向孔子询问政事说："如果杀掉为非作歹的人，亲近有修行的人，怎么样？"孔子回答说："您治理国政，为什么要杀人呢？只要您一心向善，老百姓也就会跟着向善。领导者的德行就像风，老百姓的德行就像草，草受风吹，必然随着风倒。"

【原文】

子张问："士何如斯可谓之达矣？"子曰："何哉，尔所谓达者？"子张对曰："在邦必闻，在家必闻。"子曰："是闻也，非达也。夫达也者，质直而好义，察言而观色，虑以下人。在邦必达，在家必达。夫闻也者，色取仁而行违，居之不疑。在邦必闻，在家必闻。"［论语·颜渊］

【释义】

子张问："读书人怎样做，才能称得上通达呢？"孔子说："你所说的通达是什么意思？"子张回答说："在朝廷做官一定有名，在大夫家做事也一定有名。"孔子说："那是名声，不是通达。通达的人，品性正直而见义勇为，认真分析别人的言论和观察别人的脸色，凡事以谦逊自处。这样的人在朝廷做官一定通达，在大夫家做事也一定通达。至于那种有名的人，表面上做出爱好仁德的样子，实际行为却是另外一回事，以此自居还不疑惑。这就是你所说的在朝廷做官一定有名，在大夫家做事一定有名。"

【原文】

樊迟从游于舞雩之下，曰："敢问崇德，修慝，辨惑。"子曰："善哉问！先事后得，非崇德与？攻其恶，无攻人之恶，非修慝与？一朝之忿，忘其身，以及其亲，非惑与？"［论语·颜渊］

【释义】

樊迟陪孔子在舞雩台散步，说："请问怎样增进品德，消除错误，辨别迷惑？"孔子说："问得好！先做事再想报酬的事，不是可以增进品德吗？多检查自己的过错少怪罪别人，不是可以消除错误吗？由于一时的愤怒而忘掉了自己的处境，甚至连累到父母，不就是迷惑吗？"

【原文】

樊迟问仁。子曰："爱人。"问知。子曰："知人。"樊迟未达。子曰："举直错诸枉，能使枉者直。"樊迟退，见子夏曰："乡也吾见于夫子而问知，子曰：'举直错诸枉，能使枉者直。'何谓也？"子夏曰："富哉言乎！舜[①]有天下，选于众，举皋陶，不仁者远矣。汤有天下，选于众，举伊尹，不仁者远矣。"［论语·颜渊］

【注释】

①《旧唐书》王志愔著《应正论》引"舜举咎繇，不仁者远"为孔子语。

【释义】

樊迟问什么是仁。孔子说："爱护他人。"樊迟又问什么是智。孔子说："了解他人。"樊迟没有听懂。孔子说："提拔正直的人，使之位于不正直的人之上，就能够使不正直的人变得正直。"樊迟离开后，看见子夏说："刚才我去问老师什么叫智，老师说：'提拔正直的人，使之位于不正直的人之上，就能够使不正直的人变得正直。'这是什么意思？"子夏说："这话含义深刻呀！舜统治天下时，在众人之中提拔了皋陶，那些不正直的人就被疏远了。商汤统治天下时，在众人之中提拔了伊尹，那些不正直的人也就被疏远了。"

【原文】

子贡问友。子曰："忠告而善道之，不可则止，毋自辱焉。"［论语·颜渊］

【释义】

子贡问如何交朋友。孔子说："真诚相告，委婉劝导，他若不听就算了，不要自取其辱。"

【原文】

子路问政。子曰："先之，劳之。"请益。曰："无倦。"［论语·子路］

【释义】

子路问如何治理政事。孔子说："以身作则，吃苦耐劳。"子路想知道进一步的行为。孔子说："不要倦怠。"

【原文】

仲弓为季氏宰，问政。子曰："先有司，赦小过，举贤才。"曰："焉知贤才而举之？"子曰："举尔所知。尔所不知，人其舍诸？"［论语·子路］

【释义】

仲弓做了季氏的总管，向孔子请教如何治理政事。孔子说："先选取各部门的负责人，不计较部下的小过失，提拔优秀的人。"仲弓问："怎么知道谁是优秀的人，进而把他提拔起来呢？"孔子说："提拔你知道的人。你不知道的，别人难道会遗弃吗？"

【原文】

子路曰："卫君待子而为政，子将奚先？"子曰："必也正名乎！"子路曰："有是哉，子之迂也！奚其正？"子曰："野哉，由也！君子于其所不知，盖阙如也。名不正，则言不顺；言不顺，则事不成；事不成，则礼乐不兴；礼乐不兴，则刑罚不中；刑罚不中，则民无所错手足。故君子名之必可言也，言之必可行也。君子于其言，无所苟而已矣。"［论语·子路］

【释义】

子路说："如果卫君请您去治理政事，您要先做什么呢？"孔子说："一定要先纠正名分呀！"子路说："您太迂腐了吧！名分有什么可纠正的？"孔子说："你真鲁莽啊！君子对于他不懂的事情，就不应该发表意见。名分不纠正，说话就不顺当；说话不顺当，事情就办不成；事情办不成，礼乐制度就不能上轨道；礼乐制度不能上轨道，刑罚就失去标准；刑罚失去标准，老百姓就不知所措了。所以君子定下一个名分，就一定要把它说得顺当，说了就一定要实行。君子对于自己说出来的话，要做到一丝不苟。"

【原文】

樊迟请学稼。子曰："吾不如老农。"请学为圃。曰："吾不如老圃。"樊迟出。子曰："小人哉，樊须也！上好礼，则民莫敢不敬；上好义，则民莫敢不服；上好信，则

民莫敢不用情。夫如是,则四方之民襁负其子而至矣,焉用稼?"[论语·子路]

【释义】

樊迟请求学种庄稼。孔子说:"我比不上有经验的农民。"樊迟又请求学种蔬菜。孔子说:"我比不上有经验的菜农。"樊迟离开后,孔子说:"樊迟真是个小人啊!在上者爱好礼,老百姓就没有人敢不恭敬;在上者喜好义,老百姓就没有人敢不服从;在上者喜好信,老百姓就没有人敢不实在。如果能够做到这样,四方的老百姓都会背负着儿女前来投奔,哪里还用得着你亲自种庄稼呢?"

【原文】

子曰:"诵《诗》三百,授之以政,不达;使于四方,不能专对;虽多,亦奚以为?"[论语·子路]

【释义】

孔子说:"熟读《诗经》三百篇,交给他政事,却不能顺利完成;叫他出使外国,又不能独立应对;这样念书再多,又有什么用呢?"

【原文】

子曰:"其身正,不令而行;其身不正,虽令不从。"[论语·子路]

【释义】

孔子说:"自身的行为端正,就是不下命令,百姓也知道该怎么做;自身的行为不端正,即使下命令,百姓也没人听从。"

【原文】

子曰:"鲁卫之政,兄弟也。"[论语·子路]

【释义】

孔子说:"鲁和卫两国的政事,就像兄弟一样相差无几。"

【原文】

子谓卫公子荆:"善居室。始有,曰:'苟合矣。'少有,曰:'苟完矣。'富有,曰:

【释义】

孔子谈到卫国的公子荆说："他很懂得居家过日子。刚刚有一点财产，便说：'差不多够了。'稍多一些，便说：'差不多完备了。'富有以后，便说：'差不多完美了。'"

【原文】

子适卫，冉有仆。子曰："庶矣哉！"冉有曰："既庶矣，又何加焉？"曰："富之。"曰："既富矣，又何加焉？"曰："教之。"［论语·子路］

【释义】

孔子到卫国，冉有给他驾车。孔子说："这里人真多啊！"冉有问："人多了该怎么办呢？"孔子说："让他们富裕起来。"冉有又问："富裕以后又该怎么办呢？"孔子说："教育他们。"

【原文】

子曰："苟有用我者，期月而已可也，三年有成。"［论语·子路］

【释义】

孔子说："如果有人任用我治理国家，只要一年便可以初具规模，三年就会卓有成效。"

【原文】

子曰："善人为邦百年，亦可以胜残去杀矣。诚哉是言也！"［论语·子路］

【释义】

孔子说："善人治理国家，一百年下来，就可以消除残暴，废除杀戮了。这话说得真对呀！"

【原文】

子曰："如有王者，必世而后仁。"［论语·子路］

国学经典文库

孔子家语

孔子言行典籍译注

图文珍藏版

【释义】

孔子说:"如果有理想的君主,也一定要三十年才能实现仁政。"

【原文】

子曰:"苟正其身矣,于从政乎何有? 不能正其身,如正人何?"〔论语·子路〕

【释义】

孔子说:"如果能端正自身的行为,治理国家还有什么困难呢? 如果不能端正自身的行为,又怎能使别人端正呢?"

【原文】

冉子退朝,子曰:"何晏也?"对曰:"有政。"子曰:"其事也? 如有政,虽不吾以,吾其与闻之。"〔论语·子路〕

【释义】

冉求退朝回来,孔子说:"今天怎么这么晚呀?"冉求说:"有政事。"孔子说:"只是一般的事务吧? 如果有政事,虽然现在国君不用我了,我也会知道情况的。"

【原文】

定公问:"一言而可以兴邦,有诸?"孔子对曰:"言不可以若是其几也。人之言曰:'为君难,为臣不易。'如知为君之难也,不几乎一言而兴邦乎?"曰:"一言而①丧邦,有诸?"孔子对曰:"言不可以若是其几也。人之言曰:'予无乐乎为君,唯其言而②莫予违也。'如其善而莫之违也,不亦善乎? 如不善而莫之违也,不几乎一言而丧邦乎?"〔论语·子路〕

【注释】

①皇本"而"下有"可以"二字。②皇本、高丽本"而"下有"乐"字。

【释义】

鲁定公问:"一句话就可以使国家兴旺,有这样的事吗?"孔子回答说:"话不能这样说。人们说:'做国君很难,做臣子也不容易。'如果知道做国君的艰难,不就近于一句话可以使国家兴旺吗？"鲁定公又问："一句话就可以使国家灭亡，有这样的事吗？"孔子回答说："话不能这样说。人们说：'我做国君没有别的快乐，除了我的话都没有人敢违背。'如果说的话正确而没有人违抗，不也很好吗？如果说的话不正确而没有人违抗，不就近于一句话可以使国家灭亡吗？"

【原文】

叶公问政。子曰："近者说，远者来。"[论语·子路]

【释义】

叶公问如何治理政事。孔子说："让近处的人高兴，让国外的人来投奔。"

【原文】

子夏为莒父宰，问政。子曰："无欲速，无见小利。欲速则不达；见小利，则大事不成。"[论语·子路]

【释义】

子夏做了莒父的长官，问如何治理政事。孔子说："不要图快，不要贪小便宜。图快反而达不到目的，贪小便宜反而办不成大事。"

【原文】

叶公语孔子曰："吾党有直躬者，其父攘羊，而子证之。"孔子，曰："吾党之直者异于是：父为子隐，子为父隐。直在其中矣。"[论语·子路]

【释义】

叶公对孔子说："我的家乡有一个正直的人，他父亲偷了羊，他亲自去检举。"孔子说："我的家乡正直的人做法不同：父亲为儿子隐瞒，儿子为父亲隐瞒。直率就体现在这里面了。"

【原文】

樊迟问仁。子曰："居处恭，执事敬，与人忠。虽之夷狄，不可弃也。"[论语·子路]

【释义】

樊迟问什么是仁。孔子说:"平常态度庄重,工作严肃认真,待人真心诚意。即使到了夷狄之地,也不可背弃这几条。"

【原文】

子贡问曰:"何如斯可谓之士矣?"子曰:"行己有耻,使于四方,不辱君命,可谓士矣。"曰:"敢问其次。"曰:"宗族称孝焉,乡党称弟焉。"曰:"敢问其次。"曰:"言必信,行必果,硁硁然小人哉!抑亦可以为次矣。"曰:"今之从政者何如?"子曰:"噫!斗筲之人,何足算也?"[论语·子路]

【释义】

子贡问道:"怎样才能称得上是士?"孔子说:"做事有羞耻之心,出使外国不辜负国君的使命,就可以称得上是士了。"子贡说:"请问次一等的表现。"孔子说:"宗族的人称赞他孝顺父母,乡亲们称赞他尊敬长辈。"子贡说:"请问再次一等的表现。"孔子说:"说话一定守信,做事一定有结果,这种浅薄固执的小人,也可以算是再次一等的士吧!"子贡又说:"现在从政的那些人怎么样?"孔子说:"唉!这些器量狭小的人算得上什么呢?"

【原文】

子曰:"不得中行而与之,必也狂狷乎!狂者进取,狷者有所不为也。"[论语·子路]

【释义】

孔子说:"找不到言行适中的人相交,那就必然是和狂狷之人相交了!狂的人具有奋发向上,狷的人有所不为。"

【原文】

子曰:"南人有言曰:'人而无恒,不可以作巫医。'善夫!"[论语·子路]

【释义】

孔子说:"南方人有句话说:'人如果没有恒心,就不可以做巫医。'这话说得太好啦!"

【原文】

"不恒其德,或承之羞。"子曰:"不占而已矣。"[论语·子路]

【释义】

"人不能长久地保持自己的德行,就免不了要遭受耻辱。"孔子说:"这用不着去占卦。"

【原文】

子曰:"君子和而不同,小人同而不和。"[论语·子路]

【释义】

孔子说:"君子和谐相处却不盲目苟同,小人盲目苟同却不和谐相处。"

【原文】

子贡问曰:"乡人皆好之,何如?"子曰:"未可也。""乡人皆恶之,何如?"子曰:"未可也。不如乡人之善者好之,其不善者恶之。"[论语·子路]

【释义】

子贡问道:"全乡的人都喜欢他,这样的人怎么样?"孔子说:"还难说。"子贡又问:"全乡的人都厌恶他,这样的人怎么样?"孔子说:"还难说。不如乡里的好人称赞他,坏人厌恶他。"

【原文】

子曰:"君子易事而难说也,说之不以道,不说也;及其使人也,器之。小人难事而易说也,说之虽不以道,说也。及其使人也,求备焉。"[论语·子路]

【释义】

孔子说:"君子容易侍奉却难以讨他欢喜,不用正当的方式去讨好,他是不会欢喜的。等他用人时,总能量才而用。小人难以侍奉却容易讨他欢喜,用不正当的方式去讨好,他也会欢喜。等他用人时。却总是百般挑剔。"

【原文】

子曰:"君子泰而不骄,小人骄而不泰。"[论语·子路]

【释义】

孔子说:"君子泰然自若而不骄傲,小人骄傲而不泰然自若。"

【原文】

子曰:"刚、毅、木、讷,近仁。"[论语·子路]

【释义】

孔子说:"刚强、果敢、朴实、沉默寡言,有这四种品德就接近仁德了。"

【原文】

子路问曰:"何如斯可谓之士矣?"子曰:"切切偲偲,怡怡如也,可谓士矣。朋友切切偲偲,兄弟怡怡。"[论语·子路]

【释义】

子路问道:"怎样才可以称为士呢?"孔子说:"互助切磋勉励,彼此和睦相处,就可以算是士了。朋友之间互相切磋勉励,兄弟之间彼此和睦相处。"

【原文】

子曰:"善人教民七年,亦可以即戎矣。"[论语·子路]

【释义】

孔子说:"善人教导百姓达七年之久,就可以让他们当兵打仗了。"

【原文】

子曰:"以不教民战,是谓弃之。"[论语·子路]

【释义】

孔子说:"让没有受过作战训练的百姓去打仗,等于抛弃他们。"

【原文】

宪问耻。子曰:"邦有道,谷。邦无道,谷,耻也。""克、伐、怨、欲不行焉,可以为仁矣?"子曰:"可以为难矣,仁则吾不知也。"[论语·宪问]

【释义】

原宪问什么是耻辱。孔子说:"国家政治清明,就做官拿俸禄;国家政治黑暗还做官拿俸禄,这就是耻辱。"原宪又问:"好胜、自夸、怨恨、贪欲都没有的人,可以算作仁吗?"孔子说:"这是很困难的事,但至于是否称得上仁,我就不确定了。"

【原文】

子曰:"士而怀居,不足以为士矣。"[论语·宪问]

【释义】

孔子说:"读书人怀恋安逸的生活,就不配做读书人。"

【原文】

子曰:"邦有道,危言危行;邦无道,危行言孙。"[论语·宪问]

【释义】

孔子说:"国家政治清明时,就正直地说话,正直地做事;国家政治黑暗时,就正直地做事,委婉地说话。"

【原文】

子曰:"有德者必有言,有言者不必有德。仁者必有勇,勇者不必有仁。"[论语·宪问]

【释义】

孔子说:"有德行的人一定有善言,有善言的人不一定有德行。行仁的人一定有勇气,有勇气的人不一定能行仁。"

【原文】

南宫适问于孔子曰:"羿善射,奡荡舟,俱不得其死然。禹稷躬稼而有天下。"

夫子不答。南宫适出。子曰:"君子哉若人! 尚德哉若人!"[论语·宪问]

【释义】

南宫适问孔子说:"羿擅长射箭,奡擅长水战,最后都不得好死。禹和稷都亲自下地种田,却得到了天下。"孔子没有回答,南宫适离开后,孔子说:"这个人真是个君子! 这个人真崇尚道德!"

【原文】

子曰:"君子而不仁者有矣夫,未有小人而仁者也。"[论语·宪问]

【释义】

孔子说:"君子中没有仁德的人是有的,但是小人中没有有仁德的人。"

【原文】

子曰:"爱之,能勿劳乎? 忠焉,能勿诲乎?"[论语·宪问]

【释义】

孔子说:"爱他,能不为他操劳吗? 忠于他,能不给他规劝吗?"

【原文】

子曰:"为命,裨谌草创之,世叔讨论之,行人子羽修饰之,东里子产润色之。"[论语·宪问]

【释义】

孔子说:"郑国发表的公文,先由裨谌起草,再经过世叔斟酌,又由外交官子羽修饰,最后由子产润色定稿。"

【原文】

或问子产。子曰:"惠人也。"问子西。曰:"彼哉! 彼哉!"问管仲。曰:"人也。夺伯氏骈邑三百,饭疏食,没齿无怨恨。"[论语·宪问]

【释义】

有人问子产是个怎样的人。孔子说:"是个照顾百姓的人。"又问子西是个怎样的人。孔子说:"他呀! 他呀!"又问管仲是个怎样的人。孔子说:"他是个仁人,他分得伯氏的三百家骈邑,使伯氏终生吃粗粮,但到死也没有怨言。"

【原文】

子曰:"贫而无怨,难;富而无骄,易。"[论语·宪问]

【释义】

孔子说:"贫穷却不怨言,很难;富贵却不骄傲,则比较容易。"

【原文】

子曰:"孟公绰为赵魏老则优,不可以为滕、薛大夫。"[论语·宪问]

【释义】

孔子说:"孟公绰做赵氏、魏氏的家臣,可以游刃有余,但不能担任滕、薛这样小国的大夫。"

【原文】

子路问成人。子曰:"若臧武仲之知①,公绰之不欲,卞庄子之勇,冉求之艺,文之以礼乐,亦可以为成人矣。"曰:"今之成人者何必然? 见利思义,见危授命,久要不忘平生之言,亦可以为成人矣。"[论语·宪问]

【注释】

①"知"皇本作"智"。

【释义】

子路问什么是完人。孔子说:"像臧武仲那样明智,孟公绰那样淡泊,卞庄子那样勇敢,冉求那样多才多艺,再用礼乐加以修饰,就可以称为完人了。"又说:"现在所谓的完人又何必一定如此呢? 看见利益能想到大义,遇到危难敢于献身,长期处于困顿之中也能够不忘记平时的诺言,也可以称为完人了。"

【原文】

子问公叔文子于公明贾曰:"信乎? 夫子不言,不笑,不取乎?"公明贾对曰:

"以告者过也。夫子时然后言,人不厌其言;乐然后笑,人不厌其笑;义①然后取,人不厌其取。"子曰:"其然,岂其然乎?"[论语·宪问]

【注释】

①《素履子》引"义然后取人不厌其取"为孔子语。

【释义】

孔子向公明贾询问公叔文子,说:"这是真的吗？他不讲话,不笑,不拿取财物吗?"公明贾说:"这是传话人说过·了头。他在适当的时候讲话,因此别人不讨厌他讲的话;真正高兴了才笑,因此别人不讨厌他笑;应该获取的才获取,因此别人不讨厌他获取。"孔子说:"原来是这样,难道真是这样吗?"

【原文】

子曰:"臧武仲以防求为后于鲁,虽曰不要君,吾不信也。"[论语·宪问]

【释义】

孔子说:"臧武仲凭借封地请求鲁君在鲁国替他立后代,虽然有人说他不是要挟君主,但我不相信。"

【原文】

子曰:"晋文公谲而不正,齐桓公正而不谲。"[论语·宪问]

【释义】

孔子说:"晋文公诡诈而不正派,齐桓公正派而不诡诈。"。

【原文】

子路曰:"桓公杀公子纠,召忽死之,管仲不死。"曰:"未仁乎?"子曰:"桓公九合诸侯,不以兵车,管仲之力也。如其仁,如其仁。"[论语·宪问]

【释义】

子路说:"齐桓公杀了公子纠,召忽为此自杀,但管仲却没有自杀。"接着说:"不能算是仁人吧?"孔子说:"桓公多次主持诸侯国的盟会,使天下不打仗,这都是管仲的功劳啊！这就是他的仁德，这就是他的仁德。"

【原文】

子贡曰："管仲非仁者与？桓公杀公子纠，不能死，又相之。"子曰："管仲相桓公，霸诸侯，一匡天下，民到于今受其赐。微管仲，吾其被发左衽矣。岂若匹夫匹妇之为谅也，自经于沟渎而莫之知也？"［论语·宪问］

管仲

【释义】

子贡说："管仲不能算是仁人吧？齐桓公杀了公子纠，管仲没为主子自杀，反而做了桓公的宰相。"孔子说："管仲做桓公的宰相，辅佐他称霸诸侯，使天下得到匡正，老百姓到现在还受着他的恩赐。如果没有管仲，我们可能都像落后民族那样披头散发，衣襟向左边开了吧！难道真要像普通男女那样坚守小信，在沟渠中自杀，死了还没有人知道才好吗？"

【原文】

公叔文子之臣大夫僎与文子同升诸公。子闻之，曰："可以为'文'矣。"［论语·宪问］

【释义】

公叔文子的家臣僎由于文子的举荐，与文子一同做了大夫。孔子知道了这件事后说："可以给他'文'的谥号了。"

【原文】

子言卫灵公之无道也。康子曰："夫如是，奚而不丧？"孔子曰："仲叔圉治宾客，祝鮀治宗庙，王孙贾治军旅。夫如是，奚其丧？"［论语·宪问］

【释义】

孔子谈到卫灵公的无道。季康子说："既然如此，为什么还没有败亡呢？"孔子说:"他用仲叔圉负责外交,祝蛇掌管祭祀,王孙贾统管军队。既然如此,怎么会败亡呢?"

【原文】

子曰:"其言之不怍,则为之也难。"[论语·宪问]

【释义】

孔子说:"一个人如果大言不惭,那他做起来就一定很困难。"

【原文】

陈成子弑简公。孔子沐浴而朝,告于哀公曰:"陈恒弑其君,请讨之。"公曰:"告夫三子。"孔子曰:"以吾从大夫之后,不敢不告也。君曰'告夫三子'者。"之三子告,不可。孔子曰:"以吾从大夫之后,不敢不告也。"[论语·宪问]

【释义】

陈成子杀了齐简公。孔子斋戒沐浴以后,上朝向鲁哀公报告说:"陈恒把他的君主杀了,请您出兵讨伐他。"哀公说:"你去向三位大夫报告吧!"孔子退出来后说:"因为我曾经做过大夫,所以不敢不来报告,君主却说'你去向三位大夫报告吧!'"孔子去向三位大夫报告,但三位大夫不愿派兵讨伐。孔子说:"因为我曾经做过大夫,所以不敢不来报告呀!"

【原文】

子路问事君。子曰:"勿欺也,而犯之。"[论语·宪问]

【释义】

子路问怎样侍奉君主。孔子说:"不要欺骗他,还要当面直谏。"

【原文】

子曰:"君子上达,小人下达。"[论语·宪问]

【释义】

孔子说:"君子不断上进,追求仁义,小人放纵欲望,追求财利。"

【原文】

子曰:"古之学者为己,今之学者为人。"[论语·宪问]

【释义】

孔子说:"古代的学者学习为了充实自己,今天的学者学习为了炫耀。"

【原文】

蘧伯玉使人于孔子,孔子与之坐而问焉。曰:"夫子何为?"对曰:"夫子欲寡其过而未能也。"使者出,子曰:"使乎! 使乎!"[论语·宪问]

【释义】

蘧伯玉派使者去拜访孔子。孔子请他坐下,然后问道:"先生最近在做什么?"使者回答说:"先生想要减少自己的错误,但还没能做到。"使者走了以后,孔子说:"好一位使者! 好一位使者!"

【原文】

子曰:"不在其位,不谋其政。"曾子曰:"君子思不出其位。"[论语·宪问]

【释义】

孔子说:"不担任那个职位,就不要考虑那个职位的政务。"曾子说:"君子的考虑以自己的职位为范围。"

【原文】

子曰:"君子耻其言而①过其行也。"[论语·宪问]

【注释】

①"而"皇本作"之"。

【释义】

孔子说:"君子认为说得多而做得少是一件可耻的事情。"

【原文】

子曰:"君子道者三,我无能焉:仁者不忧,知者不惑,勇者不惧。"子贡曰:"夫子自道也。"[论语·宪问]

【释义】

孔子说:"君子向往三种境界,我都未能做到:仁德的人不忧愁,明智的人不迷惑,勇敢的人不畏惧。"子贡说:"这正是老师对自己的描述呀!"

【原文】

子①贡方人。子曰:"赐也贤乎哉? 夫我则不暇。"[论语·宪问]

【注释】

①《三国志·胡质传》引:孔子曰:"子贡方人。"

【释义】

子贡评论别人的短处。孔子说:"赐,你已经很贤良了吗? 我可没有闲工夫去评论别人。"

【原文】

子曰:"不患人之不己知,患其不能也。"[论语·宪问]

【释义】

孔子说:"不要担心别人不了解自己,只担心自己没有能力。"

【原文】

子曰:"不逆诈,不亿不信,抑亦先觉者,是贤乎!"[论语·宪问]

【释义】

孔子说:"不预先揣测别人会欺诈,不凭空猜测别人会失信,却能及早发觉这些状况,这样的人真是贤良!"

【原文】

微生亩谓孔子曰:"丘,何为是栖栖者与? 无乃为佞乎?"孔子曰:"非敢为佞也,疾固也。"[论语·宪问]

【释义】

微生亩对孔子说:"孔丘,你为什么这样忙忙碌碌? 该不是为了讨好别人吧?"孔子说:"我不想讨好别人,只是厌恶那些顽固的人。"

【原文】

子曰:"骥不称其力,称其德也。"[论语·宪问]

【释义】

孔子说:"对于千里马,不称赞它的力气,而要称赞它的德行。"

【原文】

或曰:"以德报怨,何如?"子曰:"何以报德? 以直报怨,以德报德。"[论语·宪问]

【释义】

有人说:"用恩德来回报怨恨,怎么样?"孔子说:"那又用什么来回报恩德呢? 应该用正直来回报怨恨,用恩德来回报恩德。"

【原文】

子曰:"莫我知也夫!"子贡曰:"何为其莫知子也?"子曰:"不怨天,不尤人,下学而上达,知我者其天乎!"[论语·宪问]

【释义】

孔子说:"没有人了解我啊!"子贡说:"为什么没有人了解您呢?"孔子说:"不抱怨上天,不责怪别人,广泛学习知识而通达天理,了解我的大概只有天吧!"

【原文】

公伯寮想子路于季孙。子服景伯以告,曰:"夫子固有惑志于公伯寮,吾力犹能肆诸市朝。"子曰:"道之将行也与,命也;道之将废也与,命也。公伯寮其如命何!"
[论语·宪问]

【释义】

公伯寮在季孙面前毁谤子路。子服景伯把这件事告诉了孔子,说:"季孙已经被公伯寮迷惑住了,但我还可以把公伯寮杀了陈尸街头。"孔子说:"大道如果实行,这是天命;大道如果被废止,这也是天命。公伯寮能把天命怎么样呢!"

【原文】

子曰:"贤者辟世,其次辟地,其次辟色,其次辟言。"子曰:"作者七人矣。"[论语·宪问]

【释义】

孔子说:"贤者逃避动荡的社会而隐居,次一等的逃避到另外一个地方去,再次一点的逃避别人丑陋的嘴脸,再次一点的回避无理的言语。"孔子又说:"这样做的已经有七个人了。"

【原文】

子路宿于石门。晨门曰:"奚自?"子路曰:"自孔氏。"曰:"是知其不可而为之者与?"[论语·宪问]

【释义】

子路在石门过夜。早晨进城,守城的人问:"从哪里来的?"子路说:"从孔子那里来。"守门人说:"就是那个明知行不通却还要去做的人吗?"

【原文】

子击磬于卫,有荷蒉而过孔氏①之门者,曰:"有心哉,击磬乎!"既而曰:"鄙哉!硁硁乎! 莫己知也,斯己而已矣。深则厉,浅则揭。"子曰:"果哉! 末之难矣。"[论语·宪问]

【注释】

①"氏"皇本、高丽本作"子"

【释义】

孔子在卫国击磬时,有一个背着草筐的人从门前经过说:"这个击磬的人有心思啊!"一会儿又说:"声音硁硁的,太固执了!没有人了解自己,就放弃算了。水深就穿着衣服蹚过去,水浅就撩起衣服走过去。"孔子说:"说得真干脆!可他不知道我的难处。"

【原文】

子张曰:"《书》云:'高宗谅阴,三年不言。'何谓也?"子曰:"何必高宗?古之人皆然。君薨,百官总己以听于冢宰三年。"〔论语·宪问〕

【释义】

子张说:"《尚书》说:'高宗守丧时,三年不谈政事。'这是什么意思?"孔子说:"不仅是高宗,古人都是这样。国君死了,所有官员都各管自己的职事,听命于宰相三年。"

【原文】

子曰:"上好礼,则民易使也。"〔论语·宪问〕

【释义】

孔子说:"在上位的人喜好礼,百姓就容易接受指挥。"

【原文】

子路问君子。子曰:"修己以敬。"曰:"如斯而已乎?"曰:"修己以安人。"曰:"如斯而已乎?"曰:"修己以安百姓。修己以安百姓,尧舜其犹病诸!"〔论语·宪问〕

【释义】

子路问怎样做一个君子。孔子说:"修养自己,严肃谨慎地对待一切。"子路问:"这样就可以了吗?"孔子说:"修养自己,以安顿家人。"子路又问:"这样就可以了吗?"孔子说:"修养自己,以安顿百姓。不过,修养自己以安顿百姓,就连尧舜也觉得很难做到!"

【原文】

原壤夷俟。子曰："幼而不孙弟,长而无述焉,老而不死,是为贼。"以杖叩其胫。[论语·宪问]

【释义】

原壤伸开双腿等待孔子到来。孔子说："年幼你不谦逊友爱,长大了又没有什么可说的贡献,现在老而不死,真是祸害。"说着,用拐杖敲他的小腿。

【原文】

阙党童子将命。或问之曰："益者与?"子曰："吾见其居于位也,见其与先生并行也。非求益者也,欲速成者也。"[论语·宪问]

【释义】

阙党的一个童子来向孔子传话。有人问孔子："这个孩子是求上进的孩子吗?"孔子说："我看见他坐在成年人的位子上,又见他和长辈并肩而行,这不是要求上进的人,只是个想走捷径的人。"

【原文】

卫灵公问陈于孔子。孔子对曰："俎豆之事,则尝闻之矣;军旅之事,未之学也。"明日遂行。在陈绝粮,从者病,莫能兴。子路愠见曰："君子亦有穷乎?"子曰:"君子固穷,小人穷斯滥矣。"[论语·卫灵公]

【释义】

卫灵公向孔子问军队作战布阵的方法。孔子回答说："礼仪方面的事情,我曾经听说过;军队方面的事情,从来没有学过。"第二天孔子便离开了卫国。孔子在陈国断了粮,跟随的人都病倒了,不能起身。子路怒气冲冲地来见孔子,说:"君子也有走投无路的时候吗?"孔子说:"君子能安守穷困,换作小人便会胡作非为。"

【原文】

子曰："赐也! 女以予为多学而识之者与?"对曰："然,非与?"曰:"非也。予一以贯之。"[论语·卫灵公]

【释义】

孔子说:"赐啊! 你以为我是学习得多了才记住所有知识的吗?"子贡答道: "是啊,难道不是这样吗?"孔子说:"不是的。我是用一个中心思想来把它们贯彻始终。"

【原文】

子曰:"由! 知德者鲜矣。"[论语·卫灵公]

【释义】

孔子说:"由啊! 了解德的人太少了。"

【原文】

子曰:"无为而治者其舜也与? 夫何为哉? 恭己正南面而已矣。"[论语·卫灵公]

【释义】

孔子说:"无所事事而能使天下太平的人,大概只有舜吧? 他做了什么呢? 只是庄严端正地坐在王位上罢了。"

【原文】

子张问行。子曰:"言忠信,行笃敬,虽蛮貊之邦,行矣。言不忠信,行不笃敬,虽州里,行乎哉? 立则见其参于前也,在舆则见其倚于衡也,夫然后行。"子张书诸绅。[论语·卫灵公]

【释义】

子张问怎样才能行得通。孔子说:"说话真诚守信,行为踏实认真,即使到了蛮荒的部族国家,也能够行得通。说话不真诚守信,行为不踏实认真,即使在本乡本土,能行得通吗? 站立时仿佛看见这几个字显现在前面,坐在车中仿佛看见这几个字在横木上,这样才能够行得通。"子张把孔子的话记在衣带上。

【原文】

子曰:"直哉史鱼! 邦有道,如矢;邦无道,如矢。君子哉蘧伯玉! 邦有道,则

仕;邦无道,则可卷而怀之。"[论语·卫灵公]

【释义】

孔子说:"史鱼真是刚直啊! 国家政治清明时他像箭一样直,国家政治黑暗时他也像箭一样直。蘧伯玉真是君子啊! 国家政治清明时他做官,国家政治黑暗时他便隐退了。"

【原文】

子曰:"可与言而不与之言,失人;不可与言而与之言,失言。知者不失人,亦不失言。"[论语·卫灵公]

【释义】

孔子说:"可以和他谈话却不和他谈话,就会错失人才;不可以和他谈话却和他谈话,就会说错话。聪明人既不会错失人才,也不会说错话。"

【原文】

子曰:"志士仁人,无求生以害仁,有杀身以成仁。"[论语·卫灵公]

【释义】

孔子说:"志士仁人,不会为了活命而背弃仁道,却肯牺牲生命来成全仁道。"

【原文】

子贡问为仁。子曰:"工欲善其事,必先利其器。居是邦也,事其大夫之贤者,友其士之仁者。"[论语·卫灵公]

【释义】

子贡问怎样才能做到仁。孔子说:"工匠要做好工作,必须先磨快工具。住在一个国家,要侍奉大夫中的贤人,并且结交士人中的仁人。"

【原文】

颜渊问为邦。子曰:"行夏之时,乘殷之辂,服周之冕,乐则韶舞。放郑声,远佞人。郑声淫,佞人殆。"[论语·卫灵公]

【释义】

颜渊问怎样治理国家。孔子说："依照夏代的历法,乘坐殷代的车子,戴着周代的礼帽,奏《韶》和《武》乐,禁止郑国的乐曲,疏远奸佞的小人。郑国的音乐浮秽不正派,奸佞的小人会带来危险。"

【原文】

子曰："人无远虑,必有近忧。"［论语·卫灵公］

【释义】

孔子说："一个人不做长远的打算,一定会很快就有麻烦。"

【原文】

子曰："已矣乎! 吾未见好德如好色者也。"［论语·卫灵公］

【释义】

孔子说："没希望了,我从来没有见过爱好品德像爱好美色那样的人。"

【原文】

子曰："臧文仲其窃位者与! 知柳下惠之贤而不与立也。"［论语·卫灵公］

【释义】

孔子说："臧文仲是一个窃居官位的人吧! 知道柳下惠是个贤人,却不举荐他做官。"

【原文】

子曰："躬自厚而薄责于人,则远怨矣。"［论语·卫灵公］

【释义】

孔子说："多责备自己,而少责怪别人,就可以远离怨恨了。"

【原文】

子曰："不曰'如之何,如之何'者,吾末如之何也已矣!"［论语·卫灵公］

【释义】

孔子说:"不说'怎么办,怎么办'的人,我对他也不知该怎么办才好!"

【原文】

子曰:"群居终日,言不及义,好行小慧,难矣哉!"[论语·卫灵公]

【释义】

孔子说:"一群人整天聚在一起,言谈不涉及道义,却喜欢卖弄小聪明,这种人难以走上人生的正途!"

【原文】

子曰:"君子义以为质,礼以行之,孙以出之,信以成之。君子哉!"[论语·卫灵公]

【释义】

孔子说:"君子以义作为根本,用礼加以实践,用谦逊的语言说出来,用忠诚的态度去完成。这就是君子了。"

【原文】

子曰:"君子病无能焉,不病人之不己知也。"[论语·卫灵公]

【释义】

孔子说:"君子责怪自己没有才能,不责怪别人不知道自己。"

【原文】

子曰:"君子疾没世而名不称焉。"[论语·卫灵公]

【释义】

孔子说:"君子的遗憾是:到死时,没有名声被人称颂。"

【原文】

子曰:"君子求诸己,小人求诸人。"[论语·卫灵公]

【释义】

孔子说:"君子要求的是自己,小人要求的是别人。"

【原文】

子曰:"君子矜而不争,群而不党。"[论语·卫灵公]

【释义】

孔子说:"君子自重而不与人争执,合群而不拉帮结派。"

【原文】

子曰:"君子不以言举人,不以人废言。"[论语·卫灵公]

【释义】

孔子说:"君子不因为言谈而推举人,也不因为他是坏人而否定他的言论。"

【原文】

子贡问曰:"有一言而可以终身行之者乎?"子曰:"其'恕'乎?己所不欲,勿施于人。"[论语·卫灵公]

【释义】

子贡问道:"有没有一句话可以让人终身奉行的呢?"孔子说:"应该是'恕道'吧!自己不愿意的事,不要强加在别人身上。"

【原文】

子曰:"吾之于人也,谁毁谁誉?如有所誉者,其有所试矣。斯民也,三代之所以直道而行也。"[论语·卫灵公]

【释义】

孔子说:"我对于别人,诋毁过谁?赞美过谁?如果我赞美了,一定是曾经考验过他。夏商周三代的人就是用这种方法,才能直道而行。"

【原文】

子曰:"吾犹及史之阙文也,有马者借人乘之,今亡矣夫。"[论语·卫灵公]

【释义】

孔子说:"我还能够看到史书里存疑的地方,有马的人先给别人使用,今天看不到这种情况了。"

【原文】

子曰:"巧言乱德,小不忍,则乱大谋。"[论语·卫灵公]

【释义】

孔子说:"花言巧语混淆道德,小事情不能忍耐,就会毁掉大的计划。"

【原文】

子曰:"众恶之,必察焉;众好之,必察焉。"[论语·卫灵公]

【释义】

孔子说:"大家都厌恶的人,一定要考察才能做判断;大家都喜欢的人,也一定要考察才能做判断。"

【原文】

子曰:"人能弘道,非道弘人。"[论语·卫灵公]

【释义】

孔子说:"人能够发扬大道,而不是道来弘扬人。"

【原文】

子①曰:"过而不改,是谓过矣。"[论语·卫灵公]

【注释】

①《韩诗外传》三引:孔子曰:"过而改之,是不过也。"

【释义】

孔子说:"有了错误而不改正,这才是错误。"

【原文】

子曰:"吾尝终日不食,终夜不寝,以思,无益,不如学也。"[论语·卫灵公]

【释义】

孔子说:"我曾经整天不吃饭,整夜不睡觉,都用来思考,可是没有什么收获,还不如去学习。"

【原文】

子曰:"君子谋道不谋食。耕也,馁在其中矣;学也,禄在其中矣。君子忧道不忧贫。"[论语·卫灵公]

【释义】

孔子说:"君子追求的是道而不是衣食。亲自耕田,也可能会挨饿;努力学习,也可以得到俸禄。君子担忧的是道而不是贫穷。"

【原文】

子曰:"知及之,仁不能守之,虽得之,必失之。知及之,仁能守之,不庄以莅之,则民不敬。知及之,仁能守之,庄以莅之,动之不以礼,未善也。"[论语·卫灵公]

【释义】

孔子说:"靠明智得到了它,但不能靠仁德保持它,那么即使得到了,也一定会失去。靠明智得到了它,靠仁德保持了它,不能用庄重的态度去治理,那老百姓也不会服从。靠明智得到了它,靠仁德保持了它,又能用庄重的态度去治理,但不能合乎利益的要求,那还是不够完善。"

【原文】

子曰:"君子不可小知而可大受也,小人不可大受而可小知也。"[论语·卫灵公]

【释义】

孔子说:"君子不能从小处显示才干,但却可以担当重任;小人不能担当重任,但却可以从小处显示才干。"

【原文】

子曰:"民之于仁也,甚于水火。水火,吾见蹈而死者矣,未见蹈仁而死者也。"[论语·卫灵公]

【释义】

孔子说:"百姓对于仁的需要超过了对水与火的需要。我见过因为水与火而牺牲生命的人,却从没有看见因为仁德而牺牲生命的人。"

【原文】

子曰:"当仁,不让于师。"[论语·卫灵公]

【释义】

孔子说:"遇到行仁的事,即使对老师也不必谦让。"

【原文】

子曰:"君子贞而不谅。"[论语·卫灵公]

【释义】

孔子说:"君子坚持大原则,但不拘于小信。"

【原文】

子曰:"事君,敬其事而后其食。"[论语·卫灵公]

【释义】

孔子说:"侍奉君王,认真做好分内的工作,然后才想到俸禄的事。"

【原文】

子曰:"有教无类。"[论语·卫灵公]

【释义】

孔子说:"进行教育要一视同仁,没有区别。"

【原文】

子曰:"道不同,不相为谋。"[论语·卫灵公]

【释义】

孔子说:"志向不同,不能在一起相互商议。"

【原文】

子曰:"辞达而已矣。"[论语·卫灵公]

【释义】

孔子说:"言辞能做到达意就可以了。"

【原文】

师冕见,及阶,子曰:"阶也。"及席,子曰:"席也。"皆坐,子告之曰:"某在斯,某在斯。"师冕出,子张问曰:"与师言之道与?"子曰:"然,固相师之道也。"[论语·卫灵公]

【释义】

师冕来见孔子,走到台阶前,孔子说:"这是台阶。"走到座席旁,孔子说:"这是座席。"等大家都坐下来,孔子告诉他:"某人在这里,某人在这里。"师冕离开后,子张问:"这就是与盲人谈话的方式吗?"孔子说:"这就是接待盲人的方式。"

【原文】

季氏将伐颛臾。冉有、季路见于孔子曰:"季氏将有事于颛臾。"孔子曰:"求!无乃尔是过与?夫颛臾,昔者先王以为东蒙主,且在邦域之中矣,是社稷之臣也。何以伐为?"冉有曰:"夫子欲之,吾二臣者皆不欲也。"孔子曰:"求!周任有言曰:'陈力就列,不能者止。'危而不持,颠而不扶,则将焉用彼相矣?且尔言过矣,虎兕出于柙,龟玉毁于椟中,是谁之过与?"冉有曰:"今夫颛臾,固而近于费。今不取,后世必为子孙忧。"孔子曰:"求! 君子疾夫舍曰'欲之'而必为之辞。丘也闻有国有家者,不患寡而患不均,不患贫而患不安。盖均无贫,和无寡,安无倾。夫如是,故远人不服,则修文德以来之。既来之,则安之。今由与求也,相夫子,远人不服,而不能来也;邦分崩离析,而不能守也;而谋动于戈于邦内。吾恐季孙之忧,不在颛臾,而在萧墙之内也。"[论语·季氏]

【释义】

季氏准备攻打颛臾。冉有、子路去见孔子说:"季氏准备对颛臾用兵了。"孔子说:"冉求! 这难道不应该责备你吗? 这个颛臾,是古代君主任命在东蒙山主持祭祀的,并且在鲁国的疆界中,是鲁国的附庸,为什么要去攻打它呢?"冉有说:"季氏想要这么做,我和子路都不赞同。"孔子说:"冉求! 周任说过:'能够贡献力量,才去任官就职,如果不能,就辞职不干:'遇到危险却不扶持,将要摔倒了却不搀扶,那要助手干什么呢? 何况你的说法是错的。老虎、犀牛从笼子里跑了出来,龟甲、美玉在匣中毁坏了,这是谁的过错呢?"冉有说:"现在那个颛臾,城墙牢固又接近费地,现在不把它攻取,今后一定会成为子孙的忧患。"孔子说:"冉求! 君子最讨厌那种不直说却一定要找借口的人。我听说,有国有家的人,不怕贫穷,就怕财富不均;不怕人少,就怕社会动乱。财富平均就无所谓贫穷,和睦相处就不怕人少,社会安定就不会倾覆。如果这样,远方的人还不归服,就修养礼义仁德来使他们归服。归服之后,就要好好安顿他们。现在你们辅佐季氏,远方的人不归服却没有办法招引他们,国家分崩离析却没有办法守护,反而想在国境以内发动战争。我担心季氏的忧患不在颛臾,却在自己的内部。"

【原文】

孔子曰:"天下有道,则礼乐征伐自天子出;天下无道,则礼乐征伐自诸侯出。自诸侯出,盖十世希不失矣;自大夫出,五世希不失矣;陪臣执国命,三世希不失矣。天下有道,则政不在大夫。天下有道,则庶人不议。"[论语·季氏]

【释义】

孔子说:"政治清明,那么制作礼乐和出兵征伐都由天子决定。政治混乱,那么制作礼乐和出兵征伐都由诸侯决定。诸侯决定的话,大约传至十代就很少有不失去的;大夫决定的话,传至五代很少有不失去的;大夫的家臣把持朝政的话,传至三代很少有不失去的。政治清明,那么政权就不会落到大夫手中。政治清明,那么老百姓就不会议论政治。"

【原文】

孔子曰:"禄之去公室五世矣,政逮于大夫四世矣,故夫三桓之子孙微矣。"[论语·季氏]

【释义】

孔子说:"鲁国失去国家政权已经有五代了,政权由大夫把持已经四代了,所以三桓的子孙就要衰微了。"

【原文】

孔子曰:"益者三友,损者三友,友直,友谅,友多闻,益矣;友便辟,友善柔,友便佞,损矣。"[论语·季氏]

【释义】

孔子说:"有益的朋友有三种,有害的朋友也有三种。与正直的人为友,与守信的人为友,与见多识广的人为友,是有益的。与谄媚奉承的人为友,与可以讨好的人为友,与花言巧语的人为友,是有害的。"

【原文】

孔子曰:"益者三乐,损者三乐。乐节礼乐,乐道人之善,乐多贤友,益矣。乐骄乐,乐佚游,乐宴乐,损矣。"[论语·季氏]

【释义】

孔子说:"有益的快乐有三种,有害的快乐也有三种。以得到礼乐的调节为乐,以讲别人的优点为乐,以结交益友为乐,是有益的。以骄傲自满为乐,以游荡无度为乐,以吃吃喝喝为乐,是有害的。"

【原文】

孔子曰:"侍于君子有三愆:言未及之而言谓之躁;言及之而不言谓之隐;未见颜色而言谓之瞽。"[论语·季氏]

国学经典文库

孔子家语

孔子言行典籍译注

图文珍藏版

【释义】

孔子说:"侍奉君子有三种过失:还没轮到自己说话就先说了,这叫急躁;轮到自己说了却不说,这叫隐瞒;不看别人脸色而说话,这叫瞎子。"

【原文】

孔子曰:"君子有三戒:少之时,血气未定,戒之在色;及其壮也,血气方刚,戒之在斗;及其老也,血气既衰,戒之在得。"[论语·季氏]

【释义】

孔子说:"君子有三种戒忌:年轻时,血气尚未稳定,要戒女色;到了壮年,血气旺盛,要戒争斗;到了老年,血气已经衰弱,要戒贪得。"

【原文】

孔子曰:"君子有三畏:畏天命,畏大人,畏圣人之言。小人不知天命而不畏也,狎大人,侮圣人之言。"[论语·季氏]

【释义】

孔子说:"君子有三种敬畏:敬畏天命,敬畏有道德的人,敬畏圣人的话。小人不懂得天命而不敬畏,轻佻地对待有道德的人,亵渎圣人的话。"

【原文】

孔子曰:"生而知之者,上也;学而知之者,次也;困而学之,又其次也;困而不学,民斯为下矣。"[论语·季氏]

【释义】

孔子说:"生来就明白的是上等的人;通过学习才明白的是次一等的人;遇到困难才去学习的又是次一等的;遇到困难仍不肯学习的人是最下等的人。"

【原文】

孔子曰:"君子有九思:视思明,听思聪,色思温,貌思恭,言思忠,事思敬,疑思问,忿思难,见得思义。"[论语·季氏]

【释义】

孔子说:"君子有九种思虑:看的时候要考虑是否清楚;听的时候要考虑是否明白;神情是否温和;容貌是否恭敬;说话是否真诚;做事是否认真;有了疑问,要想到向人请教;愤怒时要想想后果;有利可得时要想想是否正当。"

【原文】

孔子曰:"见善如不及,见不善如探汤;吾见其人矣,吾闻其语矣。隐居以求其志,行义以达其道;吾闻其语矣,未见其人也。"[论语·季氏]

【释义】

孔子说:"看到善的行为生怕追不上,看到不善的行为如同把手伸进开水里;我见过这样的人,也听过这样的话。通过隐居来保持自己的志向,施行仁义来贯彻自己的主张,我听过这样的话,但没有看到这样的人。"

【原文】

齐①景公有马千驷,死之日,民无德而称焉。伯夷、叔齐饿于首阳之下,民到于今称之。其斯之谓与?[论语·季氏]

【注释】

①朱注云:胡氏曰:"程子以为第十二篇(颜渊篇)错简'诚不以富,亦只以异'当在此章之首。今详文势,似当在'其斯之谓与'之上。言人之所称,不在于富,而在于异也。"愚谓此说近是,而章首当有孔子曰字,盖阙文耳。

【释义】

齐景公有四千匹马,但他死的时候,老百姓不觉得他有什么德行可以称赞。伯夷、叔齐饿死在首阳山下,老百姓直到现在还称赞他们的德行。大概就是这个意思吧?

【原文】

陈亢问于伯鱼曰:"子亦有异闻乎?"对曰:"未也。尝独立,鲤趋而过庭。曰:'学诗乎?'对曰:'未也。''不学诗,无以言。'鲤退而学《诗》。他日,又独立,鲤趋而过庭。曰：'学礼乎？'对曰：'未也。''不学礼，无以立。'鲤退而学礼。闻斯二者。"陈亢退而喜曰："问一得三，闻《诗》，闻礼，又闻君子之远其子也。"［论语·季氏］

【释义】

陈亢问伯鱼说："您从老师那里听过不同的教诲吗？"伯鱼回答说："没有。他曾经一个人站在庭院，我恭敬地走过，他问：'学《诗》了吗？'我说：'没有。'他说：'不学《诗》，就不会说话。'我退下后便学起《诗》来。又有一天，他一个人站在庭院，我恭敬地走过。他又叫住我问：'学礼了吗？'我说：'没有。'他便说：'不学礼，就无法处世。'我退下后便学起礼来。我所听到的就只有这两件事。"陈亢离开后高兴地说："我问一件事有三件收获：知道要学《诗》，知道要学礼，还知道君子不偏爱自己的儿子。"

【原文】

邦①君之妻，君称之曰夫人，夫人自称曰小童；邦人称之曰君夫人，称诸异邦曰寡小君；异邦人称之亦曰君夫人。［论语·季氏］

【注释】

①孔安国曰："孔子言正礼也。"

【释义】

国君的妻子，国君称她为夫人，她自称小童；国人称她为君夫人，对他国人则称她为寡小君，他国人也称她为君夫人。

【原文】

阳货欲见孔子，孔子不见，归孔子豚。孔子时其亡也，而往拜之。遇诸途。谓孔子曰："来！予与尔言。"曰："怀其宝而迷其邦，可谓仁乎？"曰："不可。好从事而亟失时，可谓知乎？"曰："不可。日月逝矣，岁不我与。"孔子曰："诺，吾将仕矣。"［论语·阳货］

【释义】

阳货希望孔子去拜见他，孔子不去，他便送给孔子一只乳猪。孔子趁他不在的时候前去拜谢，不巧在路上遇见了。阳货对孔子说："你过来！我要跟你讲话。"他又说："具备才干却任凭自己的国家混乱，这叫仁吗？"他自己接口说："不可以。想从政做官却屡次失去时机，这叫智吗？"接下去又说："不可以。岁月流逝，时间不等人啊！"孔子说："好吧，我会去做官。"

【原文】

子曰："性相近也，习相远也。"[论语·阳货]

【释义】

孔子说："人的本性是相近的，只因为教养的不同，便有很大的差异了。"

【原文】

子曰："唯上知与下愚不移。"[论语·阳货]

【释义】

孔子说："只有上等的智者和下等的愚人是改变不了的。"

【原文】

子之武城，闻弦歌之声。夫子莞尔而笑，曰："割鸡焉用牛刀？"子游对曰："昔者偃也闻诸夫子曰：'君子学道则爱人，小人学道则易使也。'"子曰："二三子！偃之言是也。前言戏之耳。"[论语·阳货]

【释义】

孔子来到武城，听到琴瑟歌唱的声音。孔子微微一笑，说："杀鸡何必用宰牛刀呢？"子游回答说："以前我听您说过：'君子学了礼乐之道就会爱人，老百姓学了礼乐之道就容易服从。'"孔子说："学生们！偃的话很对。我刚才不过是跟他开玩笑罢了。"

【原文】

公山弗扰以费畔，召，子欲往。子路不说，曰："末之也，已，何必公山氏之之也。"子曰："夫召我者，而岂徒哉？如有用我者，吾其为东周乎！"[论语·阳货]

【释义】

公山弗扰占据费邑反叛，来召孔子，孔子打算前去。子路不高兴地说："没有地方去就算了，为什么一定要去公山弗扰那里呢？"孔子说："他来召我，难道没有打算吗？如果有人用我，我就要复兴周礼！"

【原文】

子张问仁于孔子。孔子曰："能行五者于天下为仁矣。""请问之。"曰："恭、宽、信、敏、惠。恭则不侮，宽则得众，信则人任焉，敏则有功，惠则足以使人。"［论语·阳货］

【释义】

子张问孔子什么是仁。孔子说："能在天下实行五种德行就可以说是仁了。"子张说："请问是哪五种德行？"孔子说："恭敬、宽厚、诚信、勤快、施惠。恭敬就不会招来侮辱，宽厚就能得到支持，诚信就会得到任用，勤快就会取得成效，施惠就能够领导别人。"

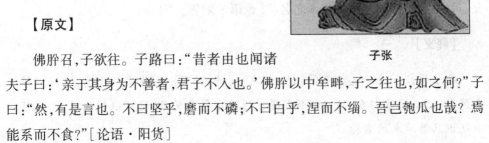

子张

【原文】

佛肸召，子欲往。子路曰："昔者由也闻诸夫子曰：'亲于其身为不善者，君子不入也。'佛肸以中牟畔，子之往也，如之何？"子曰："然，有是言也。不曰坚乎，磨而不磷；不曰白乎，涅而不缁。吾岂匏瓜也哉？焉能系而不食？"［论语·阳货］

【释义】

佛肸召孔子，孔子想去。子路说："以前我听老师说过：'自己公开做坏事的人那里，君子是不去的。'佛肸占据中牟而叛乱，您却要去，这是为什么呢？"孔子说："是啊，我是说过这样的话，但是，你知道吗？最坚硬的东西，磨也磨不薄；最洁白的东西，染也染不黑。我难道只是个葫芦吗？怎么能够只挂在那里而不能让人食用呢？"

【原文】

子曰:"由也! 女闻六言六蔽矣乎?"对曰:"未也。""居①! 吾语女。好仁不好学,其蔽也愚;好知不好学,其蔽也荡;好信不好学,其蔽也贼;好直不好学,其蔽也绞;好勇不好学,其蔽也乱;好刚不好学,其蔽也狂。"〔论语·阳货〕

【注释】

①"居"上皇本有"曰"字。

【释义】

孔子说:"仲由! 你听说过六种品德和六种弊病吗?"子路回答:"没有。"孔子说:"你坐下! 我来告诉你。喜好仁德却不喜好学习,弊病是容易愚昧上当;喜好聪明却不喜好学习,弊病是容易浮荡无边;喜好诚实却不喜好学习,弊病是容易伤害自己;喜好直率却不喜好学习,弊病是容易说话尖酸刻薄;喜好勇敢而不喜好学习,弊病是容易为非作歹;喜好刚强而不喜好学习,弊病是容易狂妄自大。"

【原文】

子曰:"小子何莫学夫《诗》?《诗》可以兴,可以观,可以群,可以怨。迩之事父,远之事君,多识于鸟兽草木之名。"〔论语·阳货〕

【释义】

孔子说:"学生们怎么不学《诗经》呢?《诗经》可以引发真情实感,可以观察社会风俗,可以交往朋友,可以纾解怨恨。近可以侍奉父母,远可以侍奉君王,还可以多认识鸟兽草木的名称。"

【原文】

子谓伯鱼曰:"女为《周南》《召南》矣乎? 人而不为《周南》《召南》,其犹正墙面而立也与?"〔论语·阳货〕

【释义】

孔子对儿子伯鱼说:"你读过《周南》《召南》了吗? 一个人如果没读过《周南》《召南》,大概就未免面朝墙壁站着的人吧?"

【原文】

子曰："礼云礼云，玉帛云乎哉？乐云乐云，钟鼓云乎哉？"［论语·阳货］

【释义】

孔子说："总是说礼呀礼呀，难道仅仅指玉帛这些礼物吗？总是说乐呀乐呀，难道仅仅指钟鼓这些乐器吗？"

【原文】

子曰："色厉而内荏，譬诸小人，其犹穿窬之盗也与？"［论语·阳货］

【释义】

孔子说："外表严厉内心虚弱的人，用小人来做比喻，大概就像个钻墙洞的小偷吧？"

【原文】

子曰："乡愿，德之贼也。"［论语·阳货］

【释义】

孔子说："好好先生是败坏道德的人。"

【原文】

子曰："道听而途说，德之弃也。"［论语·阳货］

【释义】

孔子说："听到传闻便到处传播，是背弃道德的做法。"

【原文】

子曰："鄙夫可与事君也与哉？其未得之也，患不得之；既得之，患失之。苟患失之，无所不至矣。"［论语·阳货］

【释义】

孔子说："能跟品质低下的人一起侍奉君主吗？当他没有得到职位的时候，害怕不能得到;当他得到以后,又害怕失去。如果害怕失去,就什么事情都做得出来了。"

【原文】

子曰:"古者民有三疾,今也或是之亡也。古之狂也肆,今之狂也荡;古之矜也廉,今之矜也忿戾;古之愚也直,今之愚也诈而已矣。"[论语·阳货]

【释义】

孔子说:"古代人们有三种毛病,现在的人恐怕连这些毛病都比不上了。古人狂妄不过是不拘小节,现在的人狂妄便放荡无礼;古人矜持还能方正威严,现在的人矜持便愤世嫉俗了;古人愚笨还算直率,现在的人愚笨却只知道欺诈,如此罢了。"

【原文】

子曰:"巧言令色,鲜矣仁。"[论语·阳货]

【释义】

孔子说:"花言巧语,假装和善,这种人很少有仁心。"

【原文】

子曰:"恶紫之夺朱也,恶郑声之乱雅乐也,恶利口之覆邦家者。"[论语·阳货]

【释义】

孔子说:"我厌恶用紫色取代红色,厌恶用郑国的声乐扰乱雅乐,厌恶用伶牙俐齿颠覆国家的人。"

【原文】

子曰:"予欲无言。"子贡曰:"子如不言,则小子何述焉?"子曰:"天何言哉?四时行焉,百物生焉,天何言哉?"[论语·阳货]

【释义】

孔子说:"我想不说话了。"子贡说:"老师如果不说话,那么我们要传述什么呢?"孔子说:"天讲了什么呢? 四季照样运行,万物照样生长,天讲了什么呢?"

【原文】

孺悲欲见孔子,孔子辞以疾。将命者出户,取瑟而歌,使之闻之。[论语·阳货]

【释义】

孺悲想见孔子,孔子推说生病了。传命的人刚出房门,孔子便取下瑟弹唱,故意让孺悲听到。

【原文】

宰我问:"三年之丧,期已久矣。君子三年不为礼,礼必坏;三年不为乐,乐必崩。旧谷既没,新谷既升,钻燧改火,期可已矣。"子曰:"食夫稻,衣夫锦,于女安乎?"曰:"安。""女①安,则为之! 夫君子之居丧,食旨不甘,闻乐不乐,居处不安,故不为也。今女安,则为之!"宰我出。子曰:"予之不仁也! 子生三年,然后免于父母之怀。夫三年之丧,天下之通丧也,予也有三年之爱于其父母乎?"[论语·阳货]

【注释】

①"女"上皇本有"曰"字。

【释义】

宰我问道:"为父母守丧三年,时间有点太久了。君子三年不习礼仪,礼仪一定会荒废;三年不奏乐,音乐一定会被毁掉。陈谷子吃完了,新谷子也登场了,钻火的燧木用了一次,一年也就可以了。"孔子说:"守丧不满三年就吃白米饭,穿绸缎衣,你心安吗?"宰我说:"心安。"孔子说:"你心安,那你就去做吧! 君子在守丧时,吃美食不觉得可口,听音乐不感到快乐,住在家里不觉得安适,因此不去做。现在你既然觉得心安,就去做吧!"宰我离开后,孔子说:"宰我真不仁啊! 子女生下来,三年才离开父母的怀抱。为父母守丧三年,是天下通行的丧礼,宰我给了父母三年的爱吗?"

【原文】

子曰:"饱食终日,无所用心,难矣哉!不有博弈者乎?为之,犹贤乎已。"[论语·阳货]

【释义】

孔子说:"整天吃饱了饭,对什么事都不花心思,这样的人真难以教诲!不是有下棋之类的游戏吗?去玩玩也比这样无聊好啊!"

【原文】

子路曰:"君子尚勇乎?"子曰:"君子义以为上。君子有勇而无义为乱,小人有勇而无义为盗。"[论语·阳货]

【释义】

子路问:"君子崇尚勇敢吗?"孔子说:"君子崇尚道义。君子只有勇敢而没有道义,就会作乱,小人只有勇敢而没有道义,就会偷盗。"

【原文】

子贡曰①:"君子亦有恶乎?"子曰:"有恶。恶称人之恶者,恶居下流而讪上者,恶勇而无礼者,恶果敢而窒者。"曰:"赐也亦有恶乎?""恶徼以为知者,恶不孙以为勇者,恶讦以为直者。"[论语·阳货]

【注释】

①"曰"上皇本、高丽本有"问"字。

【释义】

子贡问:"君子也有憎恶的事吗?"孔子说:"有憎恶。憎恶述说别人缺点的人,憎恶身居下位却毁谤上司的人,憎恶勇敢却不守礼义的人,憎恶果敢却一意孤行的人。"孔子问:"赐啊,你也有憎恶的事吗?"子贡回答:"憎恶把剽窃当作有学问的人,憎恶把傲慢当作勇敢的人。憎恶把揭露别人隐私当作直率的人。"

【原文】

子曰:"唯女子与小人为难养也,近之则不孙,远之则怨。"[论语·阳货]

【释义】

孔子说:"只有女人和小人是难以共处的,亲近了就会放肆,疏远了就会抱怨。"

【原文】

子曰:"年四十而见恶焉,其终也已!"[论语·阳货]

【释义】

孔子说:"四十岁了还被人厌恶,这一生就没希望了!"

【原文】

微①子去之,箕子为之奴,比干谏而死。孔子曰:"殷有三仁焉。"[论语·微子]

【注释】

①《史记·宋世家》赞通此章为孔子之言。

【释义】

微子离开纣王,箕子做了他的奴隶,比干因谏劝被杀死了。孔子说:"殷朝有这三位仁人啊!"

【原文】

柳①下惠为士师,三黜。人曰:"子未可以去乎?"曰:"直道而事人,焉往而不三黜? 枉道而事人,何必去父母之邦②?"[论语·微子]

【注释】

①《孟子疏》引此章,文首冠"孔子云"三字。
②朱注云:胡氏曰:"此必有孔子断之之言而亡之矣。"

【释义】

柳下惠担任狱官,多次被免职。有人对他说:"您不能离开鲁国吗?"他说:"坚持原则工作,在哪个地方不会被多次罢免? 放弃原则工作,又为什么要离开自己的祖国呢?"

【原文】

齐景公待孔子曰:"若季氏,则吾不能;以季、孟之间待之。"曰:"吾老矣,不能用也。"孔子行。[论语·微子]

【释义】

齐景公讲到对待孔子的礼节时说:"像鲁君对待季氏那样,我做不到,我用介于季氏和孟氏之间的礼节对待他。"又说:"我老了,不能任用他了。"孔子于是离开了齐国。

【原文】

齐人归女乐,季桓子受之,三日不朝。孔子行。[论语·微子]

【释义】

齐国送给鲁国一批舞女,季桓子接受了,三天没有上朝。孔子便离开了。

【原文】

楚狂接舆歌而过孔子曰:"凤兮,凤兮!何德之衰?往者不可谏,来者犹可追。已而,已而!今之从政者殆而!"孔子下,欲与之言。趋而辟之,不得与之言。[论语·微子]

【释义】

楚国的狂人接舆唱着歌经过孔子的车旁,唱道:"凤凰呀!凤凰呀!为什么你的德行如此衰败?过去的事情不可挽回,未来的还可以把握。算了吧!算了吧!今天的从政的人太危险了!"孔子下车,想和他讲话,他却赶快避开,孔子便没能够和他谈话。

【原文】

长沮、桀溺耦而耕。孔子过之,使子路问津焉。长沮曰:"夫执舆者为谁?"子路曰:"为孔丘。"曰:"是鲁孔丘与?"曰:"是也。"曰:"是知津矣。"问于桀溺。桀溺曰:"子为谁?"曰:"为仲由。"曰:"是鲁孔丘之徒与?"对曰:"然。"曰:"滔滔者,天下皆是也,而谁以易之?且而与其从辟人之士也,岂若从辟世之士哉?"耰而不辍。

子路行以告。夫子怃然曰：“鸟兽不可与同群,吾非斯人之徒与而谁与？天下有道,丘不与易也。”［论语·微子］

【释义】

长沮、桀溺在一起耕地。孔子路过,派子路向他们打听渡口的位置。长沮问道：“那个手拉缰绳的人是谁？”子路说：“是孔丘。”长沮问：“是鲁国的孔丘吗？”子路回答：“是的。”长沮便说：“那他知道渡口在哪里。”子路又去问桀溺。桀溺问道：“你是谁？”子路说：“是仲由。”桀溺问：“是鲁国孔丘的学生吗？”子路回答：“是。”桀溺便说：“就像洪水泛滥一样,天下到处都动荡不安,你和谁在一起去改变呢？与其跟着逃避坏人的人,何不跟着彻底躲避世道的人呢？”说完继续埋头耕作。子路回来后,把二人的话告诉了孔子。孔子怅然地说：“没有办法和飞禽走兽同群,我不和世上的人相处又和谁相处呢？如果天下太平,我就不会去改变它了。”

【原文】

子路从而后,遇丈人,以杖荷蓧。子路问曰：“子见夫子乎？”丈人曰：“四体不勤,五谷不分,孰为夫子？”植其杖而芸。子路拱而立。止子路宿,杀鸡为黍而食之,见其二子焉。明日,子路行以告。子曰：“隐者也。”使子路反见之。至,则行矣。子路曰：“不仕无义。长幼之节,不可废也;君臣之义,如之何其废之？欲洁其身,而乱大伦。君子之仕也,行其义也。道之不行,已知之矣。”［论语·微子］

【释义】

子路跟随孔子赶路,落在后面,遇到一位老人,用拐杖挑着除草的工具。子路问道：“您见到我的老师了吗？”老人说：“四肢不劳动,五谷分不清,谁是你的老师？”说完便放下拐杖,锄起草来。子路恭敬地站在一边。老人留下子路过夜,杀鸡做饭款待他,还叫自己的两个儿子来相见。第二天,子路赶上了孔子,并把自己的经历告诉了孔子。孔子说：“这是一位隐士。”让子路返回去拜见他。子路返回时,老人却出门了。子路说：“不从政是不合乎道义的。长幼之间的礼节不可废弃,君臣之间的大义又怎么能废弃呢？原本想洁身自好,却败乱了最重要的伦常关系。君子从政,是为了推行道义。至于政治理想难以实现,我们早已知道了。”

【原文】

逸民：伯夷、叔齐、虞仲、夷逸、朱张、柳下惠、少连。子曰：“不降其志,不辱其身,伯夷、叔齐与?"谓:"柳下惠、少连,降志辱身矣;言中伦,行中虑,其斯而已矣。"谓:"虞仲、夷逸,隐居放言,身中清,废中权。我则异于是,无可无不可。"[论语·微子]

【释义】

隐逸的贤人有:伯夷、叔齐、虞仲、夷逸、朱张、柳下惠、少连。孔子说:"不委屈自己的志向,不辱没自己的人格,是伯夷、叔齐吧?"又说:"柳下惠、少连委屈了自己的志向,辱没了自己的人格;但他们言语合乎规范,行为经过思虑,就是如此罢了。"又说:"虞仲、夷逸隐居起来,放肆直言,人格清高,放弃自我合乎权宜。我跟这些人都不同,没有一定要这样做,也没有一定不能这样做。"

【原文】

大①师挚适齐,亚饭干适楚,三饭缭适蔡,四饭缺适秦,鼓方叔入于河,播鼗武入于汉,少师阳、击磬襄入于海。[论语·微子]

【注释】

①朱注云:此记贤人之隐遁以附前章,然未必夫子之言也:○安井息轩曰:孔子所尝语门弟子,其无曰者,以不下断辞也。

【释义】

太师挚到齐国了,亚饭干到楚国去,三饭缭到蔡国去,四饭缺到秦国去,打鼓的方叔到了黄河边,敲小鼓的武到了汉水边,少师阳和击磬的襄到了海边。

【原文】

周①公谓鲁公曰:"君子不施其亲,不使大臣怨乎不以。故旧无大故,则不弃也。无求备于一人。"[论语·微子]

【注释】

①朱注云:胡氏曰:"夫子尝与门弟子言之欤?"

【释义】

周公对鲁公说:"君子不疏远他的亲族,不会让大臣抱怨自己没有受到重视;老臣旧属没有严重的过错，就不会遗弃不用。不会对一个人求全责备。"

【原文】

周^①有八士：伯达、伯适、仲突、仲忽、叔夜、叔夏、季随、季骊。〔论语·微子〕

【注释】

①朱注云：孔子于三仁、逸民、师挚、八士，皆称赞而品列之。

【释义】

周代有八位贤士：伯达、伯适、仲突、仲忽、叔夜、叔夏、季随、季骊。

【原文】

子夏之门人问交于子张。子张曰："子夏云何？"对曰："子夏曰：'可者与之，其不可者拒之。'"子张曰："异乎吾所闻：君子尊贤而容众，嘉善而矜不能。我之大贤与，于人何所不容？我之不贤与，人将拒我，如之何其拒人也？"〔论语·子张〕

【释义】

子夏的学生向子张请教如何与人交朋友。子张问："子夏怎样说的？"学生回答说："子夏说：'值得交往的就交往，不值得交往的就加以拒绝。'"子张说："我所听到的与此不同：君子尊敬贤人，也接纳普通人；称赞行善的人，也同情未能行善的人。如果我自己很好，什么人不能容纳呢？如果我自己不好，别人将会拒绝我，我又凭什么去拒绝别人呢？"

【原文】

曾子曰："吾闻诸夫子，人未有自致者也，必也亲丧乎。"〔论语·子张〕

【释义】

曾子说："我听老师说过，人没有充分表露感情的机会，如果有，一定是在父母过世的时候。"

【原文】

曾子曰："吾闻诸夫子，孟庄子之孝也，其他可能也；其不改父之臣与父之政，是

难能也。"〔论语·子张〕

【释义】

曾子说:"我听老师说过,孟庄子的孝行,别的也许还可以做到,但他不更换父亲任用的旧臣及其政策,这是别人难以做到的。"

【原文】

卫公孙朝问于子贡曰:"仲尼焉学?"子贡曰:"文①武之道,未坠于地,在人。贤者识其大者,不贤者识其小者,莫不有文武之道焉。夫子焉不学?而亦何常师之有?"〔论语·子张〕

【注释】

①"文武之道,未坠于地"《白虎·通礼乐》篇引此为孔子之言。

【释义】

卫国的公孙朝向子贡请教:"仲尼的学问是从哪里来的呢?"子贡说:"周文王、周武王的教化并没有失传,而是散落在人间。贤能的人掌握重要的部分,不贤能的人掌握了次要的部分,没有什么地方没有文王和武王的教化。我的老师在何处不曾学习到呢?他何必要有固定的老师呢?"

【原文】

叔孙武叔语大夫于朝曰:"子贡贤于仲尼。"子服景伯以告子贡。子贡曰:"譬之宫墙,赐之墙也及肩,窥见室家之好。夫子之墙数仞,不得其门而入,不见宗庙之美,百官之富。得其门者或寡矣。夫子之云,不亦宜乎?"〔论语·子张〕

【释义】

叔孙武叔在朝廷对大夫们说:"子贡比他的老师仲尼更贤能。"子服景伯把这话告诉了子贡。子贡说:"以围墙为例,我的墙只有肩膀那么高,别人可以看到房子里面的情况。老师的墙却有几丈高,如果找不到门进去,根本就看不到里面宗庙的壮观,房屋的堂皇。能够找到大门的人很少。叔孙武叔这样说不是很正常吗?"

【原文】

叔孙武叔毁仲尼。子贡曰:"无以为也!仲尼不可毁也。他人之贤者,丘陵也,

犹可逾也。仲尼,日月也,无得而逾焉,人虽欲自绝,其何伤于日月乎?多见其不知量也!"[论语·子张]

【释义】

叔孙武叔毁谤孔子。子贡说:"不要这样做!仲尼是毁谤不了的。别人的贤能,像是山丘一样,还可以越过去。仲尼像太阳和月亮,不可能越过去。人即使想断绝与太阳和月亮的关系,对太阳和月亮又有什么损害呢?只是表明了他自不量力罢了。"

【原文】

陈子禽谓子贡曰:"子为恭也,仲尼岂贤于子乎?"子贡曰:"君子一言以为知,一言以为不知,言不可不慎也!夫子之不可及也,犹天之不可阶而升也。夫子之得邦家者,所谓立之斯立,道之斯行,绥之斯来,动之斯和。其生也荣,其死也哀,如之何其可及也?"[论语·子张]

【释义】

陈子禽对子贡说:"你太谦让了,仲尼难道真的比你贤能吗?"子贡说:"君子一句话可以表现他的智慧,也可以一句话表现他的愚蠢,所以说话不能不谨慎!我的老师不可追赶,就好像天不可以靠梯子爬上去一样。老师如果能在诸侯之国、大夫之家负责政事,就能使百姓自立就能自立,引导百姓前进百姓就能前进,有所安抚远方的人就来归服,有所动员百姓就能响应。他在世时誉满天下,死时万众悲痛,我们怎么能够赶得上呢?"

【原文】

尧①曰:"咨!尔舜!天之历数在尔躬,允执其中。四海困穷,天禄永终。"舜亦以命禹。曰:"予小子履,敢用玄牡,敢昭告于皇皇后帝:有罪不敢赦。帝臣不蔽,简在帝心。朕躬有罪,无以万方;万方有罪,罪在朕躬。"周有大赉,善人是富。"虽有周亲,不如仁人。百姓有过,在予一人。"谨②权量,审法度,修废官,四方之政行焉。兴③灭国,继绝世,举逸民,天下之民归心焉。所④重:民,食,丧,祭。宽则得众,信则民任焉,敏则有功,公则说⑤。[论语·尧曰]

【注释】

①安井息轩曰:"愚以此章为孔子所尝,为门人语也。"

②《公羊传》昭公三十二年注引:"谨"上冠"孔子曰"三字。

③同上。宣公十七年注引:"兴"上冠"孔子曰"三字。

④《汉书·艺文志》引"所"上冠"孔子曰"三字。

⑤皇本"说"上有"民"字。

【释义】

尧说:"哦!舜呀!天命已经降临在你身上了,你要忠实地坚持正义原则。如果天下百姓穷困不堪,上天的禄位也就永远没有了。"舜也用这番话告诫禹。商汤说:"在下履,谨用黑色公牛来做祭祀,向伟大的天帝报告:有罪的人我不敢擅自赦免,我自己的罪过也不敢隐瞒,因为您心里非常清楚。如果我本人有罪,请不要牵连百姓;如果百姓有罪,罪过都由我一人承担。"周朝大封诸侯,使善人都得到财富。武王说:"虽然有至亲的人,也不如有仁人。百姓如果有什么过错,由我一人来承担。"谨慎地审定度量衡,审查礼乐制度,恢复废弃的官职,政令便可以通行了。恢复灭亡的国家,接续已断绝的世系,提拔隐逸的贤人,百姓便真心实意归服了。应该重视的是:人民,粮食,丧事,祭祀。宽厚就会得到大众的拥护,诚信就会得到百姓的信任,勤敏就会取得重大功绩,公平就会使人人满意。

【原文】

子张问于孔子曰:"何如斯可以从政矣?"子曰:"尊五美,屏四恶,斯可以从政矣。"子张曰:"何谓五美?"子曰:"君子惠而不费,劳而不怨,欲而不贪,泰而不骄,威而不猛。"子张曰:"何谓惠而不费?"子曰:"因民之所利而利之,斯不亦惠而不费乎?择可劳而劳之,又谁怨?欲仁而得仁,又焉贪?君子无众寡,无小大,无敢慢,斯不亦泰而不骄乎?君子正其衣冠,尊其瞻视,俨然人望而畏之,斯不亦威而不猛乎?"子张曰:"何谓四恶?"子曰:"不教而杀谓之虐;不戒视成谓之暴;慢令致期谓之贼;犹之与人也,出纳之吝谓之有司。"[论语·尧曰]

【释义】

子张问孔子说:"怎样做才能治理政事呢?"孔子说:"推崇五种美德,摒除四种恶行,才能治理政事。"子张问:"什么是五种美德?"孔子说:"施惠于人,自己却不需什么耗费;役使百姓,百姓却没有怨恨;有欲望却不贪心;泰然自若却并不骄傲;态度威严却不凶猛。"子张又问:"什么叫施惠于人自己却不需什么耗费?"孔子说:"顺着百姓能够得利的事情而使他们得利,这不就是施惠于人自己却不需什么耗费吗? 选择可以役使百姓的时候去役使,谁会怨恨呢? 想得仁便得到了仁,还贪求什么呢? 无论人数多少,事情多大,从不敢怠慢,这不就是泰然自若却并不骄傲吗? 君子服装整齐,表情庄重,让人望而生畏,这不就是威严却不凶猛吗?"子张又问:"什么是四种恶行?"孔子说:"不先教育规范便加以杀戮叫作虐;不先告诫而要求成绩叫作暴;政令松懈而要求严格叫作贼;要给人东西,出手吝啬叫作小气。"

【原文】

孔子曰:"不知命,无以为君子也;不知礼,无以立也;不知言,无以知人也。"〔论语·尧曰〕

【释义】

孔子说:"不了解命运,就没法做君子;不懂得礼仪,就没法立身;不了解言语的使用,就不能够了解别人。"

【原文】

孔子与君图事于庭,图政于堂。〔论语·乡党礼仪礼士疏相引见〕

【释义】

孔子与国君在庭院商量事情,在朝堂讨论政事。

【原文】

孔①子曰:"仁以为己任,不亦重乎? 死②而后已,不亦远乎?"〔论语·后汉书蔡遵传注引〕

【注释】

①今本《论语·泰伯》篇作"曾子曰"。

②《后汉书·张衡传》注引:"死而后已,不亦远乎"一句为孔子之言。

【释义】

孔子说："把实现仁的理想当作自己的使命,不是很重大的事情吗? 到死为止,不是很遥远的吗?"

【原文】

子①张问士。子曰:"见危致命,见利思义。"[论语·选文殷仲文解尚书表注引]

【注释】

①今本《论语·子张》篇作:子张曰:"士见危致命,见得思义,祭思敬,丧思哀,其可已矣。"

【释义】

子张问什么是士人。孔子说:"遇到危险,不惜牺牲性命去挽救,看到利益,要思虑是否合乎道义。"

【原文】

孔①子曰:"君子日知其所亡,月无忘其所能。"[论语·后汉书烈女传注引]

【注释】

①今本《论语·子张》篇为子夏之言,而无"君子"二字。

【释义】

孔子说:"每天都能知道自己未知的知识,每月都能不忘掉已经学会的知识。"

【原文】

孔①子曰:"博学而笃志,切问而近思,仁在其中矣。"[论语·后汉书章帝纪正经义诏引]

【注释】

①《后汉书》注云:论语文也。○今本《论语·子张》篇为子夏之言。

【释义】

孔子说:"广泛地学习,志向坚定,勤恳发问,并且去思考,仁就在其中了。"

【原文】

子①曰:"小人之过也必文。"［论语·文选杨子幼报孙会宗书注引］

【注释】

①今本《论语·子张》篇作子夏曰。

【释义】

孔子说:"小人有了过错,一定要加以掩饰。"

【原文】

有①始有卒者,其唯圣人乎?［论语·汉书董仲舒传引］

【注释】

①师古曰:"《论语》载孔子之言。"○今本《论语·子张》篇为子夏之言。

【释义】

做事能贯彻始终,只有圣人吗?

【原文】

大夫退死,葬以士礼。［论语·礼记王制疏引］

【释义】

大夫退避而死,葬礼降为士的标准。

【原文】

玉粲之璇兮,其�的猛也。［逸论语·说文引］

【释义】

玉石纹理粲然排列如同瑟弦,罗列得整整齐齐。

【原文】

如①玉之莹。[逸论语·说文引]

【注释】

①《初学记二十七》引作玉如莹也。

【释义】

像玉石一样晶莹。

【原文】

玉十,谓之区。治玉谓之琢,亦谓之雕。磋,玉色鲜白也。莹,玉色也。瑛,玉光也。瓊,赤玉也。璿、瑾、瑜,美玉也。璑,三采玉也。玲、瑲、琤①,玉声也。琐②玉,佩也。瑱,充耳也。璪,玉饰以水藻也。[逸论语·初学记二十七引]

【注释】

①"琤"下御览八百四引有"瑱瑝"二字。
②琐,玉佩,同上,作墩玉佩玉。

【释义】

十种玉称为区。打磨玉称为琢,也称为雕。瑳,代表玉色鲜白。莹,代表玉色。瑛,代表玉的光彩。瓊,代表赤玉。璿、瑾、瑜,代表美玉。璑,代表三彩玉。玲、瑲、琤,代表玉的声音。琐玉,是用来佩戴的。瑱,是用来充耳的。璪,代表刻有水藻花纹的玉饰。

【原文】

璠玙,鲁之宝玉也。孔子曰:"美哉璠玙!远而望之,奂若也;近而视之,瑟若也。一则理胜,一则孚胜。"[逸论语·初学记二十七,又御览八百四引]

【释义】

璠玙是鲁国的宝玉。孔子说:"璠玙真是美丽呀!远远望去,能发出火光。走近观看,透明并有条纹。一方面靠条纹取胜,一方面靠光彩取胜。"

二、《孝经》所载孔子言行

【原文】

仲尼居,曾子侍。子曰:"先王有至德要道,以顺天下,民用和睦,上下无怨,汝知之乎?"曾子避席曰:"参不敏,何足以知之?"子曰:"夫孝,德之本也,教之所由生也。复坐,吾语汝。身体发肤,受之父母,不敢毁伤,孝之始也。立身行道,扬名于后世,以显父母,孝之终也。夫孝,始于事亲,中于事君,终于立身。《大雅》云:'无念尔祖,聿修厥德。'"[开宗明义章第一]

【释义】

孔子在家里闲坐,曾参坐在旁边陪着。孔子说:"先王有至为高尚的品行和道德,使天下人心归顺,人民和睦相处,上上下下都没有怨恨不满。你知道那是为什么吗?"曾参离开座位说:"我生性愚笨,哪里会知道呢?"孔子说:"这就是孝,它是德行的基础,是教化派生的根源。你回到原位,我告诉你。人的身体、毛发皮肤,都是父母给的,不敢予以损毁伤残,这是孝的开始。人在世上有所建树,名声显扬于后世,从而使父母显耀,这是孝的终极目标。所谓孝,最初是从侍奉父母开始,然后是效忠于国君,最后是建功立业。《大雅》说:'怎么能不思念你的先祖呢?要称颂先祖的美德啊!'"

【原文】

子曰:"爱亲者不敢恶于人,敬亲者不敢慢于人。爱敬尽于事亲,而德教加于百姓,刑于四海,盖天子之孝也。《甫刑》云:'一人有庆,兆民赖之。'"[天子章第二]

【释义】

孔子说:"能够爱自己父母的人不会厌恶别人的父母,能够尊敬自己父母的人不会怠慢别人的父母。以亲爱恭敬之心侍奉双亲,而将德行教化施于百姓,成为百姓效法的对象,这就是天子的孝道呀!《甫刑》说:'天子有善行,百姓都信赖他。'"

【原文】

在上不骄,高而不危。制节谨度,满而不溢。高而不危,所以长守贵也。满而不溢,所以长守富也。富贵不离其身,然后能保其社稷,而和其民人,盖诸侯之孝也。《诗》云:"战战兢兢,如临深渊,如履薄冰。"[诸侯章第三]

【释义】

在上位而不骄傲,位置再高也不会有倾覆的危险。生活节俭、遵守法律,财富再多也不会损益。居高位而没有倾覆的危险,所以能够长久地保持尊贵的地位。财富多而不损益,所以能够长久地保存自己的财富。富贵不流失,才能保住国家的安全,使百姓和睦相处,这就是诸侯的孝道。《诗经》说:"战战兢兢,就像在深水潭边一样,就像脚踩薄冰一样。"

【原文】

非先王之法服,不敢服。非先王之法言,不敢道。非先王之德行,不敢行。是故非法不言,非道不行,口无择言,身无择行,言满天下无口过,行满天下无怨恶。

《诗经》书影

三者备矣,然后能守其宗庙,盖卿大夫之孝也。《诗》云:"夙夜匪懈,以事一人。"[卿大夫章第四]

【释义】

不是先王规定的合乎礼法的衣服不敢穿戴。不是先王说的合乎礼法的言语不敢说。不是先王实行的道德行为不敢去做。所以不合乎礼法的话不说,不合乎礼法的事不做;开口说话不需选择,自己的行为也不必考虑,所说的话遍及天下也没有过失,所做的事传遍天下也不会有怨恨。衣服、语言、行为都能符合礼法的准则,才能守住自己的宗庙，这就是卿、大夫的孝道。《诗经》说："从早到晚都不能松懈，要专心侍奉天子。"

【原文】

资于事父以事母，而爱同。资于事父以事君，而敬同。故母取其爱，而君取其敬，兼之者父也。故以孝事君则忠，以敬事长则顺。忠顺不失，以事其上，然后能保其禄位，而守其祭祀，盖士之孝也。《诗》云："夙兴夜寐，无忝尔所生。"［士章第五］

【释义】

用侍奉父亲的态度去侍奉母亲，爱心是相同的。用侍奉父亲的态度去侍奉国君，敬心也是相同的。侍奉母亲是用爱心，侍奉国君是用尊敬之心，侍奉父亲是两者兼有。所以用孝道来侍奉国君才能忠诚，用尊敬之心来侍奉上级才能顺从。能做到忠诚和顺从，才能保住自己的俸禄和职位，并守住对祖先的祭祀，这就是士人的孝道。《诗经》说："要早起晚睡努力去做，不要玷污了你的父母。"

【原文】

用天之道，分地之利，谨身节用，以养父母，此庶人之孝也。故自天子至于庶人，孝无终始，而患不及者，未之有也。［庶人章第六］

【释义】

利用自然的规律，认清土地的特点，行为谨慎，节省俭约，以此来供养父母，这就是普通百姓的孝道了。所以从天子到百姓，孝道是无始无终的，有人担心自己做不到，那是没有的事情。

【原文】

曾子曰："甚哉！孝之大也。"子曰："夫孝，天之经也，地之义也，民之行也。天地之经，而民是则之，则天之明，因地之利，以顺天下。是以其教不肃而成，其政不严而治。先王见教之可以化民也，是故先之以博爱，而民莫遗其亲。陈之于德义，而民兴行。先之以敬让，而民不争。道之以礼乐，而民和睦。示之以好恶，而民知禁。《诗》云：'赫赫师尹，民具尔瞻。'"［三才章第七］

【释义】

曾子说:"太伟大了!孝道真是博大精深。"孔子说:"孝道犹如天上星辰的运行规律,地上万物的生长法则,是人类最根本的品行。天地有其自然规律,人类从中领悟到实行孝道的法则。效法上天日月星辰的规律,利用大地万物的法则,顺乎自然规律治理天下。因此教化不须严肃的手段就能成功,政治不须严厉的方法就能得以治理。从前的君主看到教育可以感化民众,所以他带头实行博爱,于是没人敢遗弃自己的双亲。向人民陈述德行道义,人民就会去遵行。他又带头倡导恭敬和谦让,于是人民就不相互争斗。用礼仪和音乐引导他们,于是人民就和睦相处。告诉人民美和丑的区别,人民就知道不会违反禁令。《诗经》说:'威严显赫的太师尹,人民都仰望着你。'"

【原文】

子曰:"昔者明王之以孝治天下也,不敢遗小国之臣,而况于公、侯、伯、子、男乎,故得万国之欢心,以事其先王。治国者不敢侮于鳏寡,而况于士民乎,故得百姓之欢心,以事其先君。治家者不敢失于臣妾,而况于妻子乎,故得人之欢心,以事其亲。夫然,故生则亲安之,祭则鬼享之。是以天下和平,灾害不生,祸乱不作。故明王之以孝治天下也如之。《诗》云:'有觉德行,四国顺之。'"[孝治章第八]

【释义】

孔子说:"从前圣明的君王是以孝道治理天下的,对小国的臣子也不遗弃,更何况是公、侯、伯、子、男等诸侯了,所以得到了诸侯各国的欢心,使他们甘愿侍奉先王。治理国家的诸侯,即便是对鳏夫和寡妇也不敢欺侮,更何况对士人和百姓了,所以会得到百姓的欢迎,使他们帮助自己祭祀祖先。管理卿邑的卿大夫,即便对奴仆婢妾也不失礼,更何况对妻子、儿女了,所以会得到众人的欢心,使他们乐意奉养双亲。这样,父母双亲在世时安乐、祥和,死后享受后代的祭祀。因此天下祥和太平,自然灾害不发生,也没有反叛暴乱的人祸。所以圣明的君王以孝道治理天下。《诗经》说:'天子有伟大的德行,四方的国家都会来归顺。'"

【原文】

曾子曰:"敢问圣人之德,无以加于孝乎?"子曰:"天地之性①,人为贵。人之行,莫大于孝。孝莫大于严父,严父莫大于配天,则周公其人也。昔者周公郊祀后稷,以配天。宗祀文王于明堂,以配上帝。是以四海之内,各以其职来祭。夫圣人之德,又何以加于孝乎。故亲生之膝下,以养父母日严。圣人因严以教敬,因亲以教爱。圣人之教不肃而成,其政不严而治,其所因者本也。父子之道,天性也,君臣之义也。父母生之,续莫大焉。君亲临之,厚莫重焉。故不爱其亲而爱他人者,谓之悖德。不敬其亲而敬他人者,谓之悖礼。以顺则逆,民无则焉。不在于善,而皆在于凶德,虽得之,君子不贵也。君子则不然,言思可道,行思可乐,德义可尊,作事可法,容止可观,进退可度,以临其民。是以其民畏而爱之,则而象之。故能成其德教,而行其政令。《诗》云:'淑人君子,其仪不忒。'"[圣治章第九]

【注释】

①邢疏云:"性生也。"

【释义】

曾子说:"我冒昧地请问,圣人的德行,有比孝道更大的吗?"孔子说:"天地万物中,人类最高贵。人类的品行中,没有比孝道更大的了。在孝道之中,没有比敬重父亲更重要的了。敬重父亲,没有比在祭天时将祖先配祀更重大的了,能够做到这一点的只有周公。当初,周公在郊外祭天时,把始祖后稷配给天帝。在明堂祭祀时,又把父亲文王配祀天帝。所以各地的诸侯能够恪尽职守,协助祭祀活动。因此圣人的德行,又怎么能超过孝道呢? 子女在父母膝下长大,因此日益懂得对父母亲的尊敬。圣人依据子女对父母的尊敬来教导人们孝敬,又依据子女对父母的亲情来教导他们爱父母。圣人的教化不需要严厉的手段就可以成功,不需要严厉的方式就可以把国家治理好,原因是他们依据人们孝道的本性。父子之间的关系,体现了人类的天性,也体现了君臣之间的义理。父母生下儿女,使后代得以延续,这是最为重要的事。父亲对于子女又犹如君王,没有比这样的恩爱更厚重的了。所以哪种不敬爱自己的父母却去爱别人的行为,就是违背道德的。不尊敬自己的父母而尊敬别人的行为,就是违背礼法的。如果让人民顺从违背礼法的事,人民肯定不会效法的。不是靠善行,而是靠违背道德礼法,虽然能成功,也是为君子所不齿的。君子不会这样,其言谈会让人们奉行,其作为会给人们带来欢乐,其立德行义能使人们尊敬,其行为举止能让人们效法,其容貌行止会让人们无可挑剔,其进退有度,不违背礼法。所以百姓敬畏并爱戴他,并学习效仿他。所以君子能够成就其德治教化,顺利地推行其政令。《诗经》说:'善人君子,容貌举止丝毫不差。'"

【原文】

子曰:"孝子之事亲也,居则致其敬,养则致其乐,病则致其忧,丧则致其哀,祭则致其严,五者备矣,然后能事亲。事亲者,居上不骄,为下不乱,在丑^①不争。居上而骄,则亡。为下而乱,则刑。在丑而争,则兵。三者不除,虽日用三牲之养,犹为不孝也。"[纪孝行章第十]

【注释】

①御注云:"丑众也。"

【释义】

孔子说:"孝子侍奉双亲,日常家居时要态度恭敬,供奉饮食时要保持愉快的心情,父母生病时要忧心忡忡,父母去世时要悲痛不已,祭祀时要严肃对待,这五方面做到了,才算尽到孝道。侍奉双亲,要身居高位而不骄傲,身居下层而不作乱,地位低下而不争斗。身居高位而骄傲势必会导致灭亡,身居下层而作乱就会遭受刑罚,地位低下而争斗则会导致相互残杀。这三种行为不去除,即使天天用三牲的肉食奉养父母,也是不孝之人。"

【原文】

子曰:"五刑之属三千,而罪莫大于不孝。要君者无上,非圣人者无法,非孝者无亲,此大乱之道也。"[五刑章第十一]

【释义】

孔子说:"应当处以五刑的罪有三千多,其中最严重的是不孝。用武力胁迫君主的人目中无人,诽谤圣人的人目无法纪,反对行孝的人目无双亲。这些人是天下大乱的根源。"

【原文】

子曰:"教民亲爱,莫善于孝。教民礼顺,莫善于悌。移风易俗,莫善于乐。安上治民,莫善于礼。礼者,敬而已矣。故敬其父,则子悦。敬其兄,则弟悦。敬其君,则臣悦。敬一人而千万人悦。所敬者寡而悦者众,此之谓要道也。"[广要道章

【释义】

孔子说:"教育人民相亲相爱,没有比孝道更好的了。教育人民懂礼和顺,没有比悌道更好的了。移风易俗,没有比音乐教化更好的了。使君主安心,人民服从,没有比礼教更好的了。所谓礼,就是敬爱的意思。所以尊敬他的父亲,儿子就会高兴。尊敬他的兄长,弟弟就会高兴。尊敬他的君主,臣子就会高兴。尊敬一个人,却能使千万人高兴。所尊敬的人虽然少,但高兴的人却很多,这就是礼敬的意义啊!"

【原文】

子曰:"君子之教以孝也,非家至而日见之也。教以孝,所以敬天下之为人父者也。教以悌,所以敬天下之为人兄者也。教以臣,所以敬天下之为人君者也。《诗》云:'恺悌君子,民之父母。'非至德,其孰能顺民如此其大者乎。"[广至德章第十三]

【释义】

孔子说:"君子用孝道教化人,并不是挨家挨户、天天当面去教导。以孝道教导人们,是为了让天下的父亲都能得到尊敬。以悌道教导人们,是为了让天下的兄长都能受到尊敬。以为臣之道教导人们,是为了让天下的君主能受到尊敬。《诗经》说:'和乐谦谦的君子,是民众的父母。'如果没有至高无上的德行,怎么能使天下民众顺从并成就伟大的事业呢!"

【原文】

子曰:"君子之事亲孝,故忠可移于君。事兄悌,故顺可移于长。居家理,故治可移于官。是以行成于内,而名立于后世矣。"[广扬名章第十四]

【释义】

孔子说:"君子侍奉父母能尽孝,就能把对父母的孝心移作对国君的忠心。侍奉兄长能顺从,就能把这种顺从移作对前辈的敬从。在家里能处理好家务,所以会把理家的经验用于治理国家。因此说在家里能养成良好品德的人,其名声也会显扬于后

【原文】

曾子曰："若夫慈爱恭敬，安亲扬名，则闻命矣。敢问子从父之令，可谓孝乎？"子曰："是何言与？是何言与？昔者天子有争臣七人，虽无道不失其天下。诸侯有争臣五人，虽无道不失其国。大夫有争臣三人，虽无道不失其家。士有争友，则身不离于名。父有争子，则身不陷于不义。故当不义，则子不可以不争于父，臣不可以不争于君，故当不义则争之。从父之令，又焉得为孝乎？"［谏诤章第十五]

【释义】

曾子说："像慈爱、恭敬、安亲、扬名这些孝道，已经听过了老师的教诲。我想再问一下，儿子一味地遵从父亲的命令，能称得上是孝顺吗？"孔子说："这是什么话呢？这是什么话呢？从前，天子身边有七个直言相谏的大臣，所以纵使天子昏庸也不会失去天下。诸侯有五个直言相谏的大臣，所以即便无道也不会失去他的封地。大夫有三个直言劝谏的家臣，所以即使他无道也不会失去家园。士身边有直言相劝的朋友，自己的名声就不会丧失。父亲有敢于直言相劝的儿子，就不会陷于不义之中。所以遇到不义之事时，儿子不可以不劝阻父亲，大臣不可以不劝阻君王。所以对于不义之事，一定要劝阻。如果只是遵从父亲的命令，又怎么称得上是孝顺呢？"

【原文】

子曰："昔者明王事父孝，故事天明；事母孝，故事地察；长幼顺，故上下治。天地明察，神明彰矣。故虽天子，必有尊也，言有父也；必有先也，言有兄也。宗庙致敬，不忘亲也。修身慎行，恐辱先也。宗庙致敬，鬼神著矣。孝悌之至，通于神明，光于四海，无所不通。《诗》云：'自西自东，自南自北，无思不服。'"［感应章第十六]

【释义】

孔子说："从前，贤明的帝王侍奉父亲很孝顺，所以祭祀上天时能够明白天的道理；侍奉母亲很孝顺，所以祭祀地时能够明察地的道理。理顺处理长幼关系，所以上下平安无事。能够明察天地的道理，神明就会降下福瑞。所以虽然贵为天子，也有他所尊敬的人,就是他的父亲;必然有长于他的人,就是他的兄长。到宗庙里祭祀,不忘自己的亲人。修身养性,谨慎行事,唯恐辱没了先人。到宗庙祭祀,神明就赐福。对父母兄长孝敬顺从到了极致,就会感动天地,任何地方都可以感应相通。《诗经》说:'从西到东,从南到北,没有人不想归服。'"

【原文】

子曰:"君子之事上也,进思尽忠,退思补过。将顺其美,匡救其恶,故上下能相亲也。《诗》云:'心乎爱矣,遐不谓矣,中心藏之,何日忘之。'"［事君章第十七］

【释义】

孔子说:"君子侍奉君王,在朝进言时要尽其忠心,退朝时要考虑弥补君王的过失。发扬君王的优点,匡正君王的过失,君臣关系才能亲敬。《诗经》说:'心中洋溢着爱,无论多么遥远,真诚的心永藏心中,没有忘记的那一天。'"

【原文】

子曰:"孝子之丧亲也,哭不偯,礼无容,言不文,服美不安,闻乐不乐,食旨不甘,此哀戚①之情也。三日而食,教民无以死伤生,毁不灭性,此圣人之政也。丧不过三年,示民有终也。为之棺椁衣衾而举之,陈其簠簋而哀戚之。擗踊哭泣,哀以送之,卜其宅兆,而安措之。为之宗庙,以鬼享之。春秋祭祀,以时思之。生事爱敬,死事哀戚,生民之本尽矣,死生之义备矣,孝子之事亲终矣。"［丧亲章第十八］

【注释】

①戚,石台本、宋熙宁石刻岳本、郑注本作戚,孝经终。

【释义】

孔子说:"孝子的亲人去世了,哭得声嘶力竭,举止失去了端正,言语没有了文采,穿上漂亮的衣服会感到不安,听到美妙的音乐也不快乐,吃美味的食物不觉得可口,这就是悲伤哀痛的感情。丧礼三天后要吃东西,这是教导人民不要因为悲哀而损伤了身体,不要因为哀痛灭绝了人的天性,这是圣人的教诲。守丧不超过三年,是告诉人们守丧是有期限的。办丧事的时候,要准备好棺椁、衣服、被子等,安置好遗体,陈列上簠、簋等器具,以寄托哀思。出殡的时候,捶胸顿足,号啕大哭。

选好墓穴,用以安葬。兴建起祭祀用的庙宇,使亡灵有所归依,并享受祭祀。在春秋时祭祀,以表达哀思。父母在世时以爱和敬来侍奉他们,去世后则怀着哀戚之情料理丧事,才算尽到了孝道,完成了养生送死的义务,侍奉父母这才算是结束了。"

【原文】

仲尼闲居,曾子侍坐。子曰:"参先王有至德要道,以训天下,民用和睦,上下亡怨,女知之乎?"曾子辟席曰:"参不敏,何足以知之乎?"子曰:"夫孝,德之本也,教之所繇生也。复坐,吾语女。身体发肤,受之父母,不敢毁伤,孝之始也。立身行道,扬名于后世,以显父母,孝之终也。夫孝,始放事亲,中于事君,终于立身。《大雅》云:'亡念尔祖,聿修其德。'"［开宗明义章第一］

【释义】

孔子在家里闲坐,曾参坐在旁边陪着。孔子说:"先王有至为高尚的品行和道德,使天下人心归顺,人民和睦相处,上上下下都没有怨恨不满。你知道那是为什么吗?"曾参恭敬地离开座位说:"我生性愚笨,哪里会知道呢?"孔子说:"这就是孝,它是德行的基础,是教化派生的根源。你回到原位,我告诉你。人的身体、毛发皮肤,都是父母给的,不敢予以损毁伤残,这是孝的开始。人在世上有所建树,名声显扬于后世,从而使父母显耀,这是孝的终极目标。所谓孝,最初是从侍奉父母开始,然后是效忠于国君,最后是建功立业。《大雅》说:'怎么能不思念你的先祖呢?要称颂先祖的美德啊!'"

【原文】

子曰:"爱亲者不敢恶于人,敬亲者不敢慢于人。爱敬尽于事亲,然后德教加于百姓,刑于四海,盖天子之孝也。《吕刑》云:'一人有庆,兆民赖之。'"［天子章第二］

【释义】

孔子说:"能够爱自己父母的人不会厌恶别人的父母,能够尊敬自己父母的人不会怠慢别人的父母。以亲爱恭敬之心侍奉双亲,而将德行教化施于百姓,成为百姓效法的对象,这就是天子的孝道呀!《吕刑》说:'天子有善行,百姓都信赖他。'"

【原文】

子曰:"居上不骄,高而不危。制节谨度,满而不溢。高而不危,所以长守贵也。满而不溢,所以长守富也。富贵不离其身,然后能保其社稷,而和其民人,盖诸侯之孝也。《诗》云:'战战兢兢,如临深渊,如履薄冰。'"[诸侯章第三]

【释义】

孔子说:"在上位而不骄傲,位置再高也不会有倾覆的危险。生活节俭、遵守法律,财富再多也不会损益。居高位而没有倾覆的危险,所以能够长久地保持尊贵的地位。财富多而不损益,所以能够长久地保存自己的财富。富贵不流失,才能保住国家的安全,使百姓和睦相处,这就是诸侯的孝道。《诗经》说:'战战兢兢,就像在深水潭边一样,就像脚踩薄冰一样。'"

【原文】

子曰:"非先王之法服,不敢服。非先王之法言,不敢道。非先王之德行,不敢行。是故非法不言,非道不行,口亡择言,身亡择行,言满天下亡口过,行满天下亡怨恶。三者备矣,然后能保其禄位而守其宗庙,盖卿大夫之孝也。《诗》云:'夙夜匪解,以事一人。'"[卿大夫章第四]

【释义】

孔子说:"不是先王规定的合乎礼法的衣服不敢穿戴。不是先王说的合乎礼法的言语不敢说。不是先王实行的道德行为不敢去做。所以不合乎礼法的话不说,不合乎礼法的事不做;开口说话不需选择,自己的行为也不必考虑,所说的话遍及天下也没有过失,所做的事传遍天下也不会有怨恨。衣服、语言、行为都能符合礼法的准则,才能守住自己的宗庙,这就是卿、大夫的孝道。《诗经》说:'从早到晚都不能松懈,要专心侍奉天子。'"

【原文】

子曰:"资于事父以事母,其爱同。资于事父以事君,其敬同。故母取其爱,而君取其敬,兼之者父也。故以孝事君则忠,以弟事长则顺,忠顺不失,以事其上,然后能保其爵禄,而守其祭祀,盖士之孝也。《诗》云:'夙兴夜寐,亡忝尔所生。'"[士

【释义】

孔子说:"用侍奉父亲的态度去侍奉母亲,爱心是相同的。用侍奉父亲的态度去侍奉国君,敬心也是相同的。侍奉母亲是用爱心,侍奉国君是用尊敬之心,侍奉父亲是两者兼有。所以用孝道来侍奉国君才能忠诚,用尊敬之心来侍奉上级才能顺从。能做到忠诚和顺从,才能保住自己的俸禄和职位,并守住对祖先的祭祀,这就是士人的孝道。《诗经》说:'要早起晚睡努力去做,不要玷污了你的父母。'"

【原文】

子曰:"因天之时,就地之利,谨身节用,以养父母,此庶人之孝也。"[庶人章第六]

【释义】

孔子说:"利用自然的规律,认清土地的特点,行为谨慎,节省俭约,以此来供养父母,这就是普通百姓的孝道了。"

【原文】

子曰:"故自天子以下至于庶人,孝亡终始,而患不及者,未之有也。"[孝平章第七]

【释义】

孔子说:"所以从天子到百姓,孝道是无始无终的,有人担心自己做不到,那是没有的事情。"

【原文】

曾子曰:"甚哉!孝之大也。"子曰:"夫孝,天之经也,地之义也,民之行也。天地之经,而民是则之,则天之明,因地之利,以训天下。是以其教不肃而成,其政不严而治。先王见教之可以化民也,是故先之以博爱,而民莫遗其亲。陈之以德谊,而民兴行。先之以敬让,而民不争。道之以礼乐,而民和睦。示之以好恶,而民知禁。《诗》云:'赫赫师尹,民具尔瞻。'"[三才章第八]

曾子说："太伟大了！孝道真是博大精深。"孔子说："孝道犹如天上星辰的运行规律，地上万物的生长法则，是人类最根本的品行。天地有其自然规律，人类从中领悟到实行孝道的法则。效法上天日月星辰的规律，利用大地万物的法则，顺乎自然规律治理天下。因此教化不须严肃的手段就能成功，政治不须严厉的方法就能得以治理。从前的君主看到教育可以感化民众，所以他带头实行博爱，于是没人敢遗弃自己的双亲。向人民陈述德行道义，人民就会去遵行。他又带头倡导恭敬和谦让，于是人民就不互相争斗。用礼仪和音乐引导他们，于是人民就和睦相处。告诉人民美和丑的区别，人民就知道不会违反禁令。《诗经》说：'威严显赫的太师尹，人民都仰望着你。'"

【原文】

子曰："昔者明王之以孝治天下也，不敢遗小国之臣，而况于公、侯、伯、子、男乎，故得万国之欢心，以事其先王。治国者不敢侮于鳏寡，而况于士民乎，故得百姓之欢心，以事其先君。治家者不敢失于臣妾之心，而况于妻子乎，故得人之欢心，以事其亲。夫然，故生则亲安之，祭则鬼享之。是以天下和平，灾害不生，祸乱不作。故明王之以孝治天下也如此。《诗》云：'有觉德行，四国顺之。'"［孝治章第九］

【释义】

孔子说："从前圣明的君王是以孝道治理天下的，对小国的臣子也不遗弃，更何况是公、侯、伯、子、男等诸侯了，所以得到了诸侯各国的欢心，使他们甘愿侍奉先王。治理国家的诸侯，即便是对鳏夫和寡妇也不敢欺侮，更何况对士人和百姓了，所以会得到百姓的欢迎，使他们帮助自己祭祀祖先。管理卿邑的卿大夫，即便对奴仆婢妾也不失礼，更何况对妻子、儿女了，所以会得到众人的欢心，使他们乐意奉养双亲。这样，父母双亲在世时安乐、祥和，死后享受后代的祭祀。因此天下祥和太平，自然灾害不发生，也没有反叛暴乱的人祸。所以圣明的君王以孝道治理天下。《诗经》说：'天子有伟大的德行，四方的国家都会来归顺。'"

【原文】

曾子曰："敢问圣人之德，亡以加于孝乎？"子曰："天地之性①，人为贵。人之行,莫大于孝。孝莫大于严父,严父莫大于配天,则周公其人也。昔者周公郊祀后稷,以配天。宗祀文王于明堂,以配上帝。是以四海之内,各以其职来助祭。夫圣人之德,又何以加于孝乎?是故亲生毓之①,以养父母日严。圣人因严以教敬,因亲以教爱。圣人之教不肃而成,其政不严而治,其所因者本也。"[圣治章第十]

【注释】

①孔传云:性生也。

【释义】

曾子说:"我冒昧地请问,圣人的德行,有比孝道更大的吗?"孔子说:"天地万物中,人类最高贵。人类的品行中,没有比孝道更大的了。在孝道之中,没有比敬重父亲更重要的了。敬重父亲,没有比在祭天时将祖先配祀更重大的了,能够做到这一点的只有周公。当初,周公在郊外祭天时,把始祖后稷配给天帝。在明堂祭祀时,又把父亲文王配祀天帝。所以各地的诸侯能够恪尽职守,协助祭祀活动。因此圣人的德行,又怎么能超过孝道呢?子女在父母膝下长大,因此日益懂得对父母亲的尊敬。圣人依据子女对父母的尊敬来教导人们孝敬,又依据子女对父母的亲情来教导他们爱父母。圣人的教化不需要严厉的手段就可以成功,不需要严厉的方式就可以把国家治理好,原因是他们依据人们孝道的本性。"

【原文】

子曰:"父子之道,天性也,君臣之谊也。父母生之,绩莫大焉。君亲临之,厚莫重焉。"[父母生绩章第十一]

【释义】

孔子说:"父子之间的关系,体现了人类的天性,也体现了君臣之间的义理。父母生下儿女,使后代得以延续,这是最为重要的事。父亲对于子女又犹如君王,没有比这样的恩爱更厚重的了。"

【原文】

子曰:"不爱其亲而爱他人者,谓之悖德。不敬其亲而敬他人者,谓之悖礼。以训则昏民,亡则焉不在于善,而皆在于凶德。虽得志,君子弗从也。君子则不然,言思可道,行思可乐,德谊可尊,作事可法,容止可观,进退可度,以临其民,是以其民畏而爱之,则而象之。故能成其德教,而行其政令。诗云:'淑人君子,其仪不忒。'"[孝优劣章第十二]

【释义】

孔子说:"那种不敬爱自己的父母却去爱别人的行为,就是违背道德的。不尊敬自己的父母而尊敬别人的行为,就是违背礼法的。如果让人民顺从违背礼法的事,人民肯定不会效法的。不是靠善行,而是靠违背道德礼法,虽然能成功,也是为君子所不齿的。君子不会这样,其言谈会让人们奉行,其作为会给人们带来欢乐,其立德行义能使人们尊敬,其行为举止能让人们效法,其容貌行止会让人们无可挑剔,其进退有度,不违背礼法。所以百姓敬畏并爱戴他,并学习效仿他。所以君子能够成就其德治教化,顺利地推行其政令。《诗经》说:'善人君子,容貌举止丝毫不差。'"

【原文】

子曰:"孝子之事亲也,居则致其敬,养则致其乐,疾则致其忧,丧则致其哀,祭则致其严,五者备矣,然后能事其亲。事亲者,居上不骄,为下不乱,在丑①不争,居上而骄,则亡。为下而乱,则刑。在丑而争,则兵。此三者不除,虽日用三牲之养,犹为不孝也。"[纪孝行章第十三]

【注释】

①孔传云:丑,群类也。

【释义】

孔子说:"孝子侍奉双亲,日常家居时要态度恭敬,供奉饮食时要保持愉快的心情,父母生病时要忧心忡忡,父母去世时要悲痛不已,祭祀时要严肃对待,这五方面做到了,才算尽到孝道。侍奉双亲,要身居高位而不骄傲,身居下层而不作乱,地位低下而不争斗。身居高位而骄傲势必会导致灭亡,身居下层而作乱就会遭受刑罚,地位低下而争斗则会导致相互残杀。这三种行为不去除,即使天天用三牲的肉食奉养父母,也是不孝之人。"

【原文】

子曰:"五刑之属三千,而罪莫大于不孝,要君者亡上,非圣人者亡法,非孝者亡亲,此大乱之道也。"[五刑章第十四]

【释义】

孔子说:"应当处以五刑的罪有三千多,其中最严重的是不孝。用武力胁迫君主的人目中无人,诽谤圣人的人目无法纪,反对行孝的人目无双亲。这些人是天下大乱的根源。"

【原文】

子曰:"教民亲爱,莫善于孝。教民礼顺,莫善于弟。移风易俗,莫善于乐。安上治民,莫善于礼。礼者,敬而已矣。故敬其父,则子说。敬其兄,则弟说。敬其君,则臣说。敬一人而千万人说。所敬者寡而说者众,此之谓要道也。"[广要道章第十五]

【释义】

孔子说:"教育人民相亲相爱,没有比孝道更好的了。教育人民懂礼和顺,没有比悌道更好的了。移风易俗,没有比音乐教化更好的了。使君主安心,人民服从,没有比礼教更好的了。所谓礼,就是敬爱的意思。所以尊敬他的父亲,儿子就会高兴。尊敬他的兄长,弟弟就会高兴。尊敬他的君主,臣子就会高兴。尊敬一个人,却能使千万人高兴。所尊敬的人虽然少,但高兴的人却很多,这就是礼敬的意义啊!"

【原文】

子曰:"君子之教以孝也,非家至而日见之也。教以孝,所以敬天下之为人父者也。教以弟,所以敬天下之为人兄者也。教以臣,所以敬天下之为人君者也。《诗》云:'恺悌君子,民之父母。'非至德,其孰能训民如此其大者乎?"[广至德章第十六]

【释义】

孔子说:"君子用孝道教化人,并不是挨家挨户、天天当面去教导。以孝道教导人们,是为了让天下的父亲都能得到尊敬。以悌道教导人们,是为了让天下的兄长都能受到尊敬。以为臣之道教导人们,是为了让天下的君主能受到尊敬。《诗经》说:'和乐谦谦的君子,是民众的父母。'如果没有至高无上的德行,怎么能使天下民众顺从并成就伟大的事业呢!"

【原文】

子曰:"昔者明王事父孝,故事天明。事母孝,故事地察。长幼顺,故上下治。天地明察,鬼神章矣。故虽天子必有尊也,言有父也,必有先也。言有兄也,必有长也。宗庙致敬,不忘亲也。修身慎行,恐辱先也。宗庙致敬,鬼神著矣。孝弟之至,通于神明,光于四海,亡所不暨。《诗》云:'自东自西,自南自北,亡思不服。'"[应感章第十七]

【释义】

孔子说:"从前,贤明的帝王侍奉父亲很孝顺,所以祭祀上天时能够明白天的道理;侍奉母亲很孝顺,所以祭祀地时能够明察地的道理。理顺处理长幼关系,所以上下平安无事。能够明察天地的道理,神明就会降下福瑞。所以虽然贵为天子,也有他所尊敬的人,就是他的父亲;必然有长于他的人,就是他的兄长。到宗庙里祭祀,不忘自己的亲人。修身养性,谨慎行事,唯恐辱没了先人。到宗庙祭祀,神明就赐福。对父母兄长孝敬顺从到了极致,就会感动天地,任何地方都可以感应相通。《诗经》说:'从西到东,从南到北,没有人不想归服。'"

【原文】

子曰:"君子事亲孝,故忠可移于君。事兄弟,故顺可移于长。居家理,故治可移于官。是以行成于内,而名立于后世矣。"[广扬名章第十八]

【释义】

孔子说:"君子侍奉父母能尽孝,就能把对父母的孝心移作对国君的忠心。侍奉兄长能顺从,就能把这种顺从移作对前辈的敬从。在家里能处理好家务,所以会把理家的经验用于治理国家。因此说在家里能养成良好品德的人,其名声也会显扬于后世了。"

【原文】

子曰:"闺门之内,具礼矣乎! 严亲严兄,妻子臣妾,繇百姓徒役也。"[闺门章第十九]

【释义】

孔子说:"家庭内部,也是有礼法的。双亲犹如君,兄长如上,妻子臣妾犹如百姓徒役。"

【原文】

曾子曰:"若夫慈爱恭敬,安亲扬名,参闻命矣。敢问子从父之命,可谓孝乎?"子曰:"参是何言与? 是何言与? 言之不通邪。昔者天子有争臣七人,虽亡道不失天下。诸侯有争臣五人,虽亡道不失其国。大夫有争臣三人,虽亡道不失其家。士有争友,则身不离于令名。父有争子,则身不陷于不谊。故当不谊,则子不可以不争于父,臣不可以不争于君,故当不谊则争之,从父之命,又安得为孝乎?"[谏争章第二十]

【释义】

曾子说:"像慈爱、恭敬、安亲、扬名这些孝道,已经听过了老师的教诲。我想再问一下,儿子一味地遵从父亲的命令,能称得上是孝顺吗?"孔子说:"这是什么话呢? 这是什么话呢? 这样说道理讲不通啊! 从前,天子身边有七个直言相谏的大臣,所以纵使天子昏庸也不会失去天下。诸侯有五个直言相谏的大臣,所以即便无道也不会失去他的封地。大夫有三个直言劝谏的家臣,所以即使他无道也不会失去家园。士身边有直言相劝的朋友,自己的名声就不会丧失。父亲有敢于直言相劝的儿子,就不会陷于不义之中。所以遇到不义之事时,儿子不可以不劝阻父亲,大臣不可以不劝阻君王。所以对于不义之事,一定要劝阻。如果只是遵从父亲的命令,又怎么称得上是孝顺呢?"

【原文】

子曰:"君子之事上也。进思尽忠。退思补过。将顺其美。匡救其恶。故上下能相亲也。《诗》云:'心乎爱矣,遐不谓矣,忠心臧之,何日忘之。'"[事君章第二十

【释义】

孔子说:"君子侍奉君王,在朝进言时要尽其忠心,退朝时要考虑弥补君王的过失。发扬君王的优点,匡正君王的过失,君臣关系才能亲敬。《诗经》说:'心中洋溢着爱,无论多么遥远,真诚的心永藏心中,没有忘记的那一天:'"

【原文】

子曰:"孝子之丧亲也,哭不依,礼亡容。言不文,服美不安,闻乐不乐,食旨不甘,此哀戚之情也。三日而食,教民亡以死伤生也,毁不灭性,此圣人之正也。丧不过三年示民有终也。为之棺椁衣衾以举之,陈其簋簠而哀戚之。哭泣擗踊,哀以送之,卜其宅兆,而安措之。为之宗庙,以鬼享之。春秋祭祀,以时思之。生事爱敬,死事哀戚,生民之本尽矣,死生之谊备矣,孝子之事终矣。"[丧亲章第二十二]

【释义】

孔子说:"孝子的亲人去世了,哭得声嘶力竭,举止失去了端正,言语没有了文采,穿上漂亮的衣服会感到不安,听到美妙的音乐也不快乐,吃美味的食物不觉得可口,这就是悲伤哀痛的感情。丧礼三天后要吃东西,这是教导人民不要因为悲哀而损伤了身体,不要因为哀痛灭绝了人的天性,这是圣人的教诲。守丧不超过三年,是告诉人们守丧是有期限的。办丧事的时候,要准备好棺椁、衣服、被子等,安置好遗体,陈列上簋、簠等器具,以寄托哀思。出殡的时候,捶胸顿足,号啕大哭。选好墓穴,用以安葬:兴建起祭祀用的庙宇,使亡灵有所归依,并享受祭祀。在春秋时祭祀,以表达哀思。父母在世时以爱和敬来侍奉他们,去世后则怀着哀戚之情料理丧事,才算尽到了孝道,完成了养生送死的义务,侍奉父母这才算是结束了。"

三、儒书所载孔子言行

【原文】

昔孙叔敖相楚,妻不衣帛,马不秣粟。孔子曰:"不可,大俭极下。"此《蟋蟀》所为作也。[盐铁论·通有]

【释义】

从前孙叔敖当楚国的宰相时，他的妻子不穿丝绸的衣服，不用粮食去喂马。孔子说："人不能太俭朴，太俭朴就和下级相接近了。"这就是《蟋蟀》所讽刺的事情。

【原文】

孔子能方不能圆，故饥于黎邱。[盐铁论·论儒]

【释义】

孔丘做人能方不能圆，所以会在黎丘挨饿。

【原文】

孔子适卫，因嬖臣弥子瑕以见卫夫人，子路不说。[盐铁论·论儒]

【释义】

孔子去卫国，通过宠臣弥子瑕晋见卫夫人，子路因此不高兴。

【原文】

孔子曰："不通于论者，难于言治道，不同者不相与谋。"[盐铁论·忧边]

【释义】

孔子说："不通晓道理的人，很难和他们谈论治理国家的道理。志向不同的人，不能在一起谋划做事。"

【原文】

季、孟之权，三桓之富，不可及也，孔子为之曰"微"。为人臣，权均于君，富侔于国者，亡。[盐铁论·褒贤]

【释义】

季孙、孟孙的权势，三桓的财富，谁也比不上，但是孔子说他们"衰败了"。作为臣子，和君主一样有权势，财富与国库相当，必然会灭亡。

【原文】

孔子曰："诗人疾之不能默，丘疾之不能伏。"是以东西南北七十说而不用，然后退而修王道，作《春秋》，垂之万世之后，天下折中焉。〔盐铁论·相刺〕

【释义】

孔子说："诗人对丑恶的事不能沉默，我痛恨天下失道而不能袖手旁观。"所以他东西南北到处游说但不被重用，然后返回鲁国研究王道，编写了《春秋》，让它流传百世，作为判断事物的标准。

【原文】

孔子读《史记》，喟然而叹，伤正德之废，君臣之危也。〔盐铁论·散不足〕

【释义】

孔子读《史记》，感慨万千，对正统道德的废除和君臣关系的破损感到担心。

【原文】

孔子仕于鲁，前仕三月及齐平，后仕三月及郑平，务以德安近而绥远。当此之时，鲁无敌国之难，邻境之患。强臣变节而忠顺，故季桓隳其都城。大国畏义而合好，齐人来归郓、讙、龟阴之田。〔盐铁论·备胡〕

【释义】

孔子在鲁国做官，前三个月使鲁国和齐国和好，后三个月又使鲁国和郑国和好，他是用仁德来安定近处的百姓和安抚远方的国家的。当时，鲁国没有敌对国家的威胁，没有邻近国家的忧患。势力很强的大臣也变得忠顺起来，所以季桓子拆毁了他的都城。强大的邻国为仁义所慑服，来和鲁国和好，齐国把所占领的郓、讙、龟阴等地归还给鲁国。

【原文】

孔子曰："吾于《河广》，知德之至也。"而欲得之，各反其本，复诸古而已。〔盐铁论·执务〕

【释义】

孔子说:"我看了《河广》,明白了最高的道德。"要想得到最高的道德,各种事物都必须符合仁义,使国家回到古代去就可以了。

【原文】

孔子曰:"进见而不以能往者,非贤士才女也。"[盐铁论·大论]

【释义】

孔子说:"没人推荐或介绍却周游列国,到处游说,并不像贤士和才女那样有自己的才能。"

【原文】

子赣由其家来谒于孔子,孔子正颜,举杖磬折而立,曰:"子之大亲,毋乃不宁乎?"敢杖而立,曰:"子之兄弟,亦得无恙乎?"曳杖倍下行,曰:"妻子家中,得毋病乎?"故身之倨佝,手之高下,颜色声气,各有宜称。所以明尊卑、别疏戚也。[贾子新书·容经]

【释义】

子赣从家里来拜见孔子,孔子神色端正,举着拐杖弯腰而立,说:"你的父母,生活得很安宁吧?"敢杖而立,说:"你的兄弟,身体都好吧?"拖着拐杖向下走,说:"家里的人,没人得病吧?"身体的弯曲程度,手的位置高低,神情声调,都非常恰当。非常明白尊卑高下、远近亲疏的道理。

【原文】

子路见孔子之背磬折,举哀,曰:"唯由也见。"孔子闻之曰:"由也,何以遗亡也?"[贾子新书·容经]

【释义】

子路看到孔子的后背曲折如磬,悲伤号哭,说:"只有我看见了。"孔子听到后说:"由啊,为什么就遗忘了呢?"

【原文】

孔子南游,适楚,至于阿谷之隧,有处子佩瑱而浣者。孔子曰:"彼妇人其可与言矣乎!"抽觞以授子贡,曰:"善为之辞,以观其语。"子贡曰:"吾,北鄙之人也,将南之楚,逢天之暑,思心潭潭,愿乞一饮,以表我心。"妇人对曰:"阿谷之隧,隐曲之氾,其水载清载浊,流而趋海,欲饮则饮,何问妇人乎?"受子贡觞,迎流而挹之,奂然而弃之,促流而挹之,奂然而溢之,坐、置之沙上,曰:"礼固不亲授。"子贡以告。孔子曰:"丘知之矣。"抽琴去其轸,以授子贡,曰:"善为之辞,以观其语。"子贡曰:"向子之言,穆如清风,不悖我语,和畅我心。于此有琴而无轸,愿借子以调其音。"妇人对曰:"吾,鄙野之人也,僻陋而无心,五音不知,安能调琴?"子贡以告。孔子曰:"丘知之矣。"抽绵绤五两,以授子贡,曰:"善为之辞,以观其语。"子贡曰:"吾,北鄙之人也,将南之楚。于此有绵绤五两,吾不敢以当子身,敢置之水浦。"妇人对曰:"客之行,差迟乖人,分其资财,弃之野鄙。吾年甚少,何敢受子?子不早去,今窃有狂夫守之者矣。"[韩诗外传一]

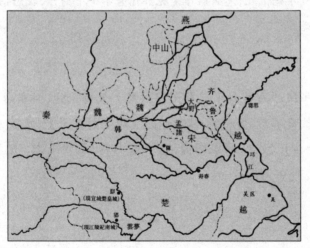

春秋战国时期的中国地图

【释义】

孔子到南方游历,来到楚国,走到阿谷郊野,遇到一个戴着佩玉的女子正在洗衣。孔子说:"这个女子或许可以和她谈谈!"于是拿出一个酒杯交给子贡说:"你想好言辞对她去说,看她怎么讲。"子贡对那个女子说:"我是北方边远地方的人,打算到南方的楚国去。正碰上炎热的天气,心里像火烧一样,希望讨杯水喝,散发我心里的热气。"女子回答说:"阿谷的郊野,幽深曲折的水边,水有的清有的浊,都奔流到海,你想喝就舀着喝吧,何必要问我这个洗衣的女子呢?"说完,还是接过子贡的酒杯,迎着水流舀了一杯,翻转杯子把水倒掉,又顺着水流舀了一杯,杯子装得满满的,接着跪着把酒杯放在沙地上,说:"按照礼节,我不能把酒杯亲手交给你。"子贡把情况告诉孔子。孔子说:"我明白她的意思了。"又拿出一把琴,抽掉调音的琴把,把它交给子贡,说:"你想好言辞对她去说,看她怎么讲。"子贡对女子说:"刚才你的话,像温和的清风,既没有误解我的意思,又使我心情舒畅。这里有一把琴,却没有调音的琴把,希望你帮助我把琴音调好。"女子回答说:"我是个乡下粗野的女子,生活在偏僻地区,很愚笨,不懂得分辨五音,怎么能够帮助你把琴音调好呢?"子贡把情况告诉了孔子。孔子说:"我明白她的意思了。"又拿出五两麻布交给子贡说:"你想好言辞对她去说,看她怎么讲。"子贡对女子说:"我是北方边远地方的人,打算到南方的楚国去,这里有五两麻布,我不敢当面交给你,冒昧地把它放在水边了。"女子回答说:"过路的客人啊,你真是逗留很久了。你又分出自己的财物,丢在这野外。我年纪很轻,怎么敢接受呢?你若不早早离开,我恐怕暗中有狂暴的人在窥伺着你呢?"

【原文】

哀公问孔子曰:"有智寿乎?"孔子曰:"然。人有三死,而非命也者①,自取之也:居处不理,饮食不节,劳过者,病共杀之。居下而好干上,嗜欲无厌,求索不止者,刑共杀之。少以敌众,弱以侮强,忿不量力者,兵共杀之。故有三死而非命者②,自取之也。"[韩诗外传一]

【注释】

①者字衍。

②者当作也。

【释义】

鲁哀公问孔子说:"智者长寿还是仁者长寿?"孔子回答说:"好,人有三种死,都不是他命中该死的,是自己的行为导致的:不按时作息,无节制饮食,劳累过度的,疾病就杀了他。处在下位而干涉上司的政事,无休止地追求各种欲望,刑法会杀了他。凭少数触犯众多的人,凭着弱小侮辱强敌,不顾环境发怒,行动不自量力的,军队会杀了他。这三种死法,不是命中该死的,是人自找的。"

【原文】

荆伐陈,陈西门坏,因其降民使修之,孔子过而不式。子贡执辔而问曰:"礼,过三人则下,二人则式。今陈之修门者众矣,夫子不为式,何也?"孔子曰:"国亡而弗知,不智也;知而不争,非忠也;亡①而不死,非勇也。修门者虽众,不能行一于此,吾故弗式也。"[韩诗外传一]

【注释】

①亡当作争。

【释义】

楚国攻打陈国,陈国西门坏了。楚国派陈国投降的老百姓去修理,孔子经过时,不低头伏在车前横木上向他们表示敬意。子贡拿着缰绳问孔子道:"按照礼的规矩,车子经过三人就要下车,经过二人就低头伏在车前横木上表示敬意。现在陈国修城门的百姓这么多,您不伏在车前横木上表示敬意,为什么呢?"孔子说:"国家将要灭亡却不知道,这是不聪明;知道国家将要灭亡而不抗争,这是不忠;抗争失败而不去死,这是不勇敢。修城门的人虽然多,这三条一条都不能做到,因此我不向他们表示敬意。"

【原文】

孔子曰:"君子有三忧:弗知,可无忧与! 知而不学,可无忧与! 学而不行,可无忧与!"[韩诗外传一]

【释义】

孔子说:"君子有三件忧虑的事:不知哪里有老师,能不忧虑吗? 知道哪里有老师而不学习,能不忧虑吗? 学了道理后而不能实行,能不忧虑吗?"

【原文】

孔子曰:"口欲味,心欲佚,教之以仁;心欲兵,身恶劳,教之以恭;好辩论而畏惧,教之以勇;目好色,耳好声,教之以义。"《易》曰:"艮其限,列其夤,厉薰心。"《诗》曰:"吁嗟女兮,无与士耽。"皆防邪禁佚,调和心志。[韩诗外传二]

【释义】

孔子说："口里想着美味,心里贪图安乐,对这种人要用仁爱去教育;心里贪图安逸,身体厌恶劳苦,对这种人用恭敬去教育;对喜好辩论而又胆怯的人,要用勇敢去教育。对眼睛喜好美丽的颜色,耳朵喜好美丽的声音的人,要用礼义去教育。"《周易》说："腰部的活动停止了,脊肉裂开了,感到了危险,像火在烧心。"《诗经》说:"哎呀妹子啊,不要与男子在一起欢乐。"这都是说要防止邪僻,禁止淫欲,调和思想感情。

【原文】

孔子曰:"不慎其前,而悔其后,嗟乎!虽悔无及矣。"[韩诗外传二]

【释义】

孔子说:"不在事前小心谨慎,而在事后悔恨交加,真是可悲呀!虽然后悔也来不及了。"

【原文】

传曰:孔子云:"美哉!颜无父之御也。马知后有舆而轻之,知上有人而爱之。马亲其正,而爱其事。如使马能言,彼将必曰:'乐哉!今日之驺也。'至于颜沦少衰矣,马知后有舆而轻之,知上有人而敬之,马亲其正,而敬其事。如使马能言,彼将必曰:'驺来!其人之使我也。'至于颜夷而衰矣,马知后有舆而重之,知上有人而畏之,马亲其正,而畏其事。如使马能言,彼将必曰:'驺来!驺来!女不驺,彼将杀女。'故御马有法矣,御民有道矣,法得则马和而欢,道得则民安而集。《诗》曰:'执辔如组,两骖如舞。'此之谓也。"[韩诗外传二]

【释义】

古书上说:孔子说:"多好啊!颜无父驾驭马车的技术。马知道后面拖着车子,但感到很轻松,知道车上坐着人却喜爱他。马拉着车子,喜爱它所做的工作。如果马能够说话,它一定会说:'多么快乐啊!今天的奔跑。'到了颜沦,技术就差了一些。马知道后面拉着车子,但感到很轻松,知道车上坐着人却尊敬他,马拉着车子,认真地对待自己的工作。如果马能够说话,它一定会说:'奔跑啊!是这个人在驱使我。'到了颜夷,技术更差了。马知道后面拖着车子,感到很重,知道车上坐着人但很害怕他。马拉着车子,很恐惧自己的工作。如果马能够说话,它一定会说:'奔跑!奔跑!你不奔跑,他会杀死你。'所以驾驭马车是有方法的,统治老百姓是有规律的。掌握了方法,马就会和顺而又欢喜,掌握了规律,人民就会安乐而又和顺。《诗经》说:'执掌的缰绳像丝带一样有次序,两边的骖马步调均匀像在跳舞。'说的就是这个道理。"

【原文】

孔子遭齐①程本子于剡之间,倾盖而语终日。有间,顾子路曰:"由,束②帛十匹,以赠先生。"子路不对。有问,又顾曰:"束帛十匹,以赠先生。"子路率尔而对曰:"昔者由也闻之于夫子,士不中道相见,女无媒而嫁者,君子不行也。"孔子曰:"夫《诗》不云乎:'野有蔓草,零露溥兮。有美一人,青扬宛兮。邂逅相遇,适我愿兮。'且夫齐程本子,天下之贤士也,吾于是而不赠,终身不之见也。大德不逾闲,小德出入可也。"[韩诗外传二]

【注释】

①《初学记》十七引作:孔子过齐遇程本子于郯郊之间。《御览》八百十八引作:孔子之齐遇程本子于谭郯之间。

②"束"上从《初学记》当补"来取"二字。

【释义】

孔子在郯这个地方遇见了齐国的程本子,双方都倾斜着车盖交谈,说了一整天的话。过了一会,孔子转脸对子路说:"仲由,拿十匹布帛送给先生。"子路不回答。又过了一会,孔子转脸对子路说:"拿十匹布帛来送给先生。"子路很轻率地回答说:"过去我听先生说过,男子没有介绍人互相见面,女子不经过媒人嫁人,君子是不做这种事的。"孔子说:"《诗经》不是说过:'野地里有蔓草,落下露珠很圆。有一个美人,眉清目秀。没有料到和她相遇,恰好符合我的心愿。'而且齐国程本子是天下贤良的人才,我在这里不赠送,终生不会再有机会见到他了。不要逾越重大礼节的界限,轻微的礼节有点出入还是可以的。"

【原文】

子路与巫马期薪于韫丘之下,陈之富人有处师氏者,诣车百乘,觞于韫丘之上。

子路与①巫马期曰："使子无忘子之所知,亦无进子之所能,得此富,终身无复见夫子,子为之乎?"巫马期喟然仰天而叹,阒然投镰于地,曰:"吾尝闻之夫子,勇士不忘丧其元,志士仁人不忘在沟壑。子不知予与? 试予与? 意者,其志与?"子路心惭,故负薪先归。孔子曰:"由来,何为偕出而先返也?"子路曰:"向也,由与巫马期薪于韫丘之下,陈之富人有处师氏者,诣车百乘,旄于韫丘之上,由谓巫马期曰:'使子无忘子之所知,亦无进子之所能,得此富,终身无复见夫子,子为之乎?'巫马期喟然仰天而叹,阒然投镰于地,曰:'吾尝闻②夫子:勇士不忘丧其元,志士仁人不忘在沟壑。子不知予与? 试予与? 意者,其志与?'由也心惭,故先负薪归。"孔子援琴而弹:"《诗》曰:'肃肃鸨羽,集于苞栩。王事靡盬,不能蓺稷黍。父母何怙? 悠悠苍天,曷其有所?'予道不行邪,使汝愿者。"[韩诗外传二]

【注释】

①与,当作谓。
②"闻"下脱"之"字。

【释义】

　　子路与巫马期在韫丘下面砍柴,陈国有个姓处师的富人,在山下停了一百辆车子,在山上游玩喝酒。子路对巫马期说:"假使你没有忘记你知道的道理,也没有增进你现有的才能,如果能得到这样多的财富,但却终身不许再见到老师,你愿意这样做吗?"巫马期仰脸向天叹息,把镰刀扔在地上说:"我曾经听夫子说,勇敢的人不忘记丢掉自己的脑袋,志士仁人不忘记抛尸在山沟里。你是不了解我呢? 还是想试探我呢? 或者这就是你自己的志向呢?"子路心里很惭愧,背着烧柴先回来了。孔子说:"仲由,为什么与巫马期一起出去而自己先回来了呢?"子路说:"刚才我与巫马期在韫丘下面砍柴,陈国一个姓处师的富人,在山下停放了一百辆车子,在山上游玩喝酒。我问巫马期说:'假使你没有忘记学到的道理,也没有增进你的才干,如果让你得到这样多的财富,但却终身不许再见到老师,你愿意这样做吗?'巫马期仰脸向天叹息,把镰刀扔在地上,说:'我曾经听夫子说,勇敢的人不忘记丢掉自己的脑袋,志士仁人不忘记抛尸在山沟里。你是不了解我呢? 还是试探我呢? 或者这就是你自己的志向呢?'我感到很惭愧,所以先背着烧柴回来了。"孔子拿起琴来弹着,说:"《诗经》说:'鸨鸟振动翅膀,飞向茂盛的大树。君王的事永远不会停止,不能种稷种黍。父母的生活靠什么? 悠悠的青天,我何时能回到自己的住所?'我的主张行不通,竟使你羡慕那个陈国的富人。"

【原文】

孔子曰:"士有五:有势尊贵者,有家富厚者,有资勇悍者,有心智惠者,有貌美好者。有势尊贵者,不以爱民行义理,而反以暴敖。家富厚者,不以振穷救不足,而反以侈靡无度。资勇悍者,不以卫上攻战,而反以侵陵私斗。心智惠者,不以端计数,而反以事奸饰诈。貌美好者,不以统朝莅民,而反以蛊女从欲。此五者,所谓士失其美质者也。"[韩诗外传二]

【释义】

孔子说:"士人有五种:有的人权势地位尊贵,有的人家庭财产丰厚,有的人天性勇敢强悍,有的人心灵聪明智慧,有的人容貌端庄美好。地位尊贵的人,不爱护百姓,依照义理做事,反而残暴傲慢地欺凌别人。家财丰厚的人,不利用家财赈救贫穷的人,反而利用它来奢侈浪费。勇敢强悍的人,不利用勇敢保卫国君,攻城打仗,反而利用它来侵犯凌辱别人。聪明智慧的人,不利用聪明智慧审察治理国家的规律,反而利用它来为非作歹,修饰奸诈的行为。容貌端庄的人,不利用它来统率朝廷官吏,治理人民,反而利用它来诱惑妇女放纵情欲。这五种人,就是那些丧失了美好品质的士人。"

【原文】

子夏读《诗》已毕。夫子问曰:"尔亦何大于《诗》矣?"子夏对曰:"《诗》之于事也,昭昭乎若日月之光明,燎燎乎如星辰之错行。上有尧舜之道,下有三王之义,弟子不敢忘。虽居蓬户之中,弹琴以咏先王之风。有人亦乐之,无人亦乐之,亦可发愤忘食矣。《诗》曰:'衡门之下,可以栖迟;泌之洋洋,可以乐饥。'"夫子造然变容,曰:"嘻!吾子始可以言《诗》已矣,然子以见其表,未见其里。"颜渊曰:"其表已见,其里又何有哉?"孔子曰:"窥其门,不入其中,安知其奥藏之所在乎!然藏又非难也。丘尝悉心尽志,已[1]入其中,前有高岸,后有深谷,冷冷然如此,既立而已矣。不能见其里,未谓精微者也。"[韩诗外传二]

【注释】

[1]何大可言之谬。

②已闻作以。

　　子夏读完了《诗经》。孔子问他:"你可以谈谈《诗经》了吗?"子夏回答说:"《诗经》记载的事件,光明灿烂像太阳、月亮的光辉,明亮耀眼像星星交错在天空中。前有尧舜治理天下的原则,后有三王开创天下的主张,弟子不敢忘记这些事情。虽然居住在茅草屋里,也要弹琴歌咏先王的教化。有人理解我,我觉得快乐,无人理解我,我也觉得快乐,这也可以说是努力学习,达到忘食的地步了。《诗经》说:'在这简陋的小屋下面,可以从容休息;泌邱的洋洋泉水,可以解渴充饥。'"孔子突然变了脸色说:"啊! 你现在可以谈论《诗经》了,然而你还只看到了它的外表,还没有看到里面的内容。"颜渊说:"它的外表已经看见了,它的里面又有什么呢?"孔子说:"只从门外窥看,不进入房子里面,哪里知道东西放在什么地方呢?然而要知道藏着的东西也并不是难事。我曾经专心致志地探索,已经进入到里面,看见前面有高竿的河岸,后面有幽深的峡谷,它里面如此清凉,我就在那里久久站立。如果不能看到它里面的情景,是不能说了解了它的奥妙啊!"

【原文】

　　楚庄王寝疾,卜之,曰:"河为祟。"大夫曰:"请用牲。"庄王曰:"止。古者,圣王制祭不过望,濉漳江汉,楚之望也,寡人虽不德,河非所获罪也。"遂不祭,三日而疾有瘳。孔子闻之,曰:"楚庄王之霸,其有方矣,制节守职,反身不贰,其霸不亦宜乎!"[韩诗外传三]

【释义】

　　楚庄王得病了,进行占卜,说:"河神在作怪。"大夫说:"请杀牲进行祭祀。"庄王说:"不要。古代圣王的制度规定,诸侯国君的祭祀不超出国内的山川。濉、漳、江、汉是楚国望祭的山川,我虽然缺乏道德,但不会得罪河神。"于是不祭,三天以后疾病竟然好了。孔子听到后说:"楚庄王称霸诸侯,是有道理的。遵循礼义的节度,坚守自己的职分,反省自己,他的称霸不是很应该的吗?"

【原文】

　　传曰:宋大水。鲁人吊之曰:"天降淫雨,害于粢盛,延及君地,以忧执政,使臣敬吊。"宋人应之,曰:"寡人不仁,齐戒不修,使民不时,天加以灾,又遗君忧,拜命之辱。"孔子闻之,曰:"宋国其庶几矣。"弟子曰:"何谓?"孔子曰:"昔桀纣不任其过,其亡也忽焉。成汤文王知任其过,其兴也勃焉。过而改之,是不过也。"宋人闻之,乃夙兴夜寐,吊死问疾,戮力宇内。三岁,年丰政平。[韩诗外传三]

【释义】

古书上说:宋国发生了水灾。鲁国的使者慰问说:"上天接连不断下大雨,损害庄稼,蔓延到了全国土地,给执掌政事的大臣带来了忧虑,国君派我来表示慰问。"宋国使者转达宋国国君的话,说:"我不仁爱,没有很好地修养品德,役使百姓违背了农时,上天降给我们灾害,使你们国君也为我们忧虑,我感谢他派使者慰问我们。"孔子听到后,说:"宋国大概要复兴起来了。"学生们说:"为什么这么说呢?"孔子说:"过去夏桀商纣不承担自己的过错,他们就迅速灭亡了。商汤王周文王知道要承担自己的过错,他们就迅速兴盛起来了。有了过错就改掉,这就不是过错。"宋国听到了孔子的话,就早起晚睡,哀悼死去的人,慰问有疾病的人,努力治理国家的政事。连续三年,年年丰收,社会太平。

【原文】

传曰:鲁有父子讼者,康子欲杀之。孔子曰:"未可杀也。夫民父子讼之为不义久矣,是则上失其道。上有道,是人亡矣。"讼者闻之,请无讼。康子曰:"治民以孝,杀一不义,以僇不孝,不亦可乎?"孔子曰:"否。不教而听其狱,杀不辜也;三军大败,不可诛也;狱谳不治,不可刑也。上陈之教,而先服之,则百姓从风矣;邪行不从,然后俟之以刑,则民知罪矣。夫一仞之墙,民不能逾,百仞之山,童子登游焉,陵迟故也。今其仁义之陵迟久矣,能谓民无逾乎?《诗》曰:'俾民不迷。'昔之君子道其百姓不使迷,是以威厉而刑措不用也。故形其仁义,谨其教道,使民目晰焉而见之,使民耳晰焉而闻之,使民心晰焉而知之,则道不迷,而民志不惑矣。《诗》曰:'示我显德行。'故道义不易,民不由也;礼乐不明,民不见也。《诗》曰:'周道如砥,其直如矢。'言其易也。'君子所履,小人所视。'言其明也。'睠言顾之,潸焉出涕。'哀其不闻礼教而就刑诛也。夫散其本教,而待之刑辟,犹诀其牢,而发以毒矢也,亦不哀乎!故曰:未可杀也。昔者,先王使民以礼,譬之如御也,刑者,鞭策也,今犹无辔衔而鞭策以御也。欲马之进,则策其后,欲马之退,则策其前。御者以劳,而马亦多伤矣。今犹此也,上忧劳而民多罹刑。《诗》曰:'人而无礼,胡不遄死!'

为上无礼，则不免乎患；为下无礼，则不免乎刑；上下无礼，胡不遄死！"康子避席再拜曰："仆虽不敏，请承此语矣。"孔子退朝，门人子路难曰："父子讼、道邪？"孔子曰："非也。"子路曰："然则夫子胡为君子而免之也？"孔子曰："不戒责成，害也；慢令致期，暴也；不教而诛，贼也。君子为政，避此三者。且《诗》曰：'载色载笑，匪怒伊教。'"［韩诗外传三］

【释义】

　　古书上说：鲁国有父子两个人打官司，季康子要杀掉他们。孔子说："不可以杀。老百姓不知道父子打官司是不义的事已经很久了，这是由于在上位的人丧失了正道。在上位的人如果具有正道，这样的人就不会有了。"打官司的两父子听到了孔子的话，请求不打这场官司了。季康子说："管理百姓在于推行孝道，杀一个没有仁义的人，用来羞辱不孝的行为，不可以吗？"孔子说："不对。不进行教育就判决案件，等于是杀无罪的人；军队打了败仗，就不可以诛杀他们；判决案件不正确，就不可以用刑罚处置他们。在上位的人陈述国家的教令，而且带头实行，老百姓就会顺从教化；如果带头实行了政令，有的老百姓还不顺从教化，就用刑罚处置他们，他们就会知道自己的罪过了。一仞高的墙，老百姓不能超越过去，百仞的高山，小孩子却能登上去游玩，是由于山顺着斜坡慢慢低下来。现在仁义的衰微已经很久了，还能说老百姓不能超越吗？"《诗经》说："使老百姓不迷惑。'过去君子教导百姓不使他们迷惑，尽管言辞猛烈，然而刑罚也没有用过。所以，要显著表彰那些具有仁义的人，谨慎地教导百姓实行仁义，使百姓的眼睛清清楚楚地看到，使百姓的耳朵清清楚楚听到，使百姓的心里清清楚楚地知道，那么正确的道路就不会模糊，老百姓的思想也不会迷惑了。《诗经》说：'指示给我一条提高道德品质的道路吧！'所以实行道义不容易，百姓就不会遵循；礼乐如果不明显，百姓就不会看见。《诗经》说：'周朝的正道像磨刀石一样平，像箭杆一样直。'这是说走这条路容易。'在位的人走着的路，百姓才能看清楚。'这是说的这条路非常显明。'回过头来看，眼泪往下落。'这是说痛惜老百姓没有受到礼义的教育，就受到了刑罚的诛杀。疏忽根本的教育，用刑罚对待老百姓，就好像是打开牢狱，用毒箭射他们，不是很令人悲哀的吗？所以说不可以杀害他们。过去，贤明的君王依照礼义的原则役使百姓，比如像驾驭马车，刑罚就像是鞭子。而现在役使老百姓，就好像是没有缰绳笼头，而只用鞭子驾驭马车。要马前进，就用鞭子抽打它的后面，要马后退，就用鞭子抽打它的前面。驾车的人非常劳苦，马受的伤也非常多。现在役使老百姓就像这个样子,在上位的人非常忧愁劳苦,而百姓也有很多人遭受刑罚。《诗经》说:'做人没有礼义,为什么不早些死呢?'在上位的人没有礼义,就免不了遭受祸患;百姓没有礼义,就免不了遭受刑罚;在上位的君子和在下位的老百姓都没有礼义,为什么不早些死啊?"季康子离开座席再次拜谢说:"我虽然不聪明,还是接受这些教训吧!"孔子从朝廷退出来,学生子路反驳他说:"父子两人打官司,是正道吗?"孔子说"不是。"子路说:"那么老师为什么要说服季康子免掉他们的罪过呢?"孔子说:"不告诫百姓就要求他们做到,是伤害百姓;实行政令怠慢却要百姓完成,是虐待百姓;不教育百姓就诛杀他们,是残杀百姓。在位的君子推行政事,要避开这三件事。而且《诗经》说:'和颜悦色又满脸带笑,不发怒生气却谆谆教导。'"

【原文】

舜生于诸冯,迁于负夏,卒于鸣条,东夷之人也。文王生于岐周,卒于毕郢,西夷之人也。地之相去也,千有余里。世之相后也,千有余岁,然得志行乎中国,若合符节。孔子曰:"先圣后圣,其揆一也。"[韩诗外传三]

【释义】

舜出生在诸冯,居住在负夏,死在鸣条,是东夷人。周文王出生在岐周,死在毕郢,是西夷人。两人生活的地区相距有一千多里,生活的时代相隔有许多年,然而他们的志向实现以后,在中原施行政事,就像符节的两个部分一样完全相合。孔子说:"先代的圣人后代的圣人,他们的标准是一致的。"

【原文】

七孔子观于周庙,有欹器焉。孔子问于守庙者曰:"此谓何器也?"对曰:"此盖为宥座之器。"孔子曰:"闻宥座器满则覆,虚则欹,中则正,有之乎?"对曰:"然。"孔子使子路取水试之,满则覆,中则正,虚则欹。孔子喟然而叹曰:"呜呼!恶有满而不覆者哉!"子路曰:"敢问持满有道乎?"孔子曰:"持满之道,抑而损之。"子路曰:"损之有道乎?"孔子曰:"德行宽裕者,守之以恭;土地广大者,守之以俭;禄位尊盛者,守之以卑;人众兵强者,守之以畏;聪明睿知者,守之以愚;博闻强记者,守之以浅。夫是之谓抑而损之。"[韩诗外传三]

【释义】

孔子去参观周朝的宗庙,里面有一个倾斜的器皿。孔子问守庙的人:"这是什么器皿?"守庙人说:"这是宥座的器皿。"孔子说:"我听说宥座的器皿,水满了就倒覆,里面空虚就倾斜,恰好一半就端正,有这样的事吗?"答复说:"是这样。"孔子叫子路打水试验,果然水满了的时候,器皿就倒覆过来,水盛得刚好一半的时候,器皿就端端正正立着,水倒空的时候,器皿就倾斜着。孔子感慨地叹息说:"啊! 哪里有满而不倒覆的事呢?"子路说:"请问,有保持盈满而不倒覆的方法吗?"孔子说:"保持盈满而不倒覆的方法,就是抑制贬损它。"子路问:"贬损它有方法吗?"孔子说:"德行盛大的人,用恭敬严肃的态度自持;土地广大的人,以节约俭朴的态度自持;爵位高俸禄多的人,用谦虚卑下的态度自持;人民众多兵力强盛的人,用敬畏的态度自持;聪明的人,用愚昧的态度自持。见闻广博记忆力强的人,用自认浅薄的态度自持。这就叫作自我抑制和贬损。"

【原文】

传曰:子路盛服以见孔子。孔子曰:"由,疏疏者何也? 昔者,江于汶,其始出也,不足滥觞;及其至乎江之津也,不方舟,不避风,不可渡也。非其众川之多欤! 今汝衣服其盛,颜色充满,天下有谁加汝哉!"子路趋出,改服而人,盖揖如也。孔子曰:"由,志之,吾语汝:夫慎于言者不哗,慎于行者不伐。色知而有长者,小人也。故君子知之为知之,不知为不知,言之要也;能之为能之,不能为不能,行之要也。言要则知,行要则仁,既知且仁,又何加哉!"[韩诗外传三]

【释义】

古书上说:子路穿着华丽的衣服去见孔子。孔子说:"由,你穿得这样华丽是为什么呢? 过去,长江从汶山发源,刚刚从山里流出来的时候,还不够一满杯水;等到它流到长江渡口时,不把两只船相并,不避开刮大风的时候,就不能渡过去。这不是因为它有许多的支流加入进来了吗? 现在你的穿着非常华丽,脸上露出得意的神色,天下还有谁能够帮助你提高呢?"子路快步走出去,换了衣服进来,仍然像过去的样子。孔子说:"由,你记下来,我告诉你:说话谨慎的人不喧哗,做事谨慎的人不夸耀。从脸色就可以知道他是一个有某种特长的人,这是小人。所以君子人总是知道就说知道,不知道就说不知道。这是说话的要领;能够做到就说能够做到,不能够做到就说不能够做到,这是行动的要领。说话得要领就是智慧,行动得要领就是仁爱,既智慧又仁爱,还有什么需要增加的呢?"

【原文】

哀公问取人。孔子曰："无取健，无取佞，无取口谗。健，骄也，佞，谄也，谗，诞也。故弓调然后求劲焉，马服然后求良焉，士信慤而后求知焉。士不信焉，又多知，譬之豺狼，其难以身近也。《周书》曰：'为虎传翼也。'不亦殆乎！"［韩诗外传四］

【释义】

鲁哀公问怎样择人。孔子说："不要选择健人，不要选择佞人，不要选择口谗的人。健人骄傲，佞人谄媚，谗人夸张。所以弓首先要求它调理均匀，然后才要求它强劲有力，马首先要求它驯服，然后才要求它优良，士首先要求他诚实，然后才要求他知识丰富。士如果不诚实，而又知识丰富，就好比条豺狼，不能让自身接近它。《周书》说：'不要为老虎插上翅膀。'不是很危险吗？"

【原文】

晏子聘鲁，上堂则趋，授玉则跪。子贡怪之，问孔子曰："晏子知礼乎？今者晏子来聘鲁，上堂则趋，授玉则跪，何也？"孔子曰："其有方矣。待其见我，我将问焉。"俄而晏子至，孔子问之。晏子对曰："夫上堂之礼，君行一，臣行二。今君行疾，臣敢不趋乎！今君之授币也卑，臣敢不跪乎！"孔子曰："善。礼中又有礼。赐，寡使也，何足以识礼也！"《诗》曰："礼仪卒度，笑语卒获。"晏子之谓也。［韩诗外传四］

【释义】

晏子访问鲁国的时候，快步走上朝堂，跪着接受授给他的玉。子贡对这件事很奇怪，问孔子说："晏子懂得礼吗？现在晏子访问鲁国，快步走上朝堂，跪着接受国君授给他的玉，这是为什么呢？"孔子说："大概有他的道理吧！等他来见我的时候，我会问他的。"一会儿，晏子到了，孔子问起这件事。晏子回答说："臣子走上朝堂的礼节是君主走一步，臣子走两步。现在国君走路迅速，我敢不快步跟上吗？现在国君授给我玉的时候，态度谦卑，我敢不跪下吗？"孔子说："好。礼的里面还有礼呀！子贡，你很少出使其他的国家，怎么足够认识礼节呢！"《诗经》说："礼仪全都合乎法度，谈笑非常合乎时宜。"说的就是晏子。

【原文】

孔①子见客。客去,颜渊曰②:"客,仁也③。"孔子曰:"恨兮其心,颡兮其口,仁则④吾不知也,言⑤之所聚也。"颜渊蹙然变色,曰:"良玉度尺,虽有十仞之土,不能掩其光;良珠度寸,虽有百仞之水,不能掩其莹⑥。夫⑦形体也,色心也,闵闵乎其薄也。苟⑧有温良在中,则眉睫著⑨之矣;瑕疵在中,则⑩眉⑪不能匿之。"《诗》曰:"鼓钟于宫,声闻于外⑫。"〔韩诗外传四〕

【注释】

①薛据《孔子集语》引"孔子见客"作"孔子适卫,卫使见客"。

②"曰"上有"问"字。

③"也"下有"乎"字。

④则作卽。

⑤无"言之所聚也"五字。

⑥莹作气。

⑦"夫形、体也,色、心也"作"夫形、体之,包心也"。

⑧"苟有温良在中"作"敬有温莹良在其中"。

⑨著作见。

⑩"中"上有"其"字。

⑪"不能匿之"作"亦不能匿也"。

⑫"外"下有"言有诸中者必形诸外也"十字。

【释义】

孔子接见客人。客人离开以后,颜渊说:"这个客人,是一个仁爱的人。"孔子说:"他的内心狠毒,说话有礼,至于他仁爱不仁爱我不知道,是语言聚集的地方。"颜渊变得严肃起来,说:"一尺长的美玉,虽然上面有八丈厚的土,也不能掩住它的光辉;一寸大的美珠,虽然上面有八十丈深的水,也不能掩住它的光芒。人的形体包藏着心,似乎是深深地包藏着,却仍然很浅薄。如果内心温和善良,那么眉眼之间就会显露出来;如果内心产生了邪念,眉眼之间也无法隐藏。"《诗经》说:"在房间里撞钟,声音传到屋外。"

【原文】

子夏问曰："《关雎》何以为《国风》始也?"孔子曰:"《关雎》至矣乎! 夫《关雎》之人,仰则天,俯则地,幽幽冥冥,德之所藏。纷纷沸沸,道之所行,如神龙变化,斐斐文章。大哉!《关雎》之道也,万物之所系,群生之所悬命也,河洛出书图,麟凤翔乎郊,不由《关雎》之道,则《关雎》之事将奚由至矣哉! 夫六经之策,皆归论汲汲,盖取之乎《关雎》。《关雎》之事大矣哉! 冯冯翊翊,自东自西,自南自北,无思不服。子其勉强之,思服之。天地之间,生民之属,王道之原,不外此矣。"子夏喟然叹曰:"大哉!《关雎》乃天地之基也。"[韩诗外传五]

【释义】

子夏问道:"《关雎》为什么能成为《国风》的开篇呢?"孔子说:"《关雎》真是完美到了极点! 写《关雎》这首诗的人,抬头效法天道,低头效法大地,这首诗高深幽远,德就包藏在这里面。曲调奔腾汹涌,道就随着它运行,像神龙一样变化莫测,文采美丽。伟大呀!《关雎》所包含的道理,万物之所以能够存在,是因为有它维系着,生物的生命之所以能够保持,也是因为有它维系着。黄河出龙图,洛水出龟书,麒麟凤凰在郊野出现,如果不是实行了《关雎》的道理,那么与《关雎》的道理相适应的这些事物怎么会出现呢? 六种经书,都急急忙忙论述道理,这都是从《关雎》中抽取的啊!《关雎》的道理真是伟大呀! 丰富充实,从东到西,从南到北,没有地方不顺从它的道理。你要努力学习它,努力领会它。天地中间的全部道理,人类的所有品德,王道的根源,都超不出它的范围啊!"子夏深有感慨地叹息说:"伟大啊!《关雎》是天地万物的根基呀!"

【原文】

孔子抱圣人之心,彷徨乎道德之域,逍遥乎无形之乡。倚天理,观人情,明终始,知得失,故兴仁义,厌势利,以持养之。于时周室微,王道绝,诸侯力政,强劫弱,众暴寡,百姓靡安,莫之纪纲,礼仪废坏,人伦不理。于是孔子自东自西,自南自北,匍匐救之。[韩诗外传五]

【释义】

孔子怀抱圣人的善心,徘徊在道德的领域中间,自由自在地活动在没有形迹的世界。顺从天道,观察人情,明白万物的结局和开始,懂得万物的得与失,所以他要使仁义道德复兴起来,把追求权势财利的邪恶念头压制下去,以培养人们的善心。当时周朝的兴盛局面已经衰微,以德治天下的王道不复存在,诸侯用武力相征伐,强国威逼弱国,大国欺压小国,百姓生活不得安定,天下已经丧失了正常的法纪与根本原则,礼义已经被废弃,人们的关系也紊乱不堪。于是孔子从东到西,从南到北,尽自己的努力来挽救这个世界。

【原文】

孔子学鼓琴于师襄子而不进。师襄子曰:"夫子可以进矣!"孔子曰:"丘已得其曲矣,未得其数也。"有间,曰:"夫子可以进矣!"曰:"丘已得其数矣,未得其意也。"有间,复曰:"夫子可以进矣①!"曰:"丘已得其人矣,未得其类也。"有间,曰:"邈然远望,洋洋乎!翼翼乎!必作此乐也。默然思,戚然而怅,以王天下,以朝诸侯者,其惟文王乎?"师襄子避席再拜曰:"善!师以为文王之操也。"故孔子持文王之声,知文王之为人。师襄子曰:"敢问何以知其文王之操也?"孔子曰:"然。夫仁者好伟,和者好粉,智者好弹,有殷勤之意者好丽。丘是以知文王之操也。"〔韩诗外传五〕

【注释】

①《初学记》十六引"矣"下有"曰丘得其意未得其人有间"十一字。

【释义】

孔子向师襄子学习弹琴,但是没有进步。师襄子说:"先生可以前进一步了。"孔子说:"我已经认得曲谱了,但是还不知道演奏的技艺。"过了一阵子,师襄子说:"先生可以前进一步了。"孔子说:"我已经知道演奏的技艺了,但是还不知道曲调的意义。"过了一阵子,师襄子又说:"先生可以前进一步了。"孔子说:"我已经知道曲调的意义了,但是还不知道作曲的人。"过了一阵子,又说:"先生可以前进一步了。"孔子说:"我已经知道作曲的人了,但是还不知道他是哪一类人。"过了一阵,孔子说:"我远远望去,他多么高大啊,多么庄严啊!一定是创作这首乐曲的人。他深黑的皮肤,高高的个子,表情凄然,是天下的王,诸侯都来朝见他,他大概就是周文王吧?"师襄子离开座位再次作揖说:"好啊!我也认为是文王创作的。"所以孔子把握了文王的乐曲,就知道文王的为人。师襄子说:"请问,为什么知道这是文王创作的乐曲呢?"孔子说:"好。仁爱的人喜好舒缓,温和的人喜好粉饰,聪明的人喜好弹琴,心意殷勤周到的人喜好华丽。我因此知道这是文王创作的乐曲。"

【原文】

孔子曰:"夫谈说之术:齐庄以立之,端诚以处之,坚强以待之,辟称以喻之,分以明之,欢忻芬芳以送之,宝之珍之,贵之神之,如是,则说恒无不行矣,夫是之谓能贵其所贵。若夫无类之说,不形之行,不赞之辞,君子慎之。"[韩诗外传五]

【释义】

孔子说:"谈论问题的方法是:用庄重的态度面对谈话对象,要求自己的思想感情端正诚恳,要坚强有力地对待对方,用打比方的办法向对方说清楚,逐条做出说明,把温和愉快美好的言辞送给对方,把自己说的内容看得像宝玉,像珍珠,看得很贵重很神奇,像这个样子,你的谈话永远不会行不通的,这就叫作尊重自己所尊重的东西。至于不合礼义的说法,不合法度的行为,没有帮助的言辞,君子是十分谨慎的。"

【原文】

孔子侍坐于季孙。季孙之宰通曰:"君使人假马,其与之乎?"孔子曰:"吾闻君取于臣,谓之取,不曰假。"季孙悟,告宰通曰:"今以往。君有取,谓之取,无曰假。"孔子曰正假马之言,而君臣之义定矣。[韩诗外传五]

【释义】

孔子陪季康子坐着。季康子的管家通说:"君王派人来借马,借给他吗?"孔子说:"我听说国君从臣子那里拿东西叫作取,不叫借。"季康子明白过来了,告诉管家通说:"从今以后,国君派人来拿东西叫取,不要说借。"孔子通过纠正借马的名称,国君与臣子的名义就确定了。

【原文】

子路治蒲三年,孔子过之。入境而善之,曰:"由恭敬以信矣。"入邑,曰:"善哉! 由忠信么宽矣。"至庭,曰:"善哉! 由明察以断矣。"子贡执辔而问曰:"夫子未见由,而三称善,可得闻乎?"孔子曰:"入其境,田畴甚①易草莱甚辟,此恭敬以信,

故民尽力。入其邑,墉屋甚尊,树木甚茂,此忠信以宽,故民不偷。入其庭,甚闲,此明察以断,故民不扰也。"［韩诗外传六］

【注释】

①"甚易"二字据文选籍田赋注引补。

【释义】

子路治理蒲已经三年,孔子经过那里。进入治理的地区,孔子就赞扬说:"仲由对待工作严肃认真而且讲信用。"进入城市,又说:"好啊！仲由对工作尽责讲信用,对百姓很宽厚。"到了庭院里,又说:"好啊！仲由考察明白后才断案件。"子贡拿着缰绳问道:"老师还没有看见仲由,就三次赞扬他,可以让我知道是什么道理吗?"孔子说:"我进入他治理的地区,看见田地治理得很好,荒地也开垦了很多,这说明他工作严肃认真而且讲信用,所以百姓尽力耕种。进入城市,看见百姓的墙屋很高,树木长得很茂盛,这说明他对工作尽责讲信用而且对百姓宽厚,所以百姓不苟且马虎。到了他的庭院,庭院里很清闲,这说明他是考察清楚后才去判案件的,所以百姓不随便来打扰他。"

【原文】

子曰:"不学而好思,虽知不广矣;学而慢其身,虽学不尊矣。不以诚立,虽立不久矣;诚未著而好言,虽言不信矣。美材也,而不闻君子之道,隐小物以害大物者,灾必及身矣。"［韩诗外传六］

【释义】

孔子说:"不学习而喜好思索,虽然会知道一些知识但不会广博;学习而自身行为侮慢,虽然学到了知识但不能使你尊贵。不凭诚恳立身于世,虽然能够立身但不能长久;诚恳不显著而喜好说话,虽然说了别人也不相信。具有美好的本质,如果没有听说过成为君子的道理,审察小事却对认识大事有妨害,灾祸一定会降临到身上。"

【原文】

孔子曰:"可与言终日而不倦者,其惟学乎！其身体不足观也,勇力不足惮也,

族姓不足称也,宗祖不足道也;而可以闻于四方,而昭于诸侯者,其惟学乎!"[韩诗外传六]

【释义】

孔子说:"可以与之谈论一整天而不令人感到疲倦的,大概只有学问吧! 它的容颜体态不值得观看,它的勇力不值得畏惧,它的族姓不值得称述,它的先祖也不值得谈论;然而可以使天下人知道,使诸侯都明白的,大概只有学问吧!"

【原文】

孔子行,简子将杀阳虎,孔子似之,带甲以围孔子舍。子路愠怒,奋戟将下。孔子止之,曰:"由,何仁义之寡裕也! 夫诗书之不习,礼乐之不讲,是丘之罪也。若吾非阳虎,而以我为阳虎,则非丘之罪也,命也! 我歌,子和若。"子路歌,孔子和之,三终而围罢。[韩诗外传六]

【释义】

孔子出行,简子想要杀死阳虎,而孔子的相貌很像阳虎,于是简子带着武士包围了孔子住的地方。子路很气愤,高举着戟准备下堂和他们战斗。孔子拦阻他说:"仲由,你学习仁义为什么这样没有宽容的气度呢? 诗书不去熟读复习,礼乐不去探讨讲明,那是我的过错。至于我不是阳虎,却认为我是阳虎,这不是我的过错,这是命运吧! 我唱歌,你来应和。"子路唱歌,孔子应和,唱完三首歌,对孔子的包围就解除了。

【原文】

孔子曰:"昔者,周公事文王,行无专制,事无由己,身若不胜衣,言若不出口,有奉持于前,洞洞焉若将失之,可谓子矣。武王崩,成王幼,周公承文武之业,履天子之位,听天子之政,征夷狄之乱,诛管蔡之罪,抱成王而朝诸侯。诛赏制断,无所顾问,威动天地,振恐海内,可谓能武矣。成王壮,周公致政,北面而事之,请然后行,无伐衿之色,可谓臣矣。故一人之身,能三变者,所以应时也。"[韩诗外传七]

【释义】

孔子说:"从前,周公事奉周文王,行为不专断,事情不由自己决定,身体好像不能胜任衣服的重量，言语好像不能说出口，在文王面前双手奉举东西，好像会失落一样，可以说是最会做儿子的人。武王去世，成王年纪很小，周公继承周文王、周武王的事业，就任天子的位置，治理天下的政事，征讨夷狄的叛乱，诛杀叛乱的管叔鲜、蔡叔度，辅佐成王接受诸侯的朝拜。诛杀、赏赐都由个人独断。不过问任何一个人，声威震动天地，使天下的人都很敬畏，可以说是最有武功业绩的人。成王长大，周公把政权归还成王，自己站在臣子的位置上，北面事奉成王，一切政事都向成王请示以后再实行，没有任何夸耀的表现，可以说是最会做臣子的人。所以一个人，能三次改变自己的行为与态度，是为了适应当时形势的变化。"

【原文】

孔子困于陈蔡之间，即三经之席，七日不食①，藜羹不糁，弟子有饥色，读书习礼乐不休。子路进谏曰："为善者，天报之以福。为不善者，天报之以贼。今夫子积德累仁，为善久矣，意者尚②有遗行乎？奚居之隐也？"孔子曰："由来！汝小人也，未讲于论也。居，吾语汝。子以知者为无罪乎？则王子比干何为刳心而死；子以义者为听乎？则伍子胥何为抉目而悬吴东门；子以廉者为用乎？则伯夷叔齐何为饿于首阳之山；子以忠者为用乎？则鲍叔何为而不用，叶公子高终身不仕，鲍焦抱木而泣，子推登山而燔。故君子博学深谋，不遇时者众矣，岂独丘哉！贤不肖者，材也，遇不遇者，时也。今无有时，贤安所用哉！故虞舜耕于历山之阳，立为天子，其遇尧也；傅说负土而版筑，以为大夫，其遇武丁也；伊尹故有莘氏僮也，负鼎操俎，调五味，而立为相，其遇汤也；吕望行年五十，卖食棘津，年七十，屠于朝歌，九十乃为天子师，则遇文王也；管夷吾束缚自槛车，以为仲父，则遇齐桓公也；百里奚自卖五羊之皮，为秦伯牧牛，举为大夫，则遇秦缪公也；虞丘于③天下，以为令尹，让于孙叔敖，则遇楚庄王也；伍子胥前功多，后戮死，非知有盛衰也，前遇阖闾，后遇夫差也。夫骥罢盐车，此非无形容也，莫知之也。使骥不得伯乐，安得千里之足？造父亦无千里之手矣。夫兰芷生于茂林之中，深山之间，人莫见之故不芬。夫学者非为通也，为穷而不困，忧而志不衰，先知祸福之始，而心无惑焉。故圣人隐居深念，独闻独见。夫舜亦贤圣矣，南面而治天下，惟其遇尧也。使舜居桀纣之世，能自免于刑戮之中，则为善矣，亦何位之有？桀杀关龙逢，纣杀王子比干，当此之时，岂关龙逢无知，而王子比干不慧乎哉！此皆不遇时也。故君子务学修身端行，而须其时者也。子无惑焉。"［韩诗外传七］

【注释】

①"食"上当有"火"字。

②尚有遗行乎本作"当遗行乎"。据文选对楚壬问辩命论两注引改。

③"于"上有脱文。

【释义】

孔子在陈国蔡国边境被围困,坐在设有三种经书的席位前,七天没有吃饭,喝的蔡草汤里面连米糁子都没有,学生们的脸上也都露出饥饿的神情,然而他们仍然不停地朗读诗书,演习礼乐。子路向前劝阻说:"做好事的人,上天用幸福回报他。做恶事的人,上天用灾祸回报他。现在老师不停地积累仁义道德,做好事的时间已经很久了,想来老师的行为还有要检点的地方吗?为什么生活还是这么穷困啊?"孔子说:"仲由!你真是一个小人,没有好好学习过为人处世的道理。坐下来,我讲给你听。你以为聪明的人就不会有罪过吗?王子比干被挖心死掉了;你以为做事合于正义的人,君王就会听从他的意见吗?伍子胥的眼球被抠出来挂在吴国的东门上;你以为清廉正直的人会受到君王的重用吗?伯夷、叔齐就饿死在首阳山上;你以为忠心的人会受到君王的任用吗?鲍叔牙没有受到重用,叶公子高终身没有做官,鲍焦抱着树木哭泣,介子推登上山抱着树木被烧死。所以君子虽然有广博的学识、深远的谋虑,没有遇着好时机的人很多,难道只有我一个人吗?贤能不贤能是人的

伍子胥

材质问题,君主相投不相投是时机的问题。现在没有好的时机,贤能的人怎么会受到任用呢?舜在历山的南面耕种,能够立做天子,是因为他遇着了尧帝;傅说背土筑墙,被任用为大夫,因为他遇着了武丁;伊尹原来是有莘国的奴仆,背着煮饭的锅和切菜的板,调和五味,却能立为宰相,是因为他遇着了商汤;吕望五十岁时,在盟津卖食物为生,七十岁在朝歌杀猪卖肉,到九十岁却成了天子的老师,这是因为他遇着了周文王;管仲曾经被捆住手脚蒙上眼睛关在囚车里,后来又能尊为仲父,这是因为他遇到了齐桓公;百里奚用五张羊皮的价格卖掉自己,为秦伯放牛,后来又能立为大夫,这是因为他遇着了秦穆公;虞丘的名声传遍天下,他担任了楚国的令

尹,又把位置让给孙叔敖,这是因为他遇着了楚庄王;伍子胥以前功劳很多,后来又被杀,并不是因为他的智慧前后有高低的不同,而是因为他从前遇着的是吴王阖闾,后来遇着的是吴王夫差。千里马拉着盐车疲倦不堪,不是因为它没有美好的形体,而是因为没有人认识它。假使千里马不遇着伯乐,人们哪里能够得到日行千里的良马呢?造父也不能够显示他是千里马驭手的才能。兰草芷草生长在茂密的森林里,幽深的山谷间,没有人看见,所以没人知道它的芬芳。探求学问并非为了求得显达,而是为了在遭遇穷厄的时候不感到困苦,遭遇忧患的时候意志不会衰颓,预先知道祸福的终始,内心不感到迷惑。所以圣人避世隐居深谋远虑,具有独特的见识。舜是贤能圣智的人,能够坐在天子的位置上治理天下,是因为他遇见了尧。假如舜生活在夏桀商纣的时代,能够逃脱刑罚杀戮,就是幸运的了,哪里还能占有天子的位置呢?夏桀杀死关龙逢,商纣王杀死王子比干,这个时候,难道关龙逢没有聪明,王子比干没有智慧吗?这都是没有遇着好时代的缘故啊!所以君子努力学习,修养自己的品德,端正自己的行为,都是为了等待一个好的时机。你不要迷惑啊!”

【原文】

孔子曰:“明王有三惧:一曰处尊位而恐不闻其过,二曰得志而恐骄,三曰闻天下之至道而恐不能行。”[韩诗外传七]

【释义】

孔子说:“明智的国君有三种恐惧:一是处在尊贵的位置上,担心听不到自己的过错。二是志向实现的时候,担心自己骄傲。三是听到了天下最好的道理以后,担心自己不能实行。”

【原文】

孔子闲居,子贡侍坐。“请问为人下之道奈何?”孔子曰:“善哉!尔之问也!为人下,其犹土乎。”子贡未达。孔子曰:“夫土者,掘之得甘泉焉,树之得五谷焉,草木植焉,鸟兽鱼龟遂焉;生则立焉,死则入焉;多功不言,赏世不绝。故曰:能为下者,其惟土乎!”子贡曰:“赐虽不敏,请事斯语。”[韩诗外传七]

【释义】

孔子闲居在家里,子贡在旁服侍。子贡问:“请问做别人下属的道理是怎样的?"孔子说:"好啊! 你问的这个问题。做别人的下属,大概就像土地吧!"子贡不理解。孔子说:"土地,你往下面挖就能得到甜美的泉水,种植就能收获五谷,草木生长在那里,鸟兽鱼龟成长在那里;人活着就站在它上面,死了就埋在它里面;功劳很多却从来不说,为人赞赏永不断绝。所以说,能为人下属的,大概只有土地吧!"子贡说:"我虽然不聪明,一定遵照这句话去做。"

【原文】

子贡问大臣。子曰:"齐有鲍叔,郑有子皮。"子贡曰:"否。齐有管仲,郑有东里子产。"孔子曰:"产,荐也。"子贡曰:"然则荐贤贤于贤?"曰:"知贤,智也,推贤,仁也,引贤,义也。有此三者,又何加焉?"[韩诗外传七]

【释义】

子贡问贤能的大臣有谁。孔子说:"齐国有鲍叔,郑国有子皮。"子贡说:"不对。齐国有管仲,郑国有东里子产。"孔子说:"东里子产,是子皮荐举的。"子贡说:"那么荐举贤人的人胜过贤人吗?"孔子说:"知道贤人是智,推荐贤人是仁,提拔贤人是义。有了这三种品德,还有什么需要增加的呢?"

【原文】

孔子游于景山之上,子路、子贡、颜渊从。孔子曰:"君子登高必赋,小子愿者何? 言其愿,丘将启汝。"子路曰:"由愿奋长戟,荡三军,乳虎在后,仇敌在前,蠡跃蛟奋,进救两国之患。"孔子曰:"勇士哉!"子贡曰:"两国构难,壮士列阵,尘埃涨天,赐不持一尺之兵,一斗之粮,解两国之难。用赐者存,不用赐者亡。"孔子曰:"辩士哉!"颜回不愿。孔子曰:"回何不愿?"颜渊曰:"二子已愿,故不敢愿。"孔子曰:"不同意,各有事焉,回其愿,丘将启汝。"颜渊曰:"愿得小国而相之,主以道制,臣以德化,君臣同心,外内相应。列国诸侯莫不从义向风,壮者趋而进,老者扶而至,教行乎百姓,德施乎四蛮,莫不释兵,辐辏乎四门。天下咸获永宁,蝗飞蠕动,各乐其性。进贤使能,各任其事,于是君绥于上,臣和于下。垂拱无为,动作中道,从容得礼。言仁义者赏,言战斗者死,则由何进而救,赐何难之解?"孔子曰:"圣士哉! 大人出,小人匿。圣者起,贤者伏。回与执政,则由赐焉施其能哉!"[韩诗外传七]

孔子在景山上游玩,子路、子贡、颜渊跟随着。孔子说:"君子登上高处一定要陈述自己的志向,你们的理想是什么? 谈谈你们的理想,我将启发你们。"子路说:"我愿意挥舞长戟,冲击敌军,后面有凶猛的老虎,前面有仇恨的敌人,我像蠡虫一样跳跃,像蛟龙一样奋起,前往解救两国的忧患。"孔子说:"你是勇敢的人啊!"子贡说:"两国结成仇怨,勇敢的战士排成阵势,尘埃遮蔽了天空,我不拿一尺长的武器,不带一斗粮食,就能解除两国的灾难。任用我的国家就生存,不任用我的国家就灭亡。"孔子说:"你是善辩的人啊!"颜渊不谈他的理想。孔子说:"你为什么不谈谈自己的理想呢?"颜渊说:"两位同学已经谈了他们的理想,所以我不敢谈。"孔子说:"每个人的想法是不同的,各人想各人的事,你还是谈谈自己的理想吧,我将启发你。"颜渊说:"希望在一个小的国家里做一个卿相,国君用道统治天下,臣子用德教化人民,君臣同心同德,朝廷内外互相应和。各国诸侯,无不像顺着风向一样顺从正义,壮年人迅速前往,老年人互相搀扶到来,教化在百姓中得到通行,德政推行到四方少数民族地区,没有国家不放下武器,像车轮的辐条聚到车轴一样。整个天下获得安宁,即使是昆虫的飞升蠕动,都能使它们的本性得到安乐。提拔贤良的人,任用有才能的人,各人都担任适合自己的工作,于是君主能安宁地处在上位,臣子在下位相应和。君主垂衣拱手无所作为,一切举动都符合道,行动从容符合礼。宣扬仁义的人受赏赐,谈论战斗的人处死刑。那么子路还有什么忧患需要前往解救,端木赐还有什么灾难需要解除呢?"孔子说:"你是圣哲的人啊! 伟大的人一出现,渺小的人就隐藏。圣哲一兴起,贤良的人就隐伏。如果颜回参与执掌国家的政务,那么仲由、端木赐哪里还有地方施展他们的才能呢?"

昔者,孔子鼓瑟,曾子、子贡侧门而听。曲终。曾子曰:"嗟乎! 夫子瑟声殆有贪狼之心,邪僻之行,何其不仁,趋利之甚?"子贡以为然,不对而入。夫子望见子贡有谏过之色,应难之状,释瑟而待之。子贡以曾子之言告。子曰:"嗟乎! 夫参,天下贤人也,其习知音矣! 乡者,丘鼓瑟,有鼠出游,狸见于屋,循梁微行,造焉而避,厌目曲脊,求而不得。丘以瑟淫①其音,参以丘为贪狼邪僻,不亦宜乎!"[韩诗外传七]

【注释】

①淫,一作浮。

【释义】

从前,孔子弹瑟,曾参、子贡侧着耳朵静听。弹奏完毕,曾参说:"哎呀!老师弹奏的瑟声中,好像有狼一样贪婪的感情,不正当的行为,为什么那样的不仁爱,那样的追求利益啊?"子贡也认为是这样,但没有回答曾参的话就走进孔子的房间。孔子望见子贡有劝谏的神色,有责难的表情,便放下瑟等待他。子贡把曾参的话告诉孔子。孔子说:"哎呀!曾参真是天下的贤人,很熟悉音律呀!刚才我弹瑟的时候,有一只老鼠出来活动,有只野猫也出现在屋里,沿着屋梁轻轻爬行,等到它靠近老鼠,老鼠就躲避起来,野猫的眼里露出憎恶的凶光,弓起脊背,希望抓住而得不到。我把这些情景渗透在我的瑟音里,曾参认为我的瑟音里有像狼一样贪婪的感情,不正当的行为,不是很适当的吗?"

【原文】

子贱治单父,其民附。孔子曰:"告丘之所以治之者。"对曰:"不齐时发仓廪,振困穷,补不足。"孔子曰:"是小人附耳,未也。"对曰:"赏有能,招贤才,退不肖。"孔子曰:"是士附耳,未也。"对曰:"所父事者三人,所兄事者五人,所友者十有二人,所师者一人。"孔子曰:"所父事者三人,所兄事者五人,足以教弟矣;所友者十有二人,足以祛壅蔽矣;所师者一人,足以虑无失策,举无败功矣。惜乎!不齐为之大,功乃与尧舜参矣。"[韩诗外传八]

【释义】

子贱治理单父,单父的百姓很亲附他。孔子说:"告诉我你治理单父的方法。"子贱回答说:"我时常打开粮仓,救济穷困的人。帮助粮食不够的人。"孔子说:"这样做还只能使百姓归附你,还是不够的。"回答说:"赏赐有能力的人,招聘有贤才的人,辞退不贤能的人。"孔子说:"这样做只能使士人归附你,还是不够的。"回答说:"我有当作父亲一样事奉的人三个,当作兄长一样事奉的人五个,当作朋友结交的人十个,当作老师尊敬的人一个。"孔子说:"当作父亲事奉的人有三个,足够用来教导百姓孝顺父母。当作兄长事奉的人有五个,足够用来教导百姓尊敬兄长。

当作朋友结交的人有十二个,足够用来去除你的闭塞。当作老师尊敬的人有一个,足够用来使你考虑问题不会失策,开创事业不会失败。可惜啊,子贱治理的地方太小了,如果能够治理一个大的地方,他的功业就可以与尧舜并驾齐驱了。"

【原文】

孔子为鲁司寇,命之曰:"宋公之子弗甫有孙鲁孔丘,命尔为司寇。"孔子曰:"弗甫敦及厥辟,将不堪。"公曰:"不妄。"[韩诗外传八]

【释义】

孔子做鲁国司寇时,鲁定公任命他说:"宋闵公的儿子弗甫的后代子孙,鲁国孔丘,我任命你担任司寇。"孔子说:"弗甫对他的君主有很大的贡献,我恐怕不能胜任。"定公说:"你是一个不狂妄的人。"

【原文】

齐景公谓子贡曰:"先生何师?"对曰:"鲁仲尼。"曰:"仲尼贤乎?"曰:"圣人也,岂直贤哉!"景公嘻然而笑曰:"其圣何如?"子贡曰:"不知也。"景公悖然作色曰:"始言圣人,今言不知,何也?"子贡曰:"臣终身戴天,不知天之高也;终身践地,不知地之厚也。若臣之事仲尼,譬犹渴操壶杓,就江海而饮之,腹满而去,又安知江海之深乎?"景公曰:"先生之誉,得无太甚乎!"子贡曰:"臣赐何敢甚言,尚虑不及耳!臣誉仲尼,譬犹两手捧土而附泰山,其无益亦明矣;使臣不誉仲尼,譬犹两手把泰山,无损亦明矣。"景公曰:"善岂其然! 善岂其然!"[韩诗外传八]

【释义】

齐景公对子贡说:"先生的老师是谁呢?"子贡回答说:"是鲁国的仲尼。"齐景公说:"仲尼是贤人吗?"子贡说:"他是圣人。哪里只是个贤人呢?"齐景公嘻嘻地笑起来说:"他的圣明是怎么样的呢?"子贡说:"不知道。"齐景公变了脸色说:"你开始说是圣人,现在又说不知道,为什么呢?"子贡说:"我终身头顶着天,但不知道天究竟有多高;终身脚踩着地,但不知道地究竟有多厚。像我事奉仲尼,好像是口渴了拿着水壶杓子到长江大海里去饮水,喝饱了就离开,哪里知道长江大海有多深呢?"齐景公说:"先生对老师的称誉,恐怕太过分了吧?"子贡说:"我怎么敢说是称赞过分,我忧虑的是说得还不够呢。由我称赞仲尼,就好像用两只手捧土去加高泰山，那丝毫也不能增加是非常明显的；假使我不称赞仲尼，就好像用两只手去挖泰山的土，那丝毫也不能减少也是非常明显的。"齐景公说："好啊，难道是这样的吗？好啊，难道是这样的吗？"

【原文】

梁山崩，晋君召大夫伯宗。道逢辇者，以其辇服①。伯宗使其右下，欲鞭之。辇者曰："君趋道岂不远矣，不知事而行，可乎？"伯宗喜，问其居。曰："绛人也。"伯宗曰："子亦有闻乎？"曰："梁山崩，壅河，顾三日不流，是以召子。"伯宗曰："如之何？"曰："天有山，天崩之；天有河，天壅之。伯宗将如之何！"伯宗私问之。曰："君其率群臣，素服而哭之，既而祠焉，河斯流矣。"伯宗问其姓名，弗告。伯宗到，君问，伯宗以其言对。于是君素服，率群臣而哭之，既而祠焉，河斯流矣。君问伯宗何以知之，伯宗不言受辇者，诈以自知。孔子闻之，曰："伯宗其无后，攘人之善。"〔韩诗外传八〕

【注释】

①"服"当作"覆"。

【释义】

梁山崩溃，晋景公召请大夫伯宗来商量。伯宗在路上遇见一个拉车的人，把车子掀翻挡住了伯宗的路。伯宗派坐在车子右边的人下车，去鞭打拉车人。拉车人说："你走这条路太远了，不如走捷径过去，行吗？"伯宗听了很高兴，问他家住什么地方。拉车人说："住在绛。"伯宗说："你听说发生了什么事情吗？"拉车人说："梁山崩塌了，堵塞了黄河，黄河的水已经三天不流通了，因此召请你回去。"伯宗说："怎么办？"拉车人说："上天造了山，又使它崩溃；上天造了河，又堵塞它。伯宗你将怎么办呢？"伯宗私下问他。拉车人说："国君应该率领群臣，穿着白色的衣服去痛哭，接着就祭祀，这样河水就会流通。"伯宗问他的姓名，拉车人不肯告诉。伯宗到了朝廷，晋景公问他怎么办，伯宗就用拉车人的话来回答。于是晋景公穿着白色的衣服，率领群臣去痛哭，接着就祭祀，于是河水就流通了。晋景公问伯宗是怎么知道的，伯宗不说是拉车人告诉他的，欺骗说是自己知道的。孔子听到后说："伯宗恐怕不会有继承人了，因为他盗窃了别人的功劳。"

【原文】

晋平公使范昭观齐国之政。景公锡之宴,晏子在前。范昭趋曰:"愿君之倅樽以为寿。"景公顾左右曰:"酌寡人樽,献之客。"晏子对曰:"徹去樽。"范昭不说,起舞,顾太师曰:"子为我奏成周之乐,愿舞。"太师对曰:"盲臣不习。"范昭出门。景公谓晏子曰:"夫晋,天下大国也,使范昭来观齐国之政,今子怒大国之使者,将奈何?"晏子曰:"范昭之为人也,非陋而不知礼也,是欲试吾君,婴故不从。"于是景公召太师而问之曰:"范昭使子奏成周之乐,何故不调?"对如晏子。于是范昭归,报平公曰:"齐未可并也。吾试其君,晏子知之;吾犯其乐,太师知之。"孔子闻之,曰:"善乎!晏子不出俎豆之间,折冲千里。"〔韩诗外传八〕

【释义】

晋平公派遣范昭去观察齐国的政事。齐景公设宴招待他,晏子也参加了。范昭快步走向齐景公说:"希望借用君王的备用酒杯向君王献酒祝寿。"齐景公回头对左右人说:"把我的酒杯倒满酒,献给客人。"范昭饮过了酒,晏子说:"撤去酒杯。"范昭很不高兴,站起来准备跳舞,回头对着掌管音乐的太师说:"请你为我演奏成周的音乐,我来跳舞。"太师回答说:"我没有学习过。"于是范昭起身出门去了。齐景公对晏子说:"晋国是天下的大国,派范昭来观察齐国的政事,现在你激怒大国的使者,该怎么办呢?"晏子说:"范昭这个人,并不是没有见识不懂得礼节,这是想要试探我们君臣,所以我不听从他的话。"于是齐景公又召见太师问:"范昭要你演奏成周的音乐,为什么不演奏呢?"他的回答和晏子是一样的。这时范昭回到晋国,报告晋平公说:"齐国还不可吞并。我试探他们国君,被晏子识破了。我破坏他们奏乐的原则,被他们的太师识破了。"孔子听到后说:"多么好啊!晏子在宴会的筵席上,就把敌人千里以外的攻击挡回去了。"

【原文】

孔子燕居,子贡摄齐而前曰:"弟子事夫子有年矣,才竭而智罢,振于学问,不能复进,请一休焉。"孔子曰:"赐也,欲焉休乎?"曰:"赐欲休于事君。"孔子曰:"《诗》云:'夙夜匪懈,以事一人。'为之若此其不易也,若之何其休也!"曰:"赐欲休于事父。"孔子曰:"《诗》云:'孝子不匮,永锡尔类。'为之若此其不易也,如之何其休也!"曰:"赐欲休于事兄弟。"孔子曰:"《诗》云:'妻子好合,如鼓瑟琴。兄弟既翕,和乐且耽。'为之若此其不易也,如之何其休也!"曰:"赐欲休于耕田。"孔子曰:"《诗》云:'昼尔于茅,宵尔索绹。亟其乘屋,其始播百谷。'为之若此其不易也,若之何其休也。"子贡曰:"君子亦有休乎?"孔子曰:"阖棺兮乃止播耳,不知其时之易迁兮,此之谓君子所休也。"[韩诗外传八]

【释义】

孔子在家闲居,子贡提起衣服的下摆来到孔子面前说:"弟子事奉老师有几年了,才能竭尽,心智疲乏,对于追求学问已感到厌倦,不能再有进步,请求休息一下。"孔子说:"赐,你想怎样休息呢?"子贡说:"我想去侍奉君主,这样可以得到休息。"孔子说:"《诗经》说:'白天黑夜都不能懈怠,这样去侍奉天子。'侍奉君主是这样的不容易,怎么可以休息呢?"子贡说:"我想去侍奉父母,这样可以得到休息。"孔子说:"《诗经》说:'孝子侍奉父母没有穷尽,他的孝心永远影响族类。'侍奉父母这样的不容易,怎么可以休息呢?"子贡说:"我想去服侍兄弟,这样可以得到休息。"孔子说:"《诗经》说:'夫妻感情融洽,像琴瑟的声音一样谐和。兄弟感情投合,和睦而又快乐。'服侍兄弟是这样的不容易,怎么可以休息呢?"子贡说:"我想去耕田,这样可以得到休息。"孔子说:"《诗经》说:'白天你去打茅草,夜里你去搓绳索。赶快上屋盖屋顶,又要开始种谷物。'耕田是这样的不容易,怎么可以休息呢?"子贡说:"君子也有休息的时候吗?"孔子说:"阖卜棺材才停止播种,那时就不知道时间容易消失,这就是君子休息的时候了。"

【原文】

曾子有过,曾晳引杖系之。仆地,有问,乃苏,起曰:"先生得无病乎?"鲁人贤曾子,以告夫子。夫子告门人:"参①来,汝不闻。昔者舜为人子乎,小箠则待笞,大杖则逃。索而使之,未尝不在侧;索而杀之,未尝可得。今汝委身以待暴怒,拱立不去,非王者之民,其罪何如?"[韩诗外传八]

【注释】

①此间有脱文。

【释义】

曾子有过错,他的父亲曾晳举起木棍打他。曾子被打倒在地,过了一会儿才苏醒,他从地上爬起来对父亲说:"你老人家还在生气吗?"鲁国人认为曾子很贤良,把这件事告诉了孔子。孔子吩咐门人说:"曾参来了,不要让他进来。过去舜做儿子,父亲用小鞭子抽他,他就等着挨抽,用大棍子打他,他就逃跑。找他做事,他从来没有不在身边;找他要杀死他,却从来找不到他。现在你留下身子等着你父亲大发脾气,拱手站着不躲开,你不是天子的百姓吗?杀死天子的百姓,这是什么罪呢?"

【原文】

孔子曰:"《易》先《同人》,后《大有》,承之以《谦》,不亦可乎?"故天道亏盈而益谦,地道变盈而流谦,鬼神害盈而福谦,人道恶盈而好谦。谦者,抑事而损者也。持盈之道,抑而损之,此谦德之于行也。顺之者吉,逆之者凶。五常既没,三王既衰,能行谦德者,其惟周公乎!文王之子,武王之弟,成王之叔父,假天子之尊位七年,所执贽而师见者十人,所远质而友见者十三人,穷巷白屋之士所先见者四十九人,时进善百人,宫朝者千人,谏臣五人,辅臣五人,拂臣六人,载干戈以至于封侯,而同姓之士百。孔子曰:"犹以周公为天下赏,则以同族为众,而异族为寡也。"故德行宽容,而守之以恭者荣;土地广大,而守之以俭者安;位尊禄重,而守之以卑者贵;人众兵强,而守之以畏者胜;聪明睿智,而守之以愚者哲;博闻强记,而守之以浅者不溢。此六者皆谦德也。《易》曰:"谦亨,君子有终吉。"能以此终吉者,君子之道也。贵为天子,富有四海,而德不谦,以亡其身者,桀纣是也,而况众庶乎!夫《易》有一道焉,大足以治天下,中足以安家国,近足以守其身者,其惟谦德乎!〔韩诗外传八〕

【释义】

孔子说:"《易经》先安排《同人》卦,接着是《大有》卦,再接着是《谦》卦,这不是安排得很好吗?"所以上天的规律是亏损盈满地去增益谦卑的,大地的规律是变动盈满流向谦卑的,鬼神的意志是对骄盈的人降下祸害,对谦逊的人降下幸福,人的思想感情是厌恶骄盈的人,喜好谦逊的人。谦是克制贬退的意思。保持盈满的方法,就是克制贬低自己,这就是谦逊的品德在行为上的表现。顺从谦逊品德的人就吉利,违背谦逊品德的人就凶险。五帝已经死了,三王已经过去,能实行谦逊品德的人,大概只有周公了。周公以文王的儿子、武王的弟弟、成王的叔叔的身份,代行了天子的尊贵职位七年,他捧着礼物当老师去拜见的人有十个,带着礼物当朋友去回拜的人有十三个，住在偏僻小巷茅草屋里的贫穷士人，他首先去拜见的人有四十九个，常常向他提供好意见的人有上百个，到宫中来朝见他的人有上千个，能劝谏他的臣子有五人，能辅佐他的臣子有五人，能违拗他的意志的臣子有六人，手执武器战斗以至达到封侯的人，同姓的士人有一百个。孔子说："仍然有人认为周公把天下看作是他们一姓的天下，这是因为分封同族的人多，分封外姓的人少的缘故。"所以德行宽厚的人，用恭敬保守它就荣显；土地广大的人，用节俭保守它就平安；地位尊贵俸禄丰厚的人，用卑贱保守它就高贵；人口众多兵力强大的人，用畏惧保守它就胜利；聪明智慧的人，用愚昧保守它就圣哲；见闻广博记忆牢固的人，用浅陋保守它就不会狭隘。这六种表现都是谦逊的品德。《易经》说："谦逊，一切都行得通，君子最终得到吉利。"能够凭着谦逊最终得到吉利，就是君子的大道。尊贵到做了天子，富裕到拥有四海，却在道德上不谦逊，因而使自身灭亡的，就有夏桀和商纣，更何况是普通的人呢？《易经》中说到一种道德，用在大处，足够用来治理天下，用在中等的地方，足够用来安定国家，用在近处，足够用来保护自身，大概就是谦逊这种品德吧！

【原文】

孔子行，闻哭声甚悲。孔子曰："驱！驱！前有贤者。"至，则皋鱼也。被褐拥镰，哭于道傍。孔子辟车与之言曰："子非有丧，何哭之悲也？"皋鱼曰："吾失之三矣：少而学，游诸侯，以后吾亲，失之一也；高尚吾志，间吾事君，失之二也；与友厚而小绝之，失之三也。树欲静而风不止，子欲养而亲不待也。往而不①可追者，年也，去而不可得见者，亲也。吾请从此辞矣。"立槁而死。孔子曰："弟子诚之，足以识矣。"于是门人辞归而养亲者十有三人。［韩诗外传九］

【注释】

①旧脱"不可追者年也去而"八字。据《御览补文选注》作：往而不可及者，年也，逝而不可追者，亲也。《后汉书·桓荣传》所引略同。

【释义】

孔子乘车外出，听到痛哭的声音，十分悲哀。孔子说："赶马快跑，赶马快跑！前面有贤人。"赶到一看，原来是皋鱼。他穿着粗衣，拿着镰刀，在路边啼哭。孔子从车上下来与他说话，说："你不是有丧事吧，为什么哭得这样悲伤呢？"皋鱼说：

"我有三个过错:年纪轻的时候喜好求学,游遍各诸侯国,回来的时候,父母亲已经去世,这是第一个过错;把自己的理想树得太高,不愿意事奉平庸的君主,结果什么事业都没有成就,这是第二个过错;与朋友的友谊很深厚,但在中间断绝了关系,这是第三个过错。树木欲静止下来然而风刮个不停,儿子想要侍奉父母然而父母不能等待。过去以后没有办法再追上的是人的年岁,去世以后不可能再见到的是父母。我请求在这里与世长辞。"说完就站在那里死了。孔子说:"学生们记住这件事,它很值得我们警戒。"于是就有十三个学生辞别孔子,回家去侍奉父母。

【原文】

子路曰:"有人于斯,夙兴夜寐,手足胼胝,而面目黧黑,树艺五谷,以事其亲,而无孝子之名者,何也?"孔子曰:"吾意者,身未敬邪!色不顺邪!辞不逊邪!古人有言曰:'衣欤!食欤!曾不尔即。'子劳以事其亲,无此三者,何为无孝之名!意者,所友非仁人邪!坐,语汝。虽有国士之力,不能自举其身,非无力也,势不便也。是以君子入则笃孝,出则友贤,何为其无孝子之名!"[韩诗外传九]

【释义】

子路说:"这里有一个人,早起晚睡,手上脚上都磨起了厚厚的茧子,脸上也晒得漆黑,辛勤地种植庄稼去侍奉父母,却没有孝子的名声,为什么呢?"孔子说:"我想大概是态度还不够尊敬吧,脸色还不够和悦吧,言辞还不够谦逊吧!古代有人说:'穿的衣啊,吃的饭啊,我不依靠你啊!'儿子辛勤地侍奉父母,没有这三方面的不足,为什么会没有孝子的名声呢?我想那是他结交的朋友还不是仁爱的人的缘故。你坐下来,我告诉你。虽然具有全国最高的才能,但他也不能够把自己举起来,并不是他没有这种力量,是因为客观形势上要这样去做是不方便的。因此君子在家就忠厚地孝顺父母,出外就结交贤能的朋友,要不为什么会没有孝子的名声呢?"

【原文】

子路曰:"人善我,我亦善之;人不善我,我不善之。"子贡曰:"人善我,我亦善之;人不善我,我则引之进退而已耳。"颜回曰:"人善我,我亦善之;人不善我,我亦善之。"三子所持各异,问于夫子。夫子曰:"由之所持,蛮貊之言也;赐之所言,朋友之言也;回之所言,亲属之言也。"[韩诗外传九]

【释义】

子路说："别人对我好，我也对他好；别人对我不好，我也对他不好。"子贡说："别人对我好，我也对他好；别人对我不好，我就引导他前进，如果他反而后退，我就停止与他往来。"颜回说："别人对我好，我也对他好；别人对我不好，我还是对他好。"三个人的主张不相同，于是去请教孔子。孔子说："子路的主张，是蛮夷少数民族之间相处的道理；子贡的主张，是朋友之间相处的道理；颜回的主张，是亲属之间相处的道理。"

【原文】

传曰：堂衣若叩孔子之门。曰："丘在乎？丘在乎？"子贡应之曰："君子尊贤而容众，嘉善而矜不能，亲内及外，己所不欲，勿施于人。子何言吾师之名焉？"堂衣若曰："子何年少言之绞？"子贡曰："大车不绞，则不成其任；琴瑟不绞，则不成其音。子之言绞，是以绞之也。"堂衣若曰："吾始以鸿之力，今徒翼耳！"子贡曰："非鸿之力，安能举其翼！"［韩诗外传九］

【释义】

古书上说：堂衣若叩着孔子的门说："孔丘在家吗？孔丘在家吗？"子贡回答说："君子尊敬贤人，也能容纳一般人，赞美善良的人，也怜悯没有才能的人，亲爱他家里的人，推广到也亲爱其他的人，自己不想要的东西，也不强加给别人。你为什么要直呼我老师的名字呢？"堂衣若说："你为什么年纪这么轻，说话却绞得这么紧呢？"子贡说："大车不绞紧，就不能装载重物；琴瑟不绞紧，就不能弹出声音。你的话绞得紧，因此我也绞紧。"堂衣若说："我开始以为你有鸿鹄那么强大的力量。现在看来也只是扑打扑打翅膀罢了。"子贡说："要是没有鸿鹄的力量，怎么能举起它的翅膀呢？"

【原文】

孔子出游少源之野，有妇人中泽而哭，其音甚哀。孔子怪[①]之，使弟子问焉，曰："夫人何哭之哀？"妇人对[②]曰："乡者，刈蓍薪[③]，亡吾蓍簪，吾是以哀也。"弟[④]子曰："刈蓍薪而亡蓍簪，有何悲焉？"妇人曰："非伤亡簪也，盖[⑤]不忘故也。"［韩诗外传九］

【注释】

①"怪之"二字早脱。据《文选》陆士衡连珠注引补御览六百八十八引同。

②旧本无"对"字,据《文选》注增。

③《文选》注引:"薪"下有"而"字。

④"弟子曰"《文选》《御览》俱作"孔子曰"。

⑤"盖"字《文选》《御览》俱作"吾所悲者",《御览》五十五引作"其"。

【释义】

孔子到少源的野外游玩,有一个妇人在草泽中啼哭,声音非常悲哀。孔子感到很奇怪,派一个学生去询问,说:"你为什么哭得这样悲哀呢?"妇人说:"刚才我割著草时,丢掉了一个用著草做的簪子,因此很悲哀。"学生说:"割著草丢掉一个著草做的簪子,有什么值得悲哀呢?"妇人说:"不是悲伤丢掉了一个簪子,我悲伤的原因,是不能忘记故旧的事物。"

【原文】

孔子与子贡、子路、颜渊游于戎山之上。孔子喟然叹曰:"二三子各言尔志,予将览焉。由,尔何如?"对曰:"得白羽如月,赤羽如朱,系钟鼓者,上闻于天,下槊①于地,使将而攻之,惟由为能。"孔子曰:"勇士哉!赐,尔何如?"对曰:"得素衣缟冠,使于两国之间。不持尺寸之兵,升斗之粮,使两国相亲如弟兄。"孔子曰:"辩士哉!回,尔何如?"对曰:"鲍鱼不与兰茞同筒而藏,桀纣不与尧舜同时而治。二子已言,回何言哉!"孔子曰:"回有鄙之心。"颜渊曰:"愿得明王圣主为之相,使城郭不治,沟池不凿,阴阳和调,家给人足,铸库兵以为农器。"孔子曰:"大士哉!由来区区汝何攻?赐来便便汝何使?愿得之冠,为子宰焉。"[韩诗外传九]

【注释】

①槊当作愬。

【释义】

孔子与子路、子贡、颜渊登上戎山游玩。孔子很有感慨地叹息说:"你们几个人都谈谈你们的志向,我打算考察一下你们的志向。仲由,你的志向是什么呢?"子路回答说:"我希望有一支军队,旌旗上的白色羽毛像月亮一样白,赤色羽毛像太阳一样红,击钟擂鼓,声音一直传到天上,旌旗飞舞,旗尾扫到地面,派人率领这支军队去攻打敌人,只有我有这种本事。"孔子说:"仲由,你是一个勇士啊!端木赐,你的志向怎么样呢?"子贡回答说:"我希望穿着白色的衣服,戴着白色的帽子,担任两国之间的使者。不携带任何短小的武器,也不携带一点儿粮食,使两国互相亲爱如同兄弟。"孔子说:"端木赐,你是一个辩士啊!颜回,你的志向怎么样呢?"颜渊回答说:"腐臭的鱼不与兰、苣两种香草共同放在一个箱子里,桀纣不与尧舜同时治理天下。两位同学已经谈了他们的志向,颜回还有什么话说呢?"孔子说:"颜回,你有鄙视他们的心理。"颜渊说:"希望找到一个圣明的君王,做他的卿相,说服他不要建筑城墙,不要挖掘护城河,使阴气阳气互相调和,使家家富裕,人人充足,把兵器都拿来铸造农器。"孔子说:"颜回,你是个伟大的士人啊!仲由呀,你得志的话进攻谁呢?端木赐呀,你的口才向谁去游说呢?我希望戴上礼帽,去做颜回的总管。"

【原文】

孔子出卫①之东门,逆姑布子卿。曰:"二三子引车避,有人将来,必相我者也,志之。"姑布子卿亦曰:"二三子引车避,有圣人将来。"孔子下,步。姑布子卿迎而视之五十步,从而望之五十步。顾子贡曰:"是何为者也?"子贡曰:"赐之师也,所谓鲁孔丘也。"姑布子卿曰:"是鲁孔丘欤!吾固闻之。"子贡曰:"赐之师何如?"姑布子卿曰:"得尧之颡,舜之目,禹之颈,皋陶之喙。从前视之,盎盎乎似有王者;从后视之,高肩弱脊,此惟不及四圣者也。"子贡吁然。姑布子卿曰:"卿何患焉?汗面而不恶,葭喙而不藉,远而望之,嬴乎若丧家之狗,子何患焉!"子贡以告孔子。孔子无所辞,独辞丧家之狗耳,曰:"丘何敢乎?"子贡曰:"汗面而不恶,葭喙而不藉,赐以知之矣。不知丧家狗,何足辞也?"子曰:"赐,汝独不见夫丧家之狗欤!既敛而椁,布器而祭,顾望无人,意欲施之。上无明王,下无贤士方伯,王道衰,政教失,强陵弱,众暴寡,百姓纵心,莫之纲纪。是人固以丘为欲当之者也。丘何敢乎!"

[韩诗外传九]

【注释】

①"卫"疑当作"郑"。

【释义】

孔子出卫国的东门,去迎接姑布子卿。他对学生说:"你们几个人把车子引到一边,有一个人快要来了,他一定会看我的相,你们把他的话记下来。"姑布子卿也对他的随从说:"你们几个人把车子引到一边,有圣人将要到来。"孔子下车步行。姑布子卿面对着孔子观察,来回走了五十步,又转到后面观察,来回又走了五十步。然后对着子贡说:"他是什么人?"子贡说:"是我的老师,就是大家所说的鲁国孔丘。"姑布子卿说:"是鲁国孔丘吗?我早就听说过。"子贡说:"我的老师怎么样?"姑布子卿说:"他有尧的额头,舜的眼睛,禹的脖颈,皋陶的嘴巴。从前面看,气象盛大很像一个王者;从后面看,两肩高耸,背脊瘦弱,只有这一点赶不上四位圣人。"子贡显出很忧愁的样子。姑布子卿说:"你有什么忧患的呢?脸虽然黑但并不丑,嘴巴虽然长但还没有伸到胸脯上,远远望去,很像办丧事人家的一只狗,你有什么忧虑的呢?"子贡把姑布子卿的话告诉孔子。孔子对这些评价都不推辞,独独推辞掉丧家狗的评价,他说:"我怎么敢担当呢?"子贡说:"脸虽然黑但不丑,嘴虽然长但还没有伸到胸脯上,你不推辞,我已经理解了。但不知道丧家狗的评价,为什么要推辞掉呢?"孔子说:"赐,你没有看见过丧家的狗吗?主人的尸体已经装进棺材,已经摆上筵席祭奠。这条狗再也看不到他的主人,它希望按照主人的意图再去做点什么。现在上面没有英明的天子,四方没有贤良的诸侯,美好的王道已经衰微,善良的政教已经丧失,力量强大的欺侮力量弱小的,人数多的侵犯人数少的,百姓为所欲为,已经失去了维持国家的道德礼法。这个人原本以为我也像丧家狗那样,想为天下做一番事业。我怎么敢承担呢?"

【原文】

传曰:孔子过康子,子张、子夏从。孔子入坐。二子相与论,终日不诀。子夏辞气甚溢,颜色甚变。子张曰:"子亦闻夫子之议论邪?徐言阍阍,威仪翼翼,后言先默,得之推让,巍巍乎!荡荡乎!道有归矣。小人之论也,专意自是,言人之非,瞋目搤腕,疾言喷喷,口沸目赤。一幸得胜,疾笑嗌嗌。威仪固陋,辞气鄙俗,是以君子贱之也。"〔韩诗外传九〕

【释义】

古书上说:孔子去拜访季康子,子张、子夏跟随着孔子。孔子坐到座位上与季康子谈话，子张、子夏开始争论问题，争了一整天还没有得出结论。子夏说话的气势非常急迫，脸色变得很难看。子张说："你听到过老师的议论吗？说话缓慢和悦，仪容举止很恭敬，首先沉默然后说话，说得对的地方总推说是别人说过的，他是多么伟大，胸怀多么广阔呀！使正道有了归宿。小人的争论，只认为自己对，说别人不对，眼睛睁得大大的，一只手紧紧抓住另一只手的手腕，说话迅速，口水喷洒，眼睛发红。一旦侥幸得到胜利，就立刻笑起来。仪容举止很鄙陋，说话粗野庸俗，因此君子很轻视他。"

【原文】

大王亶甫有子曰太伯、仲雍、季历，历有子曰昌。太伯知大王贤昌，而欲季为后也，太伯去，之吴。大王将死，谓曰："我死，汝往让两兄，彼即不来，汝有义而安。"大王薨，季之吴告伯仲，伯仲从季而归。群臣欲伯之立季，季又让。伯谓仲曰："今群臣欲我立季，季又让，何以处之？"仲曰："刑有所谓矣，要于扶微者。可以立季。"季遂立，而养文王，文王果受命而王。孔子曰："太伯独见，王季独知；伯见父志，季知父心。故大王太伯王季可谓见始知终，而能承志矣。"［韩诗外传十］

【释义】

大王亶甫有三个儿子，大儿子太伯，二儿子仲雍，三儿子季历。季历的儿子名叫昌。太伯知道大王认为昌贤良，想要昌做王位的继承人，太伯因此自动离开到吴国去了。大王将要死了，对季历说："我死了，你到吴国去把王位让给你两个哥哥，他们假使不肯回来，你继承王位就符合道义，也可以安心了。"大王死后，季历到吴国告诉太伯和仲雍。太伯和仲雍跟着季历回来。朝廷的臣子要太伯立季历，季历又推让。太伯对仲雍说："现在群臣要我立季历，季历又推让，怎么处理这件事呢？"仲雍说："法典可以发挥作用了，要求立能够挽救国家衰微的人。根据法典可以立季历。"于是季历被立为国君，很好地培养文王，文王果然最终成为受命的君主。孔子说："太伯有独立的见解，王季有独到的认识；太伯看见父亲的志向，季历知道父亲的心思。所以大王、太伯、季历可以说是看见开始就知道结果的人，太伯、王季又能够继承父亲的志向。"

【原文】

颜渊问于孔子曰："渊愿贫如富，贱如贵，无勇而威，与士交通，终身无患难。亦且可乎?"孔子曰:"善哉!回也!夫贫而如富,其知足而无欲也;贱而如贵,其让而有礼也;无勇而威,其恭敬而不失于人也;终身无患难,其择言而出之也。若回者,其至乎!虽上古圣人亦如此而已。"[韩诗外传十]

【释义】

颜渊问孔子说:"我希望贫穷也能够像富裕一样,卑贱也能够像显贵一样,不勇猛却有威严,与士人交往,一辈子没有患难。这样可以吗?"孔子说:"好呀,颜回!贫穷能够像富贵一样,这是知道满足没有欲望的缘故;卑贱能够像显贵一样,这是谦让而有礼貌的缘故;不勇猛却有威严,这是态度恭敬待人没有过失的缘故;一辈子没有患难,这是说话经过选择的缘故。像你这样的人,已经修养到最高境界了!虽然是上古时代的圣人,也不过就这个样子了。"

【原文】

孔子、颜渊登鲁东山,望吴阊门。渊曰:"见一匹练,前有生蓝。"子曰:"白马,蓝刍也。"[韩诗外传御览八百十八引]

【释义】

孔子与颜渊登上了泰山,向吴阊门张望。颜渊说:"那是一匹白布,前面是蓝色的布。"孔子说:"那是白马,前面是马的草料。"

【原文】

鲁哀公使人穿井,三月不得泉,得一玉羊焉。公以为祥,使祝鼓舞之,欲上于天,羊不能上。孔子见曰:"水之精为玉,土之精为羊,愿无怪之,此羊肝土也。"公使杀之,视肝即土矣。[韩诗外传御览九百二引]

【释义】

鲁哀公派人挖井,挖了三个月,没有挖出水来,却挖到了一只玉羊。哀公认为这是祥瑞,就让巫祝敲锣打鼓举行仪式,准备拿羊来祭天,可是羊却不能上。孔子见到哀公说,"水之精为玉,土之精为羊,希望您不要怪罪这只羊,它的肝是土长的。"哀公派人杀掉羊,取出肝一看,果然是土。

【原文】

鲁哀公使人穿井,三月不得泉,得一玉羊,哀公甚惧。孔子闻之曰:"水之精为玉,土之精为羊,此羊肝乃土尔。"哀公使人杀羊,其肝即土也。[韩诗外传·初学记七引]

【释义】

鲁哀公让人挖井,挖了很长时间也没有挖出水来,却挖到了一只玉羊,哀公得知后很害怕。孔子知道这件事情后对哀公说,"水之精为玉,土之精为羊,羊的肝是土。"哀公派人杀掉羊,取出肝一看,果然是土。

【原文】

孔子曰:"水之精为玉,老蒲为苇,愿无怪之。"[《韩诗外传》文选齐故安陆王碑注引]

【释义】

孔子说,"水之精为玉,成熟的蒲草就成了苇杖,希望您不要奇怪。"

【原文】

孔子曰:"自季孙之赐我千钟,而友益亲;自南宫项叔之乘我车也,而道加行。故道有时而后重,有势而后行微。夫二子之赐,丘之道几于废也。"[说苑·杂言]

【释义】

孔子说:"自从季孙氏赐给我钱财,友人对我更加亲近;自从南宫项叔乘坐过我的车后,道路就被加宽了。所以道在有时难的时候才被看重,在得了权势之后又日渐衰微。这两个人所赐给我的,让我所坚持的道都几乎偏废了。"

【原文】

楚昭王召孔子,将使执政,而封以书社七百。子西谓楚王曰:"王之臣,用兵有如子路者乎?使诸侯有如宰予者乎?长官五官有如子贡者乎?昔文王处酆,武王处镐,酆镐之间,百乘之地。伐上杀主,立为天子世,皆曰圣王。今以孔子之贤,而有书社七百里之地,而三子佐之,非楚之利也。"楚王遂止。[说苑·杂言]

【释义】

楚昭王召见孔子，想要任命他，并给他书社七百里封地。子西对楚王说："王的群臣中，有比子路更善用兵的吗？有比宰予更善于出使诸侯国的吗？有比子贡更能担当大任的吗？从前，文王在酆，武王在镐，在酆镐那一小片土地，讨伐商王，自立为天子，还被称为圣王。如今，像孔子这样的贤人，如果有书社七百里地，还有这三个人辅佐，不是楚国的好事。"楚王便放弃了原来的打算。

楚昭王

【原文】

鲁哀公问于孔子曰："有智者寿乎？"孔子曰："然。人有三死，而非命也者，人自取之。夫寝处不时，饮食不节，佚劳过度者，疾共杀之。居下位，而上忤其君，嗜悠无厌，而求不止者，刑共杀之。小以犯众，弱以侮强，忿怒不量力者，兵共杀之。此三死者，非命也，人自取之。《诗》云：'人而无仪，不死何为。'此之谓也。"［说苑·杂言］

【释义】

鲁哀公问孔子道："有智慧的人长寿吗？"孔子说："是这样。人有三种死亡，不是命运安排，而是人咎由自取。不按时睡眠休息，不节制饮食，过于操劳过于放荡，死于疾病。身为臣下忤逆君王，贪得无厌，索求无度的人，死于刑法。以小犯众，以弱侮强，冲动好怒不自量力的，死于好斗。这三种死亡，不是命运，而是人咎由自取。《诗经》说：'人没有法度，怎会不死呢。'就是说的这个。"

【原文】

孔子遭难陈蔡之境，绝粮，弟子皆有饥色。孔子歌两柱之间。子路入见曰："夫子之歌礼乎？"孔子不应，曲终而曰："由，君子好乐为无骄也，小人好乐为无慑也。其谁知之，子不我知而从我者乎？"子路不悦，授干而舞，三终而出。及至七日，孔子修乐不休。子路愠见曰："夫子之修乐时乎？"孔子不应，乐终而曰："由，昔者齐桓霸心生于莒，勾践霸心生于会稽，晋文霸心生于骊氏。故居不幽则思不远，身不约则智不广。庸①知而不遇之?"于是兴,明日免于厄。子贡执辔曰:"二三子从夫子而遇此难也,其不可忘已。"孔子曰:"恶,是何也? 语不云乎? 三折肱而成良医。夫陈蔡之间,丘之幸也。二三子从丘者,皆幸人也。吾闻人君不困不成王,列士不困不成行。昔者汤困于吕,文王困于羑里,秦穆公困于殽,齐桓困于长勺,勾践困于会稽,晋文困于骊氏。夫困之为道,从寒之及暖,暖之及寒也。唯贤者独知,而难言之也。"《易》曰:"困,亨。贞大人吉,无咎。有言不信。"圣人所与人难言,信也。

[说苑·杂言]

【注释】

①此章必有阙文家语困誓作庸知其非激愤厉志之始于是乎在。

【释义】

孔子在陈、蔡两地被困住,粮食没有了,弟子们也都面带饥色。孔子在两楹间唱起了歌。子路进去见他说:"您这时候唱歌合乎礼吗?"孔子不回答,唱完了歌才说:"由啊,君子喜爱音乐是为了不生骄奢的心,小人喜欢音乐是为了不生惧怕的心。谁明白这个意思呢,你不知道我的想法还跟着我学什么呢?"子路不高兴,拿起盾舞了起来,舞了几曲走出去。等到第七天,孔子仍旧唱歌不停。子路带着怨怒去见孔子说:"先生这样不停唱歌合乎时宜吧?"孔子不回答,唱罢歌才说:"由啊,从前齐桓公称霸的雄心生于流亡的莒地,勾践称霸的雄心生于被困的会稽,晋文公称霸的雄心产生是因为骊姬进谗言,所以居处未被囚禁的人,思虑就不长远,自身不受约束的人,智慧就不会开阔。你怎么知道我不逢时宜呢?"于是振作起来,第二天就摆脱了厄运。子贡驾着车子说:"我们几人跟随先生遭遇这次灾难,大概很难忘记了。"孔子说:"嗨,这是什么话? 俗话不是说过吗? 三次断臂就成了良医。在陈、蔡经历困厄,对我是幸运的事。你们几人跟我一同受难,也都是幸运的人。我听说做君主的人不受困厄难成好君主,有志向作为的人不遭困厄以成就他的事业。从前商汤被困在吕地,文王被关在羑里,秦穆公在崤山遭败绩,齐桓公在长勺打了败仗,勾践在会稽受辱,晋文公遭骊姬的谗言陷害。至于困厄的情况,从寒到暖,从暖到寒。唯有贤德的人才会明白,而不易把它说清楚。"《易经》说:"困封通泰。卜问有德学的人的吉凶,没有祸患。可有些话是无法向人表述清楚的。"圣人有难以向人讲清的想法,确实如此。

【原文】

孔子困于陈蔡之间，居环堵之内，席三经之席，七日不食①，藜羹不糁，弟子皆有饥色，读《诗》《书》，治礼不休。子路进谏曰："凡人为善者，天报以福；为不善者，天报以祸。今先生积德行为善久矣，意者尚有遗行乎？奚居隐也？"孔子曰："由，来。汝不知，坐，吾语汝。子以夫知者为无不知乎，则王子比干何为剖心而死？以谏者为必听耶，伍子胥何为抉目于吴东门子？以廉者为必用乎，伯夷叔齐何为饿死于首阳山之下？子以忠者为必用乎，则鲍庄何为而肉枯？荆公子高终身不显，鲍焦抱木而立枯，介子推登山焚死。故夫君子博学深谋，不遇时者众矣，岂独丘哉？贤不肖者才也，为不为者人也，遇不遇者时也，死生者命也。有其才不遇其时，虽才不用。苟遇其时，何难之有？故舜耕历山，而陶于河畔，立为天子，则其遇尧也。傅说负壤土，释板筑，而立佐天子，则其遇武丁也。伊尹，有莘氏媵臣也，负鼎俎调五味，而佐天子，则其遇成汤也。吕望行年五十，卖食棘津，行年七十，屠牛朝歌，行年九十，为天子师，则其遇文王也。管夷吾束缚膠目，居槛车中，自车中起为仲父，则其遇齐桓公也。百里奚自卖取五羊皮，伯氏牧羊，以为卿大夫，则其遇秦穆公也。沈尹名闻天下，以为令尹，而让孙叔敖，则其遇楚庄王也。伍子胥前多功，后戮死，非其智益衰也，前遇阖闾，后遇夫差也。夫骥厄②罢盐车，非无骥壮也，夫世莫能知也。使骥得王良、造父，骥无千里之足乎？芝兰生深林，非为无人而不香。故学者非为通也，为穷而不困也，忧而不衰也，此知祸福之始而心不惑也。圣人之深念，独知独见。舜亦贤圣矣，南面治天下，唯其遇尧也。使舜居桀、纣之世，能自免刑戮固可也，又何官得治乎？夫桀杀关龙逢，而纣杀王子比干，当是时，岂关龙逢无知，而比干无惠哉？此桀纣无道之世然也。故君子疾学，修身端行，以须其时也。"［说苑·杂言］

【注释】

①食上当有火字。

②厄与轭通。

【释义】

孔子在陈、蔡陷入困境，住在围墙里面，睡在只有三条经线的席子上，七天没有吃饭，藜羹里面连米糁子都没有了，跟着他的弟子们都面带饥色，但他一直不停止研读《诗经》《尚书》，研究礼。子路进来劝说："凡是人做了好事，上天就赐福回报他，做了不好的事，上天就降祸报应他。现在先生积德行善很久了，想一想是否还有没做好的事呢？不然怎么会落到这般困难的境地呢？"孔子说："由，过来。你不知道，坐下，我告诉你。你认为聪明的人就没有不知道的事，那么王子比干为什么被挖心死去？你认为劝说别人，别人必然会听从，那么伍子胥为什么会被挖去双眼悬挂在吴国东城门上呢？你认为清廉的人必然会被重用吗，那么伯夷、叔齐为什么会饿死在首阳山下？你认为忠诚的人必定会被任用吗，那么鲍庄为什么会连肉体都枯干了？荆公子高一生未被重用，鲍焦抱着树木站立着枯干而死，介子推登上绵山被活生生烧死。所以君子虽学问广博有远见，但未有机遇的人很多，岂止我孔丘一人呢？是贤还是不肖取决于才能，做和不做取决于人，遭遇和不遇取决于时机，是死是生取决于命运。有才能而得不到机遇，也无法施展。如果遇上时机，想施展才能有什么困难？所以，舜在历山耕种，在河边制作陶器，后来成为天子，那是遇到尧啊！傅说背土筑墙，后来辅佐天子，那是遇到了武丁啊！伊尹原来是有莘氏陪嫁的家臣，扛着锅和板做饭烧菜，后来辅助天子，那是遇到了成汤啊！吕望五十岁了，还在棘津卖吃食，七十岁还在朝歌杀牛，九十岁的时候才做了天子的老师，那是遇到了周文王啊！管夷吾被捆绑蒙起眼睛关在囚车中，从囚车中被起用，称为仲父，那是遇到了齐桓公啊！百里奚为了五张羊皮自卖自身，曾为伯氏放羊，后来做了卿大夫，那是遇到了秦穆公啊！沈尹天下闻名，做了楚令尹，却让位给孙叔敖，那是遇上了楚庄公啊！伍子胥以前曾立了许多功劳，后来惨遭杀戮，不是他的智慧变差了，而是开始遇到阖闾，后来遇到夫差。良马被盐车所困累折磨，并非是它没有良马的样子，而是世上没有人能知道它是良马。假如它遇了王良、造父这样识马的人，这良马怎会没有千里马的足力呢？芝兰生于深林，并非因为无人赏识而不散发芳香。所以，读书人并非为了做官发达，而是为了贫苦时不致困顿，忧患时心志不减，预先知道祸与福的开端而心里不困惑。圣人深思远虑，有独到见解。舜可算是圣贤吧，他当天子治理天下，只因为他遇到了尧。假如舜生活在夏桀或商纣王的时代，能自身免遭杀害就不错了，又怎么能为官治理天下呢？夏桀杀死关龙逢，纣王杀死了王子比干，那个时候，难道关龙逢没有智慧，而比干不聪慧吗？这是因为有夏桀、商纣的无道，社会才会这样。因此君子要赶紧学习，修身养性，端正行为，等待机遇到来。"

【原文】

孔子之宋，匡简子将杀阳虎，孔子似之，甲士以围孔子之舍。子路怒，奋戟将下斗。孔子止之曰:"何仁义之不免俗也! 夫《诗经》《尚书》之不习,礼、乐之不修也,是丘之过也。若似阳虎,则非丘之罪也,命也夫! 由歌,予和汝。"子路歌,孔子和之,三终而甲罢。[说苑·杂言]

【释义】

孔子到宋国,简子想要杀死阳虎,而孔子的相貌很像阳虎,于是简子带着武士包围了孔子住的地方。子路很气愤,高举着戟准备下堂和他们战斗。孔子拦阻他说:"你学习仁义为什么还不能免俗呢?《诗经》《尚书》不去熟读复习,礼乐不去探讨讲明,那是我的过错。如果我长得像阳虎这不是我的过错,这是命运吧! 你唱歌,我来应和。"子路唱歌,孔子应和,唱完三首歌,对孔子的包围就解除了。

【原文】

孔子曰:"不观于高岸,何以知颠坠之患? 不临于深渊,何以知没溺之患? 不观于海上,何以知风波之患? 失之者其不在此乎? 士慎三者,无累于人。"[说苑·杂言]

【释义】

孔子说:"不在高高的河岸上看,怎么能知道摔倒坠落的灾难? 不靠近深渊,怎么能知道溺水的灾祸? 不在大海上看,怎么能知道风波的灾难? 失误的人原因不正在这里吗? 士人多多谨慎从事,就不会牵累自己了。"

【原文】

子夏问仲尼曰:"颜渊之为人也,何若?"曰:"回之信,贤于丘也。"曰:"子贡之为人也,何若?"曰:"赐之敏,贤于丘也。"曰:"子路之为人也,何若?"曰:"由之勇,贤于丘也。"曰:"子张之为人,何若?"曰:"师之庄,贤于丘也。"于是子夏避席而问曰:"然则四者何为事先生?"曰:"坐,吾语汝。回能信而不能反,赐能敏而不能屈,由能勇而不能怯,师能庄而不能同。兼②此四子者,丘不为也。"[说苑·杂言]

【注释】

①反,变也。
②此章必有阙文,列子作兼四子之有以易吾,吾弗许也。

【释义】

子夏问孔子说:"颜渊为人怎么样?"孔子回答说:"颜回在诚信方面比我强。"子夏又问:"子贡为人怎么样?"孔子说:"端木赐在勤敏方面比我强。"子夏问:"子路为人怎么样?"孔子说:"仲由在勇敢方面比我强。"子夏问:"子张为人怎么样?"孔子说:"颛孙师在庄重方面比我强。"于是子夏离开席位问道:"既然这样,那四个人为什么要侍奉先生呢?"孔子说:"你坐下,我告诉你。颜回能够诚信却不知变通,端木赐能够勤敏却不能谦恭,仲由能够勇敢却不能退却,颛孙师能庄重却不能随和。兼有这四个人的长处,我就比不上了。"

【原文】

东郭子惠问于子贡曰:"夫子之门,何其杂也?"子贡曰:"夫隐括之旁多枉木,良医之门多疾人,砥砺之旁多顽钝。夫子修道以俟天下,来者不止,是以杂也。"〔说苑·杂言〕

【释义】

东郭子惠问子贡说:"你老师的门下为什么这么杂乱呢?"子贡说:"矫正曲直的工具旁堆满了弯曲的木头,良医的门庭挤满了病人,磨刀石旁摆满了很钝的刀斧。我的老师研求学问等待天下人,来跟他学习的人源源不断,因此显得杂乱。"

【原文】

孔子观于吕梁,悬水四十仞,环流九十里,鱼鳖不能过,鼋鼍不敢居。有一丈夫方将涉之。孔子使人并崖而止之曰:"此悬水四十仞,圜流九十里,鱼鳖不敢过,鼋鼍不敢居。意者难可济也。"丈夫不以错意,遂渡而出。孔子问:"子巧乎?且有道术乎?所以能入而出者何也?"丈夫对曰:"始吾入,先以忠信;吾之出也,又从以忠信。忠信错吾躯于波流,而吾不敢用私。吾所以能入而复出也。"孔子谓弟子曰:"水而尚可以忠信义①久而身亲之,况于人乎?"〔说苑·杂言〕

【注释】

①义久二字衍。

675

【释义】

孔子在吕梁观景,看到高悬的瀑布有四十仞,激起九十里的旋涡,鱼鳖不能游过去,鼋鼍也不敢停留。有个男子将要涉水穿越。孔子派人走到崖边劝止说:"这个瀑布有四十仞高,旋涡有九十里,鱼鳖不能游过去,鼋鼍不敢停留。看来难以渡过去。"那男子并不在意,还是穿过瀑布而出。孔子问:"你有什么技巧吗?还是有什么法术吗?你能这样进出为什么呢?"那男子回答说:"我开始渡水时,先要凭借忠信之心;我走出来,也要凭着一片忠信之心。忠信把我的身体置于水波之中,我不敢心存私念。这就是我能进去又出来的原因。"孔子对弟子说:"水还可以凭借忠信来控制它,更何况人呢?"

【原文】

子路盛服而见孔子,孔子曰:"由,是襜襜者何也?昔者江水出于岷山,其始也,大足以滥觞。及至江之津也,不方舟,不避风,不可渡也。非唯下流众川之多乎?今若衣服甚盛,颜色充盈,天下谁肯加若者哉?"子路趋而出,改服而入,盖自如也。孔子曰:"由,记之,吾语若:贲于言者,华也;奋于行者,伐也;夫色智而有能者,小人也。故君子知之为知之,不知为不知,言之要也。能之为能,不能为不能,行之至也。言要则知,行要则仁。既知且仁,夫有何加矣哉?由,《诗》云:'汤降不迟,圣敬日跻。'此之谓也。"[说苑·杂言]

【释义】

子路穿着华丽的衣服去见孔子,孔子说:"由,你穿得这样华丽是为什么呢?过去,长江从岷山发源,刚刚流出来的时候,还不够一满杯水。等到它流到长江渡口时,不把两只船相并,不避开刮大风的时候,就不能渡过去。这不是因为它有许多的支流加入进来了吗?现在你的穿着非常华丽,脸上露出得意的神色,天下还有谁能够帮助你提高呢?"子路快步走出去,换了衣服进来,仍然像过去的样子。孔子说:"由,你记下来,我告诉你:好说大话的人浮华,喜欢自我表现的人自夸,把才智显现在外表去炫耀的是小人。所以君子总是知道就说知道,不知道就说不知道,这是说话的要领。能够做到就说能够做到,不能够做到就说不能够做到,这是行动的要领。说话得要领就是智慧,行动得要领就是仁爱,既智慧又仁爱,还有什么需要增加的呢?由,《诗经》说:'商汤生逢其时,圣德天天提高。'说的正是这个意思。"

【原文】

子路问孔子曰:"君子亦有忧乎?"孔子曰:"无也。君子之修其行,未得,则乐其意;既已得,又乐其知。是以有终身之乐,无一日之忧。小人则不然,其未之得,则忧不得;既已得之,又恐失之。是以有终身之忧,无一日之乐也。"[说苑·杂言]

【释义】

子路问孔子:"君子也有忧虑吗?"孔子说:"没有。君子修养他的德行,虽没能得到,可为有这个追求而高兴;已经得到了,又为他实现了而高兴。所以,有终生的快乐,而无一天的忧虑。小人就不是这样,未得到时,就为得不到而忧虑;已经得到了,又害怕失去。所以有终生的忧虑,而无一天的快乐。"

【原文】

孔子见荣启期衣鹿皮裘,鼓瑟而歌。孔子问曰:"先生何乐也?"对曰:"吾乐甚多:天生万物,唯人为贵,吾既已得为人,是一乐也。人以男为贵,吾既已得为男,是二乐也。人生不免褓褓,吾年已九十五,是三乐也。夫贫者,士之常也;死者,民之终也。处常待终,当何忧乎?"[说苑·杂言]

【释义】

孔子看到荣启朝身穿鹿皮的衣服,弹着瑟唱起歌。孔子问他:"先生为什么事情高兴啊?"他答道:"我的快乐很多:上天生长万物,只有人最尊贵,我已经能够做人,是第一件快乐的事。人中又以男人最尊贵,我已经是个男人,这是第二件快乐的事。人生难免死于婴儿之时,而我年龄已有九十五了,这是第三件快乐的事。贫穷对士人来说是很正常的,死亡是人生的终点。我身处正常状态而等待人生终结,还有什么可忧虑呢?"

【原文】

曾子曰:"吾闻夫子之三言①,未之能行也。夫子见人之一善,而忘其百非,是夫子之易事也。夫子见人有善,若己有之,是夫子之不争也。闻善必躬亲行之,然后道之,是夫子之能劳也。夫子之能劳也,夫子之不争也,夫子之易事也,吾学夫子之三言而未能行。"[说苑·杂言]

①言恐善之误，下同。

【释义】

曾子说："我听过老师的三句话，还未能实行。老师看到别人的一点优点，便忘记了他的许多不是，这样，老师容易与人相处。老师见别人做了好事，就像自己也做了一样，这样，老师不与他人相争斗。听说是好的一定亲自去做，然后再说，这样，老师肯于劳苦。老师肯于劳苦，不与人争斗，容易与人相处，我学老师这三者，却未能做到。"

【原文】

孔子曰："回，若有君子之道四：强于行己，弱于受谏，怵于待①禄，慎于持身。"［说苑·杂言］

【注释】

①待：当作得。

【释义】

孔子说："颜回，你有君子的四种品德：严格要求自己，虚心接受别人的劝说，害怕当官，审慎地修养自身。"

【原文】

仲尼曰："史鳅有君子之道三：不仕而敬上，不祀而敬鬼，直能曲于人。"［说苑·杂言］

【释义】

孔子说："史鳅有君子的三样品德：不做官而尊敬在上的人，不祭祀而能尊敬鬼神，正直而能原谅他人。"

【原文】

孔子曰："丘死之后，商也日益，赐也日损。商也好与贤己者处，赐也好说不如

己者。"〔说苑·杂言〕

【释义】

孔子说:"我死后,子夏的学问会天天增长,子贡的学问将天天减少。因为子夏爱和比自己强的人相处,子贡爱批评不如自己的人。"

【原文】

孔子将行,无盖。弟子曰:"子夏有盖,可以行。"孔子曰:"商之为人也,甚短于财。吾离与人交者推其长者,违其短者,故能久长矣。"〔说苑·杂言〕

【释义】

孔子要出行,没有伞。学生说:"子夏有伞,可以借他的伞出门。"孔子说:"子夏的为人,在钱财上很小气。我听说与人交往要发扬他的长处,抑制他的短处,所以才能长久。"

【原文】

子路行,辞于仲尼,曰:"敢问新交取亲若何? 言寡可行若何? 长为善士而无犯若何?"仲尼曰:"新交取亲,其忠乎? 言寡可行,其信乎? 长为善士而无犯,其礼乎?"〔说苑·杂言〕

【释义】

子路要出行,向孔子辞别,说:"请问如何在新的交往中选取可亲近的人呢? 怎样才能少说话办成事呢? 怎么才能永远做好人没有过失呢?"孔子说:"在新的交往中选取可亲近的人,恐怕要看他是否忠诚。少说好办成事,恐怕要看说话是否有信用。永远做好人而没有过失,恐怕要看做事是否合乎礼。"

【原文】

子路将行,辞于仲尼,曰:"赠汝以车乎? 以言乎?"子路曰:"请以言。"仲尼曰:"不强不远,不劳无功,不忠无亲,不信无复,不恭无礼。慎此五者,可以长久矣。"〔说苑·杂言〕

【释义】

子路要出行,向孔子辞别,孔子说:"送你车子呢? 还是赠你话呢?"子路说:

孔子家语

图文珍藏版

"请赠言吧!"孔子说:"不自强就不能远行,不劳作就没有功效,不忠诚就没有亲近的人,不讲信用就无人交往,不尊重别人就不会受人礼待。审慎处理这五项,就可以长远了。"

【原文】

曾子从孔子于齐,齐景公以下卿礼聘曾子,曾子固辞。将行,晏子送之,曰:"吾闻君子赠人以财,不若以言。今夫兰本三年,湛之以鹿醢,既成,则易以匹马。非兰本美也,愿子详其所湛,既得所湛,亦求所湛。吾闻君子居必择处,游必择士。居必择处,所以求士也。游必择士,所以修道也。吾闻反常移性者欲也,故不可不慎也。"[说苑·杂言]

【释义】

曾子跟着孔子到齐国,齐景公用下卿的礼聘任曾子,曾子执意辞谢。就要走了,晏子送行,说:"我听说君子赠给人钱财,不如赠送言辞。现在有棵兰花的根已长了三年,把它泡在鹿肉酱中,制成后,可以换一匹马。这并不是兰花根价值高,请你详细了解是用什么浸泡的,已经知道用什么浸泡的,就要去寻找这些东西。我听说君子居住时一定挑选地方,交游时一定要选择人。居住时挑选地方,是为了找到好人。交游选择好人,是为了修养道德。我听说违反常情改变性情的是欲望,所以不能不谨慎。"

【原文】

孔子曰:"中人之情,有余则侈,不足则俭,无禁则淫,无度则失,纵欲则败。饮食有量,衣服有节,宫室有度,畜聚有数,车器有限,以防乱之源也。故夫度量不可不明也,善欲①不可不听也。"[说苑·杂言]

【注释】

①欲教之误欤。

【释义】

孔子说:"普通人的性情是,有富余就奢侈,不够时就节俭,没有约束就淫乱,没有节制就会发生过失,放任欲望就会败亡。君子吃喝要有定量,服装要有节制,宫室要有规矩,豢养牲畜要有一定数量,车马器具要有限度,用以防范祸乱的产生。所以,长短轻重不能不明确,好的想法不能不听取。"

【原文】

孔子曰:"巧而好度必工,勇而好同必胜,知而好谋必成。愚者反是。夫处重擅宠,专事妒贤,愚者之情也。志骄傲而轻旧怨,是以尊位则必危,任重则必崩,擅宠则必辱。"［说苑·杂言］

【释义】

孔子说:"灵巧而且喜欢量度的一定精细,勇敢而且喜欢合作的一定取胜,聪明又喜好谋划的一定成功。愚笨的人正与此相反。处在重要位置独占宠幸,专揽大事嫉妒贤才,这是愚笨的人的性情。心志骄傲而轻看旧怨,因此地位尊贵了就必定会有危险,责任太重就必然垮掉,独占宠幸必定受辱。"

【原文】

孔子曰:"鞭朴之子,不从父之教;刑戮之民,不从君之政。言疾之难行。故君子不急断,不意①使,以为乱源。"［说苑·杂言］

【注释】

①意:当作急。

【释义】

孔子说:"挨打的孩子,不听从父亲的教导;受刑罚的人,不服从君王的政令。这是说太急了做不成事。所以君子不急匆匆断事,不随意行事,认为这是祸乱的根源。"

【原文】

孔子曰:"终日言,不遗己之忧,终日行,不遗己之患,唯智者有之。故恐惧所以除患也,恭敬所以越难也。终身为之,一言败之,可不慎乎?"［说苑·杂言］

【释义】

孔子说:"整日谈话,不给自己留下忧虑,整日做事,不给自己留下祸患,只有聪明人有这样的事。所以恐惧是为了免除祸患,恭敬是为了躲开灾难。终生这样做,可一句话就能败坏了,怎能不谨慎呢?"

【原文】

孔子曰:"以富贵为人下者,何人不与?以富贵敬爱人者,何人不亲?众言不逆,可谓知言矣。众响之,可谓知时矣。"〔说苑·杂言〕

【释义】

孔子说:"富贵了但肯在人下,谁能不和他在一起呢?富贵了但能敬人爱人,谁能不和他亲近呢?大家的话不违背,可以说会说话了。大家都向往他,可以说是懂得时势了。"

【原文】

孔子曰:"夫富而能富人者,欲贫而不可得也。贵而能贵人者,欲贱而不可得也。达而能达人者,欲穷而不可得也。"〔说苑·杂言〕

【释义】

孔子说:"自己富也能让别人富的人,想穷也穷不了。尊贵了也能使别人尊贵的人,想低贱也不可能。显达了也能使别人显达的人,想困厄也不可能。"

【原文】

仲尼曰:"非其地而树之,不生也;非其人而语之,弗听也。得其人,如聚沙而雨之;非其人,如聚聋而鼓之。"〔说苑·杂言〕

【释义】

孔子说:"在不能种植的土地上种庄稼,是不会生长的;向不能听取意见的人提意见,他是不会听的。遇到能听取意见的人,就像聚集沙子后再浇上水;遇到不能听取意见的人,就像集合起聋子击鼓让他们听。"

【原文】

孔子曰:"船非水不可行。水入船中,则其没也。故曰君子不可不严也,小人不可不闭也。"〔说苑·杂言〕

【释义】

孔子说:"船没有水不能航行。水进入船中,船就要沉没。所以说君子不可不严格要求,小人不能不加以限制。"

【原文】

孔子曰:"依贤固不困,依富固不穷,马蹄斩而复行者何? 以辅足众也。"[说苑·杂言]

【释义】

孔子说:"依靠贤能必定不会有困难,依靠富有必定不会穷困,为什么马折断脚趾仍能继续行走? 因为辅助的脚趾很多啊!"

【原文】

孔子曰:"不知其子,视其所友;不知其君,视其所使。"又曰:"与善人居,如人兰芷之室,久而不闻其香,则与之化矣。与恶人居,如入鲍鱼之肆,久而不闻其臭,亦与之化矣。故曰丹之所藏者赤,乌之所藏者黑。君子慎所藏。"[说苑·杂言]

【释义】

孔子说:"不了解自己的儿子,就去看他交往的朋友;不了解那国君王,就去看他派出的使臣。"孔子又说:"与好人住在一起,同进入兰芷的花房,时间长了就闻不出它的香味,因为你被浸染了香气。与坏人住在一起,如同进入卖咸鱼的市场,时间长了闻不出它的臭味,也因为你被浸染了臭味。所以说,收藏丹的地方是赤色的,收藏乌的地方是黑色的,君子要谨慎对待他所在的地方。"

【原文】

子贡问曰:"君子见大水必观焉,何也?"孔子曰:"夫水者君子比德焉。遍予而无私,似德;所及者生,似仁;其流卑下句①倨,皆循其理,似义;浅者流行,深者不测,似智;其赴百仞之谷不疑,似勇;绵弱而微达,似察;受恶不让,似贞;包蒙不清以入,鲜洁以出,似善化;至量必平,似正;盈不求概,似度;其万折必东,似意。是以君子见大水必观焉尔也。"[说苑·杂言]

【注释】

①句读为钓。

【释义】

子贡问："君子看到大河大川必要观望，为什么？"孔子说："水，君子拿来比喻德行。给予万物但是没有私心，这像德；被它碰到就生长，这像仁；流行在卑下的地方，直行或曲行都遵循着条理，这像义；在浅处灵活运行，在深渊里又使人不可测度，这像智；它奔赴深谷，毫不迟疑，又像勇；遇到微弱的地方就旋绕，这像察；碰到污秽而不逃避，这像贞；容纳污秽的东西，将之变成清洁的东西，这像善化；当流行时必流行，流到凹凸的地方，水面是平的，这像公正；盈满了不须用盖来平抑，这像分寸；曲折必定向东流，这又像意愿。所以看到大河大川，必要观望了。"

【原文】

道吾闻①之夫子："多所知无所知，其身孰善者乎？"对曰："无知者死人属也，虽不死，累人者必众甚矣。然多所知者，好其用心也，多所知者出于利人即善矣，出于害人即不善也。"道吾曰："善哉。"［说苑·杂言］

【注释】

①闻诸本作问。

【释义】

道吾问孔子说："知识多的人和没有知识的人，哪种人好呢？"孔子回答说："没知识的跟死人一样，即使死不了，也会给人增添很多累赘。然而知识很多的人，他的用心要好，知识多的人为了利人，用心就是好的，为了害人，用心就是坏的。"道吾说："说得好啊！"

【原文】

齐高廷问于孔子曰："廷不旷山，不直①地，衣裳，提执②，精气以问事君之道，愿夫子告之。"孔子曰："贞以干之，敬以辅之，待人无倦。见君子则举之，见小人则退之。去尔恶心，而忠与之。敏其行，修其礼，千里之外，亲如兄弟；若行不敏，礼不

合，对门不通矣。"[说苑·杂言]

【注释】

①直当作植。

②执当作贽。

【释义】

齐高廷问孔子说："我不怕高山阻挡，不怕道路遥远，穿着襄衣，拿着礼品，心怀赤诚来请教侍奉君子的道理，希望您能告诉我。"孔子说："忠贞做事，恭恭敬敬地帮助人，对待别人不要厌烦。发现君子就举荐他，见到小人就离开他。抛弃厌恶的心理，而忠诚地对待朋友。勤勉做事，修养礼仪，即使远隔千里，都亲近得像兄弟；如果不勤勉做事，不合礼仪，即使住在对门也不会来往的。"

【原文】

颜渊问于仲尼曰："成人之行何若？"子曰："成人之行，达乎情性之理，通乎物类之变，知幽明之故，睹游气之源。若此而可谓成人。既知天道，行躬以仁义，饬身以礼乐。夫仁义礼乐，成人之行也。穷神知化，德之盛也。"[说苑·辨物]

大禹

【释义】

颜渊问仲尼说："一个完美的人的行为应该怎样呢？"孔子说："完美的人的行为是，了解情性的道理，明白才物各类的变化，通晓元形与具形事物的情况，看到游气的来源。像这样就能称为完美的人。已经明白了天道，亲身推行仁义，用礼乐整饬自己。仁义礼乐，就是完美的人的行为。穷尽神妙，知道变化，品德就好极了。"

【原文】

吴伐越，隳会稽，得骨专车，使使问孔子曰："骨何者最大？"孔子曰："禹致群臣会稽山,防风氏后至,禹杀而戮之,其骨节专车,此为大矣。"使者曰:"谁为神?"孔子曰:"由川之灵,足以纪纲天下者,其守为神,社稷为公侯,山川之祀为诸侯,皆属于王者。"曰:"防风氏何守?"孔子曰:"汪芒氏之君守封嵎之山者也,其神为釐姓,在虞夏为防风氏,商为汪芒氏,于周为长狄氏,今谓之大人。"使者曰:"人长几何?"孔子曰:"僬侥氏三尺,短之至也;长者不过十,数之极也。"使者曰:"善哉!圣人也。"[说苑·辨物]

【释义】

吴国攻打越国,毁坏了会稽山,发现了一节大骨头,可以装满一车,派人去问孔子说:"谁的骨头最大?"孔子说:"大禹召集众大臣在会稽山开会,防风氏晚到了,大禹杀了他并且暴尸荒郊,他的骨头一节能装满一车,这就是大的了。"使者说:"谁是神呢?"孔子说:"山川的神灵,是足可整治天下的,他的守主就是神,社稷的守主是公侯,山川主持祭祀的就是诸侯,他们都属于天子。"使者问:"防风氏主守什么?"孔子说:"汪芒氏的君主主守封嵎的山,那山神是釐姓,在虞夏时叫防风氏,商代叫汪芒氏,周代叫长狄氏,现在称它为大人。"使者问:"人高多少?"孔子说:"僬侥氏高三尺,是最短了;高的也不过十尺,这个数是极点了。"使者说:"好!真是圣人啊!"

【原文】

仲尼在陈,有隼集于陈侯之廷而死,楛矢贯之,石砮;矢长尺有咫。陈侯使问孔子,孔子曰:"隼之来也远矣,此肃慎氏之矢也。昔武王克商,通道九夷百蛮,使各以其方贿来贡,思无忘职业。于是肃慎氏贡楛矢,石砮,长尺有咫。先王欲昭其令德之致,故铭其栝曰:'肃慎氏贡楛矢。'以劳①大姬,配虞胡公,而封诸陈。分同姓以珍玉,展亲也;分别姓以远方职贡,使无忘服也。故分陈以肃慎氏之矢,试求之故府。"果得焉。[说苑·辨物]

【注释】

①劳当作分。

【释义】

仲尼在陈国,有隼鸟停在陈侯的宫廷上死了,是楛箭射穿它的身体,那箭的箭头是石头的;箭杆长一尺八寸。陈侯派人问孔子,孔子说:"这隼鸟的来历久远了,这是肃慎氏的箭。从前武王战胜商殷,开辟道路连通四方各族的国家,让各国用他们的土产来朝见进贡,要他们不忘自己的职守。于是肃慎氏进献楛箭,石箭头,箭长一尺八寸。先王想宣扬他的美德,传布四方,所以在箭尾铭刻:'肃慎氏贡楛矢。'把它送给大姬,让大姬苑配虞胡公,并封他们在陈地。先王把珍玉分给同宗诸侯,以显示亲情;把远方进献的贡物分给不同姓的诸侯,让他们不要忘记自己的责任。所以分给陈侯以肃慎氏的箭,可到以前的府库中找找看。"果然找到了这种箭。

【原文】

季桓子穿井得土击,中有羊。以问孔子,言得狗。孔子曰:"以吾所闻,非狗,乃羊也。木之怪夔、罔两,水之怪龙、罔象,土之怪羵羊也,非狗也。"桓子曰:"善哉。"
[说苑·辨物]

【释义】

季桓子打井时得到了一个土罐,罐中有只羊。就此事问孔子,并谎称得到的是狗。孔子说:"就我的见闻,应不是狗,而是羊。因为木石的精灵是夔、罔两,水的精灵是龙、罔象,土的精灵是羵羊,不该是狗。"桓子说:"说得对呀!"

【原文】

楚昭王渡江,有物大如斗,直触王舟,止于舟中。王大怪之,使聘问孔子。孔子曰:"此名萍实,令剖而食之。惟霸者能获之,此吉祥也。"其后齐有飞鸟,一足,来下,止于殿前,舒翅而跳。齐侯大怪之,又使聘问孔子。孔子曰:"此名商羊,急告民,趣治沟渠,天将大雨。"于是如之,天果大雨,诸国皆水,齐独以安。孔子归,弟子请问。孔子曰:"异时小见谣曰:'楚王渡江,得萍实。大如拳,赤如日,剖而食之,美如蜜。'此楚之应也儿。又有两两相章,屈一足而跳,曰:'天将大雨,商羊起舞。'今齐获之,亦其应也。"夫谣之后,未尝不有应随者也。故圣人非独守道而已也,睹物记也,即得其应矣。[说苑·辨物]

【释义】

楚昭王渡江时,有个斗大的物体直撞昭王的大船,并停留在船上。昭王十分奇怪,派人请教孔子。孔子说:"这个物体叫萍实,让人把它剖开来吃。只有称霸的人才能得到，这象征着吉祥。"那以后，齐国有只飞鸟，一只脚，飞下来停在宫殿前，张开翅膀跳跃。齐侯非常奇怪，又派人询问孔子。孔子说："这鸟叫商羊，请紧急告诉百姓，督促他们整治沟渠，天要下大雨。"于是按孔子的话做了，天果然降下大雨，各国都遭水灾，只有齐国平安。孔子回来后，弟子询问这些事。孔子说："过去小儿歌谣中说：'楚王过江，得到萍实。大得像拳头，红得像太阳，剖开了吃，甜美如蜜。'这话应验在楚国。小孩又两两牵手，抬起一只脚蹦跳，说：'天要下大雨，商羊跳起舞来。'现在齐国出现了这事，也是童谣得到应验呀！"童谣流传后，没有不应验的。所以圣人不单单是守着道罢了，看到了记下来，就能知道事物的应验。

【原文】

孔子晨立堂上，闻哭者声音甚悲。孔子援琴而鼓之，其音同也。孔子出，而弟子有吒者。问："谁也？"曰："回也。"孔子曰："回何为而吒？"回曰："今者有哭者，其音甚悲，非独哭死，又哭生离者。"孔子曰："何以知之？"回曰："似完山之鸟。"孔子曰："何如？"回曰："完山之鸟生四子，羽翼已成，乃离四海，哀鸣送之，为是往而不复返也。"孔子使人问哭者。哭者曰："父死家贫，卖子以葬之，将与其别也。"孔子曰："善哉，圣人也！"［说苑·辨物］

【释义】

孔子早晨站立在堂上，听到有人哭得非常悲切。孔子拿起瑟来弹，琴声与哭声一样。孔子出来，学生中有人慨叹。孔子问："谁在叹息？"回答说："是颜回。"孔子问："颜回，你为什么叹息？"颜回说："今天有人在哭，哭得很悲切，不单单是哭死去的人，还哭生生离别的人。"孔子说："你怎么知道？"颜回说："因为哭声像完山鸟的哀鸣。"孔子说："那怎么样呢？"颜回说："完山的大鸟生了四只小鸟，小鸟羽翼丰满，就要离家飞向四面八方，大鸟哀叫着送别它们，因为它们飞走后就不再回来了。"孔子派人去问哭的那人。那人说："父亲死了，家中贫困，只有卖掉儿子来安葬父亲，现在就要和儿子分别了。"孔子说："好啊，颜回真是个非同寻常的人呀！"

【原文】

子贡问孔子："死人有知无知也？"孔子曰："吾欲言死者有知也，恐孝子顺孙妨生以送死也；欲言无知，恐不孝子孙弃不葬也。赐欲知死人有知将无知也，死徐自知之，犹未晚也。"［说苑·辨物］

【释义】

子贡问孔子:"死去的人有知觉还是没知觉?"孔子说:"我如果说人死了有知觉,恐怕孝顺的子孙会不惜影响到活人生活去厚葬死人;我如果说死了没有知觉,恐怕不孝顺的子孙会抛弃尸体不去埋葬。赐啊,你要想知道人死了有知觉还是没知觉,死了后慢慢地自己就知道了,那也不晚啊!"

【原文】

孔子曰:"移风易俗,莫善于乐;安上治民,莫善于礼。"是故圣王修礼文,设庠序,陈钟鼓。天子辟雍,诸侯泮宫,所以行德化。[说苑·修文]

【释义】

孔子说:"移风易俗,没有比音乐更有效的了;治国安邦,没有比礼法更有效的了。"所以圣明的君王注重修礼习文,开设学校,提倡音乐。天子所设的学校"辟雍",诸侯所设的学校"泮宫",都是用来推行道德教化的。

【原文】

孔子曰:"恭①近于礼,远耻辱也。"[说苑·修文]

【注释】

①《论语·学而篇》以此为有子言。

【释义】

孔子说:"为人恭敬符合礼仪,就会远离耻辱。"

【原文】

子夏三年之丧毕,见于孔子。孔子与之琴,使之弦。援琴而弦,沂沂而乐。作而曰:"先王制礼,不敢不及也。"子曰:"君子也。"闵子骞三年之丧毕,见于孔子。孔子与之琴,使之弦。援琴而弦,切切而悲。作而曰:"先王制礼,不敢过也。"孔子曰:"君子也。"子贡问曰:"闵子哀不尽,子曰:'君子也。'子夏哀已尽,子曰:'君子也。'赐也惑,敢问何谓?"孔子曰:"闵子哀未尽,能断之以礼,故曰君子也;子夏哀已尽,能引而致之,故曰君子也。夫三年之丧,固优者之所屈,劣者之所勉。"[说苑

【释义】

子夏三年的服丧期结束了,前来进见孔子。孔子给他琴,让他弹奏。子夏弹奏起来,声音柔和悦耳。并说:"先王制定的礼仪要求,不敢不达到。"孔子说:"真是君子啊!"闵子骞三年的服丧期结束了,前来进见孔子。孔子给他琴,让他弹奏。闵子骞弹奏起来,声音悲切凄惨,并说:"先王定下的礼仪规则,不敢加以超越。"孔子说:"真是君子啊!"子贡问道:"闵子骞悲哀未尽,先生您说:'真是君子。'子夏悲哀已尽,先生您还是说:'真是君子。'我感到迷惑,请问其中的原因。"孔子说:"闵子骞不忘悲哀,却能用礼制加以压抑,所以称他为君子;子夏悲哀已尽,却能引导他趋向礼制的要求,所以称他为君子。三年的丧期,原本就是使孝子节哀,使孝心淡薄的人有所勉励啊!"

【原文】

孔子曰:"无礼之礼,敬也;无服之丧,忧也;无声之乐,欢也。不言而信,不动而威,不施而仁,志也。钟鼓之声,怒而击之则武,忧而击之则悲,喜而击之则乐。其志变,其声亦变。其志诚,通乎金石,而况人乎?"〔说苑·修文〕

【释义】

孔子说:"忘记了形体举止的礼敬,才是真正的礼敬;不穿丧服衷心悲哀,才是真正的忧伤;没有声音发自内心的欢乐,才是真正的欢乐。不说话但却显出信义,不行动但却显出威严,不施舍但却显出仁慈,这全是因为它是内心的反映。钟鼓的声音,愤怒时敲它,会感到声音雄壮,悲伤时敲它,会觉得声音悲凉,高兴时敲它,会觉得声音愉快。人的心情变了,会感觉钟鼓的声音也随之改变。精诚所至,金石为开,何况是人呢?"

【原文】

孔子见子桑伯子,子桑伯子不衣冠而处。弟子曰:"夫子何为见此人乎?"曰:"其质美而无文,吾欲说而文之。"孔子去,子桑伯子门人不说,曰:"何为见孔子乎?"曰:"其质美而文繁,吾欲说而去其文。"〔说苑·修文〕

【释义】

孔子去见子桑伯子，子桑伯子却衣冠不整地与孔子在一起。孔子的学生问："老师您为什么要见这种人？"孔子说："他的本质很好，但缺乏礼仪文采，我打算劝说他，以讲究一些文采。"孔子走后，子桑伯子的学生很不高兴地说："为什么要见孔子呢？"子桑伯子说："他的本质很好，但太讲究礼仪文采了，我想劝他去掉一些礼仪文采。"

【原文】

孔子至齐郭门之外，遇一婴儿，挈一壶相与俱行。其视精，其心正，其行端。孔子谓御曰："趣驱之，趣驱之。韶乐方作。"孔子至彼闻韶，三月不知肉味。〔说苑·修文〕

【释义】

孔子来到齐国城门外，遇到一个小孩，手提一把水壶和他们一起走。这个孩子眼光有神，内心正直，行为端庄。孔子对赶车的人说："快赶路，快赶路。韶乐开始演奏了。"孔子在齐国听了韶乐，很长时间都沉醉其中，以至尝不出肉的味道。

【原文】

子路鼓瑟，有北鄙之声。孔子闻之曰："信矣，由之不才也。"冉有侍，孔子曰："求，来，尔奚不谓由：夫先王之制音也，奏中声，为中节。流入于南，不归于北。南者，生育之乡；北者，杀伐之域。故君子执中以为本，务生以为基。故其音温和而居中，以象生育之气。忧哀悲痛之感不加乎心，暴厉淫荒之动不存乎体。夫然者，乃治存之风，安乐之为也。彼小人则不然，执末以论本，务刚以为基，故其音湫厉而微末，以象杀伐之气。和节中正之感不加乎心，温俨恭庄之动不存乎体。夫杀者，乃乱亡之风，奔北之为也。昔舜造南风之声，其兴也勃焉，至今王公述而不释。纣为北鄙之声，其废也忽焉，至今王公以为笑。彼舜以匹夫，积正合仁。履中行善，而卒以兴。纣以天子，好慢淫荒，刚厉暴贼，而卒以灭。今由也，匹夫之徒，布衣之丑也，既无意乎先王之制，而又有亡国之声，岂能保七尺之身哉？"冉有以告子路。子路曰："由之罪也，小人不能，耳陷而入于斯，宜矣，夫子之言也。"遂自悔，不食，七日而骨立焉。孔子曰："由之改，过矣。"〔说苑·修文〕

【释义】

子路弹瑟，弹出一种北方边远地区的杀伐之声。孔子听了就说："子路无才，的确如此。"冉有陪侍在旁，孔子说："冉有，你过来，你为什么不告诉子路：先王制订的音乐，乐音中和，节奏中和。后来传入了南方，北方竟失传了。南方富饶，是个生活养育的好地方；北方贫瘠，到处充满了肃杀之气。所以君子秉持中和以为根本，致力生息以为基础。因此表现为音乐，总是温柔敦厚和中和，以象征着生气勃勃。心里没有忧哀悲痛，外表也就不会有暴戾荒淫的气息。这种样子，才是太平的景象，安乐的情状。那些小人就不是这样了，他们执着于细枝末节来追究根本，死守着刚愎之心以为基础。所以表现出的音乐，总是冷酷、猥亵、低迷，象征着杀伐之气。内心没有中正平和，外表也就没有谦恭温良的态度。杀伐是乱亡的气象，奔逃的情状。以前舜创作了南风之歌，他的兴盛就勃然而起，到现在那些王公谈起来还记忆犹新。殷纣王创作了北方边远地区的杀伐音乐，他的败亡就转眼而至，到现在那些王公还传为笑谈。当时舜不过是一个平民，却能积累正道以合仁义，坚守中和以行善政，终于以此兴盛。纣王虽贵为天子，却傲慢荒淫，刚愎暴戾，最后走上了败亡的道路。现在子路只是个平民而已，心中既不想着效法先王的制度，又爱弹奏亡国的声音，哪里能够安保他一己之身呢？"冉有把这些话告诉了子路，子路说："这是我的错误啊！小人不知道怎样欣赏音乐，以至于弄到这种地步，老师责怪的话太对了。"于是自己悔过，七天不进饮食，瘦得皮包骨头。孔子说："子路真是勇于改过啊！"

【原文】

孔子卦得贲，喟然仰而叹息，意不平。子张进，举手而问曰："师闻贲者吉卦，而叹之乎？"孔子曰："贲非正色也，是以叹之。吾思夫质素，白当正白，黑当正黑，夫①质又何也。吾亦闻之：丹漆不文，白玉不雕，窦珠不饰，何也？质有余者，不受饰也。"[说苑·反质]

【注释】

①以下恐有阙文。

【释义】

孔子占得贲卦，仰天而叹，好像很不满意。子张走进来，举手问孔子说："贲是吉卦,您却叹息什么?"孔子回答说:"贲是文饰之美,非本质之美,所以叹息。我想本质之物是最纯然的,白就应当是纯然的白,黑就应当是纯然的黑,那么本质又是什么呢。我也听说过:丹漆之红不需要添加任何色彩,白玉和宝珠之美不需要任何雕饰,为什么呢? 它们的本质之美已经足够了,反而使雕饰显得多余。"

【原文】

鲁有俭者,瓦鬲煮食,食之而美,盛之土鉶之器,以进孔子。孔子受之,欢然而悦,如受大牢之馈。弟子曰:"瓦甋,陋器也,煮食薄膳也,而先生何喜如此乎?"孔子曰:"吾闻好谏者思其君,食美者念其亲。吾非以馔为厚也,以其食美而思我亲也。"〔说苑·反质〕

【释义】

鲁国有个很俭朴的人,用瓦鬲煮饭,觉得食物的味道很鲜美,就盛在瓦盆里献给孔子。孔子接受了,心中很高兴,像是得到了丰盛的祭品一样。学生们问他:"瓦盆是很粗陋的食器,煮的饭也不丰盛,为什么您会如此喜欢呢?"孔子说:"我听说喜爱劝谏的人常想起他的君王,吃到美味的人常想起他的亲人,我并非看重食物的厚薄,而是为他吃到美味就想起我的这份心意而欣慰。"

【原文】

仲尼问老聃曰:"甚矣! 道之于今难行也! 吾比执道委质以当世之君,而不我受也。道之于今难行也。"老子曰:"夫说者流于听,言者乱于辞。如此二者,则道不可委矣。"〔说苑·反质〕

【释义】

孔子问老子说:"太过分了! 现在的社会真是难以推行正道啊! 我心怀正道去投效当世的君王,他们都不用我。现在的社会真是难以推行正道。"老子说:"如果说道的人只是讲些道听途说的道理,或者信口开河,这两种情况下,是不能委之以正道的。"

【原文】

子曰:"以容取人,失之子羽;以言取人,失之宰予。澹台子羽,君子之容也,与之久处,而言不充其貌。宰予之辞,雅而文也,与之久处,而智不充其辩。"〔说苑·

薛据孔子集语引]

【释义】

孔子说："以容貌来取人,在子羽身上出了错;以言辞来取人,在宰予身上出了错。澹台子羽有君子之容,与之长久相处,觉得他的言语并不像他的相貌那么好。宰予的言辞,优雅而有文采,与之长久相处,觉得他的智慧并不像他的言辞那么好。"

【原文】

孔子曰:"一贯三为王。"[说文]

【释义】

孔子说:"以一贯三就是王字。"

【原文】

孔子曰:"推十合一为士。"[说文]

【释义】

孔子说:"把十和一和在一起就是士字。"

【原文】

孔子曰:"牛羊之字,以形举也。"[说文]

【释义】

孔子说:"牛和羊字,都是按照其形状造的。"

【原文】

孔子曰:"乌,盱①呼也。"[说文]

【注释】

①盱当作亏。

【释义】

孔子说:"乌,舒气自叫。"

【原文】

孔子曰:"粟之为言,续也。"[说文]

【释义】

孔子说:"粟在文字系统中没有自己的属性,总是依附于稻米而存在。"

【原文】

孔子曰:"黍可为酒,禾入水也。"[说文]

【释义】

孔子说:"黍可以做酒,是因为这个字就是禾入水。"

【原文】

孔子曰:"在^①人下,故诘屈。"[说文]

【注释】

①玉篇及除错通论做人在下,疑此倒。

【释义】

孔子说:"人作为部首用在字下,就会形体弯曲。"

【原文】

孔子曰:"貉之为言,恶也。"[说文]

【释义】

孔子说:"貉的声音,很丑恶。"

【原文】

孔子曰:"视犬之字,如画狗也。"孔子曰:"狗,叩也。叩气吠以守。"[说文]

【释义】

孔子说:"看犬这个字,就狗的画像。"孔子说:"狗,读音为叩,听到声气吠叫,用以守御。"

【原文】

孔子曰:"多货财伤于德,弊则没礼。"[潜夫论浮侈]

【释义】

孔子说:"财物很多,就会损伤道德,蒙蔽就会埋没礼节。"

【原文】

仲尼曰:"汤武非一善而王也,桀纣非一恶而亡也。"三代之废兴也,在其所积,积善多者,虽有一恶,是为过失,未足以亡;积恶多者,虽有一善,是为误中,未足以存。[潜夫论慎微]

【释义】

孔子说:"汤武并不是因为做了一件好事就当上国王,桀纣不是因为做了一件坏事就灭亡了。"三代的废兴,都郁积在里面,积累好事多的人,虽然有一件坏事,也是一件过失,不会导致灭亡;积累罪恶多的人,虽然有一件好事,只是作为无意中做的,并不能帮助他存活下去。

【原文】

闵公子弗父河①生宋父,宋父生世子,世子生正考父,正考父生孔父嘉,孔父嘉生子木金父。木金父降为士,故曰灭于宋。金父生祁父,祁父生防叔。防叔为华氏所逼,出奔鲁,为防大夫,故曰防叔。防叔生伯夏,伯夏生叔梁纥,为鄹大夫,故曰鄹叔纥,生孔子。[潜夫论志氏姓]

【注释】

①河诸本作何。

【释义】

宋闵公长子弗父河生下宋父,宋父生下世子,世子生下正考父,正考父生下孔父嘉,孔父嘉生下儿子木金父。木金父降为士,所以说灭于宋。金父生下祁父,祁父生下防叔。防叔被华氏逼迫,出奔到鲁国,担任防大夫,所以叫防叔。防叔生下伯夏,伯夏生下叔梁纥,因为他是鄹大夫,所以叫鄹叔纥,生下孔子。

【原文】

周灵王之太子晋,幼有成德,聪明博达,温恭敦敏。谷、雒水斗,将毁王宫,欲壅之。太子晋谏,以为不顺天心,不若修政。晋平公使叔誉聘于周,见太子,与之言,五称而三穷,逡巡而退,归告平公曰:"太子晋行年十五,而誉弗能与言,君请事之。"平公遗①师旷见太子晋。太子晋与语,师旷服德,深相结也。乃问旷曰:"吾闻太师能知人年之长短。"师旷对曰:"女色赤白,女声清汗,火色不寿。"晋曰:"然。吾后三年将上宾于帝,女慎无言,殃将及女。"其后三年而太子死。孔子闻之曰:"惜夫! 杀吾君也。"〔潜夫论志氏姓〕

【注释】

①遗诸本作遣。

【释义】

周灵王的太子姬晋,少年时就有成年人的美德,聪明博达,态度温恭,行为敦敏。谷水和雒水泛滥,将要冲毁王宫,国君想堵塞这两条河。太子晋进谏,认为主要原因是没顺从天意,建议重修政事。晋平公派遣叔誉到周廷担任官职,叔誉见到太子,与之交谈,讲了五件事有三件事无言以对,很惭愧地退了出来。回来后告诉晋平公说:"太子晋年龄十五岁,而我不能和他交谈,您还是让其他人去吧!"晋平公便让大贤师旷去见太子。太子晋与师旷交谈后,师旷很佩服他的德行,于是与他相结。后来姬晋问师旷说:"我听说您能知人寿的长短?"师旷严肃回答道:"对。你的声音清亮而带汗味,你的脸色当是白中带红。面有红色,不长寿。"姬晋叹道:"对呀! 不过我三年后将升天,您不要乱说话,恐怕殃及你。"过了三年,太子姬晋果然病逝。孔子听说后说:"可惜呀! 师旷杀死了我的国君。"

【原文】

孔子曰:"圣人智通于大道,应化而不穷能,能测万品之情也。"〔大戴礼记·易本命卢辩注〕

【释义】

孔子说:"圣明的人智慧能通达于大道,应对变化而才能不会穷尽,能知道万物的情况。"

【原文】

孔子曰:"弗学,何以行? 弗思,何以得? 小子勉之,斯可谓师人矣。"[中论治学]

【释义】

孔子说:"不学习,哪能有所作为呢? 不思考,怎么会有收获呢? 弟子们要以此勉励自己啊! 能这样就称得上善于从人而学了。"

【原文】

孔子曰:"弟子勉之! 汝毋自舍,人犹舍汝,况自舍乎! 人违汝,其远矣。"[中论脩本]

【释义】

孔子说:"弟子们努力吧! 不要自暴自弃,不自暴自弃别人都想抛弃你们,更何况自己就先放弃了努力呢? 若是如此,别人只会离你们更远了。"

【原文】

孔子谓子张曰:"师,吾欲闻彼将以改此也,闻彼而不改此,虽闻何益?"[中论修本]

【释义】

孔子对子张说:"师,我想知道那件事以改进这件事,结果知道那件事却不改进这件事,那么知道了又有什么用处呢?"

【原文】

孔子曰:"小人何以寿为? 一日之不能善矣,久恶,恶之甚也。"[中论修本]

【释义】

孔子说:"小人长寿能做什么呢? 一天不能行善事,长久行恶,这是恶的极端。"

【原文】

孔子曰:"欲人之信己也,则微言而笃行之。笃行之,则用日久。用日久,则事著明。事著明,则有目者莫不见也,有耳者莫不闻也,其可诬哉?"[中论贵验]

【释义】

孔子说:"想让别人相信自己,就尽量少说话多做事。多做事,那么日子就会久。日子久了,所做的事效果自然就明显了。效果明显了,自然大家就都看到,都听说了,如何可以磨灭呢?"

【原文】

孔子曰:"居而得贤友,福之次也。"[中论贵验]

【释义】

孔子说:"居住而能得到贤明的朋友,这是次一等的福分。"

【原文】

孔子曰:"惟君子,然后能贵其言,贵其色,小人能乎哉?"[中论贵言]

【释义】

孔子说:"只有君子,才能以言语为贵,以表情为贵,小人能这样吗?"

【原文】

孔子曰:"小人毁訾以为辩,绞急以为智,不逊以为勇。"[中论覈辨]

【释义】

孔子说:"小人把诋毁别人当作是善辩,把反应迅速当作智慧,把不谦虚当作勇敢。"

【原文】

鲁人见仲尼之好让而不争也,亦谓之无能,为之谣曰:"素裘羔裘,求之无尤。黑裘素裨,求之无戾。"[中论审大臣]

【释义】

鲁国人看到孔子喜欢谦让而不喜欢与人争夺,认为他是无能,并为他做了一首民谣:"素裘羔裘,求之无尤。黑裘素裨,求之无戾。"

【原文】

孔子曰:"知不可由,斯知所由矣。"[中论慎所从]

【释义】

孔子说:"知道了不能做什么,就知道了可以做什么了。"

【原文】

孔子(撰书)乃尊而命之曰《尚书》。[郑玄书赞尚书序疏引]

【释义】

孔子写书,为表示尊重,于是命名为《尚书》。

【原文】

孔子作《春秋》,先正王而系以万事,见素王之文焉。[董仲舒对策汉书董仲舒传引]

【释义】

孔子作《春秋》,先写君王的事,然后再写其他的事,已显现那些有王之德,但不居王位之人的风采。

【原文】

孔子曰:"君子之行己,可以诎则诎,可以伸则伸。"[法言五百宋咸注]

【释义】

孔子说:"君子的行为,可以屈的时候就屈,可以伸的时候就伸。"

【原文】

仲尼既殁,仲弓之徒追论夫子之言,谓之《论语》。[传子文选刘孝标辨命论注引]

【释义】

孔子去世后,他的学生仲弓的弟子回忆孔子应答学生的言论,称为《论语》。

【原文】

孔子曰:"吾于《木瓜》见苞苴之礼行。"[毛诗木瓜传]

【释义】

孔子说:"我从《木瓜》一诗中,看到了馈赠礼物的风气大行其道。"

【原文】

子夏三年之丧毕,见于夫子。援琴而绘,衍衍而乐,作而曰:"先王制礼,不敢不及。"夫子曰:"君子也。"闵子骞三年之丧毕,见于夫子。援琴而絃,切切而哀。作而曰:"先王制礼,不敢过也。"夫子曰:"君子也。"子路曰:"敢问何谓也?"夫子曰:"子夏哀已尽,能引而致之于礼,故曰君子也。闵子骞哀未尽,能自割以礼,故曰君子也。夫三年之丧,贤者之所轻,不肖者之所勉。"[毛诗素冠传]

【释义】

子夏三年的服丧期结束了,前来见孔子。弹起琴来,很愉悦的样子,并说:"先王制定的礼仪要求,不敢不达到。"孔子说:"真是君子啊!"闵子骞三年的服丧期结束了,前来见孔子。弹起琴来,流露出悲伤的样子,并说:"先王定下的礼仪规则,不敢加以超越。"孔子说:"真是君子啊!"子贡问道:"请问为什么都把他们称为君子?"孔子说:"子夏悲哀已尽,却能引导他趋向礼制的要求,所以叫君子。闵子骞不忘悲哀,却能用礼制加以压抑,所以叫君子。三年的服丧期,贤明的人可以很轻松地完成,不肖之人则需要自我勉励。"

【原文】

昔①者颜叔子独处于室,邻之釐妇又独虚于室。夜,暴风雨至而室坏,妇人趋而至。颜叔子纳之,而使执烛。放乎旦而蒸昼,缩星而继之,自以为辟嫌之不审矣。若其审者,宜若鲁人然。鲁人有男子独处于室,邻之釐妇又独处于室。夜,暴风雨至而室坏,妇人趋而讬之。男子闭户而不纳。妇人自牖与之言曰:"子何为不纳我乎?"男子曰:"吾闻之也,男②子不六十不间居。今子幼,吾亦幼,不可以纳子。"妇人曰:"子何不若柳下惠然? 妪不逮门之女,国人不称其乱。"男子曰:"柳下惠固可,吾固不可,吾将以吾不可学柳下惠之可。"孔子曰:"欲学柳下惠者,未有似于是也。"[毛诗巷伯传]

【注释】

①后汉书崔骃传注引韩诗外传,亦有此文,今外传无。

②子当作女。

【释义】

从前颜叔子一个人独自住在一间房子里,邻居家的寡妇也独自住在一间房子里。夜里,暴风雨到来,寡妇住的房子被冲坏,寡妇便跑来寄宿。颜叔子让她进屋,点上蜡烛。快到天亮蜡烛燃尽了,就把屋顶的茅草拿来烧,以避免不审的嫌疑。至于说审,那就是鲁国这个人了。鲁国有一个人独自住在一间房子里,邻居家的寡妇也独自住在一间房子里。夜里,暴风雨到来,寡妇住的房子被冲坏,寡妇便跑来寄宿。那人关住门,不让进去。寡妇通过窗户对他说:"为什么这样不讲仁义,不让我进去呢?"那人说:"我听说男女不到六十岁不同居一室。眼下你年轻,我也年轻,因此不敢让你进来。"寡妇说:"你为什么不能像柳下惠那样,怀抱没有赶上走出郭门的女子,而国人却不说他淫乱。"那人说:"柳下惠可以,我肯定不行。我准备用我的不行学习柳下惠能够做到的事情。"孔子说:"想学柳下惠的人,没有与这种做法相似的。"

【原文】

孔子之父耶叔梁纥与颜氏之女征在野合而生孔子,征在耻,焉不告。[礼记檀弓上郑玄注]

【释义】

孔子的父亲郰地的人叔梁纥与其母颜征未婚同居而生孔子,颜征感到羞耻,所以没告诉孔子他父亲的墓地。

【原文】

武叔公子牙之六世孙名州仇,毁孔子者。[礼记檀弓上郑玄注]

【释义】

武叔公子牙的六世孙叫州仇的人,诋毁孔子。

【原文】

孔子曰:"吾志在《春秋》,行在《孝经》。"[礼记中庸郑玄注玉函山房辑佚书收入孝经纬钩命诀]

【释义】

孔子说:"我的志向在《春秋》里,行为在《孝经》里。"

【原文】

孔子既西狩获麟,自号素王,为后世受命之君,制明王之法。[六艺论左氏传序疏引]

【释义】

孔子自从在西边狩猎得到麒麟,就自封为素王,为后世受天命所托的君王,制定治理天下的规则。

【原文】

孔子以六艺题目不同,指意殊别,恐道离散,后世莫知根源,故作《孝经》以总会之。[六艺论孝经疏引]

【释义】

孔子因为六艺的题目各不相同,指向含义有很大差异,担心世道混乱而导致流失遗散,就作了《孝经》来概括统一。

【原文】

子曰:"君子能仁于人,不能使人仁于我;能义于人,不能使人义于我。"[鲁连子曹庭栋孔子逸语引]

【释义】

孔子说:"君子能对人讲求仁道,但不能要求他人对自己讲求仁道;能对人讲求义气,但不能要求他人对自己讲求义气。"

【原文】

孔子至蔡,解于客舍。入夜,有取孔子一双屦去,盗者置屦于受盗家。孔子屦长一尺四寸,与凡人屦异。[论语隐义注御觉六百九十八引]

【释义】

孔子来到蔡国,投宿于客舍:半夜,有人偷走了孔子的一双鞋,小偷将鞋放在受盗家。孔子的鞋长一尺四寸,与普通人的鞋不同。

【原文】

仲尼鲁哀十一年自卫返鲁,使子路伐三桓不克,至十四年叔孙氏西狩获麟,仲尼乃作《春秋》。始于桓,终于定而已,三家兴于桓,衰于定。故征王经以贬强臣,三桓子孙微者,论默扶公室,将行周道也。[论语笔解季氏第十六李鳙曰]

【释义】

孔子在鲁哀公十一年从卫国返回鲁国,让子路讨伐三桓,没有成功,到十四年,叔孙氏在西部狩猎,得到一只麒麟,孔子于是开始创作《春秋》。从桓公开始,到定公结束。三家从桓公开始兴盛,到定公开始衰微。所以引用王经来贬低势力强大的大臣,三桓的子孙都很衰微,来扶持王室,实行周道。

【原文】

仲尼作《春秋》,本恶三桓。[论语笔解季氏第十六李鳙曰]

【释义】

孔子创作《春秋》，本意是厌恶三桓。

【原文】

赵简子猎于晋阳之①山，抚辔而叹。董安于曰："今游猎，乐也，而主君叹，敢问何故②也？"简子曰："汝不知也。吾郊厩养食谷之马以千数，令官养③多力之士以百数，欲以猎兽也。吾④忧邻国养贤以猎吾也。"孔子闻之曰："简子知所欢也！"[王孙子御览四百六十九引]

赵简子

【注释】

①之山二字，从御览八百三十二引补。

②故字，从同八百三十二引补。

③本作奉多力之士，从同八百三十二引改养多力之士。

④吾字，从同四百二引补。

【释义】

赵简子在晋阳的山上打猎，抚摸着马而叹息。董安于说："今天打猎的事，本来是一件欢乐的事，而您却叹息，请问是什么缘故？"赵简子说："你有所不知。我在郊外的马厩用谷物养的马有上千匹，用官饷供养的勇猛士兵有数百人，想来猎取野兽。我担心邻国的国君培养贤人来猎取我。"孔子听说后说："赵简子知道欢乐的意义。"

【原文】

仲尼，鲁人，生不知易本，偶筮其命，得。旅，请益于商瞿氏。曰："子有圣智而无位。"孔子泣而曰："天也！命也！凤鸟不来，河无图至。呜呼！天命之也。"叹讫而后息志、停读、礼止、史削。五十究易，作十翼，明也。明易几教。若曰："终日而作，思之于古圣，颐师于姬昌法旦。"作九问、十恶，七正、八叹，上下系辞，大道、大数，大法、大义。易书中为通圣之问①，明者以为圣贤矣。孔子曰："吾以观之曰，仁

者见为仁几之文,智者见为智几之问②,圣者见为通神之文。仁者见之为之仁,智者见之为之智,随仁智也。"[易纬乾坤凿度]

【注释】

①问尝作门。
②问尝作文。

【释义】

孔子,鲁国人,生来不知道《周易》的本义,偶然筮算了自己的命运,觉得有收获。一次旅行,请商瞿氏给自己算命。商瞿氏说:"你有圣人的智慧而无圣人的位置。"孔子哭诉说:"天哪!命啊!凤凰不向此地飞来,黄河没有龙图出现。鸣呼!这是上天的命运安排。"孔子哭诉叹息以后,志气没了、不读书了、不讲礼节了,开始删削中国的历史。五十岁时研究《易经》,为《周易》填了十翼,明白了自己的为人。有若说:"终日忙碌,思考古代的圣人,求教于文王和周公。"孔子创作了《九问》《十恶》《七正》《八叹》,上下《系辞》,《大道》《大数》《大法》《大义》。《易经》里讲的是成为圣人的途径,明了《易经》的人就能成为圣人。孔子说:"我凭我的观察认为,仁者见它认为是仁的知识,智者见它认为是智的学问,圣者见它认为是通晓神灵的文章。仁者见它说是仁,智者见它说是智,这要看仁者和智者的意思了。"

【原文】

孔子曰:"易者,易也,变易也,不易也。管三成,为道德籚籚。易者,以言其德也,通情无门,藏神无内也。光明四通,俵易立节。天地烂明,日月星辰布设,八卦错序,律历调列,五纬顺执,四时和粟挛结。四渎通情,优游信洁,根著浮流,气更相实,虚无感动,清净焀哲,移物致耀,至诚专密,不烦不桡,淡泊不失。此其易也。变易也者,其气也,天地不变,不能通气。五行迭终,四时更废。君臣取象,变节相和,能消者息,必专者败。君臣不变,不能成朝,纣行酷虐,天地反,文王下吕,九尾见。夫妇不变,不能成家,妲己擅宠,殷以之破。大任顺季,享国七百。此其变易也。不易也者,其位也。天在上,地在下,君南面,臣北面,父坐子伏。此其不易也。故易者,天地之道也。乾坤之德,万物之宾。至哉易,一元以为元纪。"[易纬乾凿度]

【释义】

孔子说:"《易》理深刻体现在易、变易、不易三层含义之中,《易》的这三个含义就是启发道理的关键和核心。《易》是这样说明其中的道德的：人们可以通过无数的门道获知超越的思想。之所以会是如此，是因为这些思想贮藏在没有限制之中。以清静无为来定规矩，那么德所发出的光明就会无所不达的。天地的光辉明亮，日月星辰的排列布局，八卦的错杂序列，音律立法的调和排列，太白、岁星、辰星、荧惑、填星这五星的顺应施行，四季的和顺有条理，都从这里生出。江、河、淮、济四条大河通达情理，悠闲自得守时纯洁，根源随着流水漂浮，气更替为实，用虚无感天下之动，用清净照明天下，至诚所以万物会自己运动，寂静所以万物会自己照耀。不焦躁不扰乱，不失淡泊。（上面这些都是在讲易道中的无为，因为无为所以天地万物各得以自通。）这就是易。变易，是一种气，天地没有消长变化，就不能通晓这种气。五行相克相生，四季更迭变化。君臣来看，改变与坚守是调和统一的，可以消融的就会安定，固守一点的就会失败。君臣关系没有消长变化，不能称为朝廷，纣王实行残酷的虐行，天地颠倒，文王有九尾狐的瑞祥出现。夫妇关系倒置，不能称为家，妲己专宠，殷商所以被灭。之后的周代就顺应变化，得以延续七百年。（变易的作用即在变通，唯有变通，才能通达人情、通明本体。）这就是变易。不易，是一种不变的天理规矩。天是在上的，地是在下的，君王是面向南面而坐的，臣子是面向北面而坐的，父亲是坐的，儿子就要趴着。这就是不易。所以，《易》，记录的是天地间的大道。天地之德，万物都要顺从。《易》就是极致了，天下用它来作为起始的准则。"

【原文】

孔子曰："方上古之时，人民无别，群物无殊，未有衣食器用之利。于是伏羲乃仰观象于天，俯观法于地，中观万物之宜，始作八卦，以通神明之德，以类万物之情。故易者，所以继天地，理人伦而明王道。是故八卦以建，五气以立，五常以之行。象法乾坤，顺阴阳，以正君臣父子夫妇之义。度时制宜，作罔罟，以佃以渔，以赡人用。于是人民乃治，君亲以尊，臣子以顺，群生和洽，各安其性，八卦之用。伏羲氏之王天下也，始作八卦，结绳而为罔罟，以佃以渔，盖取诸离，质者无文，以天言，此易之意。夫八卦之变，象感在人。文王因性情之宜，为之节文。"［易纬乾凿度］

【释义】

孔子说："上古的时候，人与人之间没有等级分别，物与物之间没有差异，没有衣食器皿可供提供方便。于是伏羲仰观天象，俯察大地，中观万物的生活，创造出了八卦,用来和神明的大德和万物的感情相通。所以,《易》是延续天地大道,理清人世伦理道德,弘扬王道的。所以八卦得以建立,金、木、水、火、土这五气得以确立,仁、义、礼、智、信这五常得以通行天下。模拟效法乾坤,顺应阴阳,用此来端正君臣、父子、夫妇之间的关系。根据不同的情况,制作不同的渔猎的网,用来打猎、捕鱼,也可以供给别人使用。因此,百姓就会被管理得很好,君王与长辈就会被尊重,臣与子就会顺从,万物和谐融洽,各自顺从自己的本性,这就是八卦的作用。伏羲氏成为天下的王,才开始创制八卦,把绳子打结做成渔猎的网,用来打猎、捕鱼,都是取自八卦之中的离卦,但是并没有用文字记录,只是用自然的方式保存,这就是《易》的意思。八卦的变化,在于人的感应。文王由于资质性情适宜,所以为伏羲氏的八卦书写成文字。”

【原文】

孔子曰:“易始于太极,太极分而为二,故生天地。天地有春秋冬夏之节,故生四时。四时各有阴阳刚柔之分,故生八卦。八卦成列,天地之道立,雷风水火山泽之象定矣。其布散用事也,震生物于东方,位在二月;巽散之于东南,位在四月;离长之于南方,位在五月;坤义之于西南方,位在六月;兑收之于西方,位在八月;乾剥之于西北方,位在十月;坎藏之于北方,位在十一月;艮终始之于东北方,位在十二月。八卦之气终,则四正四维之分明,生长收藏之道备,阴阳之体定,神明之德通,而万物各以其类成矣。皆易之所包也。至矣哉! 易之德也。”[易纬乾凿度]

【释义】

孔子说:“《易》起始于太极,太极一分为二,所以产生了天地。天地有春秋冬夏之分,所以产生了四季,四季各有阴阳、刚柔的分别,所以产生了八卦。八卦形成,那么天地间的大道也就确立了,雷、风、水、火、山泽的形态也就确定了。八卦是这样分布的:震,排在东方,对应二月;巽排在东南方,对应四月;离位于南方,对应十月;坎排在北方,对应十一月;艮排在东北方,对应十二月。八卦卦气始终存在,那么坎、离、震、兑四正之位以及其余四卦的四维之位都会职责分明,生老病死循环变化之道就会完备,阴阳之体就能确定,神明的道德、大道就会通达,那么万物天地各得以其规矩成长。这都是《易》所包含的。《易》所蕴含的大德大道真是伟大呀!”

【原文】

孔子曰:"岁三百六十日而天气周,八卦用事各四十五日,方备岁焉。故艮渐正月,巽渐三月,坤渐七月,乾渐九月,而各以卦之所言为月也。乾者,天也,终而为万物始;北方,万物所始也,故乾位在于十月。艮者,止物者也,故在四时之终,位在十二月;巽者,阴始顺阳者也,阳始壮于东南方,故位在四月。坤者,地之道也,形正六月,四维正纪,经纬仲,序度毕。"[易纬乾凿度]

【释义】

孔子说:"一年三百六十日四季一个循环,八卦各卦各主四十五日,才是齐备的一年。所以艮对应正月,巽对应三月,坤对应七月,乾对应九月,而各自用卦中所阐释的为月也。(坎、离、震、兑各主一月,其余四卦各主两月,所以巽对应三月还有四月。)乾,就是天,是万物的起始;北方,万物起始之地,所以乾的地、形的卦象配十月。艮,万物的休止,所以在一年四季的终结处,艮的地、形的卦象配十二月;巽,是阴开始顺从阳的起点,阳在东南方开始强壮,所以地、形的卦象配四月。坤是地之道,坤的地、形的卦象配六月。四季守时,经纬有序(坎、离为经,震、兑为纬,此四正之卦)。"

【原文】

孔子曰:"乾坤,阴阳之主也。阳始于亥,形于丑,乾位在西北,阳祖微据始也。阴始于巳,形于未,据正立位。故坤位在西南,阴之正也。君道倡始,臣道终正,是以乾位在亥,坤位在未,所以明阴阳之职,定君臣之位也。"[易纬乾凿度]

【释义】

孔子说:"乾坤是阴阳之主。阳开始于亥,形成于丑,乾位于西北,这是阳的起始之地。阴开始于亥,形成于未,立于正形之位。所以坤位于西南,这是阴的正位。君王的定位就是倡导起始,臣子的定位就是守节修义,因此乾的位置在时间上就在亥,坤在未,所以辨明阴阳各自的职责,才能定君臣各自的职责。"

【原文】

孔子曰:"八卦之序成立,则五气变形。故人生而应八卦之体,得五气以为五常,仁义礼智信是也。夫万物始出于震,震,东方之卦也,阳气始生,受形之道也,故东方为仁。成于离,离,南方之卦也,阳得正于上,阴得正于下,尊卑之象定,礼之序也,故南方为礼。入于兑,兑,西方之卦也,阴用事而万物得其宜,义之理也,故西方为义。渐于坎,坎,北方之卦也,阴气形盛,阴阳气含闭,信之类也,故北方为信。夫四方之义,皆统于中央,故乾坤艮巽,位在四维,中央所以绳四方行也,智之诀也,故中央为智。故道兴于仁,立于礼,理于义,定于信,成于智。五者,道德之分,天人之际也。圣人所以通天意,理人伦而明至道也。"[易纬乾凿度]

【释义】

孔子说:"八卦成立,金、木、水、火、土五气变幻更替。所以人一出生就是呼应八卦之体,得五气最终成为仁义礼智信五常。万物开始于震,震,在空间上属于东方的卦象,是阳气起始的地方,所以东方为仁。万物成长在离,离,在空间上属于南方的卦象,阳在正上,阴在正下,尊卑高下的规矩确定,礼义有序,所以南方为礼。万物深入于兑,兑,在空间上属于西方的卦象,阴气用事而万物得到各自合适的发展,义也就和顺了,所以西方为义。万物逐步发展在坎,坎,在空间上属于北方的卦象,阴气兴盛,阴气包容、阳气隐藏,信也类似于此,所以北方为信。四方的主张思想都由中央统率,所以乾坤艮巽,位在四维,中央约束四方的行为,这是智上的决断,所以中央为智。所以大道起于仁,用礼树立,用义管理,用信确定,最终成就于智。这五个,是天道与人类之间的相互感应。圣人能够通晓天意,就因为他善于管理人伦秩序、明晰大道。"

【原文】

孔子曰:"阳三阴四,位之正也,故易卦六十四,分而为上下,象阴阳也。夫阳道纯而奇,故上篇三十,所以象阳也;阴道不纯而偶,故下篇三十四,所以法阴也。乾坤者,阴阳之根本,万物之祖宗也。为上篇始者,尊之也。离为日,坎为月,日月之道,阴阳之经,所以终始万物,故以坎离为终。咸恒者,男女之始,夫妇之道也。人道之兴,必由夫妇,所以奉承祖宗,为天地主也。故为下篇始者,贵之也,既济未济为最终者,所以明戒慎而存王道。"[易纬乾凿度]

【释义】

孔子说:"阳爻居三,阴爻居四,位正无疑。所以《易》中卦有六十四,分上下,效仿阴阳。阳道纯又是奇数,所以上篇三十,是效法阳;阴道不纯又是偶数,所以下篇有三十四,是效法阴。乾坤是阴阳的根本,万物的祖宗。他们是上篇的起始,以他们为尊。离为日,坎为月,日月之道,阴阳之经,是万物的起止,所以用坎、离为终。成恒是男女的起源,是夫妇之道。人道兴旺,必要有夫妇,奉承祖宗、掌控天地。所以成恒是下篇的起始,以他们为贵,既济、未济两卦是最终的,要警惕而审慎,心有王道。"

【原文】

孔子曰:"泰者,天地交通,阴阳用事,长养万物也;否者,灭地不交通,阴阳不用事,止万物之长也。上经象阳,故以乾为首,坤为次,先泰而后否。揖者阴用事,泽损山而万物损也,下损以事其上,益者阳用事,而雷风益万物也,上自揖以益下。下经以法阴,故以咸极始,恒为次,先揖而后益,各顺其类也。"[易纬乾凿度]

【释义】

孔子说:"泰,就是天地交流,阴阳交融,养育万物;否,就是天地不交流,阴阳不交融,停止万物生长。上经效法阳,所以用乾为起始,坤其次,先泰而后否。揖是阴在起作用,水泽损伤山,万物枯槁,下面损伤作用到上方;益是阳在起作用,雷风有益于万物,上自己损伤来增加下面的好处。下经效法阴,所以用成卦为最开始,恒次之,先损伤再增加,让万物各自顺从其自然的发展。"

【原文】

孔子曰:"升者,十二月之卦也。阳气升上,阴气欲承,万物始进。譬犹文王之修积道德,宏开基业,始即升平之路。常此时也,邻国被化,岐民和洽,是以六四蒙泽而承吉,九三可处王位,享于岐山,为报德也。明阴以显阳之化,民臣之顺德也,故言无咎。"[易纬乾凿度]

【释义】

孔子说:"升,是十二月的卦象。此时阳气上升,阴气要接续,万物开始萌动。好像文王修养、积蓄道德,奠定基业,开始踏上上升之路。这种情况下,邻近的国家被教化,岐地的百姓和谐融洽,所以六十四岁享受恩泽、承袭吉运,九十三岁还处于王位,在岐山接受祭祀,这是对他德行的回报。懂得阴才显现出阳,百姓臣子顺从有德,所以说的没错。"

【原文】

孔子曰:"益之六二,或益之十朋之龟,弗克违。永贞吉,王用享于帝。吉,益者,正月之卦也。天气下施,万物皆益,言王者之法天地,施政教,而天下被阳德,蒙王化,如美宝,莫能违害。永贞其道,咸受吉化,德施四海,能继天道也。王用享于帝者,言祭天也,三王之郊,一用夏正,天气三微而成一著,三著而成一体,方知此之时,天地交,万物通,故泰益之卦,皆夏之正也,此四时之正,不易之道也。故三王之郊,一用夏正,所以顺四时,法天地之道也。"[易纬乾凿度]

【释义】

孔子说:"益之六二,或益之十朋之龟,弗克违。永贞吉,王用享于帝。"这句中,吉,就是益,是正月的卦象。天气向下施用,万物受益,这是在说王者要效法天地,实行教化,天下得到阳气之大道,受到王的教化,好像美丽的宝物,不会再有损害了。长享正命,永享吉瑞,大德施加到四海,可以继承天道。"王用享于帝"这句是在说祭天,三王在国都近郊祭祀天地,一直选在夏至日,上天之气十五天一记录,三次记录也就是四十五天为一体,要知道这个时候,天地交际,万物相通,所以泰益的卦象,都在夏至日,这是四时的正位,不可改变的。所以三王的祭祀,在夏至日,是顺应四时,取法天地的大道。"

【原文】

孔子曰:"随上六,拘系之,乃从维之。王用享于西山,随者二月之卦,随德施行,藩诀难解,万物随阳而出,故上六欲待九五拘系之,维持之明被阳化而阴欲随之也。譬犹文王之崇至德,显中和之美,拘民以礼,系民以义。当此之时,仁恩所加,靡不随从,咸悦其德,得用道之王,故言王用享于西山。"[易纬乾凿度]

【释义】

孔子说:"随上六,拘系之,乃从维之。王用享于西山。随着二月的卦象,随着德行的施行,障碍、险难都被解决,万物随着阳出来,所以上六欲待九五拘系之,维持之明被阳感知而阴也想随着。好像文王的大德,显出的是一种中和之美,让百姓学礼、崇义。当时,文王所到的地方,没有不跟随的,大家都佩服文王的德行,得到用大道的王,所以说王用享于西山"。

【原文】

孔子曰:"阳消阴言央,阴消阳言剥者,万物之祖也。断制除害,全物为务,央之为言诀也。常三月之时,阳盛息消,央阴之气,万物毕生,靡不蒙化。譬犹王者之崇至德,奉承天命,伐诀小人,以安百姓,故谓之诀。夫阴伤害为行,故剥之为行剥也。当九月之时,阳气衰消,而阴终不能尽阳,小人不能诀君子也,谓之剥,言不安而已。是以夬之九五言诀,小人剥之,六五言盛杀万物,告剥堕落。譬犹君子之道衰,小人之道盛,侵害之行兴,安全之道废,阴贯鱼而欲承君子也。"[易纬乾凿度]

【释义】

孔子说:"阳消阴是夬卦,阴消阳是剥卦,万物的本原。果断除害,通晓万物的道理并按这道理行事而得到成功,夬卦就是说决断。一般三月的时候,阳气兴盛繁茂,阴气由此决断,万物完全从此出生,无不蒙受教化。好像王者崇尚大德,承袭天命,讨伐小人,安抚百姓,所以称之为诀。阴伤阳为行,所以剥也叫行剥。九月的时候,阳气衰落消退,但是阴最终也不能完全终结阳气,小人最终也不能和君子离别,称为剥,就是不安。夬卦的九五爻叫诀,小人被剥去了,剥卦六五爻就是万物由盛转衰,都脱落衰败。好像君子之道衰败,小人之道昌盛,欺凌伤害的行为品行兴起,稳定完备的德行废弛,剥卦六五爻像贯串一排鱼一样引领众宫女承宠于君王,指六五上承上九阳刚,才能转'剥'为'复'。"

【原文】

孔子曰:"易有六位三才,天地人道之分际也。三才之道,天、地、人也。天有阴阳,地有柔刚,人有仁义,法此三者,故生六位。六位之变,阳爻者,制于天也,阴爻者,系于地也。天动而施曰仁,地静而理曰义,仁成而上,义成而下,上者专制,下者顺从,正形于人,则道德立而尊卑定矣。此天地人道之分际也。天地之气,必有终始,六位之设,皆由上①下,故易始于一,分于二,通于三,口于四,盛于五,终于上。初为元士,二为大夫,三为三公,四为诸侯,五为天子,上为宗庙。凡此六者,阴阳所以进退,君臣所以升降,万人所以为象则也。故阴阳有盛衰,人道有得失,圣人因其象,随其变,为之设卦。方盛则托吉,将衰则寄凶,阴阳不正,皆为失位,其应实而有之,皆失义。善虽微细,必见吉端;恶虽织介,必有悔吝。所以极天地之变,尽万物之情,明王事也。丘系之曰:立象以尽意,设卦以尽情伪,系为以尽其言。"[易纬乾凿度]

【注释】

①上下疑当为下上。

【释义】

孔子说:"《易》有'六位''三才',天地人的规矩才界定了。三才指的就是天、地、人。天有阴阳,地有柔刚,人有仁义,效法这三个,所以产生了六位。六位的变化,阳爻被天所规定,阴爻被地所命令。感应天动(阳之常)而施行的叫仁,感知地静(阴之常)而管理的叫义,所以仁是从上得来的,义是从下得来的。为上的要专心管理,在下的要顺应服从,显现在人身上,规律德行就确定了,从而尊卑也就确立了。这就是天地人规矩的界定了。天地间的阴阳之气,一定是有兴衰变化的,六位的设置都是从下到上的,因此,《易》始发于一,一分为二,贯通于三,成形于四,隆盛于五,最终为止。一就是士人,二就是大夫,三就是三公,四就是诸侯,五为天子,最上面对应的就是宗庙社稷了。从这六位中,可以看出阴阳进退,君臣升降,众人所遵循的法式准则的原因。阴阳有盛衰,人间道义德行也有得失,圣人会根据他们出现的状态,随其变化,然后根据这样的变化设立卦象。将要兴盛的时候就开始寄居在吉,马上要衰落的时候就开始寄居在凶,阴阳没有处在他们相应的位置,都被称为失位,本来应该没有的却有了,都失去了公正合宜的道理。善即使微小,也一定会出现吉兆;恶即使再微小,也会让人后悔耻辱。所以要考究天地的变化,通晓万物的实情,明白王者应做的事情。我对这部分的注解就是:确立征兆的时候要完全表达出本原,重叠八卦而成六十四卦来极尽事物的情实,系词就是用语言完备地表达这些。"

【原文】

孔子曰:"易六位正,王度见矣。"[易纬乾凿度]

【释义】

孔子说:"《易》中的六卦正名,先王的法度就会出现。"

【原文】

孔子曰:"易有君人五号也:帝者,天称也;王者,美行也;天子者,爵号也;大君者,与上行异也;大人者,圣明德备也。变文以著名。题德以别操,王者,天下昕归往。《易》曰:'在师中。吉无咎,王三锡命,师者众也。'言有盛德,行中和,顺民心,天下归往之,莫不美命为王也。行师以除民害,赐命以长,世德之盛。天子者,继天理物,改一统,各得其宜,父天母地,以养万民,至尊之号也。《易》曰:'公用享于天子。'大君者,君人之盛者也。《易》曰:'知临,大君之宜,吉。'临者,大也,阳气在内,中和之盛,应于盛位,浸大之化,行于万民,故言宜处王位,施大化,为大君矣。臣民欲被化之词也。大人者,圣人之在位者也。夫大人者,与天地合其德。《易》曰:'见龙在田,利见大人。'又曰'飞龙在天,利见大人。'言德化施行,天地之和,故曰大人。"[易纬乾凿度]

【释义】

孔子说:"《易》有'君人五号':帝是取自于天;王是嘉奖其品行;天子是表彰其功劳;大君是和上行相异;大人能知天道并道德完美的人。他们的不同要表明,要根据他们不同的操守来表明德行,王者,就是天下要归顺的人。《易》说:'在师中,吉无咎,王三锡命,师者众也。'就是说有崇高的德行,行为中顺和谐,顺应民心,天下都会归顺,天下人都会称其为王。战争是为了铲除民害,被上天赐予天命,这些都是德行昌盛的原因。天子执行上天的命令,以至德而君临天下,让万物各得其所,效法天地,养育万民,这就是至尊。《易》说:'公用享于天子。'就是说大君是管理众多百姓的人。《易》说:'知临,大君之宜,吉。'其中临是大的意思,这句话是说阳气在其中,中顺和谐之气繁盛,处于盛位,接受上天的教化,再施行于万民,所以说大君就是适合处于王位,施行教化。这是在说臣民希望被教化的意思。大人是圣人。大人要与天地的大道德行统一。《易》说:'见龙在田,利见大人。'又曰'飞龙在天,利见大人。'是说大人就是施行德行教化,让天地和谐的人。"

【原文】

孔子曰:"既济九三,高宗伐鬼方,三年克之。高宗者,武丁也,汤之后有德之君也。九月之时,阳失正位,盛德既衰,而九三得正,下阴能终其道,济成万物,犹殷道中衰,王道陵迟。至于高宗,内理其国,以得民心,扶救衰微,伐征远方,三年而恶消灭,成王道。殷人高而宗之,文王挺以校易,劝德也。"[易纬乾凿度]

【释义】

孔子说:"既济卦九三爻,高宗讨伐鬼方,三年打败鬼方。高宗就是商朝的武丁,是汤之后有德行的君王。九月时,阳失正位,昌盛的德行即将衰落,而九三爻得正,阴气最终会占据主流,贯串万物,好像殷的天命开始衰落,王道也将被陵迟。至于武丁,对内治理国家,从而获取民心,拯救衰落的天命,对外征战远方,三年铲除威胁国家的势力,成就王道。殷人以武丁功劳高而以他为宗,文王用这个例子开解

国学经典文库

孔子家语

孔子言行典籍译注

图文珍藏版

说此卦,意在劝德。"

【原文】

孔子曰:"易本阴阳,以譬于物也。摄序帝乙、箕子、高宗著德,易者所以昭天道、定王类也。上衡先圣,考诸近世,采美善以见王事,言帝乙、箕子、高宗明有法美帝乙之嫁妹,顺天地之道,以立嫁娶之义,义立则妃匹正,妃匹正则王化全。"[易纬乾凿度]

【释义】

孔子说:"《易》源于阴阳,用这个来比拟万物。把帝乙、箕子、高宗的德行彰显,易就是要彰显天道、树立王道。上天比较先圣,考察这些近代的贤人,收集美善之事来突显王的施政,在说帝乙、箕子、高宗英明的时候,赞美了帝乙嫁妹的事情,顺应天地之道,树立起嫁娶的规矩,嫁娶的规矩确立了那么配偶的地位也就正了,如此就使得王的教化更加完备了。"

【原文】

孔子曰:"泰者,正月之卦也。阳气始通,阴道执顺,故因此以见汤之嫁妹,能顺天地之道、立教戒之义也,至于归妹。八月卦也,阳气归下,阴气方盛,故复以见汤妹之嫁,以天子贵妹而能自卑,顺从变节而欲承阳者,以执汤之戒。是以因时变一用,见帝乙之道,所以彰汤之美,明阴阳之义也。"孔子曰:"自成汤至帝乙。帝乙,汤之元孙之孙也。此帝乙,即汤也。殷录质,以生日为名,顺天性也。元孙之孙,外绝恩矣。同以乙日生,疏可同名。汤以乙生,嫁妹,本天地,正夫妇,夫妇正,王道兴矣。故曰:《易》之帝乙,为成汤,《书》之帝乙六世王,同名不害以明功。"[易纬乾凿度]

【释义】

孔子说:"泰是正月的卦象。阳气开始通畅,阴气还在控制,所以汤嫁妹,就是顺应天地之道、树立教化的规矩,在嫁妹上达到了。八月卦象,阳气下降,阴气开始兴盛,又出现汤妹出嫁,因为天子以其妹尊贵还能降尊出嫁,要顺从大道的变化还要承接阳气,拿汤的这件事做一个警戒。要因时而变,彰显帝乙的功绩,表彰汤的美德,通达阴阳之义。"孔子说:"从成汤到帝乙。帝乙,是汤玄孙的孙子。而这个帝乙,就是汤。殷商记录,用生日为名,顺应天性。玄孙的孙子,关系过于疏远了。

都是乙日生,是可以同名的。乙日生的汤,嫁妹,是效法天地,为夫妇正名,夫妇地位确立,那么王道就会兴旺了。所以说:《易》中的帝乙,就是成汤,《书》中的帝乙六世王,虽然同名但不损害他彰显功业。"

【原文】

孔子曰:"绂者,所以别尊卑、彰有德也,故朱赤者,盛色也。是以圣人法以为绂服,欲百世不易也,故困九五。文王为纣三公,故言困于赤绂也。至于九二,周将王,故言朱绂方来,不易之法也。"[易纬乾凿度]

【释义】

孔子说:"绂就是来区别尊卑、彰显德行的,所以朱赤色,就是最上等的颜色。用圣人的法度来为绂服,百世不需要改变,就是困卦九五爻。文王是纣王的三公,所以说是赤绂受困。到困卦九二爻,周要称王,所以说朱绂要来,这是不可逆转的天理。"

【原文】

孔子曰:"《易》天子、三公、诸侯绂服,皆同色。困九二,困于酒食;朱绂方来,九五劓刖,困于赤绂。夫困之九二,有中和,居乱世,交于小人;困于酒食者,困于禄也。朱绂者,天子赐大夫之服,而有九二,大人之行,将赐之朱绂,其位在二,故以大夫言之。至于九五,劓刖

周文王

者不安也,文王在诸侯之位,上困于纣也,故曰劓刖困于赤绂。夫执中和,顺时变,所以全王德、通至美也,乃徐有说。丘记象曰:困而不失其所亨。贞,大人吉,以刚中也。文王因阴阳,定消息,立乾坤,统天地。"[易纬乾凿度]

【释义】

孔子说:"《易》中天子、三公、诸侯的绂服,是一样的颜色。困卦九二爻,陷于酒色享受之中,就不妨取来祭服去做祭祀;困卦九五爻,受到割掉鼻子和剁掉脚的困境,并且在这时更受困于迷信神灵保佑。困卦九二爻,有中和,居于乱世之中,结交小人;陷于酒色享受之中,且俸禄少。朱绂指的是天子赐大夫的服饰,在九二爻中,大人将被赐予朱绂,位置在二,所以用大夫。困卦九五爻中,劓刖指代不安的情

绪,文王还是诸侯的时候,曾被纣王囚禁,所以叫'劓刖困于赤绂'。秉持中和之气,顺应天地变化,能够完备王者德行、达到尽善尽美的状态,最好的办法就是徐徐地予以解脱。我在解释《易》中的象里讲:陷入困境仍坚守正道。'大人'很吉祥无有灾祸,且因此难而磨炼意志。文王根据阴阳,确定兴衰,树立乾坤,治理天地。"

【原文】

孔子曰:"三万一千九百二十岁,录图受命,易姓三十二纪。德有七,其三法天,其四法地。五王有三十五半。圣人君子消息,卦纯者为帝,不纯者为王。六子上不及帝,下有过王,故六子虽纯,不为乾坤。"[易纬乾凿度]

【释义】

孔子说:"在三万一千九百二十年中,帝王受命易姓三十二。大道有七,三分效法于天,四分效法于地。五王也只有三十五的一半。圣人君子出现消失,卦象纯的为帝,不纯的为王。震、坎、艮、巽、离、兑六卦向上不到帝,但又超过王的卦象,所以这六卦的卦象虽纯。却不是乾坤。"

【原文】

孔子曰:"《洛书·摘亡辟》曰,建纪者,岁也。成姬仓有命在河,圣。孔表雄德,庶人受命,握麟徵。"[易纬乾凿度]

【释义】

孔子说:"《洛书·摘亡辟》中讲,岁星运行一周天为一纪。河图中有姬昌实现天命。有大德,以普通人的身份接受天命,所以有麒麟的瑞征。"

【原文】

孔子曰:"推即位之术,乾坤三,上中下。坤变初六复,曰正阳在下为圣人,故一圣,二庸,三君子,四庸,五圣,六庸,七小人,八君子,九小人,十君子,十一小人,十二君子,十三圣人,十四庸人,十五君子,十六庸人,十七圣人,十八庸人,十九小人,二十君子,二十一小人,二十二君子,二十三小人,二十四君子,二十五圣人,二十六庸人,二十七君子,二十八庸人,二十九圣人,三十庸人,三十一小人,三十二君子,三十三小人,三十四君子,三十五小人,三十六君子,三十七圣人,三十八庸人,三十九君子,四十小人,四十一圣人,四十二庸人。"孔子曰:"极至德之世,不过此。乾,三十二世消;坤,三十六世消。代圣人者仁,继之者庸人,仁世淫,庸世很。二阴之精射三阳,当卦自扫。知命守录,其可防钩钤,解命图兴。"孔子曰:"丘文以候授明之出,莫能雍。"[易纬乾凿度]

【释义】

孔子说:"推知成为帝王的方法,乾卦坤卦三分,上中下。坤卦变到初六爻重复,也就是正阳在下是圣人,所以一圣,二庸,三君子,四庸,五圣,六庸,七小人,八君子,九小人,十君子,十一小人,十二君子,十三圣人,十四庸人,十五君子,十六庸人,十七圣人,十八庸人,十九小人,二十君子,二十一小人,二十二君子,二十三小人,二十四君子,二十五圣人,二十六庸人,二十七君子,二十八庸人,二十九圣人,三十庸人,三十一小人,三十二君子,三十三小人,三十四君子,三十五小人,三十六君子,三十七圣人,三十八庸人,三十九君子,四十小人,四十一圣人,四十二庸人。"孔子曰:"大德的朝代,也不过那样。乾卦象的三十二代消亡;坤卦象的三十六代消亡。代替圣人的会是仁爱之人,然后会是庸人,仁者时代会是奢靡的,庸者时代会是恳切的。二阴的精华逐取三阳,合其卦象自扫。知晓天命并守护图录,这样可以防备钩钤星,解读天命并使图录兴起。"孔子说:"我观察守候着给予大德的图录出现,不能遮蔽。"

【原文】

孔子曰:"复十八世消,以三六也。临十二世消,以一一六也。泰三十世消,以二九、二六也。大壮二十四世消,以二九、一五也。夬三十二世消,以三九、一四也。"[易纬乾凿度]

【释义】

孔子说:"复卦象的十八代消亡,三个六。临卦象的十二代消亡,两个六。泰卦象的三十代消亡,两个九、两个六。大壮卦象的二十四代消亡,两个九、一个五。夬卦象的三十二代消亡,三个九、一个四。"

【原文】

孔子曰:"姤一世消,无所据也。遁一世消,据不正也。否十世消,以二五也。观二十世消,以二五、四六也。剥十二世消,以三四也。"[易纬乾凿度]

【释义】

孔子说："始卦象的一代就消亡了，没什么依据。遁卦象的一代消亡，所依据的不够确实。否卦象的十代消亡，两个五。观卦象的二十代消亡，两个五、四个六也。剥卦象是十二代消亡，三个四。"一三八五孔子轨①："以七百六十为世轨者尧，以甲子受天元，为推术。以往六来八，往九来七为世轨者文王，推爻四，乃术数。"［易纬乾凿度］

【原文】

孔子曰："以爻正①月，为享国数，存六期者天子。"［易纬乾凿度］

【注释】

①注云正月误字当正云一轨。

【释义】

孔子说："用爻正月，享有国运，存在六年的就会是天子。"

【原文】

孔子曰："天之将降嘉瑞，应河水清三日，青四日，青变为赤，赤变为黑，黑变为黄，各各三日，河中水安井①，天乃清明，图乃见，见必南向，仰天言。见三日以三日，见六日以六日，见九日以九日，见十二日以十二日，见十五日以十五日，见皆言其余②日。"［易纬乾凿度］

【注释】

①井古通静。
②注云误余字也当为陵之。

【释义】

孔子说："上天要降祥瑞征兆的时候，黄河的水要变清三日，变青色四日，青色变为红色，红色变为黑色，黑色变为黄色，每个变化各三日，黄河中水平静，天空晴朗无云，河图方会出现，出现的时候面向南方，向天祷告，见三日用三日，见六日用六日，见九日用九日，见十二日用十二日，见十五日用十五日，看见的都说超过了日子。"

【原文】

孔子曰："帝德之应洛水,先温九日,后五日变为五色,元黄天地之①静,书见矣,负图出午,圣人。见五日以五日,见十日以十日,见十五日以十五日,见二十日以二十日,见二十五日以二十五日,见三十日以三十日。"〔易纬乾凿度〕

【注释】

①之当为安。

【释义】

孔子说："帝的德行与洛水相感应,洛水先温九日,后五日变化五种颜色,天地寂静,洛书出现,背驮着洛书出现在午方,圣人将会出现。见五日用五日,见十日用十日,见十五日用十五日,见二十日用二十日,见二十五日用二十五日,见三十日用三十日。"

【原文】

孔子曰："君子亦于静,若龙而无角,河二日清,二日白,二日赤,二日黑,二日黄。蛇见水中,用日也,一日辰为法,以一辰二辰,以三辰,以四五辰,以六七辰,以八九辰,以十辰,以十一辰,以十二辰。夜不可见,水中赤煌煌,如火英,图书、蛇皆然也。"〔易纬乾凿度〕

【释义】

孔子说："君子无为,好似龙没有角,黄河两日清澈,两日白色,两日红色,两日黑色,两日黄色。有蛇在水中出现,是按天的,用一天的时间来计量,一辰二辰用,三辰用,四五辰用,六七辰用,八九辰用,十辰用,十一辰用,十二辰用。夜深看不见,但水中红光明亮,像火花,河图洛书、蛇都是这样。"

【原文】

孔子曰："复,表日角。临,表龙颜。泰,表载干。大壮,表握诉,龙角大辰。夬,表升骨履文。姤,表耳参漏,足履王,知多权。遁,表日角连理。否,表二好文。观,表出准虎。剥,表重重明历元。此皆律历运期相,一匡之神也,欲所按合诚。"〔易

【释义】

孔子说:"复卦,外表显示为额骨中央部分隆起,形状如日。临卦,外表显示为眉骨圆起。泰卦,外表显示为两肩上耸,像鸱鸟栖止时的样子。大壮卦,外表显示为额阔如盾牌。夬卦,外表显示为背生得弯。姤卦,外表显示为两耳各有三孔,执行执掌王权。遁,外表显示为日角连生在一起。否卦,外表显示为二好文。观卦,外表显示为高鼻虎唇。剥卦,外表显示为重瞳。这些都是运道天命在面相上的显示,神明辅助,要按照《合诚》这本谶书上讲的。"

【原文】

孔子曰:"至德之数,先立木、金、水、火、土德,合三百四岁,五德备。凡一千五百二十岁,大终复初。"[易纬乾凿度]

【释义】

孔子说:"大德之数,要先立木、金、水、火、土德,共三百四十年,五德齐备。每一千五百二十年,终止回到最初。"

【原文】

孔子曰:"丘按录谶论国定符,以春秋西狩,题钊表命。"[易纬乾凿度]

【释义】

孔子说:"我根据图录、谶语,来理论国事确定祥瑞,在《春秋》中记载西狩获得麒麟的事情,用以表达天命。"

【原文】

孔子表《河图皇参持》曰:"天以斗视,日发明皇,以戏招始,挂八卦谈。"[易纬辨终备]

【释义】

孔子阐明《河图皇参持》中说:"观察北斗之星,日月照耀来昭示天地。三皇伏羲始卦来明示后人,使后人可以知晓天命。"

【原文】

鲁人商瞿使向齐国，瞿年四十，今复使行远路，畏虑，恐绝无子。夫子正月典瞿母筮，告曰："后有五丈夫子。"子贡曰："何以知子？"曰："卦遇大畜、艮之二世。九二甲寅木为世，六五景①子水为应。世生外象生象来爻生互内象，艮别子，应有五子，一子短命。"颜回云："何以知之？""内象是本子，一艮变为二丑，三阳交五，于是五子，一子短命。何以知短命，他以故也。"[《中备按》即《辨终备史记》，仲尼弟子列传正义引]

【注释】

①景子水当作甲子木。

【释义】

鲁国人商瞿将要出使齐国，他四十岁了，现在要出使遥远的国家，有些担心，恐怕没有后代。孔子正月为商瞿的母亲占卜，告诉她："商瞿以后会有五个男孩子。"子贡说："先生怎么能够预先知道是这样的呢？"孔子回答道："卦象是大畜、艮的二世卦。九二甲寅木为世，六五景子水为应。世生外象生象来爻生互内象，艮别子，应有五子，一个短命。"颜回问："是如何知道的？""内象是本子，一艮变为二丑，三阳交五，于是就是有五子，一子短命。为何会知道有一个短命，就是这样的原因。"

【原文】

孔子曰："太皇之先，与耀合元，精五帝期，以序七神。天地成位，君臣道生，君五期，辅三名以建德，通万灵。遂皇始出，握机矩，表计宜，其刻白'苍牙通灵，昌之成，孔演命，明道经。燧人之皇没，伏羲生木，尚芒芒，开矩听八，苍灵唯精，不慎明之，害类远振。撢度出表，挺后名知，命陈效赌，三万一千，一终一名，虑②方牙，苍精作易，无书以尽序。"[易纬通卦验]

【注释】

①白苍牙古微书引作曰苍渠。
②虑以下释史引作伏羲方牙精作易无书以画事。

【释义】

孔子说："太微之帝，本与北辰之帝同元。他的精华有五，布列用事各自有规定的时日——七十二天，排列次序分别为十神、二十八舍、北斗。天地尊卑已定，然后有君臣。君王的规范，是五行代王，辅臣三名，公卿大夫。让王的德行遍及天下，与万物之灵相通。遂皇开始管理天下的时候，掌握着斗机运之法，依据天意来施教令，用图形显示出来，那是没有书，就刻下来：苍精牙肩之人能通神灵之意，文王又把伏羲的图形进行了解读，使其中的大道得以彰显。伏羲根据遂皇的斗机运之法，作八卦之象。伏羲专精于此而作八卦，推行的政令，扬善驱恶。伏羲用易来为政令却没有用文字记录下来。只是用图形的形式记载而已。"

【原文】

孔子表《洛书·摘亡辟》曰："亡秦者，胡也。丘以推秦白精也，其先星感，河出图，挺白以胡谁亡。胡之名，行之名，行之萌，秦为赤躯，非命王，故帝表有七五命。七以永庆王，以火代黑，黑畏黄精之起，因威萌。"[易纬通卦验]

【释义】

孔子在《洛书·摘亡辟》中说："'亡秦者，胡也。'我推测秦是白精，与星相感应，黄河出现河图，动摇白精，用胡除去。取名胡，是这次天命运行的名称，天命运行的开始，秦是王命的替身而不是王命，所以说帝王卦象有七五。用火代替黑，黑害怕黄精兴起，于是黄精兴盛。"

【原文】

孔子演曰："天子亡徵九，圣人起有八符。运之以斗，税之以昴，五七布舒，河出录图，雏授变书。"[易纬是类谋]

【释义】

孔子演绎道："天子消亡征兆在九，圣人出现征兆在八（九、八亦阳爻）。每当圣明之世时，黄河便出现河图，洛水便授圣人洛书。"

【原文】

丘序曰：《天经》曰："乾元亨利贞。"爻曰："飞龙在天，利大人。"故德配天地，天地不私公位，称之曰帝。故尧天之精阳，万物莫不从者。故乾居西北，乾用事，万物蛰伏，致乎万物蛰伏，故能致乎万人之化。《经》曰：用九。《经》曰：震下乾上，无妄，天精起。帝必有洪水之灾，天生圣人，使杀之，故言乃统天也。丘括义，因象助类。《辞》曰:天无云而雷,先王以茂对时育万物。《经》曰:乾下艮上,大畜,天灾将至,预畜而待之,人免于饥,故曰"元亨"。上下皆通,各载其性,故曰"利贞"。至德之萌,五星若连珠,日月如合璧。天精起,(豆斗)口有位,鸡鸣斗运,行复始,莫敢当之。黄星第于北斗,必以戊己日,其先无芒,行文元武动事,莫之敢距。[易纬坤灵图]

【释义】

孔子在序中讲:《天经》中有"乾元亨利贞。"爻辞是:"飞龙在天,利大人。"所以德行要与天地相匹配,天地不偏爱,称之为帝。所以帝王盛德,万物没有不追随的。所以乾卦居西北,乾卦象用事,万物蛰伏,可以让万物蛰伏,所以能让万人受到教化。《经》中有:用九。《经》中还说:震卦下乾卦上,不会乱,天精兴起。帝一定会遭遇洪水的灾难,圣人会出现,让圣人灭除,所以说这个卦象是治理天的。丘包容众多方法,用卦象来推知天命。《辞》曰:天打雷却没有云彩,先王是按照时令来养育管理万物的。《经》曰:乾卦下艮卦上,要大量储藏,天灾马上就要到了,先储藏等着天灾,人民会免于饥荒,所以称之为"元亨"。上下相通,各自按照各自的规矩发展,称之为"利贞"。大德要出现时,五星好像珠子一样连在一起,日月会同时出现。天精兴起,(豆斗)口有位,鸡鸣斗运,运行周而复始,不要阻挡。黄星运行到北斗上面,必是戊己日,其先没有光芒,实施或文或武的大事,不敢抗拒。

【原文】

孔子以位三不正。[《易纬坤灵图乾凿度》:"孔子消以三六曰复十八世也之"注引。]

【释义】

孔子为"三不"正名。

【原文】

吴王阖闾登包山之上,命龙威丈人入包山,得书一卷,凡一百七十四字而还。吴王不识,使问仲尼,诡云赤乌衔书以授王。仲尼曰:"昔吾游西海之上,闻童谣曰:吴王出游观震湖,龙威丈人名隐居,北上包山入灵墟,乃造洞庭窃禹书,天帝大文不可舒,此文长传六百初,今强取出丧国虚。邱按谣言,乃龙威丈人洞中得之,赤为所衔,非邱所知也。"吴王惧,乃复归其书。[河图纬纬象古微书引]

【释义】

吴王阖闾登上包山，让龙威丈人入包山，得到一卷天书，一共一百七十四字。吴王见到神书，一个字也不认识。派人去请教孔子，谎称是赤色的鸟衔来送给国君的。孔子说："我从前在西海游玩，听到一首童谣：吴王出游观震湖，龙威丈人名隐居，北上包山入灵墟，乃造洞庭窃禹书，天帝大文不可舒，此文长传六百初，今强取出丧国虚。根据我听说的，这是龙威丈人在山洞中得到的，不是赤鸟衔来的，这不是我所知道的。"吴王害怕了，于是把书归还回去。

【原文】

孔子求书，得黄帝玄孙帝魁之书，迄于秦穆公，凡三①千二百四十篇。断远取近，定可以为世法者百二十篇：以百②篇为《尚书》，十八篇为《中候》。〔尚书纬璇玑钤尚书序疏引尚书纬，今从古微书收入此篇〕

【注释】

①史记伯夷传索隐引作三千三百三十篇。
②同上作一百篇。

【释义】

孔子求书，得到皇帝玄孙帝魁的书，这本书起于秦穆公，有三千二百四十篇。舍弃距今遥远的，留下比较近的，用来成为世间规范的有一百二十篇：用一百篇编写《尚书》，用十八篇编写《中候》。

【原文】

孔子曰："五帝出受录①图。"〔尚书纬璇现钤文选汉高祖功臣颂注引〕

【注释】

①齐安陆王碑文引作篆图。

【释义】

孔子说："五帝出，然后给授予《录图》。"

【原文】

丘生仓际,触期稽度为①赤制。故作《春秋》,以明文命。缀纪②撰书,修定礼义。[尚书纬考灵耀隶释史晨祠孔庙碑引]

【注释】

①从汉书公孙述传注云尚书考灵耀曰孔子为赤制故作春秋赤者汉行也言孔子作春秋断十二公象汉十二帝。

②纬攟引纪作记。

【释义】

孔子生于仓际,触碰运数考查古籍做赤制。所以作《春秋》,来让文字内在的含义公开。串联古书记事,修订礼义规矩。

【原文】

孔①子曰:"诗者,天地之心,君②德之祖,百福之宗,万物之户也。刻之玉版,藏之金府。"[诗纬含神雾御览八百四引]

【注释】

①纬攟引孔子曰三字。

②君德以下十三字从御览六百九引补。

【释义】

孔子说:"诗歌就是天地之心,君子道德的起始,百福的本原,万物的所在。要雕刻在玉石上,藏在国家图书馆。"

【原文】

孔子歌云,违山十里,蟋蛄之声,尚犹在耳。政尚静而恶讹也。[诗纬含神雾古诗记引○今从古微书收入此篇]

【释义】

孔子有歌,离开山谷十里之外,山中蟋蛄的鸣叫,依然在我的耳边回响。政事处理要无为而治,而不是华而不实。

【原文】

孔子谓子夏曰:"群鸡至非中国之禽也。"[礼纬稽命微御览九二十三引]

【释义】

孔子对子夏说:"鸰(八哥)不是中原地区的飞禽。"

【原文】

夫子坟方一里,弟子各以四方奇木植之。[礼纬稽命徵艺文类聚卷十八引]

【释义】

孔子的坟墓方圆一里,弟子们种上用来自四方的奇异树木。

【原文】

孔子曰:"箫韶者,舜之遗音也。温润以和,似南风之至,其为音,如寒暑风雨之动物,如物之动人,雷动兽①含,风雨动鱼龙,仁义动君子,财色动小人,是以圣人务其本。"[乐纬动声仪御览八十一引]

【注释】

①兽含,禽兽之误。

【释义】

孔子说:"舜之《韶》乐是舜留下的音乐。温润和谐,好像吹拂着温暖的南风,听《韶》乐,好像寒暑风雨对物起作用,万物对人起作用,雷电对禽兽起作用,风雨对鱼龙起作用,仁义对君子起作用,财色对小人起作用,所以圣人致力于本源。"

【原文】

颜回问:"三教变虞夏,何如?"曰:"教者,所以追补败政,靡弊溷浊,谓之治也。舜之承尧,无为易也。"[乐纬稽耀嘉白虎通三教引]

【释义】

颜回问:"忠、敬、文三教(夏商周三王各有得失,所以取各自优点忠、敬、文为三教)和虞夏相比,怎么样?"孔子回答说:"忠、敬、文三教中的每一教都是对前面一个王失败的总结,清除前面的弊端,可以说是整治。舜承接尧,无为而天下治。"

【原文】

孔子曰:"丘吹律定姓,一言得土,曰宫;三言得火,曰徵;五言得水,曰羽;七言得金,曰商;九言得木,曰角。"[乐纬五行大义一引]

【释义】

孔子说:"我制定了音律,一得土,是宫;三得火,是徵;五得水,是羽;七得金,是商;九得木,是角。"

【原文】

孔子案《录书》,含视五常英人,知姬昌为苍帝精。[春秋纬感精符御览八十四引]

【释义】

孔子考查《录书》,把仁、义、礼、智、信这五常看成是成就杰出人才的标准,知晓文王姬昌是苍帝的精气。

【原文】

(孔子曰)丘揽史记,援引古图,推集天变,为汉帝制法,陈叙图录。[春秋纬汉含孳公羊传隐公元年疏引春秋说,今从古微书,收入此篇]

【释义】

(孔子说)我纵览各国史书,援引古图,推算集合上天变化之数,为汉家创制大义,铺陈叙述《图录》。

【原文】

丘水精治法为赤制功。[春秋纬汉含孳公羊传隐公元年疏引春秋说,今从古微书,收入此篇]

【释义】

孔子为辰星,以研究汉朝的国运为功业(汉代火德尚赤,所以称为"赤制")。

【原文】

孔子作《春秋》,陈天人之际,记异考符。[春秋纬握诚图初学记卷二十一又御览六百十引]

【释义】

孔子写《春秋》,表述了自然和人事之间的相互关系,记录了奇异的事情、研究了瑞征祥兆。

【原文】

伏羲作八卦,丘合而演其文,渎而出其神,作《春秋》以改乱制。[春秋纬说题辞公羊传隐公元年疏引春秋说今从古微书收入此篇]

【释义】

伏羲制作了八卦,孔子为了迎合他,而演绎了一些文字,将他的精神显现出来,创作《春秋》以改变混乱的制度。

【原文】

孔子作《春秋》,一万八千字,九月而书成。以授游夏之徒,游夏之徒不能改一字。[春秋纬说题辞公羊传昭公十二年疏引春秋说今从玉函山房辑佚书收入此篇]

【释义】

孔子创作《春秋》,一共一万八千字,历经九个月才完成,交给游夏之徒看,游夏之徒没有修改一个字。

【原文】

孔子谓子夏曰:"得麟之月①,天常有血书鲁端门。"孔圣没,周室亡。子夏往观,逢一郎云:"门有血,蜚为赤乌,化而为书云。"[春秋纬说题辞太平广记卷一百四十四引]

【注释】

①文选司马绍统赠山涛诗注引云:天尝有血书鲁端门作法,孔圣没,周室亡。

○绎史孔子类记三引作:得麟之月,孔子谓子夏曰:"天常有血书鲁端门。"子夏往候之,蓬一郎言:"门有血,往为之云。趣作法,孔圣没,周姬亡,彗东出,秦政起,胡破循,书记散,孔不绝。"血书蜚为赤乌,化为帛书。署曰演孔圆中有作图制法之状。

【释义】

孔子对子夏说:"得到麒麟的时候,天上会有血书送到鲁国的端门"。孔子死了,周朝也灭亡了。子夏到鲁国去验看,正遇上一个人说:"鲁国的端门有血,那血飞起来原来是赤乌,又变化成书。"

【原文】

传我书者,公羊高也。[春秋纬说题辞公羊传序疏引]

【释义】

传给我书的人,是公羊高。

【原文】

孔子言曰:"五变入臼,米出甲,谓硙之为粝米也,春之则粺米也,皞之则凿米也,舀之则毁米也,又䴩择之,白易白差之,则为晶米。"[春秋纬说题辞古微书引]

【释义】

孔子说:"在臼中有五种变化,米去掉外面的皮,用石磨磨的叫粝米,放在石臼里春的叫粺米,使它呈现白色叫凿米,用舀去掉皮叫毁米,又经过䴩鹊的挑选,仔细加工,叫作晶米。"

【原文】

轴孔子卒①,以所受黄玉葬鲁城北门。[春秋纬说题辞水经注卷二十五引]

【注释】

①御览八百四无卒及所二字。

【释义】

孔子去世后,用国君所赠予的黄玉安葬在鲁国都城的北门。

【原文】

孔①子母徵在游大冢②之陂,睡梦黑③帝使请与己交。语曰:"女乳必于空桑之中,觉则若感,生丘于空桑之中。"[春秋纬演孔图艺文类聚八十八引]

【注释】

①罗泌路史前纪卷三引作:徵在游于大冢,破梦黑帝谓己:"汝产必于空桑。"
②事类赋注二十五又御览九百五十五引与此同,三百六十一引冢作泽。
③玉函山房辑佚书作:黑帝使请己已往,梦交语曰女乳云云。

【释义】

孔子的母亲颜徵在大冢的山坡游玩,睡着了,梦见黑帝请求与自己相交,说:"你生子一定会在空桑之中,如果有感觉,会在空桑之中产下丘。"

【原文】

孔子母徵在梦感黑帝而生,故曰元圣。[春秋纬演孔图后汉书班固传注引]

【释义】

孔子的母亲颜徵在梦中梦到黑帝,因而生下孔子,所以称孔子为元圣。

【原文】

首类尼丘,故名。[春秋纬演孔图古微书引]

【释义】

孔子的头部很像丘,四方高,中间低,所以叫丘。

【原文】

孔①子之智有文曰:"制作定,世符运。"[春秋纬演孔图白孔六帖卷三十引]

【注释】

①御览三百七十一引作孔曶文曰。

【释义】

孔子的胸部有文字:"制作定,世符运。"

【原文】

孔子长十尺,大九围,坐如蹲龙,立如牵牛,就①之如昴,望之如斗。[春秋纬演孔图御览三百七十七引]

【注释】

①御览三百九十三引无下二句。

【释义】

孔子身高十尺,腰围将近十,坐着如同蹲龙,站立如同牵牛,靠近像昴星,望过去像斗。

【原文】

圣人不空生,必有所制,以显天心,丘为木铎,制天下法。[春秋纬演孔图礼记中庸疏引]

【释义】

圣人不会白白降生,一定会有所作为,以显示上天的用心,孔子作为木铎,制定天下的规则。

【原文】

玄丘制命,帝卯行也[春秋纬演孔图文选班孟坚典引注引]

【释义】

孔子制定制度,汉朝皇帝施行。

【原文】

趋作法,孔圣没,周姬亡,彗东出,秦政起,胡破术,书记散,孔不绝,(此鲁端门血书,十三年冬,有星勃东方,说题曰:麟得之月,天当有血书端门,子夏至期往视,

逢一郎,言门有血书,往写之。)血蜚,鸟化为帛,鸟消书出,署曰演孔图。[春秋纬演孔图艺文类聚九十八引]

【释义】

趋向作法,孔子没了,周室姬昌死了,彗星出没于东方,秦国开始崛起,胡人破坏了方法,书籍散失了,演孔图不会失传了。(这就是端门血书。十三年冬,有彗星出没于东方,上题有:得到麒麟的当月,将有血书降于鲁门上。子夏到了那时前去看望,遇到一年轻男子说:鲁门上有血书,往上面写字)就化成了帛消逝了,一会儿,书出现了,书名写着:演孔图。

【原文】

孔子论经,有乌化为书,孔子奉以告天,赤爵集①书上化为黄玉,刻曰:孔提命作,应法②为制。[春秋纬演孔图御览八百四又九百十四引]

【注释】

①水经泗水注引集作衔。
②艺文类聚九十九引法下作为制,赤雀集。

【释义】

孔子谈论经书,有乌化作书,孔子向天呈奉禀告,红色的鸟落到书上,化作了黄玉,上面刻着:孔子亲自受命订立规则,这就是汉朝的国运。

【原文】

孔子曰:丘作春秋,天授演孔图,中有大玉,刻一版曰:璇玑一低一昂。是七期验败毁诚之徵也。[春秋纬演孔图御览六百六引]

【释义】

孔子说:我编订《春秋》,上天授予演孔图。其中有一块大玉,上面刻有:璇星和玑星,一低一高,这是人过世七期时,应验失败、诽谤真心的征兆。

【原文】

孔子修《春秋》,九月而成,卜之,得阳豫之卦。[春秋纬演孔图仪礼士冠礼疏

引]

孔子编撰《春秋》，历经九月才完成，用卜占之，得到了阳豫卦。

【原文】

孔子欲作《春秋》，卜，得阳豫之卦。[春秋纬演孔图《公羊传·隐公元年》疏引《春秋》说，今从玉函山房辑佚书收入此篇]

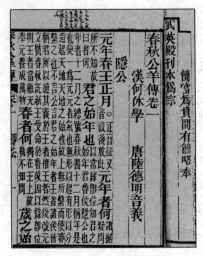

《公羊传》书影

【释义】

孔子打算编撰《春秋》，占卜，得到了阳豫卦。

【原文】

哀公十四年春，西狩获麟，作《春秋》，九月书成，以其春作秋成，故云春秋也。[《春秋纬演孔图》《公羊传·隐公元年》疏引《春秋》说，今从玉函山房辑佚书收入此篇]

【释义】

鲁哀公十四年春，西去打猎，捕获了麒麟。孔子编撰《春秋》，历经九个月才完成，因为书从春天开始编撰，到秋天才完成，所以称作《春秋》。

【原文】

《春秋》,设三科九旨。[《春秋纬演孔图》《公羊传(隐公元年)疏》引《春秋说》,今从玉函山房辑佚书收入此篇]

【释义】

《春秋》的写法、笔法,包括了三个科段,九种意思。

【原文】

据周史,立新经。[《春秋纬演孔图》《公羊传(隐公元年)疏》引《春秋说》,今从玉函山房辑佚书收入此篇]

【释义】

根据周的历史,编订了新的经书。

【原文】

始于春,终于秋,故曰《春狄》。[《春秋纬演孔图》《公羊传(隐公元年)疏》,引《春秋说》,今从玉函山房辑佚书收入此篇]

【释义】

(编撰整理)开始于春天,而在秋天完成,所以叫《春秋》。

【原文】

伏羲作八卦,合而演其文,读而出其神,作《春秋》以改乱制。[春秋纬演孔图公羊传隐公元年疏引春秋说,今从玉函山房辑佚书收入此篇]

【释义】

伏羲作八卦,孔子加以组合推演,悟出其中的神妙,(从而)编撰了《春秋》,以改正(当时的)混乱的制度。

【原文】

丘揽史记,援引古图,推集天变,为汉帝制治,陈叙图录。[春秋纬演孔图公羊

传隐公元年疏引春秋说，今从玉函山房辑佚书收入此篇〕

【释义】

孔子收集史书记载，援引古时图文，整理推演天时变化，为汉帝立下制度法纪，并讲解评议（制度法纪）。

【原文】

丘水精，治法为赤制功。〔春秋纬演孔图公羊传隐公元年疏引春秋说，今从玉函山房辑佚书收入此篇〕

【释义】

孔子从水精星悟出了汉朝国运的定制。

【原文】

昭定哀为所见之世，文宣成襄为所闻之世，隐桓庄闵僖为所传闻之世。〔春秋纬演孔图公羊传隐公元年疏引春秋纬三句并无之世二字公羊传序疏引演孔图云文宣成襄为所闻之世三之世字据补，今从玉函山房辑佚书收入此篇〕

【释义】

昭公、定公、哀公时，是见到的时代；文王、宣王、成王、襄王时，是听说的时代；隐公、桓公、庄公、闵公、僖公时，则是传闻中的时代。

【原文】

麟出周亡，故立《春秋》制素王，授当兴也。〔春秋纬演孔图文选班孟坚幽通赋注引春秋纬，今从玉函山房辑佚书收入此篇〕

【释义】

麒麟出现，周朝灭亡了，所以立了《春秋》的定制，这（指《春秋》制）是素王授予的，现在应当兴盛了。

【原文】

孔子曰："丘援律而吹命，阴得羽之宫。"〔春秋纬演孔图御览十六引〕

【释义】

孔子说："我遵从音律而吹奏，使用阴的吹奏法，得到了羽声的宫调。"

【原文】

孔子作法五经，运之天地，稽之图象，质于三王，施于四海。〔春秋纬演孔图初学记卷十六又御览六百八引〕

【释义】

孔子删定五经，在天地中运行，以图像来考核，问明在三王那里问明辨清，在四海施行。

【原文】

孔子曰："丘作《春秋》，始于元，终于麟①，王道成也。"〔春秋纬元命文选班孟坚答宾戏注引〕

【注释】

①文选骏子歆移书让太常注引无始于元终于麟六字及也字。

【释义】

孔子说："我删定《春秋》，始于太初，完成于麒麟出现时，以仁义统治天下的政策实现了。"

【原文】

孔子曰："扶桑者，日所出，房所立，其耀盛。苍神用事，精感姜原，卦得震，震者动而光，故知周苍，代殷者，为姬昌。生于岐，立于丰，人形龙颜长大。精翼日，衣青光，迁造西，十刻消。"〔春秋纬元命苞文选沈休文齐故安陆昭王碑注引无生于岐立于丰二句及迁造西十刻消二句○御览四引自伐殷者已下互参补订〕

【释义】

孔子说："扶桑，在太阳出来的地方，房子建起来，充满了阳光。苍神发挥力量运转，精气触动姜原，卜卦为震卦。震者，运动而光亮，由此而知，周苍，取代殷朝的人,乃是姬昌。他在丰成长,身材高大,长成人的样子龙的面貌。以太阳的精华为羽翼,以木神的青光为衣服,西进发纣,十刻的时间就消灭了纣。"

【原文】

孔子为治《春秋》之故,退修殷之故历,使其数可传于后。[春秋命历序晋书律历志引]

【释义】

孔子因整理编撰《春秋》的原因,改用以前的殷历纪年,使殷得以传到了后代。

【原文】

孔子年七十岁,知图书,作春秋。[春秋揆命篇公羊传哀公十四年疏引]

【释义】

孔子七十岁了,开始遍览图书,编撰《春秋》。

【原文】

定天下者,魏公子①桓。[孔子玉版三国志魏志文帝纪注引]

【注释】

①《三国志·魏志·文帝纪》注引:《春秋玉版识》曰:"代赤眉者,魏公子。"

【释义】

平定天下的人,是魏国公子桓。

【原文】

孔子受端门之命,制《春秋》之义,使子夏等十四人求周史记,得百二十国宝书,九月经立。[闵因叙公羊传隐公元年疏引〇纬攟收入春秋说题辞天中记云感精符考异邮说题辞皆有此文]

【释义】

孔子受周王命令,开始整理《春秋》,于是派子夏等十四人,在周求索记载历史的书籍,一共得到了一百二十种,花了九个月的时间,《春秋》才编撰完毕。

【原文】

仲尼曰:"吾闻尧率舜等游首山,观河渚,有五老游河渚。一老曰:'河图将来告帝期。'二老曰:'河图将来告帝谋。'三老曰:'河图将来告帝书。'四老曰:'河图将来告帝图。'五老曰:'河图将来告帝笁②。'龙衔③玉苞,金泥玉检封盛书,五老飞马流星,上入昴。"[论语比考谶御览五引论语识今从玉函山房辑佚书收入此篇]

【注释】

①《御览》八十一引《论语撰考谶》曰:尧舜等升首山,观河渚,有五老游于河渚,相谓曰:'河图将来告帝期。'五老流星,上入昴,有须赤龙负玉苞舒图出,尧与大舜等共发,曰:"帝当枢百则禅虞。"尧喟然叹曰:"咨尔舜,天之历数,在尔躬。"

②"笁"一作"符"。

③《文选·宣德皇后令》注引作:龙衔玉苞,刻版题命可卷,金泥玉检封书成,知我者重瞳黄姚,视五老飞为流星,上入昴。

【释义】

孔子说:"我听说,尧带领舜同游首山,观看河道,有五个老人在河道边游玩。第一位老人说,河图会来告诉尧帝时间;第二位老人说,河图会来告诉尧帝计策;第三位老人说,河图会来告诉尧帝计划;第四位老人说,河图会来告诉尧地图;第五位老人说,河图会来告诉尧帝祥瑞。龙含着玉色的花苞,金泥和玉石封成洛书。然后,五位老人飞马流星,飞上了二十八宿中的昴星。"

【原文】

子路感雷精而生,尚刚好勇,亲涉卫难,结缨而死,孔子闻而覆醢,每闻雷鸣乃中心侧怛。[论语比考谶天中记卷二引论语说○今从古微书收入此篇]

【释义】

子路是感应雷的精气而出生的,他喜欢刚强勇敢,主动和卫国经历战乱,最后结缨而死。孔子听到悲痛得推翻了桌上的食物,以后每每听到雷鸣就心中伤心不已。

【原文】

水名盗泉,仲尼不漱。注曰:"夫子教于洙泗之间,今于城北二水之中,即夫子领徒之所也。"[论语比考谶御览六十三引○艺文类聚卷九后汉书烈女传章怀太子注引同作比考识○御览七十引作撰考识]

【释义】

因泉水名叫"盗泉",孔子不喝。注释说:孔子在洙泗二水之间教书,现今城北的二水之间,就是孔子教书育人的地方。

【原文】

孔子读《易》,韦编三绝,铁擿三折,漆书三灭。[论语比考纬天中记引]

【释义】

孔子读《易经》,读得系竹简的熟牛皮绳都断了三次,装订竹简的铁针都坏了三次,竹简上的漆都掉了三次。

【原文】

叔孙武叔毁孔子,譬若尧民。[论语比考纬御览八百二十二引]

【释义】

叔孙武叔诋毁孔子,像尧时期的民众(唱歌)一样。

【原文】

叔梁纥与徵在祷尼丘山,感黑龙之精以生仲尼。[论语撰考识礼记檀弓疏引]

【释义】

叔梁纥与徵在祷尼丘山,因受黑龙的精气,而生下了孔子。

【原文】

子①夏曰:"仲尼为素王,颜渊为司徒,子路②为司空。"[论语摘辅象北堂书钞卷五十二引]

国学经典文库

孔子家语

孔子言行典籍译注

图文珍藏版

741

【注释】

①《御览》二百七引:无"子夏曰"三字。

②《御览》百七引:子路以下无。

【释义】

子夏说:"孔子是素王,颜渊为司徒,子路是司空。"

【原文】

孔子胸应矩,是谓仪古。[论语摘辅象御览三百七十一引]

【释义】

孔子的胸部长得方方正正,很中规矩,这就叫作"古人的风仪"。

【原文】

故子欲居九夷,从凤嬉。[论语摘衰圣初学记卷三十引〇御览九百十五引作论语摘襄圣]

【释义】

所以孔子打算居住在九夷,跟凤凰嬉戏。

【原文】

子夏六①十四人共撰仲尼微言,以当素王。[论语崇爵识文选曹颜远思友人诗注引又刘歆移书让太常博士注引]

【注释】

①《文选》曹颜远《思友人诗》注引:无六十四人,四字撰一作操。刘歆《移书让太常博士》注:蔡伯喈郭有道碑注引:她有之。《曹子建王仲宣诔》注作六十人。

【释义】

子夏等六十四人一起撰写《仲尼微言》,以使之与孔子素王的称号相当。

【原文】

自卫反鲁,删诗书,修春秋。〔论语识文选刘歆移书让太常博士注引〕

【释义】

(孔子)从卫国回到鲁国后,(开始)删改《诗经》《尚书》,撰著《春秋》。

【原文】

仲尼居乡党,卷怀道美。〔论语识文选沈休文齐故安陆昭王碑文注引〕

【释义】

孔子在乡里居住,心中也怀着大道和美德。

【原文】

河授图,天下归心。〔素王受命识文选短歌行注引〕

【释义】

河水把图授给孔子,天下的人心就归向他了。

【原文】

孔子海口,言①若含泽。〔孝经纬援神契御览三百六十七引〕

【注释】

①《艺文类聚》十七引无"言若"二字。古微书收入钩命诀。

【释义】

孔子的嘴巴很大,说话的时候,口中很是润泽。

【原文】

丘为制法主,黑绿不代苍黄,言孔子黑龙之精,不合代周家木德之苍也。〔孝经纬援神契礼记中庸疏引〕

【释义】

孔子为人制作神主,不以黑色绿色代替苍色黄色,说孔子是黑龙之精,不应取代周朝天子木德的苍色。

【原文】

圣人吹律有姓。[孝经纬援神契御览十六引]

【释义】

圣人通过吹律管(听声音),来定姓氏。

【原文】

丘立制命,帝卯行。[孝经纬援神契隶释史晨祠孔庙碑引]

【释义】

孔子立好定制,卯帝(汉朝的刘姓皇帝)(按之)施行。

【原文】

孔子制作《孝经》,使七十二子向北辰磬折,使曾子抱《河》《洛》,事北向。孔子摺缥笔,衣绛单衣,向北辰而拜。[孝经纬援神契事类赋十五注引]

【释义】

孔子著《孝经》,让七十二个弟子面向北极星的方向弯腰恭敬地站立,令曾子抱着《河图》《洛书》向北行仪。孔子则斋戒,发际插一支缥笔,身着绛色单衣,向北极星方向而拜。

【原文】

麟,中央也,轩辕大角兽也。孔子备《春秋》①修礼以致其子,故麟来为孔子瑞。[孝经纬援神契古微书引]

【注释】

①《玉函山房辑佚书》引"秋"下有"者"字。

【释义】

麟是中央轩辕的长着大角的瑞兽,孔子撰著《春秋》完备,举行礼仪活动招致麟的儿子,所以麟来临为孔子的符瑞。

【原文】

仲尼斗唇。[孝经纬钩命诀白孔六帖卷三十一引]

【释义】

仲尼长着(一双厚厚的)像斗一样的嘴唇。

【原文】

仲尼舌理七重,陈机授受。[春秋纬钩命诀御览三百六]

【释义】

孔子的舌有七重纹理,(善于)陈述机宜,教授知识。

【原文】

仲尼虎掌,是谓威射。[孝经钩命诀御览三百七十引]

【释义】

孔子有着老虎一般的手掌,因此,他膂力非凡,善于射箭。

【原文】

仲尼龟脊。[孝经纬钩命诀御览三百七十一引]

【释义】

孔子有着乌龟一样背脊。

【原文】

辅喉。[孝经纬钩命诀御览三百六十八引]

【释义】

粗壮的喉咙。

【原文】

夫子骈齿,象钩星也。[孝经纬钩命诀御览三百六十八引]

【释义】

孔子的牙齿细小而整齐,像钩星一样。

【原文】

孔子在庶,德无所施,功无所就,志在《春秋》,行在《孝经》。[孝经纬钩命诀公羊传序疏引]

【释义】

孔子是平民的时候,德行无所施为,功德无所成就,而心在《春秋》上,行在《孝经》里。

【原文】

孔子云:"欲观我褒贬诸侯之志在《春秋》,崇人伦之行在《孝经》。"[孝经纬钩命诀孝经注疏序引孝经纬今从玉函山房辑佚书收入此篇]

【释义】

孔子说:"要看我对诸侯的褒贬,就看《春秋》,要看我所推崇的人伦之道,就看《孝经》。"

【原文】

孔子曰:"《春秋》属商,《孝经》属参。"[孝经纬钩命诀公羊传隐公元年疏引孝经说今从玉函山房辑佚书收入此篇]

【释义】

孔子说:"《春秋》属于商星,《孝经》属于参星。"(商、参是星座名,二星在空中交替出没。)

【原文】

丘乃授帝图,掇秘文。[孝经纬钩命诀文选颜延年三月三日曲水诗序注引]

【释义】

孔子于是就授予帝河图,并加上秘文。

【原文】

丘以匹夫徒步,以制正法。［孝经纬钩命诀公羊传哀公十四年疏引孝经说今从玉函山房辑佚书收入此篇］

【释义】

孔子以匹夫徒步的平民的身份,来制定、修正法纪。

【原文】

曾子撰斯(孝经)问曰:"孝文乎? 驳不同何?"子曰:"吾作《孝经》,以素王无爵禄之赏,斧钺之诛,与先王以托权,目至德要道以题行,首仲尼以立情性,言子曰以开号,列曾子示撰补,《书》《诗》以合谋。"［孝经纬钩命诀御览六百十引］

【释义】

曾子在写《孝经》的时候问:"《孝经》要修饰吗? 批驳不同的观念吗?"孔子说:"我做《孝经》,是因为素王没有爵禄之类的奖赏,没有刀斧的杀伐。托先王授权与我,记录最美好的品德和最精要的道理,以记载德行。首要的,我以人的本性为基础,以孔子说开篇,加上曾子。表明撰补者,合《尚书》《诗经》两书写法谋篇布局。"

【原文】

《春秋》二尺四寸书之,《孝经》一尺二寸书之。［孝经纬钩诀左氏传序疏引〇疏云郑注论语以钩命诀云］

【释义】

《春秋》是用二尺四寸的竹简书写的,《孝经》是用一尺二寸的竹简书写的。

【原文】

丘作《孝经》,文成道立,齐以白天,则玄云踊北紫宫。开北门。角亢显北落司命、天使书题。号孝经篇。云神星裔,孔丘知元,命使阳衢乘紫麟,下告地主要道之君。后年麟至,口吐图文,北落郎服,书鲁端门,隐形不见。子夏往观,写得十七字,除①字灭消,其余文飞为赤乌,翔摩青云。［孝经中契御览六百十引］

【注释】

①"余字灭消",其余文路史,《余论》卷五引作"余文二十消灭"。

【释义】

孔子著《孝经》,文章齐备,大道成立,斋戒告之于天。这时玄色的云涌向北方,紫微宫北门大开,角元星落向北方,司命天使写书名,号为"孝经篇"。说:神星的后裔孔子知道原始大道,今使阳衢乘紫色麒麟所驾的车,下到地界,告诉要道之君。后年麟来,口中吐出图文,向北落在郎服,写在鲁端门上,即隐形不见了。子夏去看,写着十七个字,其余的字都消灭看不见。其余的字飞去,化为赤色之乌鸟,高飞上天,上接青云。

【原文】

孔子夜梦丰沛邦,有赤烟气起,颜回、子夏侣往观之。驱车到楚西北范氏之庙,见刍儿捶麟,伤其前左足,束薪而覆之。孔子曰:"儿,来!汝姓为谁?"曰:"吾姓为赤松子,时①桥,名受纪。"孔子曰:"汝岂有所见乎?"儿曰:"吾所见一禽,如麕羊头,头上有角,其末有肉,方以是西走。"孔②子发薪下,麟视孔子而往,麟蒙其耳,吐三卷书。孔子精而读之。[孝经右契初学记二十九引,又御览八百八十九引]

【注释】

①《事类赋》二十注引《孝经纬援神契》作字峙侨。

②《事类赋》注作"孔子发薪下,麟视"无"孔子而往"四字。

【释义】

孔子梦见在丰沛附近,有三棵槐树高耸入云,其间红色的烟雾蒸腾而出,孔子连忙呼喊颜回、子夏结伴去看。车驾来到楚国西北范氏宗庙,见一个小孩在打一只麒麟,麒麟的前蹄被打伤,然后用柴薪将麒麟盖住。孔子问他:"小孩,你叫什么名字?"小孩说:"我姓赤松,字时侨,名叫受纪。"孔子问:"刚才你看见什么东西没有?"小孩说:"看见一只野兽,像鹿,却是羊头,头上有角,角末端还长着肉,正准备往西走呢。"孔子发现麒麟在柴薪下,麒麟看着孔子过来,蒙住耳朵,吐出三卷书来。孔子拿着这三本书,后来穷尽一生仔细研读。

【原文】

制作《孝经》,道备,使七十二弟子向北辰星而磬折,使曾子抱《河》《洛》,事北面。孔子衣绛单衣,向北辰星而拜者也。[孝经右契北堂书钞八十五拜辑引]

【释义】

孔子制成《孝经》,让七十二弟子面向北辰,磬折而立,让曾子抱着《河》《洛》两书,北面而事。孔子穿着绛色单衣,向着北辰星的方向跪拜。

【原文】

鲁国之法,鲁人有赎臣妾于诸侯者,取金于府。子贡赎人于诸侯,而远其金。孔子闻之曰:"赐失之矣。圣人之举事也,可以移风易俗,而教导可施于百姓,非适其身之行也。今鲁国富者寡而贫者众,赎而受金则为不廉,不受则后莫复赎。自今以来,鲁人不复赎矣。"[说苑·政理]

【释义】

鲁国法律规定,如有鲁国人为人从别国赎回当臣妾的亲人,可从官府取得赏金。子贡为别人自别国赎回亲属,却不要政府的赏金。孔子听说这件事后说:"赐这件事做错了呀!圣人之行事,可以移风易俗,而百姓可受其教导,不是只要适合自己的情况就行了。现在鲁国富人少而贫者多,(有子贡的榜样在先),赎人而接受赏金,就是不廉,赎人而没有赏金,(白白出钱出力),以后就没人做这事了。从今往后,鲁国没有做这事的人了。"

【原文】

孔子见季康子,康子未说。孔子又见之,宰予曰:"吾闻之夫子曰,王公不聘不动。今①吾子之见司寇也,少数矣。"孔子曰:"鲁国以众相凌,以兵相暴之日久矣,而有司不治,聘我者孰大乎?"于是鲁人闻之曰:"圣人将治,可以不先自为刑罚乎?"自是之后,国无争者。孔子谓弟子曰:"违山十里,蟪蛄之声犹尚存耳,政事无如膺之矣。"[说苑·政理]

【注释】

①今以下多误脱家语作今夫子之于司寇也日少而屈节数矣。

【释义】

孔子去求见季康子,季康子不高兴,不见。孔子再次求见,宰予说:"以前我曾听老师说:'王公不邀请我,我不去见他。'现在老师做了大司寇,日子不长,而屈己求见的事已经好多次了。难道不可以不去吗?"孔子说:"鲁国仗着人多欺负人少的,仗着武力凌暴手无寸铁的,出现这些情形已经很久了,而相关部门不去治理,(时局)需要我负责办理这事,这难道不比任何邀请都更重要吗?"鲁国人听到后说道:"圣人在位治国,何不先自远刑罚?"从此以后,国内无相争之人了。孔子对弟子说:"距离山谷有十里远了,但是蟋蟀的鸣叫声像在耳边响起一样,所以政事必须谨慎施行,不可掩人听闻。"

【原文】

鲍龙跪石而登嵯,孔子为之下车。[说苑·尊贤]

【释义】

鲍龙跪石头而蹬嵯,孔子为此下车(以表敬意)。

【原文】

齐景公问于孔子曰:"秦穆公其国小,处僻而霸,何也?"对曰:"其国小而志大,虽处僻而其政中,其举果,其谋和,其令不偷,亲举五羖大夫于保缧之中,与之语三日而授之政。以此取之,虽王可也,霸则小矣。"[说苑·尊贤]

【释义】

齐景公问孔子说:"秦穆公的国土面积小,并且地处偏僻,却能成就霸业,为什么呢?"孔子说:"他的国土面积虽小而志向远大,他的任何举动,都可以达到预期效果,他的谋划,都能得到大家的支持,他的政令,从无朝发夕改。他亲自将五羖大夫从囚徒中间提拔起来,跟他谈了三天,终于把为政大权交给他。以这样的君主来干事业,就是王道也能成就,霸业还是小的哩。"

【原文】

哀公问于孔子曰:"人何若而可取也?"孔子对曰:"毋取拑者,毋取健者,毋取口锐者。"哀公曰:"何谓也?"孔子曰:"拑者大给利,不可尽用;健者必欲兼人,不可以为法也；口锐者多诞而寡信，后恐不验也。夫弓矢和调，而后求其中焉；马悫愿顺①，然后求其良材焉；人必忠信重厚，然后求其知能焉。今人有不忠信重厚，而多知能，如此人者，譬犹豺狼与，不可以身近也。是故先其仁信之诚者，然后亲之。于是有知能者，然后任之。故曰：亲仁而使能。夫取人之术也，观其言而察其行。夫言者所以抒其智而发其情者也，能行之士，必能言之，是故先观其言而揆其行。夫以言揆其行，虽有奸轨之人，无以逃其情矣。"哀公曰："善。"［说苑·尊贤］

【注释】

①顺下当有服字。

【释义】

哀公问孔子说："怎样的人才可以选用？"孔子说："不要选用喜欢用势力胁迫别人的人，不要选用好胜心极强的人，不要选用伶牙俐齿夸夸其谈的人。"哀公说："为什么呢？"孔子说："喜欢胁迫别人的人，能得到众多好处，但是他用不完；好胜心极强的人总想超过别人，这样的人不可以效法；伶牙俐齿夸夸其谈的人，不讲信用，他说的恐怕以后也不会应验。弓箭要先调整好弦，然后才能命中；马首先要驯服它，使它忠厚温顺，然后才能要求它负重远行；人一定要忠信厚道，然后再要他有学问，有能力。现在有人不忠信厚道，但是有学问，有能力，这样的人，就好像豺狼一样，不可以去接近他。所以首先要选择确实信守仁义的人，然后再去接近他。在他们当中发现有学问、有能力的人，然后再去任用他们。所以说：一定要亲近信守仁义的人，任用有才能的人。至于选用人才的方法，首先先听他讲的话，然后再观察他的行为。言语是抒发人心中情感的，能够做到的人就一定能够说到，所以先观察他的言语，然后再揣度他的行为。通过一个人的言语来揣度一个人的行为，即使有想做坏事的人，也没法掩饰他的表情。"哀公说："好。"

【原文】

鲁哀公问于孔子曰："当今之时，君子谁贤？"对曰："卫灵公。"公曰："吾闻之：其闺门之内，姑姊妹无别。"对曰："臣观于朝廷，未观于堂陛之间也。灵公之弟曰公子渠牟，其知足以治千乘之国，其信足以守之，而灵公爱之；又有士曰王林，国有贤人必进而任之，无不达也，不能达，退而与分其禄，而灵公尊之；又有士曰庆足，国有大事，则进而治之，无不济也，而灵公说之；史鳅去卫，灵公邸①舍三月，琴瑟不御，待史鳅之人也而后入。臣是以知其贤也。"［说苑·尊贤］

【注释】

①邸当作郊。

【释义】

鲁哀公问孔子说:"当今,哪位国君最贤能?"回答说:"卫灵公。"哀公说:"我听说:他们闺门里边,姑姊妹都没有区别。"回答说:"我看见的是朝廷上的政事,没有看到后宫堂阶里的情况。灵公的弟弟叫公子渠牟,他的才智足以治理拥有千辆兵车的国家,他的信义也能守住这样的国家,灵公很喜欢他;又有个士人叫王林,专为国家举荐贤能之士任国君选用,举荐之人多数被任用,万一推荐没有被任用的,退回来后和他共享他的那份俸禄,灵公尊敬他;又有个士人叫庆足,只要国家有重大事情,他就出来治理,没有不成功的,灵公喜欢他;史鳅离开卫国,灵公官邸里三个月没有音乐声音,等到史鳅回来了,然后乐器才能进入官邸。我凭这些知道他贤能。"

【原文】

介子推行年十五而相荆,仲尼闻之,使人往视。还,曰:"廊下有二十五俊士,堂上有二十五老人。"仲尼曰:"合二十五人之智,智于汤武;并二十五人之力,力于彭祖。以治天下,其固免矣乎!"[说苑·尊贤]

【释义】

介子推十五岁的时候就做了荆相,仲尼听到了,派人去看看。派的人回来了,说:"走廊下有二十五位俊士,堂上有二十五位老人。"孔子说:"集中二十五个人的智慧,这个智慧超过汤武;集合二十五个人的力量,这个力量超过彭祖。用这样子来治理天下,这当然能免于祸乱了!"

【原文】

孔子闲居,喟然而叹曰:"铜鞮伯华而无死,天下其有定矣!"子路曰:"愿闻其为人也何若。"孔子曰:"其幼也,敏而好学;其壮也,有勇而不屈;其老也,有道而能以下人。"子路曰:"其幼也,敏而好学,则可;其壮也,有勇而不屈,则可;夫有道又谁下哉?"孔子曰:"由不知也。吾闻之,以众攻寡,而无不消也;以贵下贱,无不得也。昔者周公旦,制天下之政,而下士七十人,岂无道哉?欲得士之故也。夫有道

而能下于天下之士,君子乎哉!"[说苑·尊贤]

【释义】

孔子闲居在家,叹息说:"如果铜鞮伯华不死的话,天下差不多安定下来了。"子路说:"我想听听这个人为人怎么样。"孔子说:"他年纪小的时候,聪明又用功;壮年的时候,勇猛不屈;老年的时候,道德高尚又能礼贤下士。"子路说:"他小时候,聪明好学是可以的。壮年时,勇敢不屈也是可以的,至于晚年道德高尚礼贤下士他又要尊重谁呢?"孔子说:"你不知道。我听说,用多数人攻打少数人,没有不被消灭的;地位高的人尊重地位低的人,没有什么得不到的。从前周公治理天下大政,被他尊重的士人有七十个,难道没有原因吗?那是想要得到人才的缘故。道德高尚的人又能尊重天下的士人,真是君子啊!"

【原文】

孔子之郯,遭程子于塗,倾盖而语终日。有间,顾子路曰:"取束帛一以赠先生。"子路不对。有间,又顾曰:"取束帛一以赠先生。"子路屑然对曰:"由闻之也,士不中而见,女无媒而嫁,君子不行也。"孔子曰:"由,《诗》不云乎:'野有蔓草,零露溥兮,有美一人,清扬婉兮,邂逅相遇,适我愿兮。'今程子天下之贤士也,于是不赠,终身不见。大德毋逾闲,小德出入可也。"[说苑·尊贤]

【释义】

孔子到郯地去,在路上遇到程子,两人倾车相看,畅谈终日。过了一会,孔子命子路道:"拿束帛来赠给先生。"子路没有回答。过了一会,孔子又回过头对子路说:"拿束帛来赠给先生。"子路很在意地回答说:"我听说,男人没有中介而见面,女子没有媒人而出嫁,君子不认为是礼仪之交。"孔子说:"子由,《诗经》上不是说了吗?'旷野里有蔓草,落下圆圆的露珠,有位美人站在那里,眉清目秀气度婉约。不期相遇漫漫长道,正好畅谈我心寂寥。'当今,程子乃天下贤达之士,如果今天不能有所馈赠,可能终生不再相见。大事情不能超过限定,小事情有些出入是可以的。"

【原文】

齐桓公使管仲治国。管仲对曰:"贱不能临贵。"桓公以为上卿,而国不治。桓公曰:"何故?"管仲对曰:"贫不能使富。"桓公赐之齐国市租一年,而国不治。桓公曰:"何故?"对曰:"疏不能制亲。"桓公立以为仲父,齐国大安,而遂霸天下。孔子曰:"管仲之贤,不得此三权者,亦不能使其君南面而霸矣。"[说苑·尊贤]

齐桓公

【释义】

齐桓公派管仲治理国家。管仲回答说:"地位低贱的人不能管理地位高的人。"桓公任他做上卿,但国家仍然治理不好。桓公说:"这是什么缘故呢?"管仲回答说:"穷人不能命令富人。"桓公就把齐国一年的市租都赐给他,国家仍然没有治好。桓公说:"这是什么缘故?"回答说:"关系疏远的人不能制约关系亲近的人。"齐桓公就把管仲尊为仲父,齐国因此太平,于是称霸天下。孔子说:"即使像管仲这样的贤能,如果不能取得以上三种权力,也不能使他的国君向南再称霸。"

【原文】

子路问于孔子曰:"治国何如?"孔子曰:"在于尊贤而贱不肖。"子路曰:"范中行氏尊贤而贱不肖,其亡何也?"曰:"范中行氏尊贤而不能用也,贱不肖而不能去也。贤者知其不己用而怨之,不肖者知其贱己而仇之。贤者怨之,不肖者仇之,怨仇并前,中行氏虽欲无亡得乎?"[说苑·尊贤]

【释义】

子路问孔子说:"怎样治理国家?"孔子说:"在于尊重贤能的人,轻视不贤能的人。"子路说:"范中行氏尊重贤人轻视不贤能的人,他的灭亡是什么原因呢?"回答说:"范中行氏尊重贤能的人但不能任用他们,轻视不贤能的人但又不离开他们。贤能的人知道他不用自己埋怨他,不贤能的人知道他看不起自己仇恨他,贤能的人埋怨他,不贤能的人仇恨他,埋怨和仇恨都摆在他面前,中行氏想不遭灭亡,办得到吗?"

【原文】

谏有五：一曰正谏，二曰降谏，三曰忠谏，四曰戆谏，五曰讽谏。孔子曰："吾其从讽谏矣乎！"［说苑·正谏］

【释义】

劝谏的方法有五种：一是正谏，二是降谏，三是忠谏，四是戆谏，五是讽谏。孔子说："我大体赞成讽谏吧！"

【原文】

楚昭王欲之荆台游，司马子綦进谏曰："荆台之游，左洞庭之陂，右彭蠡之水，南望猎山，下临方淮，其乐使人遗老而忘死。人君游者，尽以亡其国。愿大王勿往游焉。"王曰："荆台乃吾地也，有地而游之，子何为绝我游乎？"怒而击之。于是令尹子西驾安车四马，径于殿下，曰："今日荆台之游，不可不观也。"王登东而拊其背曰："荆台之游，与子共乐之矣。"步马十里，引辔而止，曰："臣不敢下车，愿得有道，大王肯听之乎？"王曰："第言之。"令尹子西曰："臣闻之，为人臣而忠其君者，爵禄不足以赏也；为人臣而谀其君者，刑罚不足以诛也。若司马子綦者，忠臣也；若臣者，谀臣也。愿大王杀臣之躯，罚臣之家，而禄司马子綦。"王曰："若我能止听，公子独能禁我游耳。后世游之，无有极时，奈何？"令尹子西曰："欲禁后世易耳，愿大王山陵崩阤，为陵于荆台，未尝有持钟鼓管弦之乐而游于父之墓上者也。"于是王还车，卒不游荆台，令罢先置？孔子从鲁闻之，曰："美哉令尹子西，谏之于十里之前，而权之于百世之后者也。"［说苑·正谏］

【释义】

楚昭王想要到荆台去游玩，司马子綦上前进谏说："荆台左面有洞庭湖，右面是洪泽湖，南面可以看到猎山，向下可以看见方淮，这种快乐使人忘记了老和死。到那里去游玩的国君都因此亡了国。希望大王不要到那里去游玩。"昭王说："荆台是我的土地，到那个地方玩一下，你如何不让我去玩呢？"一气之下就打了司马子綦。这时令尹子西驾着一辆四匹马拉的车子，一直驱车到昭王的宫殿门前，说："今天君王要到荆台去，我们不能不去看看。"昭王登上车拍着子西的脊背说："到荆台去游玩，我们一同快乐快乐。"车子走了十里，令尹子西拉住马辔停下来，子西说："我不敢下车，想谈谈大的道理，君王肯听吗？"昭王说："你不妨说来听听。"令尹子西说："我听说，做人臣的如果忠于他们的君王，高官厚禄的赏赐对于他都不多；做人臣谄谀他的君王的，就是杀死他都算便宜他。像司马子綦这样的人，就是一位忠于君王的大臣；像我这样的人，就是一位谏臣。希望大王杀掉我，把我的家财赏给司马子綦。"昭王说："我听你的话，不去玩了，但你仅能说服我不去玩了，后代人去游玩，没有穷尽，又怎么办呢？"令尹子西说："想要禁止后代人去游玩很容易，希望大王百年之后，在荆台建筑陵园，后代总不会拿着钟鼓管弦等乐器到祖坟上去游玩吧！"于是昭王掉转车头，终于决定不去荆台游玩，并且命令撤去先前准备的一切。孔子从鲁国听到这件事，说："令尹子西真好啊！在十里路的前面劝谏君王，却考虑到百世以后的得失。"

【原文】

孔子曰："良药苦于口利于病，忠言逆于耳利于行。故武王谔谔而昌，纣嘿嘿而亡。君无谔谔之臣，父无谔谔之子，兄无谔谔之弟，夫无谔谔之妇，士无谔谔之友，其亡可立而待。故曰：君失之，臣得之；父失之，子得之；兄失之，弟得之；夫失之，妇得之；士失之，友得之。故无亡国、破家、悖父、乱子、放兄、弃弟、狂夫、淫妇、绝交败友。"［说苑·正谏］

【释义】

孔子说："好的药虽然苦得难以进口，但对病有好处，正直的话听起来不顺耳，但对做事有帮助。所以周武王有直言劝谏的臣子，国家昌盛，商纣王身边是些不敢说话的臣子，国家就灭亡了。君王没有直言争辩的大臣，父亲没有直言不讳的儿子，哥哥没有直言不讳的弟弟，丈夫没有直言不讳的妻子，士人没有直言不讳的朋友，他们的失败马上就会来到。所以说：君王有失误的地方，臣子要去劝谏他；父亲有失误的地方，儿子要去提醒他；哥哥有错误的地方，弟弟要去告诉他；丈夫有错误的地方，妻子要去劝说他；士人有错误的地方，朋友要去纠正他。这样就不会有亡国的君王、破落的家庭、谬误的父亲、叛逆的儿子、放任的哥哥、遗弃的弟弟、狂妄的丈夫、淫荡的妻子、断绝交好伤害感情的朋友。"

【原文】

孔子读《易》，至于《损》《益》，则喟然而叹。子夏避席而问曰："夫子何为叹？"孔子曰："夫自损者益，自益者缺，吾是以叹也。"子夏曰："然则学者不可以益乎？"孔子曰："否。天之道，成者未尝得久也。夫学者以虚受之，故曰①得。苟接②知持满,则天下之善言不得人其耳矣。昔尧履天子之位,犹允恭以持之,虚静以待下,故百载以逾盛,迄今而益章。昆吾自臧而满意,穷高而不衰,故当时而亏败,迄今而逾恶。是非损益之徵与? 吾故曰:'谦也者,致恭以存其位者也。'夫丰明而动,故能大;苟大,则亏矣。吾戒之,故曰:'天③下之善言不得人其耳矣。'日中则昃,月盈则食,天地盈虚,与时消息。是以圣人不敢当盛,升舆而遇三人则下,二人则轼,调其盈虚,故能长久也。"子夏曰:"善。请终身诵之。"[说苑·敬慎]

【注释】

①日当作日。

②接不之误。

③天以下十一字衍。

【释义】

孔子读《易经》,读到《损卦》和《益卦》时,就长长叹息。子夏离座位问孔子说:"老师为什么要叹息?"孔子说:"自己谦虚的人受益,自己骄傲的人会有缺失,我因此而叹息。"子夏说:"既然这样,那么求学也不能使人进步吗?"孔子说:"不是这样。上天的道理,成功了的不会长久。求学的人虚心求取知识,所以叫做得。如果不知道在极满的时候该怎么办,那么天下的好话就听不到了。从前尧登上了天子位,尚且保持着诚实恭敬,虚心静气对待下面的人,所以百年以后还很兴盛,到今天功德更加显著。昆吾自己说自己好,认为自己的至高无上的地位不会衰败,所以当时就溃败了,到今天名声更加坏了。这不就是损和益的特征吗? 所以说:'谦虚就是恭谨地尽自己的力量做好本职工作。'由于光明的变动,所以才能广大;如果真正广大了,那就要开始亏损。我警戒这件事,所以说:'如果自满,天下的好话就听不到了。'太阳过了中午就偏西了,月亮圆了就开始损缺,天地的盈和虚,跟随时间在消长。所以圣人不敢处于最兴盛的地位,登上车子如果遇到三个人就下车致敬,遇到两个人就靠着车前横木行礼,这是调和它的盈亏,所以才能长久。"子夏说:"好。我将终身记住它。"

【原文】

孔子观于周庙,而有敧器焉。孔子问守庙者曰:"此为何器?"对曰:"盖为右坐之器。"孔子曰:"吾闻右坐之器,满则覆,虚则敧,中则正。有之乎?"对曰:"然。"孔子使子路取水而试之,满则覆,中则正,虚则敧。孔子喟然叹曰:"呜呼! 恶有满而不覆者哉!"子路曰:"敢问持满有道乎?"孔子曰:"持满之道,挹而损之。"子路曰:"损之有道乎?"孔子曰:"高而能下,满而能虚,富而能俭,贵而能卑,智而能愚,勇而能怯,辩而能讷,博而能浅,明而能暗,是谓损而不极。能行此道,唯至德者及之。"《易》曰:"不损而益之,故损,自损而终故益。"〔说苑·敬慎〕

【释义】

孔子去参观周朝的宗庙,里面有一个倾斜的器皿。孔子问守庙的人:"这是什么器皿?"守庙人说:"这是右座的器皿。"孔子说:"我听说右座的器皿,水满了就倒覆,里面空虚就倾斜,恰好一半就端正。有这样的事吗?"答复说:"是这样。"孔子叫子路打水试验,果然水满了的时候,器皿就倒覆过来,水盛得刚好一半的时候,器皿就端端正正立着,水倒空的时候,器皿就倾斜着。孔子感慨地叹息说:"啊!哪里有满而不倒覆的事呢?"子路说:"请问,有保持盈满而不倒覆的方法吗?"孔子说:"保持盈满而不倒覆的方法,就是抑制贬损它。"子路问:"贬损它有方法吗?"孔子说:"高的能够低一点,满的能够空一点,富有的能够亏空一点,尊贵的能够卑贱一点,聪明的能够愚笨一点,勇敢的能够怯弱一点,有辩才的能够说话笨拙一点,学问渊博的能够肤浅一点,明察的人能够糊涂一点,这就是说减损一点不让它太满,能够执行这些方法的,只有品德最好的人才能做到。"《易经》上说:"满了的自己不损抑一点反而增加的,后来必定要受到损失,能够自己损抑一点的并且持之以恒,终究会得到好处。"

【原文】

孔子曰:"存亡祸福皆在己而已,天灾地妖,亦不能杀也。昔者殷王帝辛之时,爵生乌于城之隅。工人占之曰:'凡小①以生巨,国家必祉,王名必倍。'帝辛喜爵之德,不治国家,亢暴无极,外寇乃至,遂亡殷国。此逆天之时,诡②福反为祸。至殷王武丁之时,先王道缺,刑法弛,桑谷俱生于朝,七日而大拱。二人占之曰:'桑谷者,野物也。野物生于朝,意朝亡乎?'武丁恐骇,侧身修行,思昔③先王之政,兴灭国,继绝世,举逸民,明养老之道。三年之后,远方之君重译而朝者六国。此迎天时,得祸反为福也。故妖孽者,天所以警天子诸侯也;恶梦者,所以警士大夫也。故妖孽不胜善政,恶梦不胜善行也。至治之极,祸反为福。故《太甲》曰:'天作孽,犹可违,自作孽,不可逭。'"〔说苑·敬慎〕

【注释】

①小以字倒。

②诡,违也。

③昔字衍。

【释义】

孔子说:"存亡祸福,都在于自身的所作所为,国君如贤明,即使有天灾地祸,也不会伤害他。从前,殷王帝辛的时候,麻雀在城墙的角落里生出一只乌鸦。二人占卦说:'大凡小动物生出大动物,国家一定吉祥,国王的名声也定会加倍的好。'帝辛沾沾自喜于麻雀带来的福分,再也不去治理国家了,横暴没有限制,外国的侵犯也就来了,殷国于是被灭亡了。这是违背天意,得到福兆反而成了祸患。在殷王武丁的时候,先王的仁政没有了,刑法也废弛了,朝廷里长出桑谷,七天就有一人合抱那样粗大。二人占卦说:'桑谷是野生植物,朝廷里长出野生植物,估计是要亡国了。'武丁害怕得很,小心谨慎地修养自己的品德,施行先王的仁政,复兴灭亡的国家,延续断绝了的后代,举用隐居的贤人,阐明尊敬老人的办法。三年以后,远方的国君因语言不通要经过多次翻译来朝见的有六个国家,这是顺应天时,得到祸兆反而成了福祥。所以,异常的灾象是上天用来警戒天子和诸侯的,恶梦是用来警戒士大夫的。所以妖孽不能战胜仁政,恶梦不能战胜善行,政治真正走上轨道的时候,祸反而变成了福。所以《太甲篇》说:'上天造成的灾害,还可以避开,自己造成的祸害,就不可逃脱了。'"

【原文】

鲁哀公问孔予曰:"予闻忘之甚者,徙而忘其妻,有诸乎?"孔子对曰:"此非忘之甚者也,忘之甚者忘其身。"哀公曰:"可得闻与?"对曰:"昔夏桀贵为天子,富有天下,不修禹之道,毁坏辟法,裂绝世祀,荒淫于乐,沈酗于酒。其臣有左师触龙者,谄谀不止。汤诛桀,左师触龙者身死,四支不同坛而居,此忘其身者也。"哀公愀然变色曰:"善。"〔说苑·敬慎〕

【释义】

鲁哀公问孔子说:"我听说忘性大的人,搬家忘记了把妻子带来,有这种事吗?"孔子回答说:"这不是忘性最大的人,忘性最大的人忘记了自己。"哀公说:"可以说给我听听吗?"孔子回答说:"从前! 夏桀贵为天子,拥有天下的财富,但是他不遵循夏禹的治国大道,破坏国法,灭绝世祀,终日荒淫于娱乐,沉溺酒色。他的大臣左师触龙,专门阿谀逢迎,不匡正国君,结果商汤杀了夏桀,左师触龙也被杀了,四肢都被分解了,这就是忘记了他自己。"哀公忧伤地改变了脸色说:"说得对。"

【原文】

孔子之周,观于太庙。右陛之前,有金人焉,三缄其口,而铭其背曰:"古之慎言人也。戒之哉! 戒之哉! 无多言,多言多败,无多事,多事多患。安乐必戒,无行所悔。勿谓何伤,其祸将长;勿谓何害,其祸将大;勿谓何残,其祸将然;勿谓莫闻,天妖伺人。荧荧不灭,炎炎奈何;涓涓不壅,将成江河,绵绵不绝,将成纲罗;青青不伐,将寻斧柯。诚不能慎之,祸之根也;曰是何伤,祸之门也。强梁者不得其死,好胜者必遇其敌,盗怨主人,民害其贵。君子知天下之不可盖也,故后之,下之,使人慕之,执雌持下,莫能与之争者。人皆趋彼,我独守此,众人惑惑,我独不从;内藏我知,不与人论技;我虽尊高,人莫害我。夫江河长百谷者,以其卑下也。天道无亲,常与善人。戒之哉! 戒之哉!"孔子顾谓弟子曰:"记之! 此言虽鄙,而中事情。《诗》曰:'战战兢兢,如临深渊,如履薄冰。'行身如此,岂以口遇祸哉!"[说苑·敬慎]

【释义】

孔子到周的国都去,到周天子的太庙参观。祖庙右边的台阶前面,有一个金属铸的人像,嘴被牢牢封闭着,背上有一篇铭文,写道:"这是古代说话谨慎的人。警戒啊! 警戒啊! 不要多说话,多说话多坏事,不要多事,多事多祸患。安于享乐的人一定要警惕,不要做下后悔的事情。不要说这有什么妨碍,那个祸患将要增长;不要说这有什么害处,那个祸患将要扩大;不要说这有什么伤害,那个祸患将要像烈火一样燃烧;不要说没有人听见,天妖正在窥伺着人。如果荧荧小火不扑灭,形成了炎炎烈火就没有办法了;如果涓涓细流不堵塞,就会形成浩瀚的江河;如果绵绵的丝线不扯断,将会织成罗网;如果荒杂小树不伐去,就会长成大树,非要斧子才能伐柯。如果说话不谨慎,就是一切祸患的根源;认为这没什么妨碍,就是敞开了灾祸的大门。强横的人不得好死,好胜的人一定会遭逢对手,盗贼怨恨主人,人民厌恶权贵。君子知道天下之大不能完全遮盖,所以退后一点,低下一点,让人家美慕,面对敌对一方退让一步,反而没有人与他抗争。人家都趋向那边去,我只守在这里。众人都感迷惑,我独不去;内心暗藏智慧,不和别人盘道论技;我虽然处于尊高地位,没有人来害我。江河能够汇集百条山谷的流水,因为它低下。上天之道是不分亲疏的,它经常帮助好人。警戒啊! 警戒啊!"孔子回头对弟子们说:"你们要记住! 这些话虽然鄙俗,但合乎事理。《诗经》说:'小心谨慎,就像面临深渊一样,就像走在薄冰上一样。'一个人立身处世能够这样,难道还会因为说话遭遇灾祸吗?"

【原文】

孔子行游,中路闻哭者声,其音甚悲。曰:"驱之,驱之,前有异人音。"少进见之,丘吾子也,擁镰带索而哭。孔子辟车而下问曰:"夫子非有丧也,何哭之悲也?"丘吾子对曰:"吾有三失。"孔子曰:"愿闻三失。"丘吾子曰:"吾少好学问,周遍天下还,后吾亲亡,一失也;事君奢骄,谏不遂,是二失也;厚交友,而后绝,三失也。树欲静乎,风不定。子欲养乎,亲不待。往而不来者,年也,不可得再见者,亲也。请从此辞。"则自刎而死。孔子曰:"弟子记之,此足以为戒也。"于是弟子归养亲者十三人。[说苑·敬慎]

【释义】

孔子与众弟子出游,途中听到有人哭,哭声特别悲切。孔子说:"快赶车,快赶车,前面有奇人异士的声音。"一会儿看见了,是丘吾子,正抱着镰刀带着绳索哭泣。孔子下车问道:"先生并没有丧事,为什么哭得如此悲伤?"丘吾子回答道:"我有三大过失。"孔子说:"愿意听听你的三大过失。"丘吾子说:"我年少时爱好学问,周游天下,等我回来,双亲已经亡故,这是一大过失。所事君王奢侈骄横,不纳谏,是第二大过失。交友广阔,之后又都绝交,是第三大过失。树想要静止下来,但风还在刮。孩子想要奉养双亲,而双亲已经不在人世。过去了就不会再来的是岁月,永不能再见的是故去的亲人。让我就此辞别吧!"随后自刎而死。孔子说:"弟子们记住,要以此为戒啊!"由此孔子弟子中归家奉养双亲的有十三人。

【原文】

孔子论《诗》,至于《正月》之六章,惧然曰:"不逢时之君子,岂不殆哉! 从上依世,则废道;违上离俗,则危身。世不与善,己独由之,则曰非妖则孽也。是以桀杀关龙逢,纣杀王子比干。故贤者不遇时,常恐不终焉。《诗》曰:'谓天盖高? 不敢不跼。谓地盖厚? 不敢不蹐。'此之谓也。"[说苑·敬慎]

【释义】

孔子讲解《诗经》,到《正月》第六章,忧惧地说:"君子生不逢时,能不危险吗?顺从君王依从世俗,废弃了所追寻的道义;违背君王背离世俗,则自身难保。世人都不好好善待的,自己独自坚持,则会被视为妖孽。因此夏桀杀了关龙逢,商纣王杀了王子比干。所以圣贤的人如果生不逢时,常常是不能善终的。《诗》言道:'说天何以这样高,却不敢不弯腰。说地何以这样厚? 却不敢不小心走路。'说的就是这个道理。"

【原文】

孔子见罗者,其所得者,皆黄口也:孔子曰:"黄口尽得,大爵独不得,何也?"罗者对曰:"黄口从大爵者,不得;大爵从黄口者,可得。"孔子顾谓弟子曰:"君子慎所从。不得其人,则有罗纲之患。"[说苑·敬慎]

【释义】

孔子看见用网捕捉麻雀的人,抓到的都是小麻雀。孔子问道:"为什么抓到的都是小麻雀,大麻雀却捉不到?"捕雀的人回答说:"小麻雀跟着大麻雀的,捉不着。大麻雀跟着小麻雀的,容易捉到。"孔子回头对弟子们说:"君子要谨慎地选择跟随的人。如果跟错了人,则会误入歧途,像麻雀有罗网之灾一样。"

【原文】

颜回将西游,问于孔子曰:"何以为身?"孔子曰:"恭敬忠信,可以为身。恭则免于众,敬则人爱之,忠则人与之,信则人恃之。人所爱、人所与、人所恃,必免于患矣。可以临国家,何况于身乎?"[说苑·敬慎]

【释义】

颜回要向西游学,问孔子道:"怎样才能立身?"孔子说:"做到恭敬忠信,就可以立身了。恭,就不会被众人所诟痛;敬,人人都会友爱你;忠,人人都能交付你;信,众人都信赖你。人人都友爱都能交付和信赖的人,一定会免于忧患。能做到恭敬忠信,都可以治理国家了,何况于立身呢?"

【原文】

赵襄子谓仲尼曰:"先生委质以见人主,七十君矣。而无所通,不识世无明君乎？意先生之道固不通乎？”仲尼不对。异日，襄子见子路曰：“尝问先生以道，先生不对。知而不对，则隐也。隐则安得为仁？若信不知，安得为圣？”子路曰：“建天下之鸣钟而撞之以挺，岂能发其声乎哉？君问先生，无乃犹以挺撞乎。”［说苑·善说］

【释义】

赵襄子问孔子道：“先生致力于游说君王，已经见过七十个君王了，都没能通达，难道不知道世上没有明君吗？还是先生所持的道本来就不对呢？”孔子不回答他；过了几天，襄子见到子路说：“曾经问先生关于道的事，先生不回答。知道而不回答，是故意隐瞒，故意隐瞒怎么称得上仁呢？如果确实不知道，又怎么算得上是圣贤呢？”子路说：“铸造一个能鸣响天下的大钟，而用棍棒来撞击它，怎么能让它发出洪亮的声音呢？你问道于先生，难道不是像用棍棒敲击大钟吗？”

【原文】

子路问于孔子曰：“管仲何如人也？”子曰：“大人也。”子路曰：“昔者管子说襄公，襄公不说，是不辩也；欲立公子纠，而不能，是无能也；家残于齐，而无忧色，是不慈也；桎梏而居槛车中，无惭色，是无愧也；事所射之君，是不贞也；召忽死之，管仲不死，是无仁也。夫子何以大之？”子曰：“管仲说襄公，襄公不说，管子非不辩也，襄公不知说也；欲立公子纠，而不能，非无能也，不遇时也；家残于齐，而无忧色，非不慈也，知命也；桎梏居槛车，而无惭色，非无愧也，自裁也；事所射之君，非不贞也，知权也；召忽死之，管仲不死，非无仁也。召忽者，人臣之材也，不死则三军之虏也；死之，则名闻天下。夫何为不死哉？管子者，天子之佐，诸侯之相也。死之，则不免为沟中之瘠；不死，则功复用于天下。夫何为死之哉？由，汝不知也。”［说苑·善说］

【释义】

子路问孔子道：“管仲是什么样的人？”孔子说：“是成大事的人。”子路说：“管仲曾经游说襄公，襄公不为所动，是没有辩才。想要立公子纠，没有成功，是他没有能力。家人在齐国受到伤害而不表现出担心，是不仁慈。身戴脚镣手铐在囚车之中，而没有羞愧之色，是不知道惭愧。侍奉的君王是自己曾经要射杀的人，是不忠贞。召忽死了，管仲却不死，是不仁义。先生为何说他是成大事的人？”孔子说：“管仲游说襄公，襄公不为所动，不是管仲没有辩才，而是襄公没有领会管仲的意图。想要立公子纠,没有成功,不是没有能力,是没有遇到好时机。家人在齐国受到伤害而不担心,不是不仁慈,不过是接受命运的安排罢了。身戴脚镣手铐在囚车之中,而没有羞愧之色,不是不知道惭愧,而是当作自我惩罚。奉自己曾经要射杀的人为君王,不是不忠贞,是知道权重。召忽死了,管仲却不死,不是不仁义。召忽是做臣子的人才,如果不死不过是做了俘虏,死了却可以名闻天下。那管仲为什么不死呢? 管仲是天子的辅佐,诸侯的相国之才,死了不过是沟中的泥土,不死,则可以发挥自己的才能,有用于天下,为什么要死呢? 子路,你不明智呀!"

【原文】

赵简子曰:"晋有铎鸣、犊仇,鲁有孔丘,吾杀此三人,则天下可图也。"于是乃召铎鸣、犊仇,任之以政而杀之。使人聘孔子于鲁。孔子至河,临水而观曰:"美哉,水洋洋乎! 丘之不济于此,命也夫?"子路趋进曰:"敢问奚谓也?"孔子曰:"夫铎鸣、犊仇,晋国之贤大夫也。赵简子之未得志也,与之同闻见。及其得志也,杀之而后从政。故,丘闻之:'刳胎焚夭,则麒麟不至;乾泽而渔,蛟龙不游;覆巢毁卵,则凤凰不翔。'丘闻之君子重,伤其类者也。"［说苑·权谋]

【释义】

赵简子说:"晋国有铎鸣、犊仇,鲁国有孔丘,我把这三人杀了,就可以图谋天下了。"于是他把铎鸣、犊仇召来,任命他们为官,后来把他们杀了。又派人去鲁国聘请孔子。孔子到了黄河,在岸边慨叹到:"多么壮美的滔滔河水啊! 我孔丘在此无法过河,是命运的安排吧?"子路上前问道:"敢问先生为何这样说呢?"孔子说:"铎鸣、犊仇,是晋国贤良的大夫。赵简子没有显达的时候,与他们一样名闻天下。等到他显达的时候,却把他们杀掉自己做了大官。原来孔丘曾听说,剖腹焚烧幼胎,就不会有麒麟;为了捕鱼而放干湖泽之水,蛟龙也无法游走;倾覆鸟巢毁灭卵蛋,凤凰也无法飞翔。现在孔丘又听到君子一旦显赫,就伤害同类的事了。"

【原文】

孔子与齐景公坐,左右白曰:"周使来言,周庙燔。"齐景公出,问曰:"何庙也?"孔子曰:"是釐王庙也。"景公曰:"何以知之?"孔子曰:"《诗》云:'皇皇上帝,其命不忒。天之与人,必报有德。'祸亦如之。夫釐王,变文武之制,而作玄黄,宫室舆马,奢侈不可振也。故天殃其庙,是以知之。"景公曰:"天何不殃其身,而殃其庙乎?"子曰:"天以文王之故也。若殃其身,文王之祀无乃绝乎? 故殃其庙,以章其

过也。"左右入报，曰："周釐王庙也。"景公大惊，起，再拜曰："善哉，圣人之智，岂不大乎！"［说苑·权谋］

【释义】

孔子与齐号公坐谈，齐景公手下禀告："周天子的使者来报告说周朝的王庙着火了。"齐景公出来，问道："是哪个王庙？"孔子说："是釐王庙。"景公说："怎么知道的呢？"孔子说："《诗经》说：'皇天上帝，任命不会有差错。天授君权，必与有德之人。'祸患也是这样。釐王改变了文王武王的制度，宫室车马，奢侈靡丽，不可救药。所以上天让他的王庙遭殃，因此而知。"景公说："上天为什么不将报应落到他身上，而是损毁他的王庙？"孔子说："上天是因为文王的缘故。如果报应到釐王身上，文王的后嗣不是就断绝了？损毁釐王庙，以惩罚他的过错。"齐景公手下又前来禀告道："是周釐王庙。"景公大为惊奇，站起来又拜道："好啊，圣人的智慧真是强大啊！"

【原文】

鲁公索氏将祭，而亡其牲。孔子闻之，曰："公索氏，比及三年必亡矣。"后一年而亡。弟子问曰："昔公索氏亡牲，夫子曰比及三年必亡矣。今期年而亡，夫子何以知其将亡也？"孔子曰："祭之为言，索也。索也者，尽也。乃孝子所以自尽于亲也。至祭而亡其牲，则余所亡者多矣。吾以此知其将亡也。"［说苑·权谋］

【释义】

鲁国的公索氏将要举行祭祀，但用来祭祀的牺牲却丢失了。孔子听说了，说道："公索氏，等到三年必定消亡。"一年后，公索氏就消亡了。弟子问道："以前公索氏丢失祭祀的牲口，先生说等到三年定消亡。现在一年后就消亡了，先生怎么知道他将要消亡呢？"孔子说："祭在语言文字中，是索的意思。索，就是穷尽。所以孝子自尽以祭祀双亲。到要祭祀的时候丢失祭祀的牺牲，那么其他的要丢失的更多。所以我据此推测他将要消亡。"

【原文】

齐桓公将伐山戎孤竹，使人请助于鲁。鲁君进群臣而谋，皆曰："师行数十①里入蛮夷之地，必不反矣。"于是鲁许助之，而不行。齐已伐山戎孤竹，而欲移兵于鲁，管仲曰："不可，诸侯未亲，今又伐远而还诛近邻②，邻国不亲，非霸王之道。君之所得,山戎之宝器者,中国之所鲜也,不^③可以不进周公之庙乎。"桓公乃分山戎之宝,献之周公之庙。明年起兵伐莒,鲁下令丁男悉发,五尺童子皆至。孔子曰:"圣人转过为福,报怨以德,此之谓也。"[说苑·权谋]

【注释】

①十千之误。

②邻字恐衍。

③不字衍。

【释义】

齐桓公要讨伐山戎孤竹,派人向鲁国求助。鲁王与群臣商议,都说:"派军队行进数千里深入蛮夷之地,一定不会成功而返。"于是鲁国答应帮助,但却不派兵。齐王讨伐完山戎孤竹,想要进攻鲁国,管仲说:"不行,诸侯都没有交好,现在刚远征完又进攻近邻,邻国都不与你友善,这不是成就霸业之道。国君讨伐山戎所得的宝物器皿,中原很少得见,不能不进献给周公之庙。"桓公于是把讨伐山戎得到的宝物,分给鲁国一部分。第二年齐国起兵讨伐莒国,鲁国下令男子全部派发,连没有成年的少年也在列。孔子说:"圣人把过失转为福,以德报怨,就是说的这个呀!"

【原文】

中行文子出亡至边,从者曰:"为此啬夫者,君人也,胡不休焉,且待后车者?"文子曰:"异日吾好音,此子遗吾琴。吾好佩,又遗吾玉。是不非吾过者也,自容于我者也,吾恐其以我求容也。"遂不入。后车入门,中行文子问啬夫之所在,执而杀之。仲尼闻之曰:"中行文子背道失义,以亡其国,然后得之,犹活其身。道不可遗也若此。"[说苑·权谋]

【释义】

中行文子逃亡到了边境,随从的人说:"担任这里啬夫官职的人,是你的手下,何不去那里休息一会儿,再等待后面的车辆?"文子说:"以前,我喜好音乐,这个人就送给我琴。我喜欢佩戴装饰物,他又送我玉佩。这是不指责我的过错的人,是求我容纳的人,我恐怕他会出卖我来求得晋君的接纳和任用。"于是就不进去。后面的车子进了门,文子问清啬夫的处所,抓来把他杀死。仲尼听到此事说:"中行文子违背道德失去正义,从他的国家里逃出来,但以后重获道义,还能保全自身。道德不可遗弃就像这样呀!"

【原文】

孔子问漆雕马人曰:"子事臧文仲、武仲、孺子容三大夫者,孰为贤?"漆雕马人对曰:"臧氏家有龟焉,名曰蔡。文仲立,三年为一兆焉;武仲立,三年为二兆焉;孺子容立,三年为三兆焉;马人见之矣。若夫三大夫之贤不,马人不识也。"孔子曰:"君子哉,漆雕氏之子。其言人之美也,隐而显;其言人之过也,微而著。故智不能及,明不能见,得无数卜乎?"[说苑·权谋]

【释义】

孔子问漆雕马人说:"你事奉臧文仲、武仲、孺子容三位大夫,他们中的哪一位贤能呢?"漆雕马人回答说:"臧氏家中有只龟,名叫蔡。文仲主持政事,三年占卜一次;武仲主持政事,三年占卜两次;孺子容主持政事,三年占卜三次。我见到的就是这些。至于说三位大夫的贤能与否,我就不知道了。"孔子说:"真是君子啊,漆雕氏家的这个人。他说别人的优点,看来隐约,实际却很明显;他说别人的缺点,看来微小,实际却很显眼。所以说,智慧不能虑及,聪明不能预见,难道不要多次占卜吗?"

【原文】

楚共王出猎,而遗其弓,左右请求之。共王曰:"止。楚人遗弓,楚人得之,又何求焉?"仲尼闻之曰:"惜乎,其不大。亦曰,人遗弓,人得之而已,何必楚也。"[说苑·至公]

【释义】

楚共王外出打猎,遗失了他的弓。他的手下要去寻找。共王说:"不用。楚国人丢失弓,还是楚国人得到,又何必再去找呢?"孔子听说后道:"可惜啊,眼界不大。应该说人丢失了弓,还是人得到,何必限于楚人呢。"

【原文】

夫子行说七十诸侯,无定处。意欲使天下之民各得其所,而道不行,退而修《春秋》,采豪毛之善,贬纤介之恶,人事浃,王道务,精和圣制,上通于天而麟至,此天之知夫子也。于是喟然而叹曰:"天以至明为不可蔽乎,日何为而食? 地以至安为不

可危乎，地何为而动？"天地而尚有动蔽，是故贤圣说于世而不得行其道，故灾异并作也。[说苑·至公]

【释义】

孔子周游列国，游说七十国诸侯，居无定处。他的目的是希望天下百姓都能安居乐业，但他伟大的志向却无法推行，只得退居故乡整理《春秋》，褒扬毫末般的善事，贬斥纤介般的恶事，人事得以融洽，五道得以完备，这种精诚平和神圣的举动感动了上苍，以致出现了麟这样的瑞兽，这是上天也知道孔子啊！孔子于是叹息说："天光明极致，难道不会被遮蔽吗，那么为什么会出现日食？地安定极致，难道不会出现危险吗，那么为什么会有地震发生？天地尚有震动和被蒙蔽的时候，所以圣贤游说于世而大道不被采用也就不奇怪了，也因此灾祸变异就一齐而至了。"

【原文】

孔子为鲁司寇，听狱必师断，敦敦然皆立，然后君子进曰："某子以为何若？某子以为云云。"又曰："某子以为何若？某子曰云云。"辩矣，然后君子①："几当从某子云云乎。"以君子之知，岂必待某子之云云然后知所以断狱哉？君子之敬让也。文辞有可与人共之者，君子不独有也。[说苑·至公]

【注释】

①子下脱曰字。

【释义】

孔子在鲁国任司寇时，审案必定在众人面前公开审判，态度恳切地向大家解释案情，并说："某人认为应这样处理，某人认为应那样处理。"又重复一遍说："某人认为应这样处理，某人认为应那样处理。"大家讨论后，孔子才宣布："应该听从某人的说法。"以孔子的学问智慧，哪用得上等某个人发表意见后才裁决案件呢？这是君子谦让恭敬的表现。文章词采有可以和大家共同探讨的地方，君子是不会专行独断的。

【原文】

子羔为卫政，则人之足。卫之君臣乱，子羔走郭门。郭门闭，刖者守门，曰："于彼有缺。"子羔曰："君子不逾。"曰："于彼有窦。"子羔曰："君子不遂。"①曰："于此有室。"子羔人。追者罢。子羔将去,谓刖者曰:"吾不能亏损主之法令,而亲刖子之足。吾在难中,此乃子之报怨时也,何故逃我?"刖者曰:"断足,固我罪也,无可奈何。君之治臣也,倾侧法令先,后,臣以法,欲臣之免于法也,臣知之。狱诀罪定,临当论弄,君愀然不乐,见于颜色,臣又知之。君岂私臣哉,天生仁人之心,其固然也。此臣之所以脱君也。"孔子闻之,曰:"善为吏者,树德;不善为吏者,树怨。公行之也,其子羔之谓欤。"〔说苑·至公〕

【注释】

①遂当作隧。

【释义】

子羔在卫国主政,曾断人足。卫国君臣发生内乱,子羔从城门逃走。城门已经关闭,就是那个曾受断足之刑的人在守门。他说:"那儿有个缺口。"子羔说:"君子是不会去翻越的。"又说:"那儿有个洞穴。"子羔说:"君子是不会进去的。"守门人又说:"这儿有个房间。"子羔进去躲避,追兵寻不见只好离去。子羔将要离去时,对受刑之人说:"我不能不执行君王的法令,亲自下令对你行断足之刑。现在我遇难了,正是你报复的时候,为什么帮我逃走呢?"受断足之刑的人说:"砍断我的腿,是我罪有应得,没有办法。大人治理我们时,法令颁布在先。后来我触犯法律,大人也是想要避免对我用刑,我是知道的。当罪名确定,就要行刑时,大人悲戚忧愁都表现在脸上,我也是知道的。大人难道是对我有私心吗?只不过是你天生仁爱之心,本来就是这样做。所以我才会帮你逃脱。"孔子听说后,说道:"善于为官的人,树立美德;不会做官的,集聚怨恨。如果能做到,不就像子羔那样吗?"

【原文】

孔子北游,东上农山,子路、子贡、颜渊从焉。孔子喟然叹曰:"登高望下,使人心悲。二三子者各言尔志,丘将听之。"子路曰:"愿得白羽若月,赤羽若日。钟鼓之音,上闻乎天,旌旗翩翩,下蟠于地。由且举兵而击之,必也。攘地千里,独由能耳。使夫二子为我从焉。"孔子曰:"勇哉,士乎愤愤者乎!"子贡曰:"赐也愿齐楚合战于莽洋之野,两垒相当,旌旗相望,尘埃相接,接战搰兵。赐愿著缟衣白冠,陈说白刃之间,解两国之患,独赐能耳。使夫二子者为我从焉。"孔子曰:"辩哉,士乎僩僩者乎!"颜渊独不言,孔子曰:"回,来,若独何不愿乎?"颜渊曰:"文武之事,二子已言之,回何敢与焉!"孔子曰:"若鄙心不与焉,第言之。"颜渊曰:"回闻鲍鱼兰芷不同箧而藏,尧舜桀纣不同国而治。二子之言,与回言异。回愿得明王圣主而相之,使城郭、不修,沟池不越,锻剑戟以为农器,使天下千岁无战斗之患。如此,则由何愤愤而击,赐又何僊僊而使乎?"孔子曰:"美哉德乎! 姚姚者乎!"子路举手问曰:"愿闻夫子之意。"孔子曰:"吾所愿者,颜氏之计,吾愿负衣冠而从颜氏子也。"〔说苑·指武〕

【释义】

孔子北游到鲁国北部,向东登上了农山,子路、子贡、颜渊跟随着他。孔子很有感慨地叹息说:"登高俯视,使人心悲。你们几个人都谈谈你们的志向,我来听听。"子路回答说:"我希望白色羽毛像月亮一样白,赤色羽毛像太阳一样红,击钟擂鼓,声音一直传到天上,旌旗飞舞,旗尾扫到地面。派人率领这支军队去攻打敌人,只有我有这种本事。我率领军队向敌人攻击,必定可以夺得上千里土地,这种事只有我子路能做到。他们两个可以做我的随从。"孔子说:"你是一个勇士啊!内心有所不平吧?"子贡说:"我愿意齐楚大战于千里原野,两军旗鼓相当,旌旗招展,尘埃四起,短兵相接。这时我穿着白色的衣服,戴着白色的帽子,于白刃交加中劝说他们,解除两国的战祸,这种事只有我子贡能做到,他们二人可以做我的随从。"孔子说:"真是能言善辩啊,如此轻而易举就完成了任务。"只有颜渊默不作声,孔子说:"颜回,你过来,你为什么不愿说呢?"颜渊说:"文武之事,他们两位已说过了,我哪里还敢表达意见呢?"孔子说:"你是否鄙夷那些事,内心不赞成呢?只管说一说吧!"颜渊回答说:"我听说腐臭的鱼不与兰、茝两种香草共同放在一个箱子里,桀纣不与尧舜同时治理天下。他们两位所说的和我不同。我希望找到一个圣明的君王,做他的卿相,说服他不要建筑城墙,不要挖掘护城河,把兵器都拿来铸造农器,让天下千年无战争的忧患。如果这样,子路何必愤愤不平的要出兵呢?子贡又何必去逞口舌之利呢?"孔子说:"多么完美的道德啊! 是自得其意的人了!"子路举手发问说:"我们愿意听听老师的意见。"孔子说:"我所希望的,就是颜渊刚才所讲的志向,我愿意背着衣冠行李,跟随着颜渊。"

【原文】

鲁[1]哀公问于仲尼曰:"吾欲小则守,大则攻,其道若何?"仲尼曰:"若朝廷有礼,上下有亲,民之众皆君之畜也,君将谁攻? 若朝廷无礼,上下无亲,民众皆君之仇也,君将谁与守?"于是废泽梁之禁,弛关市之征,以为民惠也。〔说苑·指武〕

①薛据《孔子集语》引,此以为见韩非子,今韩非子无此文。

【释义】

鲁哀公问孔子说:"我想国力弱小时就以防御为主,国力强盛时就以向外进攻为主,该怎么才能做到这一点呢?"孔子说:"如果朝廷能做到符合礼义,上下亲近一心,百姓都像国君的子女一样,那么您将进攻谁呢? 如果朝廷所做不合礼义,上下相怨,百姓都像国君的仇敌,您又和谁来防守自己的国家呢?"于是鲁哀公就废除了湖泊鱼梁的禁令,放松了关卡和市场的征税,用来施恩惠于人民。

【原文】

孔子为鲁司寇,七日而诛少正卯于东观之下。门人闻之,趋而进至①者②,不言其意皆一也。子贡后至,趋而进曰:"夫少正卯者,鲁国之闻人矣,夫子始为政,何以先诛之?"孔子曰:"赐也,非尔所及也。夫王者之诛有五,而盗窃不与焉:一曰心辨而险,二曰言伪而辩,三曰行辟③而坚,四曰志愚而博,五曰顺非而泽。此五者,皆有辨知聪达之名,而非其真也。苟行以伪,则其知足以移众,强足以独立,此奸人之雄也,不可不诛。夫有五者之一则不免于诛,今少正卯兼之,是以先诛之也。昔者,汤诛蠋沐,太公诛潘阯,管仲诛史附里,子产诛邓析,此四子未有不诛也。所谓诛之者,非为其昼则攻盗,暮则穿窬也,皆倾覆之徒也。此固君子之所疑,愚者之昕惑也。《诗》云:'忧心悄悄,愠于群小。'此之谓矣。"[说苑·指武]

【注释】

①至字当在闻之下。
②者字恐衍。
③辟与僻同。

【释义】

孔子做鲁国司寇,七天后在东观下诛杀了少正卯。学生们听到了,都跑来见孔子,来的人虽不说话,但心里所想是一致的。子贡最后才到,他跑进来问:"少正卯是鲁国的知名人士,老师您刚掌刑法之政,为什么就先杀了他呢?"孔子说:"子贡,这不是你所能了解的。君王应该杀的人有五种,这还不包括强盗和小偷。第一种是明白事理但居心险恶的人，第二种是言语浮夸而爱好诡辩的人，第三种是行为乖僻又顽固不化的人，第四种是心志愚劣但见闻广博的人，第五种是为非作歹但表面爱施恩惠的人。这五种人都有善辩识广、聪明通达的名声，但却不是真实的。如果允许他们施行自己的虚伪之道，那么他们的思想足以迷惑民众，他们的势力足以独立于世，这是奸人之中的英雄，不能不杀。这五种恶行居其一，都不免于被诛杀，现在少正卯兼有这五种，所以先把他诛杀了。过去商汤杀蠋沐，太公杀潘阯，管仲杀史附里，子产杀邓析，这四个人，圣贤没有不诛杀他们的。所以诛杀他们，不是因为他们白天为盗，晚上为偷，而是因为他们都是使国家产生倾亡祸乱的人啊！我这样做，本来就是君子们所疑心，愚昧的人所困惑的。《诗经》说：‘忧心忡忡，对那些小人感到愤怒。’就是说的这种情况吧！”

【原文】

水名盗泉，孔子不饮。［说苑·谈丛］

【释义】

有一处水，因名叫盗泉，孔子从不饮用。

【原文】

子贡问孔子曰：“赐为人下，而未知所以为人下之道也。”孔子曰：“为人下者，其犹土乎！种之则五谷生焉，掘之则甘泉出焉，草木植焉，禽兽育焉，生人立焉，死人人焉，多其功而不言。为人下者，其犹土乎。”［说苑·臣术］

【释义】

子贡同孔子说：“我做人家的下人，但不知做下人的方法。”孔子说：“做人家的下人，如同泥土一样。在泥土上面种植就会长出五谷，向下面挖掘就会涌出甘泉，草木依靠它生长，禽兽依靠它生存，活人依靠它生活，死人依靠它埋葬，它的功劳很多但不表白。做人家的下人，就像泥土一样。”

【原文】

子路为蒲令，备水灾，与民春修沟渎。为人烦苦，故与人一箪食，一壶浆。孔子闻之，使子贡复之。子路忿然不悦，往见夫子曰：“由也以暴雨将至，恐有水灾，故与人修沟渎以备之。而民多匮于食，故与人一箪食一壶浆。而夫子使赐止之，何也？

夫子止由之行仁也。夫子以仁教,而禁其行仁也,由也不受。"子曰:"乐以民为饿,何不告于君,发仓廪以给食之?而以尔私馈之,是汝不明君之惠,见汝之德义也。速已则可矣,否则尔之受罪不久矣。"子路心服而退也。[说苑·臣术]

【释义】

　　子路做蒲地长官,为了防备水灾,帮助百姓在春季开始修整沟渠。因为百姓辛苦,所以给每个人一竹篮饭和一壶水。孔子听说了,派子贡去制止他。子路生气很不高兴,去见孔子说:"我因为暴雨将要来临,恐怕发生水灾,所以帮助百姓修整沟渠来做预防。但百姓多数人没有饭吃,所以给百姓一篮饭一壶水。老师派人阻止我,是什么缘故?老师阻止我做仁义的事了。老师用仁义教导人,又禁止人去做仁义的事,我不能接受。"孔子说:"你认为百姓饥饿了,为什么不报告国君,发放仓库的粮食给百姓吃呢?而你用自己的粮食送给百姓,这样你就是不向百姓宣扬国君的恩惠,却显扬你的仁义。赶快停下来还可以,否则你马上就会受到惩罚。"子路心服口服地离开了。

【原文】

　　孔子曰:"君①子务本,本立而道生。"[说苑·建本]

【注释】

　　①《论语'学而篇》以此为有子言。

【释义】

　　孔子说:"君子致力于根本,根本建立了,治国做人的道理就会产生。"

【原文】

　　孔子曰:"行身有六本,本立焉然后为君子。立体有义矣,而孝为本;处丧有礼矣,而哀为本;战阵有队矣,而勇为本;治政有理矣,而能为本;居国有礼矣,而嗣为本;生才有时矣,而力为本。置本不固,无务丰末,亲戚不悦,无务外交;事无终始,无务多业;闻记不言,无务多谈,比近不说,无务修远。是以反本修迩,君子之道也。"[说苑·建本]

【释义】

　　孔子说:"立身处世有六件根本大事,根本立住了,然后才能称作君子。立身有准则，以孝为本；居丧有礼节，尽哀是根本；作战有阵列，勇敢是根本；处理政事要有条理，才能是根本；统治国家有礼仪，立嗣是根本；增加财富要按时令，人力、物力是根本。把根本的事物放置一边不去巩固它，大事、小事都做不好，家属相处都不愉快，就不能从事外交活动；做事情不能善始善终，就不能从事多项活动；所说的话说不清楚，就不要多谈，身边的人都不喜悦，就不能向远方人修好。因此要从根要做起，从近处做起，这是君子立身处世的道理。"

【原文】

夫子亦云："人之行莫大于孝。"［说苑·建本］

【释义】

孔子也说："人的行为没有比孝行更大的了。"

【原文】

曾子芸瓜而误斩其根。曾皙怒，援大杖击之。曾子仆地，有顷苏，蹶然而起，进曰："曩者，参得罪于大人，大人用力教参，得无疾乎？"退屏鼓琴而歌，欲令曾皙听其歌声，令知其平也。孔子闻之，告门人曰："参来勿内也。"曾子自以无罪，使人谢孔子。孔子曰："汝①闻瞽叟有子名曰舜？舜之事父也，索而使之，未尝不在侧；求而杀之，未尝可得。小箠则待，大箠则走，以逃暴怒也。今子委身以待暴怒，立体而不去，杀身以陷父不义，不孝孰是大乎？汝非天子之民邪？杀天子之民罪奚如？"［说苑·建本］

【注释】

①《御览》四百十三引闻上有不字。

【释义】

曾参以瓜田里锄草，不小心锄断了瓜根。曾皙发怒，拿起大木杖就打他。曾参被打倒在地，过了一会儿才苏醒过来，很快爬起来，赶上前说："刚才我得罪了父亲，父亲用力教导我，有没有受伤啊？"退到屏风后面弹琴唱歌，想要使曾皙听到他的歌声后，知道他心里很平静：孔子听说这件事，告诉门人说："曾参来了，不要让他进来。"曾参自以为没有错，派人询问孔子。孔子对他说："你没有听说瞽叟有个儿子名叫舜？舜侍奉他的父亲。如要找他使唤他。舜没有不在父亲身边的时候；如要杀他,总是找不到。小鞭子打几下就等待挨打,大鞭子打就赶快跑走,用来逃避父亲的一时冲动。现在你甘心情愿让你父亲去打,站立着不走开,一旦你被打死了,就会使你父亲陷于不义。不孝还有比这更大的吗? 你不是天子的臣民吗? 杀害天子的臣民应该是什么罪?"

【原文】

孔子曰:"可以与人终日而不倦者,其惟学乎! 其身体不足观也,其勇力不足惮也,其先祖不足称也,其族姓不足道也,然而可以开四方而昭于诸侯者,其惟学乎。"[说苑·建本]

【释义】

孔子说:"可以与人谈论一整天而不令人感到疲倦的,大概只有学问吧! 它的容颜体态不值得观看,它的勇力不值得畏惧,它的先祖也不值得谈论,它的族姓不值得称述,然而可以使天下人知道,使诸侯都明白的,大概只有学问吧!"

【原文】

孔子曰:"鲤,君子不可以不学,见人不可以不饰,不饰则无根,无根则失理,失理则不忠,不忠则失礼,失礼则不立。夫远而有光者,饰也;近而逾明者,学也。譬之如污池,水潦注焉,菅蒲生之,从上观之,知其非源也。"[说苑·建本]

【释义】

孔子说:"鲤,君子不可以不学习,见到人不可以不文饰,不文饰就没有根本,没有根本就失理,失理就不忠,不忠就失礼,失礼就无法在世上立足。要想远大而有光辉形象就要用文饰,越近而愈加光明就只有学习了。譬如污秽的池子,各种水都流到里面去,菅草蒲苇生长在里面,从上面看来,谁知道它不是源流。"

【原文】

孔子谓子路曰:"汝何好?"子路曰:"好长剑。"孔子曰:"非此之问也。请以汝之所能,加之以学,岂可及哉!"子路曰:"学亦有益乎?"孔子曰:"夫人君无谏臣则失政,士无教友则失德。狂马不释其策,操①弓不返②于檠。木受绳则直,人受谏则圣。受学重问,孰不顺成? 毁仁恶士,且近于刑。君子不可以不学。"子路曰:"南山有竹,弗揉自直,斩而射之,通于犀革,又何学为乎?"孔子曰:"括而羽之,镞而砥

砺之,其人不益深乎?"子路拜曰:"敬受教哉。"〔说苑·建本〕

【注释】

①操当作揉。

②返当作逻古文退字。

【释义】

孔子对子路说:"你喜欢什么?"子路说:"喜欢长剑。"孔子说:"不是问你这个,是说用你的才能,再认真学习,还有比这更好的吗?"子路说:"学习也有益处吗?"孔子说:"一个国君如没有敢于直言劝谏的大臣,就会失去政权,一个读书人如没有规劝过失的朋友,就会失去道德。狂奔的马不能丢弃马鞭子,已经定型的弓就不必再进行校正。树木接受绳墨的规划就会笔直,人接受别人的规劝就能完美。接受知识,注重学问,还有什么不能顺利成功?毁弃仁义,厌恶读书人,将要走向犯罪。所以君子不能不学习。"子路说:"南山有竹子,不去揉弄它就长得很直,砍下来做箭杆,可以射穿犀牛的皮,又哪里需要学习呢?"孔子说:"在箭尾上装上羽毛,把箭头磨得很锋利,射进去不是更深吗?"子路作揖说:"恭敬地接受老师的教诲。"

【原文】

子路问于孔子曰:"请释古之学而行由之意,可乎?"孔子曰:"不可。昔者。东夷慕诸夏之义,有女,其夫死,为之内私婿,终身不嫁。不嫁则不嫁矣,然非贞节之义也。苍梧之弟,娶妻而美好,请与兄易。忠则忠矣,然非礼也。今子欲释古之学而行子之意,庸知子用非为是,用①是为非乎?不顺②其初,虽欲悔之,难哉。"〔说苑·建本〕

【注释】

①用上当有不字。

②顺当作慎。

【释义】

子路问孔子说:"请放弃古礼而照我的意思去做,可以吗?"孔子说:"不可以。从前,东夷仰慕我们华夏的礼义,有个女子,她的丈夫死了,有人替她找个姘夫,她就终身不嫁。不嫁是不嫁,但不符合贞节的含义。苍梧的弟弟,娶了一个妻子很美丽,要和他的兄长交换。忠心虽是忠心,但不合乎礼。如今你要放弃古礼照你的意思去做,哪里知道你不以非为是,以是为非呢? 不按照古礼去做,即使懊悔了,也很难挽救啊!"

【原文】

孔子曰:"不慎其前而悔其后,虽悔无及矣。"[说苑·建本]

【释义】

孔子说:"开始不谨慎,后来懊悔,即使后悔也来不及了。"

【原文】

子贡问为政。孔子曰:"富之。既富,乃教之也,此治国之本也。"[说苑·建本]

【释义】

子贡问如何管理政事。孔子说:"使人民富有。人民富裕起来后,于是进行教育,这是治理国家的根本。"

【原文】

楚伐陈,陈西门燔,因使其降民修之。孔子过之;不轼。子路曰:"礼,过三人则下车,过二人则轼。今陈修门者人数众矣,夫子何为不轼?"孔子曰:"丘闻之,国亡而不知,不智;知而不争,不忠;忠而不死,不廉。今陈修门者,不行一于此,丘故不为轼也。"[说苑·立节]

【释义】

楚国攻打陈国,陈国西门坏了,楚国派陈国投降的老百姓去修理。孔子经过时,不低头伏在车前横木上向他们表示敬意。子路说:"按照礼的规矩,车子经过三人就要下车,经过二人就低头伏在车前横木上表示敬意。现在陈国修城门的百姓这么多,您为什么不伏在车前横木上表示敬意呢?"孔子说:"国家将要灭亡却不知道,这是不聪明;知道国家将要灭亡而不提意见,这是不忠;对国家忠诚而不去死,这是不勇敢。修城门的人虽然多,这三条一条都不能做到,因此我不向他们表示敬意。"

【原文】

孔子见齐景公,景公致廪丘以为养,孔子辞不受,出,谓弟子曰:"吾闻君子当功以受禄,今说景公,景公未之行,而赐我廪丘,其不知丘亦甚矣。"遂辞而行。[说苑·立节]

【释义】

孔子去见齐景公,景公把廪丘送给他作为食邑,孔子辞谢不接受,走出门来,告诉弟子们说:"我听说君子凭功劳接受爵禄,现在游说齐景公,景公还没有照我的主张去做,就把廪丘送给我,他是太不了解我了。"于是辞别景公上路了。

【原文】

曾子衣敝衣以耕,鲁君使人往致邑焉,曰:"请以此修衣。"曾子不受。反,复往,又不受。使者曰:"先生非求于人,人则献之,奚为不受?"曾子曰:"臣闻之,受人者畏人,予人者骄人。纵子有赐,不我骄也,我能勿畏乎?"终不受。孔子闻之曰:"参之言,足以全其节也。"[说苑·立节]

【释义】

曾子穿着破旧衣服耕田,鲁国国君派人去送他一处食邑,说:"请用这处食邑的收入添办衣服。"曾子不肯接受。反复地送了几次,曾子还是不肯接受。使者说:"先生没有向人家要,是人家献给你的,为什么不肯接受?"曾子说:"我听说接受别人东西的人,要敬畏别人,给人东西的人,总是骄傲的样子。纵然君王赏赐给我,不在我面前骄傲,我能不怕吗?"终于不肯接受。孔子听到这件事说:"曾子的话,完全能够保全他的人格。"

【原文】

孔子曰:"吾于甘棠,见宗庙之敬也甚。尊其人必敬其位,顺安万物,古圣之道几哉。"[说苑·贵德]

【释义】

孔子说:"我从甘棠树那里,就看到宗庙的十分尊严。尊敬这个人,一定要尊敬他的地位,使各项事物顺利平安,这和古代圣人的理想差不多。"

【原文】

季康子谓子游(中略)曰:"郑子产死,郑人丈夫拾块珮,妇人舍珠珥,夫妇巷哭,三月不闻竽瑟之声。仲尼之死,吾不闻鲁国之爱夫子,奚也?"子游曰:"譬子产之与夫子,其犹浸水之与天雨乎!浸水所及则生,不及则死。斯民之生也,必以时雨。既以生,莫爱其赐。故曰:譬子产之与夫子也,犹浸水之与天雨乎!"[说苑·贵德]

【释义】

季康子对子游……说:"郑国的子产死了,郑国人男子摘去挂在身上的玉制装饰品,女子摘下耳朵上的珍珠耳饰,男男女女都在街巷里痛哭,三个月听不到音乐的声音。孔子死的时候,我没有听说鲁国人这样爱孔子,这是为什么?"子游说:"譬如子产和孔子,他们就像浸水和天雨啊!浸水渗到的地方,那里就能生长,浸水渗不到的地方就不能生长。百姓的生存,一定要靠适时的天雨。既然生育了他们,就不要吝啬对他们的赏赐。因此说:把子产和孔子做个比方,他们就如同浸水和天雨啊!"

【原文】

孔子之楚,有渔者献鱼甚强,孔子不受。献鱼者曰:"天暑远市,卖之不售,思欲弃之,不若献之君子。"孔子再拜受,使弟子扫除,将祭。弟子曰:"夫人将弃之,今吾子将祭之,何也?"孔子曰:"吾闻之,务施而不腐余财者,圣人也。今受圣人之赐,可无祭乎?"[说苑·贵德]

【释义】

孔子到楚国去,有一个渔夫执意献鱼给孔子,孔子不肯接受。献鱼的人说:"天气热,市场远,卖又卖不掉,想把它扔掉,不如奉送给君子。"孔子行过礼后就收下了,叫弟子们扫除一番,准备祭祀。弟子们说:"那位渔人想要扔弃它,如今先生却要祭祀,为什么?"孔子说:"我听说,注意施舍不让多余的财产浪费掉的人是圣人。现在我接受圣人的赏赐,能够不进行祭祀吗?"

【原文】

子路持剑,孔子问曰:"由,安用此乎?"子路曰:"善古①者固以善之,不善古者固以自卫。"孔子曰:"君子以忠为质,以仁为卫,不出环堵之内,而闻千里之外,不善以忠化,寇暴以仁围,何必持剑乎?"子路曰:"由也请摄齐以事先生矣。"[说苑·贵德]

【注释】

①古当作由,下同。

【释义】

子路拿着剑,孔子问他说:"仲由,为什么拿着剑呢?"子路说:"善待我的人,我一定友好地对待他,不善待我的人,我可以用剑来自卫。"孔子说:"君子以忠为本质,用仁来自卫,人不走出家门,然而千里之外的人都知道他,对待不善良的人就用忠诚来感化他,遭到侵犯或凶暴之人,就用仁德来抵御,何必非要拿着剑呢?"子路说:"我将提起衣服恭恭敬敬地事奉先生。"

【原文】

孔子曰:"北方有兽,其名曰蟨,前足鼠,后足兔。是兽也,甚矣其爱蛩蛩、巨虚也,食得甘草,必智以遗蛩蛩、巨虚。蛩蛩、巨虚见人将来,必负蟨以走。蟨非性之爱蛩蛩、巨虚也,为其假足之故也。二兽者,亦非性之爱蟨也,为其得甘草而遗之故也。夫禽兽昆虫,犹知比假而相有报也,况于士君子之欲兴名利于天下者乎?"[说苑·复恩]

【释义】

孔子说:"北方有种野兽,它的名字叫作蟨,前脚像老鼠的脚,后脚像兔子的脚。这种野兽非常爱护蛩穷、巨虚,当它食到甘草时,它一定嚼碎了喂蛩蛩和巨虚。蛩蛩和巨虚看到有人来了,一定背着蟨一起走。蟨本不是天性来爱护蛩蛩、巨虚,而是因为蟨要借助它们的脚才能行走。蛩蛩和巨虚也不是天性喜欢蟨,也是因为蟨得到甘草总是喂它们。禽兽昆虫还知道相互借重相互报答,何况对于士人君子要在天下建功立业呢?"

【原文】

赵襄子见围于晋阳,罢围,赏有功之臣五人,高赫无功而受上赏,五人皆怒。张孟谈谓襄子曰:"晋阳之中,赫无大功,今与之上赏,何也?"襄子曰:"吾在拘厄之中,不失臣主之礼,唯赫也。子虽有功,皆骄寡人。与赫上赏,不亦可乎?"仲尼闻之曰:"赵襄子可谓善赏士乎!赏一人而天下人臣,莫敢失君臣之礼矣。"[说苑·复恩]

【释义】

赵襄子被围困在晋阳,解困以后,奖赏五名有功的大臣,高赫没有战功,反而受到重赏,那五位有功之臣都非常生气。张孟谈对襄子说:"晋阳的战斗中,高赫没有战功,现在给他重赏是什么缘故呢?"襄子说:"我在被围困的时候,不失君臣礼节的只有高赫。你们虽然有战功,但都很骄傲,我给高赫重赏,不也是应该的吗?"孔子听到后说:"赵襄子可以称之为善于奖赏士人!奖赏一个人,天下做臣子的没有一个人敢失去君臣的礼节了。"

赵襄子

【原文】

东间子尝富贵而后乞。人问之曰:"公何为如是?"曰:"吾自知。吾尝相六七年,未尝荐一人也;吾尝富三千万者再,未尝富一人也。不知士出身之咎然也。"孔子曰:"物之难矣,小大多少,各有怨恶,数之理也,人①而得之在于外假之也。"[说苑·复恩]

【注释】

①人,恐内之误。

【释义】

东间子曾经富贵过,而后穷了沦为乞丐。有人问他:"你为什么会这样呢?"他回答说:"我自己明白。我曾经做过六七年的宰相,都没有推荐过一个人;我曾经两次拥有过几千万的财富,却没有使一人富足。这应归罪于我不了解士人运数变化的规律。"孔子说:"事物是难以预测的,大小多少都各有怨恶,这是命运的规律,人想要得到富贵,必须依赖于外部条件。"

【原文】

卫灵公谓孔子曰:"有语寡人:'为国家者,谨之于庙堂之上,而国家治矣。'其可乎?"孔子曰:"可。爱人者则人爱之,恶人者则人恶之。知得之己者,亦知得之人。所谓不出于环堵之室,而知天下者,知反之己者也。"[说苑·政理]

【释义】

卫灵公问孔子说:"有人告诉我:'治理国家的人,只要在朝廷上谨言慎行,就能把国家治理好。'真的可以吗?"孔子说:"可以的。爱护别人的人,别人也爱护他,厌恶别人的人,别人也厌恶他。知道怎样对待自己的人,也知道怎样对待别人。所谓不出家门,就能知道天下的大理,这就是知道反省自己的结果。"

【原文】

子贡问治民于孔子。孔子曰:"懔懔焉,如以腐索御奔马。"子贡曰:"何其畏也?"孔子曰:"夫通达之国皆人也,以道导之,则吾畜也。不以道导之,则吾仇也。若何而毋畏?"[说苑·政理]

【释义】

子贡问孔子关于治理百姓的方法。孔子说:"小心谨慎畏惧的样子,就好像用腐朽了的绳索驾驭着狂奔的马。"子贡问:"为什么那样畏惧呢?"孔子说:"四通八达的国家到处都是人,用道义来引导他们,他们就能成为遵纪守法的百姓。不用道义引导他们,他们就会成为我的仇人。治理百姓怎能不谨慎畏惧呢?"

【原文】

齐桓公出猎,逐鹿而走,入山谷之中,见一老公,而问之曰:"是为何谷?"对曰:"为愚公之谷。"桓公曰:"何故?"对曰:"以臣名之。"桓公曰:"今视公之仪状,非愚人也,何为以公名?"对曰:"臣请陈之。臣故畜牸牛,生子而大,卖之而买驹。少年曰:'牛不能生马。'遂持驹去。傍邻闻之,以臣为愚,故名此谷为愚公之谷。"桓公曰:"公诚愚矣!夫何为而与之?"桓公遂归,明日朝,以告管仲。管仲正衿再拜曰:"此夷吾之愚也。使尧在上,咎繇为理,安有取人之驹者乎?若有见暴如是叟者,又必不与也。公知狱讼之不正,故与之耳。请退而修政。"孔子曰:"弟子记之。桓公霸君也,管仲贤佐也,犹有以智为愚者也,况不及桓公、管仲者也?"[说苑·政理]

【释义】

齐桓公外出打猎,因为追赶野鹿走进一座山谷,遇见一位老人,就问他说:"这叫什么山谷?"老人回答说:"这里叫愚公谷。"桓公说:"为什么叫愚公谷?"回答说:"是用我的名字命名的。"桓公说:"现在看你的样子,并不像愚蠢的人,为什么要用你的名字来命名呢?"回答说:"请让我说明原因。我过去养过母牛,生了头小牛,小牛长大了,卖掉了小牛买了匹小马。有一少年说:'牛不能生马。'就把小马牵走了。邻居们知道此事,都认为我愚蠢,所以把这个山谷叫愚公谷。"桓公说:"你也实在太愚蠢了!你为什么要把小马驹给他呢?"桓公回来,第二天上朝的时候,把这件事告诉管仲。管仲整理一下衣裳行礼说:"这是尧的过失。假使让尧做国君,咎繇负责司法工作,怎么会有人敢把别人的小马驹牵走呢?即使出现了这样的事情,这个老人也一定不会让他牵走。老人知道我们国家狱讼不公正,所以才让他牵走了。我们要认真地反省修明政治。"孔子说:"弟子们记住了。齐桓公是统霸天下的君王,管仲是贤明的辅佐大臣,他们还把聪明的人当作愚蠢的人呢,何况不如桓公、管仲的人呢?"

【原文】

鲁有父子讼者,康子曰:"杀之。"孔子曰:"未可杀也。夫民不知子父讼之不善者久矣。是则上过也。上有道,是人亡矣。"康子曰:"夫治民以孝为本,今杀一人以戮不孝,不亦可乎?"孔子曰:"不孝①而诛之,是虐杀不辜也。三军大败,不可诛也;狱讼不治,不可刑也。上陈之教,而先服之,则百姓从风矣。躬行不从,而后俟之以刑,则民知罪矣。夫一仞之墙,民不能逾;百仞之山,童子升而游焉,凌②迟故也。今是仁义之凌迟久矣,能谓民弗逾乎?《诗》曰:'俾民不迷。'昔者君子导其百姓不使迷,是以威厉而不至,刑错而不用也。"于是讼者闻之,乃请无讼。[说苑·政理]

【注释】

①孝当作教。
②凌当作陵,下同。

【释义】

鲁国有父子两个人打官司,季康子说:"杀掉他们。"孔子说:"不可以杀。老百姓不知道父子打官司是不义的事已经很久了。这是由于在上位的人丧失了正道。在上位的人如果具有正道,这样的人就不会有了。"季康子说:"管理百姓在于推行孝道,现在杀一个没有仁义的人,用来警告不孝的行为,不可以吗?"孔子说:"不教育百姓孝顺却杀不孝顺的人,等于是杀无罪的人。军队打了败仗,就不可以诛杀他们。判决案件不正确,就不可以用刑罚处置他们。在上位的人陈述国家的教令,而且带头实行,老百姓就会顺从教化;如果带头实行了政令,有的老百姓还不顺从教化,就用刑罚处置他们,他们就会知道自己的罪过了。一仞高的墙,老百姓不能超越过去;百仞的高山,小孩子却能登上去游玩,是由于山顺着斜坡慢慢低下来。现在仁义的衰微已经很久了,还能说老百姓不能超越吗?《诗经》说:'使老百姓不迷惑。'从前的君子教化百姓使他们不产生迷惑,所以不用威厉,不用刑罚。"打官司的人听到了,都不去打官司了。

【原文】

鲁哀公问政于孔子,对曰:"政有使民富且寿。"哀公曰:"何谓也?"孔子曰:"薄赋敛则民富,无事则远罪,远罪则民寿。"公曰:"若是,则寡人贫矣。"孔子曰:"《诗》云:'凯悌君子,民之父母。'未见其子富而父母贫者也。"[说苑·政理]

【释义】

鲁哀公向孔子询问怎样治理政事,孔子回答说:"治理政事在于使百姓既富足又长寿。"哀公说:"怎样才能做到这一点?"回答说:"减少税收,百姓就会富有,不生事扰民,百姓就少犯罪,少犯罪就能长寿。"哀公说:"如果像这样子,那么我就贫穷了。"孔子说:"《诗经》说:'道德高尚并且爱接近人的领导,是百姓的父母。'从来没听说过儿子富有了父母贫穷的事。"

【原文】

仲尼见梁君,梁君问仲尼曰:"吾欲长有国,吾欲列都之得,吾欲使民安不惑,吾欲使士竭其力,吾欲使日月当时,吾欲使圣人自来,吾欲使官府治,为之奈何?"仲尼对曰:"千乘之君,万乘之主,问于丘者多矣,未尝有如主君问丘之术也。然而尽可得也。丘闻之,两君相亲,则长有国;君惠臣忠,则列都之得;毋杀不辜,毋释罪人,则民不惑;益士禄赏,则竭其力;尊天敬鬼,则日月当时;善为刑罚,则圣人自来;尚贤使能,则官府治。"梁君曰:"岂有不然哉!"[说苑·政理]

仲尼见到梁君,梁君问他:"我想永远保住我的国家,我想永远保住我的都城,我想使人民安居乐业,我想使士人为我尽心竭力,我想使日月运行合乎时令,我想使圣人投奔我这来,我想使官府治理得好,应该怎么做呢?"仲尼回答说:"各类大小诸侯询问我的人太多了,从来没有像君王这样问我的。但是这些都可以得到。我听说,两国君王互相友好,就能永远保有国家;君给臣恩惠,臣对君尽忠,就能永远保都城;不要杀害无罪的人,不要放走有罪的人,那么人民就会安定不乱。对有功的士人赏赐俸禄,他们就能为你尽力;尊敬上天,敬重鬼神,日月运行就能适时;刑罚运用恰当,圣人就会自来;尊敬贤人,使用能人,那么国家就会得到治理。"梁君说:"哪有不是这样的呢!"

【原文】

子贡曰:"叶公问政于夫子,夫子曰,'政在附近而来远'。鲁哀公问政于夫子,夫子曰,'政在于谕臣'。齐景公问政于夫子,夫子曰,'政在于节用'。三君问政于夫子,夫子应之不同,然则政有异乎?"孔子曰:"夫荆之地广而都狭,民有离志焉,故曰在于附近而来远;哀公有臣三人,内比周公^①以惑其君,外障距诸侯宾客以蔽其明,故曰政在谕臣;齐景公奢于台榭,淫于苑囿,五官之乐不解^②,一旦而赐人百乘之家者三,故曰政在于节用。此三者,政也。诗不云乎,'乱离斯瘼,爰其适归',此伤离散以为乱者也;'匪其止共,惟王之邛',此伤奸臣蔽主以为乱者也;'相^③乱蔑资,曾莫惠我师',此伤奢侈不节以为乱者也。察此三者之所欲政,其同乎哉?"

[说苑·政理]

【注释】

①公字衍。
②解与懈通。
③相当作丧。

【释义】

子贡(对孔子)说:"叶公问夫子应如何为政,夫子说,'为政的关键在使近地的人归附,使远方的人归来'。鲁哀公问夫子应如何为政,夫子说,'为政的关键在于告诫约束臣子'。齐景公问夫子应如何为政,夫子说,'为政的关键在于节约用

国学经典文库

孔子家语

孔子言行典籍译注

图文珍藏版

度'。这三位君主问夫子为政之道,夫子的回答各个不同,难道为政之道还有不同吗?"孔子说:"荆楚之地广而都市面积狭窄,老百姓心存离意,所以我说'为政的关键在使近地的人归附,使远方的人归来'。鲁哀公有臣三人,在朝廷内结党营私迷惑其君,在外则拒障诸侯宾客蒙蔽其君,所以我说'为政的关键在于告诫约束臣子'。齐景公为造台榭花费大量金钱,贪图园圃之游览,五官的享乐没有休止,一高兴就赐人百乘之家,已经三次,所以说'为政的关键在于节约用度'。《诗经》不是说吗,'乱离斯瘼,爰其适归',这就是老百姓不愿离散,所以作乱;'匪其止共,惟王之邛',这就是奸臣当道,君主蒙蔽,所以致乱;'相乱蔑资,曾莫惠我师',这就是穷奢极侈,没有节制致乱。看这三个君主的实际情形,他们要达到好的政治,岂能用相同的办法呢?"

【原文】

孔子谓宓子贱曰:"子治单父而众说,语丘所以为之者。"曰:"不齐父其父子其子,恤诸孤而哀丧纪。"孔子曰:"善小节也,小民附矣。犹未足也。"曰:"不齐也,所父事者三人,所兄事者五人,所友者十一人。"孔子曰:"父事三人可以教孝矣,兄事五人可以教弟矣,友十一人可以教学矣。中节也,中民附矣。犹未足也。"曰:"此地民有贤于不齐者五人,不齐事之,皆教不齐所以治之术。"孔子曰:"欲其大者,乃于此在矣。昔者尧舜清微其身以听观天下,务来贤人。夫举贤者,百福之宗也,而神明之主也,不齐之所治者小也,不齐所治者大,其与尧舜继矣。"[说苑·政理]

【释义】

孔子对宓子贱说:"你将单父大治,获得众人的好评,可以告诉我,你是怎么做到的吗?"宓子贱回答说:"不齐以孝养自己父亲的态度,来对待百姓的父亲;以爱护自己子女的态度,来对待百姓的子女,抚恤孤儿,并为百姓家的丧事而哀痛。"孔子听了说:"做得不错,但这只是小的善行,可以使老百姓亲附你,但若要论使地方大治,这还不够。"子贱接着说:"在单父,可以让不齐当作父亲一样的贤者有三个人;可以当作兄长一样的贤者有五个人;可以结交为友的贤者有十一个人。"孔子说:"当作父亲来对待的有三人,这足以教导如何孝顺父母了;当作兄长来对待的有五人,这足以教导如何孝悌长上了;值得结交为友的有十一人,这足以教如何互相学习了。这些都是中等的善行,可以使地方上的中等阶层亲附你,若论大治,这恐怕还是不够。"子贱又说:"单父这个地方,比弟子不齐更贤能的有五人,不齐虚心谦下地向他们请教,他们都竭尽所能,将个人所学的治术全部传授给不齐。"孔子说:"一个人想要做大事,关键就在这一点了。从前尧、舜圣君,虽贵为君上,仍放下身段、礼贤下士,来观察、了解天下的人才,且致力于招揽所有贤者。应用贤能,是所有福佑之源头,也是神明最重视的啊!只可惜不齐所治理的地方太小,倘若不齐所治理的地方有全天下这么大,他的政绩将足可继尧舜明君之后了啊!"

【原文】

宓子贱为单父宰,辞于夫子。夫子曰:"毋迎而距也,毋望而许也。许之则失守,距之则闭塞。譬如高山深渊,仰之不可极,度之不可测也。"子贱曰:"善。敢不承命乎?"〔说苑·政理〕

【释义】

宓子贱到单父担任邑宰,孔子说:"不要迎接他又拒绝他,也不要一望见他就答应他。轻易地答应他就容易失去自己的立场,拒绝则可能使自己处于闭塞的境地。要像高山深渊一样,抬头看不到顶,测量也测不到底。"子贱说:"是的,怎么敢不接受您的教诲?"

【原文】

孔子弟子有孔蔑者,与宓子贱①皆仕。孔子往过孔蔑,问之曰:"自子之仕者,何得何亡?"孔蔑曰:"自吾仕者,未有所得,而有所亡者三:曰王事若袭学焉,得习以是学不得明也,所亡者一也;奉②禄少,鬻鬻不足及亲戚,亲戚益疏矣,所亡者二也;公事多急,不得吊死视病,是以朋友益疏矣,所亡者三也。"孔子不说。而复往见子贱,曰:"自子之仕,何得何亡?"子贱曰:"自吾之仕,未有所亡,而所得者三:始诵之文,今履而行之,是③学日益明也,所得者一也;奉禄虽少,鬻鬻得及亲戚,是以亲戚益亲也,所得者二也;公事虽急,夜勤吊死视病,是以朋友益亲也,所得者三也。"孔子谓子贱曰:"君子哉若人,君子哉若人。鲁无君子也,斯焉取斯。"〔说苑·政理〕

【注释】

①皆与偕通。

②奉与俸通。

③是下当有以字。

【释义】

孔子有个弟子叫孔蔑，与孔子的弟子宓子贱当时同在做官。孔子有一次，前去看望孔蔑，向他问道："自从你做官以来，有什么收获，什么损失吗？"孔蔑答道："没有什么收获，却有三个损失：做官以后，公事纷至沓来，所学的没有时间去温习它，学问更加荒芜了；俸禄微少，亲戚们得不到一碗稀饭的帮助，与我越加疏远了；公事往往很急迫，就连吊唁死者、慰问病者的时间都没有，因此朋友之间交情也淡漠了。这就是我做官以来的三个损失。"孔子听后不高兴。后来，孔子去探望弟子宓子贱，问道："自从你做官以来，有什么收获，什么损失吗？"宓子贱答道："自从弟子来这里做了官，并没有什么损失，却得到了三个益处：过去从书本上读到的知识，如今能够在施政中得到运用，因而对所学的更加明了，这是其一；俸禄虽然比较少，但是有俸禄可以帮助亲戚们，故亲人与我更加亲密了，这是其二；虽然公事繁忙紧迫，但仍兼顾对死者的吊唁与生者的慰问，因而朋友之间的友谊反越加深厚了，这是其三。"孔子对宓子贱说："你真是君子啊！你真是君子啊！鲁国要是没有君子的话，你又是从哪里学到的呢？"

【原文】

子路治蒲，见于孔子曰："由愿受教。"孔子曰："蒲多壮士，又难治也。然吾语汝：恭以敬可以摄勇，宽以正可以容众，恭以洁可以亲上。"〔说苑·政理〕

【释义】

子路要去治理蒲地，（临行）去见孔子，说："我愿意受老师的教诲。"孔子说："蒲地多壮士，又很难治理。但我告诉你：态度恭敬，可以收摄勇武之士，待人宽而正，可以容众，恭敬而廉洁，可以亲近上层。"

【原文】

子贡为信阳令，辞孔子而行。孔子曰："力之顺之，因子之时，无夺无伐，无暴无盗。"子贡曰："赐少而事君子。君子固有盗者邪？"孔子曰："夫以不肖伐贤，是谓夺也；以贤伐不肖，是谓伐也；缓其令，急其诛，是谓暴也；取人善以自为己，是谓盗也。君子之盗，岂必当财币乎？吾闻之曰，知为吏者，奉法利民；不知为吏者，枉法以侵民。此皆怨之所由生也。临官莫如平，临财莫如廉，廉平之守，不可攻也。匿人之善者，是谓蔽贤也；扬人之恶者，是谓小人也；不内相教而外相谤者，是谓不足亲也；

言人之善者,有所得而无所亡伤也;言人之恶者,无所得而有所伤也。故君子慎言语矣。毋先己而后人,择言出之,令口如耳。"[说苑·政理]

【释义】

子贡去做信阳县令,临上任时向孔子告辞,孔子说:"你要爱惜民力,顺应天时,不要掠夺,不要攻伐,不要暴虐,不要偷盗。"子贡说:"我自小的时候就侍奉老师,作为君子还有偷盗的吗?"孔子说:"用不肖之人代替贤才,这就叫掠夺;用贤才代替不好的人,这就叫攻伐;下达命令很缓慢,但对人处罚却很急促,这就叫暴虐。把别人的好处占据为自己的,这就叫偷盗。君子的偷盗行为,难道一定是偷盗财物吗?我听说,懂得做官的人,遵奉法律而利于民众,不懂得做官的人,违犯法律而侵扰民众,百姓怨恨都是由这里产生的。做官要公平,理财要廉洁,公平而廉洁的官员是不可战胜的。隐匿别人的优点,这就是嫉贤妒能。宣扬别人缺点的人,是小人行为。私下不相互告诫而是在外互相诽谤,这种人是不值得亲近的;宣扬别人好处的人,自己有所得而没有损失;宣扬别人坏处的人,自己没有所得反而有损失。因此君子言语要谨慎,不要先想到自己再想到别人。说话之前要先考虑,说的时候也要听听自己说了什么。"

【原文】

齐侯问于晏子曰:"为政何患?"对曰:"患善恶之不分。"公曰:"何以察之?"对曰:"审择左右,左右善则百僚各得其所宜而善恶分。"孔子闻之曰:"此言也,信矣。善言进,则不善无由入矣;不进善言,则善无由入矣。"[说苑·政理]

【释义】

齐侯问晏子说:"为政之害是什么?"晏子说:"为政之害,是善恶不分。"齐侯问:"通过什么来观察善恶呢?"晏子说:"要审慎选择左右的臣子,左右的臣子善,则百官各在其应在的位置,善恶也就分明了。"孔子听到这件事说:"这话对呀!臣子能进善言,则不善就不能进了;若不进善言,则善也无从进了。"

【原文】

孔子说《春秋》曰:"政以不由王出,不得为政,则王君出政之号也。"[《尚书大传》郑玄注]

国学经典文库

孔子家语

孔子言行典籍译注

图文珍藏版

【释义】

孔子针对《春秋》说："法令不是国君发出的,就不是法令,这是国君制定法令的号令。"

【原文】

孔子曰:"以①友辅仁。"[《朱文公文集·策问》]

【注释】

①《论语·颜渊篇》为曾子之言。

【释义】

孔子说:"用朋友来帮助修养仁德。"

【原文】

孔子云:"日者,天之明;月者,地之理。阴契制,故月上属为天,使妇从夫,放月纪。"[《周礼·天官·九嫔》郑玄注疏云孝经纬援神契之文]

【释义】

孔子说:"太阳,是天之明;月亮,是地之理。月乃天契制所使,所以月上属于天,随日而行,妇人与丈夫就寝,要根据每月的不同时间而定。"

【原文】

仲尼长。[荀子·非相篇]

【释义】

孔子个子高。

【原文】

仲尼之状,面如蒙供。[荀子·非相篇]

【释义】

孔子的形状,脸好像蒙上了一个难看的面具。

【原文】

孔子曰:"巧而好度,必节。勇而好同,必胜。知而好谦,必贤。"[荀子·仲尼篇]

【释义】

孔子说:"灵巧而又爱好法度,就能恰到好处。勇敢而又能同心协力,就一定能胜利。聪明而又喜欢谦虚,就一定会有德才。"

【原文】

仲尼将为鲁司寇,沈犹氏不敢朝饮其羊,公慎氏出其妻,慎溃氏逾境而从,鲁之粥牛马者不豫贾,必①蚤②正以待之也。居于阙党,阙党之子弟罔不分,有亲者取多,孝弟以化之也。[荀子·儒效篇]

【注释】

①必字衍。
②蚤正修正之误。

【释义】

孔子将要担任鲁国的司寇,沈犹氏不敢在早晨喂自己的羊喝水了,公慎氏休掉了自己的妻子,慎溃氏越境搬走了,鲁国卖牛马的也不敢漫天要价了,因为孔子总是预先用正道去对待人们。孔子住在阙党的时候,阙党的子弟将网获的猎物进行分配时,有父母亲的子弟就多得一些,这是因为孔子用孝顺父母尊敬兄长的道理感化了他们。

【原文】

孔子曰:"周公其盛乎。身贵而愈恭,家富而愈俭,胜敌而愈戒。"[荀子·儒效篇]

【释义】

孔子说:"周公很伟大。他身份高贵而更加谦逊,家里富裕而更加节约,战胜了敌人而更加警惕。"

【原文】

孔子曰:"大节是也,小节是也,上君也。大节是也,小节非一出焉,一人焉,中君也。大节非也,小节虽是也,吾无观其余矣。"[荀子·王制篇]

【释义】

孔子说:"大节对,小节也对,这是上等的君主。大节对,小节有些出入,这是中等的君主。大节错了,小节即使对,我也不要再看其余的了。"

【原文】

孔子曰:"知①者之知,固以②多矣,有以守少,能无察乎? 愚者之知,固以少矣,有以守多,能无狂乎?"[荀子·王霸篇]

【注释】

①知,智也。
②以、已通。

【释义】

孔子说:"智者的知识,本来已经很多了,又因为管的事很少,能不明察吗? 蠢人的知识,本来已经很少了,又因为管的事很多,能不混乱吗?"

【原文】

孔子曰:"审①吾所以适人,适②人之所以来我也。"[荀子·王霸篇]

【注释】

①审,慎也。
②适字衍。

【释义】

孔子说:"想弄清楚我到别人那里怎样,只要看别人来我这里怎样就行了。"

【原文】

孔子曰:"天下有道,盗其先变乎。"[荀子·正论篇]

【释义】

孔子说:"社会政治清明,盗贼会首先转变吧!"

【原文】

子谓子家驹续然大夫,不如晏子;晏子,功用之臣也,不如子产;子产,惠人也,不如管仲;管仲之为人,力功不力义,力智不力仁,野人也,不可以为天子大夫。[荀子·大略篇]

【释义】

孔子说子家驹是能让君主明察的大夫,比不上晏子;晏子,是有成效的臣子,比不上子产;子产,是个给人恩惠的人,比不上管仲;管仲的为人,致力于功效而不致力于道义,致力于智谋而不致力于仁爱,是个缺乏礼义修养的人,不能做天子的大夫。

【原文】

子贡问于孔子曰:"赐倦于学矣,愿息事君。"孔子曰:《诗》云:'温恭朝夕,执事有恪。'事君难,事君焉可息哉?""然则赐愿息事亲。"孔子曰:"《诗》云:'孝子不匮,永锡尔类。'事亲难,事亲焉可息哉?""然则赐愿息于妻子。"孔子曰:"《诗》云:'刑于寡妻,至于兄弟,以御于家邦。'妻子难,妻于焉可息哉?""然则赐愿息于朋友。"孔子曰:"《诗》云:'朋友攸摄,摄以威仪。'朋友难,朋友焉可息哉?""然则赐愿息耕。"孔子曰:"《诗》云:'昼尔于茅,宵尔索绹,亟其乘屋,其始播百谷。'耕难,耕焉可息哉?""然则赐无息者乎?"孔子曰:"望其圹,皋如也,填如也,鬲如也,此则知所息矣。"子贡曰:"大哉,死乎!君子息焉,小人休焉。"[荀子·大略篇]

【释义】

子贡问孔子说:"我对学习感到厌倦了,希望休息一下去侍奉君主。"孔子说:"《诗经》说:'早晚温和又恭敬,做事认真又谨慎。'侍奉君主不容易,侍奉君主怎么可以休息呢?"子贡说:"那么我希望休息一下去侍奉父母。"孔子说:《诗经》说:'孝子之孝无穷尽,永远赐你同类人。'侍奉父母不容易,侍奉父母怎么可以休息呢?"子贡说:"那么我希望到妻子儿女那里休息一下。"孔子说:"《诗经》说:'先给妻子做榜样,然后影响到兄弟,以此治理家和邦。'和妻子儿女在一起不容易,在妻子儿女那里怎么可以休息呢?"子贡说:"那么我希望到朋友那里休息一下。"孔子说:"《诗经》说:'朋友之间相辅助,相助都用那礼节。'和朋友在一起不容易,在朋友那里怎么可以休息呢?"子贡说:"那么我希望休息下去种田。"孔子说:"《诗经》说:'白天要去割茅草,夜里搓绳要搓好,急忙登屋修屋顶,又要开始播种了。'种田不容易,种田怎么可以休息呢?"子贡说:"那么我就没有休息的地方啦?"孔子说:"远望那个坟墓,高高的样子,山顶般的样子,鼎鬲似的样子,看到这个你就知道可以休息的地方了。"子贡说:"死亡嘛,可就大啦!君子休息了,小人也休息了。"

【原文】

孔子观于鲁桓公之庙,有欹器焉。孔子问于守庙者曰:"此为何器?"守庙者曰:"此盖为宥坐之器。"孔子曰:"吾闻宥坐之器者,虚则欹,中则正,满则覆。"孔子顾谓弟子曰:"注水焉。"弟子挹水而注之。中而正,满而覆,虚而欹。孔子喟然而欢曰:"吁!恶有满而不覆者哉?"子路曰:"敢问持道有道乎?"孔子曰:"聪明圣知,守之以愚;功被天下,守之以让;勇力抚世,守之以怯;富有四海,守之以谦。此所谓挹而损之之道也。"[《荀子·宥坐篇》]

【释义】

孔子去参观周朝的宗庙,里面有一个倾斜的器皿。孔子问守庙的人:"这是什么器皿?"守庙人说:"这是宥座的器皿。"孔子说:"我听说宥座的器皿,水满了就倒覆,里面空虚就倾斜,恰好一半就端正。"孔子回头对学生说:"向里面灌水吧!"学生舀了水去灌它。灌了一半就端正了,灌满后就翻倒了,空了就倾斜着。孔子感慨地叹息说:"啊!哪里有满而不倒覆的事呢?"子路说:"请问,有保持盈满而不倒覆的方法吗?"孔子说:"保持盈满而不倒覆的方法,就是抑制贬损它。"子路问:"贬损它有方法吗?"孔子说:"聪明的人,要用愚昧的态度自持;功劳惠及天下的人,要用谦让来自持;勇敢有力而能压住世人的人,要用胆怯来自持;富足得拥有了天下的人,要用节俭来自持。这就是所谓的抑制并贬损满的方法啊!"

【原文】

孔子为鲁摄①相,朝七日而诛少正卯。门人进问曰:"夫少正卯,鲁之闻人也。夫子为政而始诛之,得无失乎?"孔子曰:"居!吾语汝其故。人有恶者五,而盗窃不与焉:一曰心达而险,二曰行辟②而坚,三曰言伪而辩,四曰记丑而博,五曰顺非而泽。此五者,有一于人,则不得免于君子之诛,而少正卯兼有之。故居处足以聚徒成群,言谈足以饰邪营③众,疆足以反是独立,此小人之桀雄也,不可不诛也。是以汤诛尹谐,文王诛潘止,周公诛管叔,太公诛华仕,管仲诛付里乙,子产诛邓析、史付。此七子者,皆异世同心,不可不诛也。《诗》曰:'忧心悄悄,愠于群小。'小人成群,斯足忧矣。"[《荀子·宥坐篇》]

《荀子》书影

【注释】

①摄相——作相摄。

②辟读为僻。

③营读为荥。

【释义】

　　孔子做鲁国的代理宰相,上朝听政才七天就杀了少正卯。他的学生问孔子说:"少正卯,是鲁国的名人啊!先生当政而先把他杀了,没有弄错吧?"孔子说:"坐下!我告诉你其中的缘故。人有五种罪恶的行为,而盗窃不包括在里面:一是脑子精明而用心险恶,二是行为邪僻而又顽固,三是说话虚伪却很动听,四是记述丑恶的东西而十分广博,五是顺从错误而又加以润色:这五种罪恶,在一个人身上只要有一种,就不能免掉君子的杀戮,而少正卯却同时具有这五种罪恶。他居住下来就能够聚集门徒而成群结队,他的言谈足够用来掩饰邪恶而迷惑众人,他的刚强足够用来反对正确的东西而独立自主,这是小人中的豪杰,是不可不杀的。因此商汤杀了尹谐,周文王杀了潘止。周公旦杀了管叔,姜太公杀了华仕,管仲杀了付里乙,子产杀了邓析、史付。这七个人,都是处在不同的时代而有同样的邪恶心肠,是不能不杀的。《诗经》说:'忧愁之心多凄楚,被一群小人所怨怒。'小人成了群,那就值得忧虑了。"

【原文】

　　孔子为鲁司寇,有父子讼者,孔子拘之,三月不别也。其父请止,孔子舍之。季孙闻之,不悦,曰:"是老也欺予,语予曰:'为国家必以孝。'今杀一人以戮不孝,又舍之。"冉子以告。孔子慨然叹曰:"呜呼!上失之,下杀之,其可乎?不教其民而听其讼,杀不辜也。三军大败,不可斩也;狱犴不治,不可刑也;罪不在民故也。嫚令谨诛，贼也；今①有②时，敛也无时，暴也；不教而责成功，虐也。已此三者，然后刑可即也。《书》曰：'义刑义杀，勿庸以即，予维曰：未有顺事。'言先教也。故先王既陈之以道，上先服之。若不可，尚贤以綦之；若不可，废不能以单之。綦③三年而百姓往④矣。邪民不从，然后俟之以刑，则民知罪矣。《诗》曰：'尹氏大师，维周之氏。秉国之均，四方是维。天子是庳⑤，卑民不迷。'是以威厉而不试，刑错而不用。此之谓也。今之世则不然。乱其教，繁其刑，其民迷惑而堕焉，则从而制之，是以刑弥繁而邪不胜。三尺之岸而虚车不能登也，百仞之山任负车登焉，何则？陵迟故也。数仞之墙而民不逾也，百仞之山而竖子冯而游焉，陵迟故也。今夫世之陵迟亦久矣，而能使民勿逾乎？《诗》曰：'周道如砥，其直如矢。君子所履，小人所视。眷焉顾之，潸焉出涕。'岂不哀哉？"[《荀子·宥坐篇》]

【注释】

①今字当在嫂令谨诛上。

②有上当有生也二字。

③綦当作碁。

④往当作从。

⑤庳读为庀辅也卑读为俾。

【释义】

孔子做鲁国的司寇，有父子打官司的，孔子拘留了儿子，三个月了也不加判决。他的父亲请求停止诉讼，孔子就把他的儿子释放了。季桓子听说了这件事，很不高兴，说："这位老先生欺骗我，他曾告诉我说：'治理国家一定要用孝道。'现在只要杀掉一个人就可以使不孝之子感到羞辱，却又把他放了。"冉求把这些话告诉了孔子。孔子感慨地叹息说："唉呀！君主丢了正确的政治原则，臣子把他们都杀了，行吗？不进行教育就判决案件，等于是杀无罪的人。军队打了败仗，就不可以诛杀他们；判决案件不正确，就不可以用刑罚处置他们。因为这是罪责不在民众身上的缘故啊！放松法令而严加惩处，这是残害；作物生长有一定的季节，而征收赋税却不时在进行，这是残酷；不进行教育却要求成功，这是暴虐。制止了这三种行为，然后刑罚才可以施加到人们身上。《尚书》说：'按照合宜的原则用刑、按照合宜的原则杀人，不要拿刑罚来迁就自己的心意，我们只能说：自己还没有把事情理顺。'这是说要先进行教育啊！所以在上位的人陈述国家的教令，自己就先遵行它。如果不能做到这一点,就推崇贤德的人来教导民众;如果不能做到这一点,就废黜无能的人来畏慑民众。至多三年,百姓就都趋向于圣王的政治原则了。奸邪的人不依从,然后才用刑罚来处置他们,那么人们就知道他们的罪过了。因此刑罚的威势虽然厉害却可以不用,刑罚可以搁置一边而不实施。《诗经》说:'尹太师啊尹太师,你是周室的基石。掌握国家的政权,四方靠你来维持:天子由你来辅佐,要使民众不迷失。'说的就是这种道理啊:现在的社会却不是这样。君主把教化搞得混乱不堪,把刑法搞得五花八门,当民众迷惑糊涂而落入法网,就紧接着制裁他们,因此刑罚虽然更加繁多而邪恶却不能被克服。三尺高的陡壁,就是空车也不能上去;上百丈的高山,有负荷的车也能拉上去,什么道理呢? 是因为坡度平缓的缘故啊:几丈高的墙,人不能越过;上百丈的高山,小孩也能登上去游玩,这也是坡度平缓的缘故啊! 现在社会上类似坡度平缓的现象也已出现好久了,能使人不越轨吗?《诗经》说:'大路平如磨刀石,它的笔直像箭杆:它是贵人走的路,百姓只能抬头看。回头看啊回头看,唰唰流泪糊了眼。'这难道不可悲吗?"

【原文】

《诗》曰:"瞻彼日月,悠悠我思。道之云远,曷云能来。"子曰:"伊稽首不? 其有来乎?"[《荀子·宥坐篇》]

【释义】

《诗经》说:"看那日子过得快,深深思念在我怀。道路又是那么远,他又怎么能回来?"孔子说:"她磕头了没有? 他又回来了吗?"

【原文】

孔子观于东流之水。子贡问于孔子曰:"君子之所以见大水必观焉者,是何?"孔子曰:"夫水大①,偏与诸生而无为也,似德;其流也埤②下,裾③拘必循其理,似义;其洗④洗乎不漏尽,似道;若有诀行之,其应佚⑤若声響,其赴百仞之谷不惧,似勇;主⑥量必平,似法;盈不求槩,似正;淖⑦约微达,似察;以出以入,以就鲜絜,似善化;其万拆⑧也必东,似志。是故君子见大水必观焉。"[《荀子·宥坐篇》]

【注释】

①大字衍。

②埤读为卑。

③裾与倨同方也拘读为钩曲也。

④洸读为混。

⑤佚读为呋。

⑥主读为注。

⑦淖读为绰。

⑧拆析之讹。

【释义】

孔子观赏向东流去的河水。子贡问孔子说:"君子看到大河大川,必要观望,为什么?"孔子说:"那流水浩大,普遍地施舍给各种生物而无所作为,这像德;流行在卑下的地方,直行或曲行都遵循着条理,这像义;它浩浩荡荡没有穷尽,这像道;如果有人掘开堵塞物而使它通行,它随即奔腾向前,好像回声应和原来的声音一样,它奔赴深谷,毫不迟疑,又像勇;它注入量器时一定很平,好像法度;它注满量器后不需要用刮板刮平,好像公正;它柔软得能到达所有细微的地方,好像明察;各种东西在水里出来进去地淘洗,便渐趋鲜美洁净,好像善于教化;它千曲万折而一定向东流去,好像意志。所以看到大河大川,必要观望了。"

【原文】

孔子曰:"吾有耻也,吾有鄙也,吾有殆也。幼不能强学,老无以教之,吾耻之。去其故乡,事君而达,卒遇故人,曾无旧言,吾鄙之。与小人处者,吾殆之也。"[《荀子·宥坐篇》]

【释义】

孔子说:"我对有的事有耻辱感,我对有的事有卑鄙感,我对有的事有危险感。年幼时不能努力学习,老了没有什么东西可以用来教给别人,我以为这是耻辱。离开自己的故乡,侍奉君主而显贵了,突然碰到过去的朋友,竟然没有怀旧的话,我以为这是卑鄙的。和小人混在一起,我以为这是危险的。"

【原文】

孔子曰:"如垤而进,吾与之;如丘而止,吾已矣。今学曾未如肬赘,则具然欲为人师。"[《荀子·宥坐篇》]

【释义】

孔子说:"成绩像蚂蚁洞口一样微小,但只要向前进取,我就赞许他;成绩即使像大土山一样大,但如果停滞不前了,我就不赞许了。现在有些人学到的东西还不如个赘疣,却自满自足地想做别人的老师。"

【原文】

孔子南适楚,厄于陈、蔡之间,七日不火食,藜羹不糁①,弟子皆有饥色。子路进问之曰:"由闻之:'为善者,天报之以福;为不善者,天报之以祸。'今夫子累德积义怀美,行之日久矣,奚居之隐也?"孔子曰:"由不识,吾语汝。汝以知②者为必用邪?王子比干不见剖心乎。女以忠者为必用邪?关龙逢不见刑乎。女以为谏者为必用邪?伍子胥不磔姑苏东门外乎夫。遇不遇者,时也;贤不肖者,材也。君子博学深谋不遇时者多矣。由是观之,不遇世者众矣。何独丘哉?夫芷兰生于深林,非以无人而不芳。君子之学,非为通③也,为穷而不困,忧而意不衰也,知祸福终始而心不惑也。夫贤不肖者,材也;为不为者,人也;遇不遇者,时也;死生者,命也。今有其人不遇其时,虽贤,其能行乎?苟遇其时,何难之有?故君子博学深谋修身端行以俟其时。"孔子曰:"由!居!吾语汝。昔晋公子重耳霸心生于曹,越王勾践霸心生于会稽,齐桓公小白霸心生于莒,故居不隐者思不远,身不佚④者志不广。女庸安知吾不得之桑落之下乎哉?"[《荀子·宥坐篇》]

【注释】

①糁与糁同。
②知智也。
③也字衍。
④佚与逸同。

【释义】

孔子向南到楚国去,在陈国蔡国边境被围困,七天没有吃饭,喝的藜草汤里面连米糁子都没有,学生们的脸上也都露出饥饿的神情。子路向前对孔子说:"我听说:'做好事的人,上天用幸福回报他;做恶事的人,上天用灾祸回报他。'现在老师不停地积累仁义道德,做好事的时间已经很久了,为什么生活还是这么穷困啊?"孔子说:"仲由你不懂,我告诉你吧!你以为智慧的人就一定会被任用吗?王子比干被挖心死掉了。你认为忠诚的人一定会被任用吗？关龙逢被杀了。你以为敢于进谏的人一定会被任用吗？伍子胥的眼球被抠出来挂在吴国的东门上。君主相投不相投是时机的问题，贤不贤能是人的材质问题。君子虽然有广博的学识、深远的谋虑，没有遇着好时机的人很多。由此看来，不被社会赏识的人是很多的了！哪里只是我孔丘呢？兰草芷草生长在茂密的森林里，不会因为没有人看见而不芬芳。君子探求学问并非为了求得显达，而是为了在遭遇穷厄的时候不感到困苦，遭遇忧患的时候意志不会衰颓，预先知道祸福的终始，内心不感到迷惑。有德才还是没有德才，在于资质；是做还是不做，在于人；是得到赏识还是得不到赏识，在于时机；是死还是生，在于命运：现在有了理想的人才却碰不到理想的时机，那么即使贤能，他能有所作为吗？如果碰到了理想的时机，那还有什么困难呢？所以君子广博地学习、深入地谋划、修养心身、端正品行来等待时机。"孔子又说："仲由！坐下！我告诉你。从前晋公子重耳的称霸之心产生于流亡途中的曹国，越王勾践的称霸之心产生于被围困的会稽山，齐桓公小白的称霸之心产生于逃亡之处莒国。所以处境不窘迫的人想得就不远，自己没奔逃过的人志向就不广大，你怎么知道我在这叶子枯落的桑树底下就不能得意呢？"

【原文】

子贡观于鲁庙之北堂，出而问于孔子曰："乡者赐观于太庙之北堂，吾亦未辍，还复瞻被①九盖，皆继，被有说邪？匠过绝邪？"孔子曰："太庙之堂亦常②有说，官致良工，因丽节文，非无良材也，盖曰贵文也。"[《荀子·宥坐篇》]

【注释】

①被九盖皆继被有说邪当作彼九盖皆断彼有说邪。
②常尝通。

【释义】

子贡参观了鲁国宗庙的北堂，出来后问孔子说："刚才我参观了太庙的北堂，我也没停步，回转去再观看那九扇门，都是拼接的，那有什么讲究吗？是因为木匠过失而把木料弄断的吗？"孔子说："太庙的北堂当然是有讲究的，官府招来技艺精良的工匠，依靠木材本身的华丽来调节文采，这并不是没有好的大木头。大概是因为看重文采的缘故吧！"

【原文】

鲁哀公问于孔子曰："子从父命，孝乎？臣从君命，贞乎？"三问，孔子不对。孔子趋出，以语子贡曰："乡者，君问丘也，曰：'子从父命，孝乎？臣从君命，贞乎？'三问而丘不对，赐以为何如？"子贡曰："子从父命，孝矣；臣从君命，贞矣。夫子有奚对焉？"孔子曰："小人哉，赐不识也。昔万乘之国有争臣四人，则封疆不削；千乘之国有争臣三人，则社稷不危；百乘之家有争臣二人，则宗庙不毁。父有争子，不行无礼；士有争友，不为不义。故子从父，奚子孝？臣从君，奚臣贞？审其所以从之之谓孝、之谓贞也。"［《荀子·子道篇》］

【释义】

鲁哀公问孔子说："儿子服从父亲的命令，就是孝顺吗？臣子服从君主的命令，就是忠贞吗？"问了三次，孔子不回答。孔子小步快走而出，把这件事告诉给子贡说："刚才，国君问我，说：'儿子服从父亲的命令，就是孝顺吗？臣子服从君主的命令，就是忠贞吗？'问了三次而我不回答，你认为怎样？"子贡说："儿子服从父亲的命令，就是孝顺了；臣子服从君主的命令，就是忠贞了。先生又能怎样回答他呢？"孔子说："真是个小人，你不懂啊！从前拥有万辆兵车的大国有了诤谏之臣四个，那么疆界就不会被割削；拥有千辆兵车的小国有了诤谏之臣三个，那么国家政权就不会危险；拥有百辆兵车的大夫之家有了诤谏之臣两个，那么宗庙就不会毁灭。父亲有了诤谏的儿子，就不会做不合礼制的事；士人有了诤谏的朋友，就不会做不合道义的事。所以儿子一味听从父亲，怎能说这儿子是孝顺？臣子一味听从君主，怎能说这臣子是忠贞？弄清楚了听从的是什么才可以叫作孝顺、叫作忠贞。"

【原文】

子路问于孔子曰："有人于此，夙兴夜寐，耕耘树艺，手足胼胝，以[1]养其亲，然而无孝之名，何也？"孔子曰："意者身不敬与！辞不逊与！色不顺与！古之人有言曰：'衣与缪与，不女聊。'今夙兴夜寐，耕耘树艺，手足胼胝，以养其亲，无此三者，则何以为而无孝之名也？"孔子曰："由，志之！吾语汝。虽有国士之力，不能自举其身，非无力也，势不可也。故人而行不修，身之罪也；出而名不章，友之过也。故君子入则笃行，出则友贤，何为而无孝之名也？"［《荀子·子道篇》］

【注释】

①以字衍。

【释义】

子路问孔子说："这里有一个人，早起晚睡，手上脚上都磨起了厚厚的茧子，脸上也晒得漆黑，辛勤地种植庄稼去侍奉父母，却没有孝子的名声，为什么呢？"孔子说："我想大概是态度还不够尊敬吧！脸色还不够和悦吧！言辞还不够谦逊吧！古代有人说：'穿的衣啊，吃的饭啊，我不依靠你啊！'现在有人早起晚睡，手上脚上都磨起了厚厚的茧子，脸上也晒得漆黑，辛勤地种植庄稼去侍奉父母，如果没有这三方面的不足，为什么会没有孝子的名声呢？"孔子说："仲由，记住吧！我告诉你。虽然具有全国最高的才能，但他也不能够把自己举起来，并不是他没有这种力量，是因为客观形势上要这样去做是不方便的。回到家中品德不修养，是自己的罪过；在外名声不显扬，是朋友的罪过。因此君子在家就忠厚地孝顺父母，出外就结交贤能的朋友，要不为什么会没有孝子的名声呢？"

【原文】

子路问于孔子曰："鲁大夫练而床，礼邪？"孔子曰："吾不知也。"子路出，谓子贡曰："吾以夫子为无所不知，夫子徒有所不知。"子贡曰："女何问哉？"子路曰："由问：'鲁大夫练而床，礼邪？'夫子曰：'吾不知也？'"子贡曰："吾将为汝问之。"子贡问曰："练而床，礼邪？"孔子曰："非礼也。"子贡出，谓子路曰："女谓夫子为有所不知乎？夫子徒无所不知。汝问非也。礼，居是邑，不非其大夫。"[《荀子·子道篇》]

【释义】

子路问孔子说："鲁国的大夫披戴白色熟绢为父母进行周年祭祀时睡床，合乎礼吗？"孔子说："我不知道。"子路出来后，对子贡说："我以为先生没有什么不知道的，其实他有不知道的。"子贡说："你问了什么呢？"子路说："我问：'鲁国的大夫披戴白色熟绢为父母进行周年祭祀时睡床，合乎礼吗？'先生说：'我不知道。'"子贡说："我给你去问问这件事。"子贡问孔子说："披戴白色熟绢为父母进行周年祭祀时睡床，合乎礼吗？"孔子说："不合礼。"子贡出来，对子路说："你说先生有不知道的事吗？先生没有什么不知道的。你问得不对啊！根据礼制，住在这个城邑，就不非议管辖这城邑的大夫。"

【原文】

子路盛服见孔子。孔子曰："由，是裾裾，何也？昔者江出于岷山，其始出也，其源可以滥觞，及其至江之津也，不放①舟，不避风，则不可涉也，非唯②下流水多邪？今汝衣服既盛，颜色充盈，天下且孰肯谏汝矣？由③！"子路趋而出，改服而入，盖犹若也。孔子曰："志之！吾语女。奋于言者毕④、锄，奋于行者伐，色知而有能者，小人也。故君子知之日知之，不知日不知，言之要也；能之日能之，不能日不能，行之至也。言要则知，行至则仁。既知且仁，夫恶有不足矣哉？"[《荀子·子道篇》]

【注释】

①放读为方。

②唯一作维。

③由字当在下文孔子曰之下由志之三字连文。

④华撰之省文。

【释义】

子路穿着华贵的衣服去见孔子。孔子说："仲由，你穿得这样华贵，是为什么呢？长江刚从岷山发源的时候，它的水流很小，只能浮起酒杯，等到流到江津时，如果不借助船只，不回避大风，就没法渡过，（它之所以这样令人难以接近，）不是流的水太多的缘故吗？今天你穿的衣服是这样华贵，颜色是这样鲜艳，天下有谁会将你的缺点告诉你？"子路快步走出去，换了服装回来，很自在的样子。孔子说："仲由，你记着，我告诉你。夸夸其谈的人华而不实，喜欢表现自己办事能力的人常常自吹自擂。有了智慧和能力就在脸上表现出来的人，是小人。所以，君子知道就说知道，这是说话的关键；做不到就说做不到，这是行动的最高准则。说话掌握了关键，就是智慧；行动有了最高准则，就是仁德。既有仁德又有智慧，哪还有什么不满足的呢？"

【原文】

子路入。子曰："由！知者若何？仁者若何？"子路对曰："知者使人知己，仁者使人爱己。"子曰："可谓士矣。"子贡入。子曰："赐！知者若何？仁者若何？"子贡对曰："知者知人，仁者爱人。"子曰："可谓士君子矣。"颜渊入。子曰："回！知者若

何？仁者若何？"颜渊对曰："知者自知,仁者自爱。"子曰："可谓明君子矣。"[《荀子·子道篇》]

【注释】

①知者皆读为智者。

【释义】

子路进来。孔子说："仲由！明智的人是怎样的？仁德的人是怎样的？"子路回答说："明智的人能使别人了解自己,仁德的人能使别人爱护自己。"孔子说："你可以称为士人了。"子贡进来。孔子说："端木赐！明智的人是怎样的？仁德的人是怎样的？"子贡回答说："明智的人能了解别人,仁德的人能爱护别人。"孔子说："你可以称为士君子了。"颜渊进来。孔子说："颜回！明智的人是怎样的？仁德的人是怎样的？"颜渊回答说："明智的人有自知之明,仁德的人能自尊自爱。"孔子说："你可以称为贤明君子了。"

【原文】

子路问于孔子曰："君子亦有忧乎？"孔子曰："君子,其未得也,则乐其意;既已得之,又乐其治。是以有终身之乐,无一日之忧。小人者,其未得也,则忧不得;既已得之,又恐失之。是以有终身之忧,无一日之乐也。"[《荀子·子道篇》]

【释义】

子路问孔子说："君子也有忧虑吗？"孔子说："君子,在他还没有得到职位时,就会为自己的抱负而感到高兴;已经得到了职位之后,又会为自己的政绩而感到高兴。因此有一辈子的快乐,而没有一天的忧虑。小人嘛,当他还没有得到职位的时候,就担忧得不到;已经得到了职位之后,又怕失去它。因此有一辈子的忧虑,而没有一天的快乐。"

【原文】

子贡问于孔子曰："君子之所以贵玉而贱珉者,何也？为夫玉之少而珉之多邪？"孔子曰："恶！赐！是何言也！夫君子岂多而贱之、少而贵之哉？夫玉者,君子比德焉。温润而泽,仁也;栗①而理,知也;坚刚而不屈,义也;廉而不刿,行也;折而不桡,勇也;瑕适②并见,情也;扣之,其声清扬而远闻,其止辍然,辞也。故虽有

珉之彫彫,不若玉之章章。《诗》曰:'言念君子,温其如玉。'此之谓也。"[《荀子·法行篇》]

【注释】

①栗上脱缜字。
②适读为瑶。

【释义】

子贡问孔子说:"君子看重玉而轻视珉,是什么原因呢? 是因为玉稀少而珉数量多吗?"孔子说:"哎! 赐啊! 这是什么话啊! 君子怎么会因为多了就轻视它、少了就珍视它呢? 君子用玉象征人的品德。玉的色泽温润,犹如仁;玉的纹理细密,犹如智;玉刚强而不屈,犹如义;它有棱角而不割伤人,犹如行;它即使折断也不弯曲,犹如勇;它的斑点缺陷都暴露在外,犹如诚实;敲打它,声音清脆悠扬,戛然而止,犹如言辞之美。所以,即使珉石带着彩色花纹,也比不上宝玉那样洁白明亮。《诗经》说:'谦谦君子,温润如玉。'所以君子看重玉。"

【原文】

南郭惠子问于子贡曰:"夫子之门,何其杂也?"子贡曰:"君子正身以俟,欲来者不距,欲去者不止。且夫良医之门多病人,隐栝之侧多枉木。是以杂也。"[《荀子·法行篇》]

【释义】

南郭惠子问子贡说:"孔夫子的门下,怎么那样混杂呢?"子贡说:"君子端正自己的身心来等待求学的人,想来的不拒绝,想走的不阻止。况且良医的门前多病人,整形器的旁边多弯木,所以夫子的门下鱼龙混杂啊!"

【原文】

孔①子曰:"君子有三恕:有君不能事,有臣而求其使,非恕也;有亲不能报,有子而求其孝,非恕也;有兄不能敬,有弟而求其听令,非恕也。士明于此三恕,则可以端身矣。"[《荀子·法行篇》]

【注释】

①百子全书本无孔子曰三字。

【释义】

孔子说:"君子要有三种推己及人之心:有了君主不能侍奉,有了臣子却要指使他们,这不符合恕道;有了父母不能报答养育之恩,有了子女却要求他们孝顺,这不符合恕道;有了哥哥不能敬重,有了弟弟却要求他们听话,这不符合恕道。读书人明白了这三种推己及人之心,身心就可以端正了。"

【原文】

孔子曰:"君子有三思,而不可不思也。少而不学,长无能也;老而不教,死无思也;有而不施,穷无与也。是故君子少思长,则学;老思死,则教;有思穷,则施也。"〔《荀子·法行篇》〕

【释义】

孔子说:"君子有三个问题,是不可以不考虑的。小时候不学习,长大了就没有才能;老了不教人,死后就没有人怀念;富有时不施舍,贫穷了就没有人周济。因此君子小时候考虑到长大以后的事,就会学习;老了考虑到死后的景况,就会从事教育;富有时考虑到贫穷的处境,就会施舍。"

【原文】

鲁哀公问于孔子曰:"吾欲论吾国之士与之治国,敢问何如之邪?"孔子对曰:"生今之世,志古之道;居今之俗,服古之服;舍此而为非者,不亦鲜乎?"哀公曰:"然则夫章甫、钧屦、绅而搢笏者,此贤乎?"孔子对曰:"不必然。夫端衣、元裳、冕而乘路者,志不在于食荤;斩衰、菅屦、杖而啜粥者,志不在于酒肉。生今之世,志古之道;居今之俗,服古之服;舍此而为非者,虽有,不亦鲜乎?"哀公曰:"善!"孔子曰:"人有五仪:有庸人,有士,有君子,有贤人,有大圣。"哀公曰:"敢问何如斯可谓庸人矣?"孔子对曰:"所谓庸人者,口不能道善言,心不知色①色,不知选贤人善士托其身焉以为己忧;勤②行不知所务,止交不知所定;日选择于物,不知所贵;纵物如流,不知所归;五凿为正③,心从而坏。如此,则可谓庸人矣。"哀公曰:"善!敢问何如斯可谓士矣?"孔子对曰:"所谓士者,虽不能尽道术,必有率也;虽不能偏美善,必有处也。是故知不务多,务审其所知;言不务多,务审其所谓;行不务多,务审其所由。故知既已知之矣,言既已谓之矣,行既已由之矣,则若性命肌肤之不可易。也故富贵不足以益也,卑贱不足以损也。如此,则可谓士也。"哀公曰:"善!敢问何如斯可谓之君子矣?"孔子对曰:"所谓君子者,言忠信而心不德,仁义在身而色不伐,思虑明通而辞不争。故犹然如将可及者,君子也。"哀公曰:"善! 敢问何如斯可谓贤人矣?"孔子对曰:"所谓贤人者,行中规绳而不伤于本,言足法于天下而不伤于身,富有天下而无怨④财,布施天下而不病贫。如此,则可谓贤人矣。"哀公曰:"善! 敢问何如斯可谓大圣矣?"孔子对曰:"所谓大圣者,知通乎大道,应变而不穷,辨乎万物之情性者也。大道者,所以变化遂成万物也;情性者,所以理然不取舍也。是故其事大辨⑤乎天地,明察乎日月,总要万物于风雨,缪⑥缪肕肕。其事不可循,若天之嗣⑦;其事不可识,百姓浅然不识其邻,若此,则可谓大圣矣。"哀公曰:"善!"[《荀子·哀公篇》]

【注释】

①色色当作邑邑,字形之误,与悒悒同。

②勤当作动。

③正政通。

④怨读为蕴。

⑤辨读为偏。

⑥缪当为骖,肕当为钝。

⑦嗣读为司。

【释义】

鲁哀公问孔子说:"我想选择我国的人才和他们一起治理国家,冒昧地问一下怎样去选取他们呢?"孔子回答说:"生活在当今的时代,却倾慕古代的道德礼仪;依现代的生活习俗而生活,却穿着古代的儒服,舍弃这样的做法而走不同道路的人,不是很少见吗?"哀公问:"那么戴着殷代的帽子,穿着有絇饰的鞋子,系着大带子并把笏板插在带子里的人,都是贤人吗?"孔子回答说:"不一定贤能。那些穿着祭祀礼服、黑色礼袍、戴着礼帽而乘坐祭天大车的人,他们的心思不在于吃荤;披麻戴孝、穿着茅草编成的鞋、撑着孝棍而吃稀粥的人,他们的心思不在于喝酒吃肉。生在当今的世上,牢记着古代的原则;处在当今的习俗中,穿着古代式样的服装;做到这样而为非作歹的人,即使有,不也很少吗?"哀公说:"好!"孔子说:"人有五种典型:有平庸的人,有士人,有君子,有贤人,有伟大的圣人。"哀公说:"请问像怎样可以称之为平庸的人?"孔子回答说:"所谓平庸的人,嘴里不能说出好话,心里也不知道忧愁，不知道考虑选用和依靠贤人善士；出动时不知道去干什么，立定时不知道立脚点在哪里；天天在各种事物中挑选，却不知道什么东西贵重；一味顺从外界的事情就像流水似的，不知道归宿在哪里；为耳、目、鼻、口、心的欲望所主宰，思想也就跟着变坏。像这样，就可以称之为平庸的人了。"哀公说："好！请问像怎样可以称之为士人？"孔子回答说："所谓士人，即使不能彻底掌握治国的原则和方法，但必定有所遵循；即使不能尽善尽美，但必定有所操守。所以他了解知识不求多，而务求审慎地对待自己的知识；说话不求多，而务求审慎地对待自己所说的话；做事不求多，而务求审慎地对待自己所经手的事。知识已经了解了，话已经说了，事已经做了，那就像自己的生命和肌肤一样不可能再加以改变了。所以富贵并不能使他增加些什么，卑贱并不能使他减少些什么。像这样，就可以称之为士人了。"哀公说："好！请问像怎样才可以称之为君子？"孔子回答说："所谓君子，就是说话忠诚守信而心里并不自认为有美德，仁义之道充满在身而脸上并不露出炫耀的神色，思考问题明白通达而说话却不与人争辩。所以洒脱舒缓好像快要被人赶上似的，就是君子了。"哀公说："好！请问像怎样才可以称之为贤人？"孔子回答说："所谓贤人，就是行为符合规矩法度而不伤害本身，言论能够被天下人取法而不伤害自己，富裕得拥有天下而没有私藏的财富，把财物施舍给天下人而不用担忧自己会贫穷。像这样，就可以称之为贤人了。"哀公说："好！请问像怎样才可以称之为伟大的圣人？"孔子回答说："所谓伟大的圣人，就是智慧能通晓大道、面对各种事变而不会穷于应付、能明辨万物性质的人。大道，是变化形成万物的根源；万物的性质，是处理是非、取舍的根据。所以圣人做的事情像天地一样广大普遍，像日月一样明白清楚，像风雨一样统辖万物，温温和和诚恳不倦。他做的事情不可能被沿袭，好像是上天主管的一样；他做的事情不可能被认识，老百姓浅陋地甚至不能认识和它相近的事情。像这样，就可以称之为伟大的圣人了。"哀公说："好！"

【原文】

鲁哀公问舜冠于孔子，孔子不对。三问，不对。哀公曰："寡人问舜冠于子，何以不言也？"孔子对曰："古之王者有务[1]而拘领者矣，其政好生而恶杀焉。是以凤在列树，麟在郊野，乌鹊之巢可俯而窥也。君不此问，而问舜冠，所以不对也。"[《荀子·哀公篇》]

【注释】

[1]务读为冒帽也。

【释义】

鲁哀公向孔子打听舜所戴的礼帽,孔子不回答。哀公问了三次,孔子仍不回答。哀公说:"我向您打听舜所戴的礼帽,您为什么不说话呢?"孔子回答说:"古代的帝王中有戴便帽并穿圆领便服的,但他们的政治却是致力于使人生存而厌恶杀人。因此凤凰栖息在成行的树上,麒麟活动在国都的郊外,乌鸦、喜鹊的窝可以低头观察到。您不问这个,却问舜戴的礼帽,所以我不回答啊!"

【原文】

鲁哀公问于孔子曰:"寡人生于深宫之中,长于妇人之手,寡①人未尝知哀也,未尝知忧也,未尝知劳也,未尝知惧也,未尝知危也。"孔子曰:"君之所问,圣君之问也。丘,小人也,何足以知之?"曰:"非吾子,无所闻之也。"孔子曰:"君入庙门而右,登自胙②阶,仰视榱栋,俛见几筵,其器存,其人亡,君以此思哀,将③焉不至矣?君昧爽而栉冠,平明而听朝,一物不应,乱之端也,君以此思忧,则忧将焉不至矣?君平明而听朝,日昃而退,诸侯之子孙必有在君之末庭者,君以此思劳,则劳将焉不至矣?君出鲁之四门以望鲁四郊,亡国之虚④必有数盖⑤焉,君以此思惧,则惧将焉不至矣?且丘闻之:'君者,舟也;庶人者,水也。水则载舟,水则覆舟。'君以此思危,则危将焉不至矣?"[《荀子·哀公篇》]

【注释】

①元本无寡人二字。

②昨与胙同。

③将上脱则哀二字。

④虚读为墟。

⑤盖字衍。

【释义】

鲁哀公问孔子说:"我从小生在深宫里,在妇人手里长大,我从来不知道什么是悲哀,从来不知道什么是忧愁,从来不知道什么是劳苦,从来不知道什么是恐惧,从来不知道什么是危险。"孔子说:"您所问的,是圣明的君主所问的问题。我孔丘,是个小人啊,哪能知道这些?"哀公说:"没有您,我就无法使自己开窍。"孔子回答说:"您走进宗庙的大门向右,从东阶走上去,抬头看屋椽,低头看案几和座席,器物都在，只是见不到先祖的身影。国君由此而引发出哀伤的情感，那么悲哀之情哪会不到来呢？天刚亮就起床，衣服帽子穿戴整齐，天大亮的时候到朝堂听政，一件事处理不当，往往会成为国家混乱以至亡国的开端。国君以此来心忧国事，那么忧愁之情哪会不到来呢？太阳出来就处理国家大事，一直要到深夜，各国诸侯及其子孙作为宾客往来，行礼揖让，国君要谨慎地按照礼法规范表现他威严的风度。国君由这样的日常政治活动思考什么是辛劳，那么劳苦的感觉哪会不到来呢？您走出鲁国国都的四方城门去瞭望鲁国的四郊，那些亡国的废墟中一定有几处茅屋，国君以此想到对天命的惊惧和敬畏，那么恐惧之情哪会不到来呢？而且我听说过这样的话：'国君，是船；百姓，是水。水可以载船，也可以使船沉没。'国君由此想到其中的危险，那么危险感哪会不到来呢？"

【原文】

鲁哀公问于孔子曰："绅、委、章甫有益于仁[①]乎？"孔子蹴然曰："君号[②]然也？资[③]衰、苴杖者不听乐，非耳不能闻也，服使然也。黼衣黻裳者不茹荤，非口不能味也，服使然也。且丘闻之：'好肆不守折，长者不为市。'窃[④]其有益与其无益，君其知之矣。"[《荀子·哀公篇》]

【注释】

①仁当作人。
②号读为胡。
③资与齐同。
④窃与察通。

【释义】

鲁哀公问孔子说："束宽大的腰带、戴周代式样的黑色丝绸礼帽和商代式样的成人礼帽，有益于仁吗？"孔子惊恐不安地说："您怎么这样问呢？穿着丧服、撑着孝棍的人不听音乐，并不是耳朵不能听见，而是身穿丧服使他们这样的。穿着祭祀礼服的人不吃荤菜，并不是嘴巴不能品味，而是身穿祭服使他们这样的。而且我听说过这样的话：'善于经商的人不使所守资财折耗，德高望重的长者不去市场做生意谋利。'束腰带、戴礼帽是有益于仁还是无益于仁，您大概知道了吧！"

【原文】

鲁哀公问于孔子曰："请问取人。"孔子对曰："无取健，无取詌①，无取口哼②。健，贪也；詌，乱也；口哼，诞也。故弓调而后求劲焉，马服而后求良焉，士信悫而后求知能焉。士不信悫而有多知能，譬之，其豺狼也，不可以身尒③也。"[《荀子·哀公篇》]

【注释】

①詌当作拑

②哼与谆同

③尒与迩同

【释义】

鲁哀公问孔子说："请问怎样选取人才？"孔子回答说："不要选取要强好胜的人，不要选取钳制别人的人，不要选取能说会道的人。要强好胜的人，往往贪得无厌；钳制别人的人，往往会犯上作乱；能说会道的人，往往会弄虚作假。所以弓首先要调好，然后才求其强劲；马首先要驯服，然后才求其成为良马；人才首先要忠诚老实，然后才求其聪明能干。一个人如果不忠诚老实却又非常聪明能干，打个比方，他就是豺狼啊，是不可以使自己靠近他的呀！"

【原文】

子贡问于孔子曰："赐为人下而未知也。"孔子曰："为人下者（乎）？其犹土也。深抇之而得甘泉焉，树之而五谷蕃焉。草木殖焉，禽兽育焉，生则立焉，死则人焉。多其功而不息（德），为人下者其犹土也。"[《荀子·尧问篇》]

【释义】

子贡问孔子说："我想对人谦虚，却还不知道怎么做。"孔子说："对人谦虚？那就要像土地一样啊！深深地挖掘它，就能得到甘美的泉水，在它上面种植五谷，就能茂盛地生长。草木在它上面繁殖，禽兽在它上面生育；人活着就站在它上面，死了就埋在它里面。它的功劳很多，却不自以为有功劳。对人谦虚嘛，就要像土地一样啊！"

【原文】

《春秋》之序道也,先质而后文,右志而左物。……是故孔子立新王之道,明其贵志以反和,见其好诚以减(灭)伪。其有继周之弊,故若此也。[春秋繁露·玉杯]

【释义】

《春秋》讲述道义,事先说本质然后讲形式,亲近思想而远离事物。……所以孔子建立统治者应该遵守的道德,表明他是注重心志内容而反对物利的,喜欢忠诚而要消灭虚伪的。统治者继承了周朝以来重视形式的弊端,所以《春秋》如此记载。

【原文】

臧孙辰请糴于齐,孔子曰:"君子为国,必有三年之积,一年不熟,乃请糴,失君之职也。"[春秋繁露·王道]

【释义】

臧孙辰想从齐国买进粮食。孔子说:"君子治理国家,粮库里至少要积累三年的粮食,如果只有一年粮食没有成熟(没有收成),就从别的国家买进,那么君主就是失职了。"

【原文】

仲尼之作《春秋》也,上探正天端王公之位,万民之所欲;下明得失,起贤才,以待后圣,故引史记,理往事,正是非,见王公。史记十二公之间,皆衰世之事,故门人惑。孔子曰:"吾因其行事而加乎王心焉,以为见之空言不如行事博深切明。"[春秋繁露·俞序]

【释义】

孔子作《春秋》一书,首先是探讨上天赋予君王的职责是什么、广大老百姓想要什么;其次是申明得失,启用贤人,来等待圣人的出现。所以搜集历史资料,梳理以前的事情,辨正是非对错,使人真正了解君王。历史资料记载的十二位君王的故事,都是发生在衰落之世,所以弟子们很是困惑。孔子说:"我以他们做事这样的例子来说明贤明的君主是如何治理国家的,只听他们说的话,不如以他们做的事为例说明得更加深刻清晰。"

【原文】

《春秋》缘人情,赦小过。(中略)孔子明得失,见成败,疾时世之不仁,失王道之体,故因人情,赦小过。(中略)孔子曰:"吾因行事,加吾王心焉。"假其位号以正人伦,因其成败以明顺逆,故其所善,则桓文行之而遂,其所恶,则乱国行之终以败。
[春秋繁露·俞序]

【释义】

《春秋》依照人的本性,赦免小的罪过。……孔子明白什么是得,什么是失,能发现成败的原因,嫉恨社会的不仁爱,失去仁道的根本,所以依照仁德本性,赦免小的罪过。……孔子说:"我依照周礼行事,进一步表明我的尊王之心。"借助人的地位、称号来端正人与人之间的关系。依据成败表明是顺仁义还是逆仁义,所以所称赞的是齐桓公、晋文公做事便有成功的结果,所否定的则是混乱国家的行为最终要失败。

【原文】

孔子曰:"天之所幸,有为不善而屡极。"[春秋繁露·必仁且知]

【释义】

孔子说:"上天所宠幸的人,有做坏事而多次犯罪的。"

【原文】

仲尼曰:"国有道,虽加刑,无刑也;国无道,虽杀之,不可胜也。"[春秋繁露·身之养重于义]

【释义】

孔子说:"国家有道,即使用刑罚,也没有用刑的对象;国家无道,即使将人杀死,也杀不尽。"

【原文】

火者,司马也。司马为谗,反言易辞以谮想人,内离骨肉之亲,外疏忠臣,贤圣旋亡,谗邪日昌,鲁上大夫季孙是也。专权擅势,薄国威德,反以怠恶,潜想其群臣,劫惑其君。孔子为鲁司寇,据义行法,季孙自消,堕费郕城,兵甲有差,夫火者,大朝,有谗邪荧惑其君,执法诛之。执法者,水也。故曰:水胜火。[春秋繁露·五行相生]

【释义】

火属于司马。司马制造谗言,用不正常的话和更改事实的言辞诬陷别人,对内离间骨肉间的亲情,对外疏远忠臣,贤能之人立刻逃走,不正之风日益盛行,鲁国的上大夫季孙就是这样的人。他独揽大权和政事,依附国家显示威严,反而招致罪恶,诬陷国内的大臣,逼迫并迷惑国君。孔子担任鲁国的司寇,按照原则执行法律,季孙就自己消亡了,自毁了费城、邱城,军队与诸侯有了差别。火是本朝,有人惑乱,诬陷国君,司寇就要执法,诛灭他。执法的人是水,所以说:水胜火。

【原文】

北方者水,执法司寇也。司寇尚礼,君臣有位,长幼有序,朝廷有爵,乡党以齿,升降揖让,般伏拜谒,折旋中矩,立而磬折,拱则抱鼓,执衡而藏,至清廉平,赂遗不受,请谒不听,据法听讼,无有所阿,孔子是也。为鲁司寇,断狱屯屯,与众共之,不敢自专。是死者不恨,生者不怨,百工维时,以成器械。器械既成,以给司农。司农者,田官也。田官者木,故曰:水生木。[春秋繁露·五行相生]

【释义】

北方属水,是执法的司寇。司寇崇尚礼,君臣有固定的位置,长幼有固定的次序,朝廷按爵位排序,同乡友好按年龄排序,升迁、降谪作揖拜谒,弯曲着走路都要符合规矩,站在那里像石磬,双手打拱如同抱鼓,手持法衡而隐没自身,特别清廉公正,不接受馈赠的财物,请求拜请也不听从,根据法律审理诉讼,没有偏袒,孔子就是这样的人。他担任鲁国的司寇,审理诉讼非常诚恳,和众人一起审理,不敢独断专行。这样被处死的人不仇恨,活着的人不怨恨,各种工匠都按时劳动,以便做成器物工具。器具做好之后,供给司农。司农是管理耕地的官吏。管理耕地的官吏属于木,所以说:水生木。

【原文】

孔子曰:"山川神祇立,宝藏殖,器用资,曲直合,大者可以为宫室台榭,小者可以为舟舆浮①湒。大者无不中,小者无不入,持斧则斫,折②镰则艾。生人立,禽兽伏,死人入,多其功而不言,是以君子取譬也。"［春秋繁露·山川颂］

【注释】

①浮湒,浮楫之误。
②疑折当作持。

【释义】

孔子说:"山神、地神的神位被建立,蕴藏的宝藏不断增多,器物有了供给,曲直恰好合适,大的可以修筑宫室台榭,小的可以制造船只车辆和船桨。大的没有不符合人们要求的,小的没有不进入人们视野的,拿起斧子可以砍断,用力割可以割断。活着的人可以站着,禽兽伏在山里,死去的人埋入其中,它有很多功绩却不自夸,所以君子取大山做比喻。"

【原文】

孔子曰:"书之重,辞之复。呜呼！不可不察也。其中必有美者焉。"［春秋繁露·祭义］

【释义】

孔子说:"书中重复,修辞重复。哎！不可不识别清楚呀！其中一定有美好的含义。"

【原文】

孔子曰:"移风易俗,岂家至之哉,先之于身而已矣！"［新语·无为］

【释义】

改变旧的风俗习惯,难道是挨家挨户去做说服劝告的吗？而是靠自身的榜样力量影响别人罢了。

【原文】

鲁定公之时,与齐侯会于夹谷。孔子行相事。两君升坛,两相处下,而相欲①揖君臣之礼,济济备焉。齐人鼓噪而起,欲执鲁公。孔子历阶而上,不尽一等而立,谓齐侯曰："两君合好，以礼相率，以乐相化。臣闻嘉乐不野合，犠（牺）象之荐不下堂，夷狄之民何求为？"命司马请止之。定公曰："诺！"齐侯逡巡而避席曰："寡人之过。"退而自责大夫。罢会，齐人使优㑏侏儒于鲁公之幕下，傲戏，欲候鲁君之隙，以执定公。孔子叹曰："君辱臣当死。"使司马行法斩焉，首足异河②而出。于是齐人惧然而恐，君臣易操，不安其故行，乃归鲁四邑之侵地，终无乘鲁之心。［新语·辩惑］

【注释】

①孙星衍孔子集语十二引无欲字。

②河所之讹。

【释义】

鲁定公的时候，与齐景公在夹谷举行大会。孔子担任礼相。两国国君登上土台，两国的礼相在下面，准备相互作揖，同时行君臣之礼，场面很宏大。齐国人一起起哄，想抓住鲁国国君。孔子一步步登上台阶，只差最后一级没登，对齐景公说："两国国君友好相见，以礼仪相对待，以音乐相教化。我听说关好的音乐不在野外演奏，祭祀用的牲畜不撤下厅堂，夷狄之民来这里干什么呢？"并命令司马官拦住齐人。齐景公退却谢罪说："这是我的过错。"退下后责怪大臣。开会结束后，齐国又让优人在鲁国国君的帐下跳舞，嬉戏，想等待时机，抓住定公。孔子说："戏弄国君的人该杀。"于是让司马官执行军法，把优人的头扔出大门。于是齐国人担心恐惧，君臣都改变了做法，对以前的行为感到不安，于是归还了鲁国郓、讙、龟阴的土地，最终打消了算计鲁国的心思。

【原文】

孔子遭君暗臣乱，众邪在位，政道隔于王家，仁义闭于公门，故作公陵之歌，伤无权力于世。［新语·慎微］

【释义】

孔子在鲁国做官时，国君昏庸大臣乘机作乱，众多小人把持高位。孔子所提倡的王道和王宫相隔离，所主张的仁义之道又被王宫拒绝于外。所以作公陵之歌，感伤没有权力。

【原文】

昔者，舜自耕稼陶渔而躬孝友。父瞽顽，毋①嚚，及弟象傲，皆下愚不移。舜尽孝道，以供养瞽。瞽与象，为浚井、塗廪之谋，欲以杀舜。舜孝益笃，出田则号泣，年五十犹婴儿慕，可谓至孝矣。故耕于历山，历山之耕者让畔；陶于河清，河演之陶者，器不苦窳；渔于雷泽，雷泽之渔者分均。及立为天子，天下化之，蛮夷率服，北发渠搜，南抚交耻，莫不慕义，麟凤在郊。故孔子曰："孝弟之至，通于神明，光于四海，舜之谓也。"〔新序·杂事第一〕

【注释】

①毋母之讹

【释义】

从前，舜亲自从事耕地、种田、制瓦、打鱼等各种生产劳动，对父母孝顺，对兄弟友爱。舜的父亲瞽非常顽固不化，继母酷虐，弟弟象狂傲不已，都是属于愚蠢而不可改变的人。舜极尽孝道，来奉养父亲瞽。瞽和象密谋，让舜去掏井，却将井盖住，让舜去修补仓房，却放火烧房子，以此想杀死舜。舜的孝心更加笃定，父亲下地干活就痛哭流涕，五十岁了，还像婴儿一样啼哭。因此，当舜在历山耕种的时候，历山的耕种者互相谦让田界；在黄河边上制作陶器，黄河边上制陶器的人不再制作不结实的陶器；在雷泽打鱼，雷泽打鱼的人分配很公平。等到他被立为天子，天下都被感化了，四面的少数民族一律臣服。在北方派人去渠搜，在南面安抚交耻（表示各个地方的小国都感受到了舜的仁义），天下没有不敬仰舜的仁义的，因此麒麟和凤凰都在野外出现。所以孔子说："对父亲尽孝，对兄弟友爱，到了这种程度，就感动了天地，孝义充于四海之内，这就是说舜啊！"

舜

【原文】

孔子在州里，笃行孝道，居于阙党，阙党之子弟畋渔，分有亲者得多，孝以化之也。是以七十二子，自远方至，服从其德。〔新序·杂事第一〕

【释义】

孔子在家乡坚定地实施孝义之道。他居住在阙里，阙里的人打鱼，分给父母亲很多，这就是孝义感化的结果。这也是七十二子从遥远的地方来到这里的原因，都折服于他高尚的品德。

【原文】

鲁有沈犹氏者，旦饮羊饱之，以欺市人；公慎氏有妻而淫；慎溃氏奢侈骄佚；鲁市之鬻牛马者，善豫贾。孔子将为鲁司寇，沈犹氏不敢朝饮其羊；公慎氏出其妻；慎溃氏逾境而徙；鲁之鬻马牛不豫贾，布正以待之也。既为司寇，季孟堕郡①费之城，齐人归所侵鲁之地，由积正之所致也。［新序·杂事第一］

【注释】

①郡邱之讹。

【释义】

鲁国有个叫沈犹氏的，早晨让羊喝饱水，再牵到市场上去卖，以此来欺骗买羊的人。有个叫公慎氏的，他的妻子放荡淫乱；有个叫慎溃氏的，生活奢侈放纵；鲁国市场上卖牛马的人，特别善于预先囤积营利。孔子将要做鲁国的司寇，沈犹氏再也不敢在早晨把羊喂饱后再牵到市场去卖；公慎氏休了他的妻子；慎溃氏偷越边境而迁徙到别的地方；鲁国卖牛马的人也不再囤积营利，宣布以正派行为而等待孔子的上任。在孔子做了司寇之后，叔孙氏、孟氏分别毁坏了邱城、费城的城墙，齐人归还所侵占的鲁国之地，这都是由于孔子的行为长期正当而导致的结果。

【原文】

晋平公欲伐齐，使范昭往观焉。景公赐之酒，酣。范昭曰："愿请君之樽酌。"公曰："酌寡人之樽，进之于客。"范昭已饮，晏子曰："徹樽，更之樽觯具矣。"范昭佯醉不悦而起舞，谓太师曰："能为我调成周之乐乎？吾为子舞之。"太师曰："冥臣不习。"范昭趋而出。景公谓晏子曰："晋大国也，使人来，将观吾政也，今子怒大国之使者，将奈何？"晏子曰："夫范昭之为人，非陋而不识礼也，且欲试吾君臣，故绝之也。"景公谓太师曰："子何以不为客调成周之乐乎？"太师对曰："夫成周之乐，天子之乐也。若调之，必人主舞之。今范昭人臣也，而欲舞天子之乐，臣故不为也。"范昭归，以告平公曰："齐未可伐也。臣欲试其君，而晏子识之，臣欲犯其礼，而太师知之。"仲尼闻之曰："夫不出于樽俎之间，而知千里之外，其晏子之谓也，可谓折冲矣，而太师其与焉！"［新序·杂事第一］

【释义】

晋平公想攻打齐国，就派范昭到齐国观察一下。齐景公招待范昭，赐给他酒喝。喝到正酣的时候，范昭对齐景公说："愿意用您的酒杯斟酒喝。"齐景公说："请把我用的酒杯，进献给客人。"范昭用齐景公的酒杯饮完酒，晏子说："撤下这个酒杯，请重新更换一个酒杯。"范昭装着喝醉的样子，不高兴地跳起了舞，对太师说："能为我演奏周王朝的音乐吗？我为你们跳个舞。"太师说："我愚笨无知，没有学过周王朝的音乐。"范昭快走而离开了。齐景公对晏子说："晋国是一个大国，派人来我们这里，是要观察我们的政治，今天你惹怒了大国的使者，该怎么办呢？"晏子回答道："范昭的为人，并不是知识浅薄而不知道礼节。况且只是想试探我们，所以断绝他的想法。"齐景公对太师说："你为什么不为客人演奏周王朝的音乐呢？"太师回答道："周王朝的音乐，是天子的音乐。如果演奏这样的音乐，一定是国君在跳舞。范昭只是一个大臣，跳舞却想配天子的音乐，所以我不会为他演奏。"范昭回到晋国，对晋平公说："齐国不能攻打。我想试探他们的君主，被晏子识破了；我想触犯他们的礼节，太师却知道这一切。"孔子听说了这件事，说："不出筵席之间，而退敌于千里之外。这就是说晏子啊，可以说是克敌制胜啊，而太师也参与了这件事。"

【原文】

鲁君使宓子贱为单父。子贱辞去，因请借善书者二人，使书意为教品，鲁君予之。至单父，使书，子贱从旁引其肘，书丑，则怒之。欲好书，则又引之。书者患之，请辞而去。归，以告鲁君，鲁君曰："子贱苦吾扰之，使不得施其善政也。"乃命有司无得擅徵发单父。单父之化大治。故孔子曰："君子哉！子贱，鲁无君子者，斯安取斯美其德也。"［新序·杂事第二］

【释义】

鲁国的国君派宓子贱（孔子的学生）去管理单父县。宓子贱辞行时，要求鲁君给他两个会书法的人，叫他们书写国家的大法和县里的告示，鲁君同意派两个人给他。到达单父县时，宓子贱就要求这两个书吏书写县里的法令和告示，但他却从旁边牵扯着这两个人的手肘，字写得很丑，宓子贱就责备他们。书吏想写好，等到重新书写时，宓子贱仍然去掣肘和阻挠他们。于是书吏感到苦闷，辞职而去。回到京城后把在单父县的过程和辞职的原因告诉鲁君。鲁君听了之后说："宓子贱担心我会干扰他的工作，妨碍他的施政方针。"于是命令他的大臣不要擅自去征收单父县的一切赋税。果然单父县在宓子贱的感化下治理得非常好。

【原文】

晋人伐楚，三舍不止，大夫曰："请击之。"庄王曰："先君之时，晋不伐楚，及孤之身，而晋伐楚，是寡人之过也，如何其辱诸大夫也？"大夫曰："先君之时，晋不伐楚，及臣之身，而晋伐楚，是臣之罪也。请击之。"庄王俛泣而起，拜诸大夫。晋人闻之曰："君臣争以过为在己，且君下其臣犹如此，所谓上下一心，三军同力，未可攻也。"乃夜还师。孔子闻之曰："楚庄王霸其有方矣，下士以一言而敌还，以安社稷，其霸不亦宜乎？《诗》曰：'柔还能迩，以定我王。'此之谓也。"［新序·杂事第四］

【释义】

晋人伐楚，楚人已经退避九十里，晋人的攻击仍然不停止。楚国的大夫说："请允许臣反击吧！"楚庄王说："我们的前代君王在位的时候，晋国不攻打楚国，但是，到了我掌管楚国，晋国却来攻打我们，'这是我的罪过啊！如果下令攻击晋国，楚国的大夫必然要受到羞辱和伤害，怎么能让大夫因此而受到侮辱呢？"大夫说："前代君王还在的时候，晋国不攻打楚国，但是，到了臣担任大夫，晋国却来攻打我们，这是臣的罪过。请允许臣反击吧！"楚庄王低下头哭泣了一会儿，然后站起身，对各位大夫施以拜礼。晋国人听说这件事后说："国君和臣子都把罪过往自己身上揽，而且国君在臣子面前表现得那么谦卑有礼，可见是上下同心，三军也同心协力啊！由此看来，楚国恐怕是攻打不成啊！"于是，晋国人连夜退兵回国了。孔子听说之后说："楚庄王能成为一代霸主，是理所当然的。对臣下能够谦卑有礼，凭借一句话就使敌兵退去了，因此，社稷得以安宁，难道他成为霸主不是合情合理的吗？《诗经》中说：'宽容谦卑待远近，因此安定我君王。'正是这个道理啊！"

【原文】

郑人游于乡校，以议执政之善否，然明谓子产曰："何不毁乡校？"子产曰："何为？夫人朝夕游焉，以议执政之善否，其所善者，吾将行之；其所恶者，吾将改之，是吾师也，如之何毁之？吾闻为国忠信以损怨，不闻作威以防怨。岂不遽止？譬之若防川也，大决所犯，伤人必多，吾不能救也。不如小决之使导，吾闻而药之也。"然明曰:"蔑也,乃今知吾子之信,可事也,小人实不材。若果行,此其郑国实赖之,岂惟二三臣。"仲尼闻是语也,曰:"以是观之,人谓子产不仁,吾不信也。"[新序·杂事第四]

【释义】

郑国人到乡校休闲聚会,议论执政者施政措施的好坏。郑国大夫然明对子产说:"把乡校毁了,怎么样?"子产说:"为什么毁掉?人们早晚干完活儿回来到这里聚一下,议论一下施政措施的好坏。他们喜欢的,我们就推行;他们讨厌的,我们就改正。这是我们的老师。为什么要毁掉它呢?我听说尽力做好事以减少怨恨,没听说过依仗权势来防止怨恨。难道很快制止这些议论不容易吗?然而那样做就像堵塞河流一样:河水大决口造成的损害,伤害的人必然很多,我是挽救不了的;不如开个小口导流,不如我们听取这些议论后把它当作治病的良药。"然明说:"我从现在起才知道您确实可以成大事。小人确实没有才能。如果真的这样做,恐怕郑国真的就有了依靠,岂止是有利于我们这些臣子!"孔子听到了这番话后说:"照这些话看来,人们说子产不行仁义,我不相信啊!"

【原文】

哀公问孔子曰:"寡人生乎深宫之中,长于妇人之手,寡人未尝知哀也,未尝知忧也,未尝知劳也,未尝知惧也,未尝知危也。"孔子辟席曰:"吾君之问,乃圣君之问也。丘,小人也。何足以言之?"哀公曰:"否,吾子就席。微吾子无所闻之矣。"孔子就席,曰:"然君人庙门,升自阼阶,仰见榱栋,俯见几筵,其器存,其人亡。君以此思哀,则哀将安不至矣?君昧爽而栉冠,平旦而听朝,一物不应乱之端也,君以此思忧,则忧将安不至矣?君平旦而听朝曰,昃而退,诸侯之子孙必有在君之门廷者,君以此思劳,则劳将安不至矣?君出鲁之四门,以望鲁之四郊,亡国之墟列必有数矣,君以此思惧,则惧将安不至矣?丘闻之:'君者,舟也,庶人者,水也,水则载舟,水则覆舟。'君以此思危,则危将安不至矣?夫执国之柄,履民之上,懔乎如以腐索御奔焉。《易》曰:'履虎尾。'《诗》曰:'如履薄冰,不亦危乎?'"哀公再拜,曰:"寡人虽不敏,请事斯语矣。"[新序·杂事第四]

【释义】

鲁哀公问孔子说:"我从小生在深宫里,在妇人手里长大,我从来不知道什么是悲哀,从来不知道什么是忧愁,从来不知道什么是劳苦,从来不知道什么是恐惧,从

孔子家语

来不知道什么是危险。"孔子说:"您所问的,是圣明的君主所问的问题。我孔丘,是个小人啊,哪能知道这些?"哀公说:"不是这样的,你坐下来。没有您,我就无法使自己开窍。"孔子于是就座,说:"您走进宗庙的大门向右,从东阶走上去,抬头看屋椽,低头看案几和座席,器物都在,只是见不到先祖的身影。国君由此而引发出哀伤的情感,那么悲哀之情哪会不到来呢?天刚亮就起床,衣服帽子穿戴整齐,天大亮的时候到朝堂听政,一件事处理不当,往往会成为国家混乱以至亡国的开端。国君以此来心忧国事,那么忧愁之情哪会不到来呢?太阳出来就处理国家大事,一直要到深夜,各国诸侯及其子孙作为宾客往来,行礼揖让,国君要谨慎地按照礼法规范表现他威严的风度。国君由这样的日常政治活动思考什么是辛劳,那么劳苦的感觉哪会不到来呢?您走出鲁国国都的四方城门去瞭望鲁国的四郊,那些亡国的废墟中一定有几处茅屋,国君以此想到对天命的惊惧和敬畏,那么恐惧之情哪会不到来呢?我听说过这样的话:'国君,是船;百姓,是水。水可以载船,也可以使船沉没。'国君由此想到其中的危险,那么危险感哪会不到来呢?执掌国家的大权,却高高坐在百姓之上,就像拿腐朽的缰绳去拉疾驰的马。《易经》说:'跟在老虎尾巴后面行走。'《诗》曰:'如履薄冰,不是很危险吗?'"哀公再次拜谢,说:"我虽然不聪明,但会照你的话去做。"

【原文】

哀公问于孔子曰:"寡人闻之,东益宅不祥,信有之乎?"孔子曰:"不祥有五,而东益不与焉。夫损人而益己,身之不祥也;弃老取幼,家之不祥也;释贤有不肖,国之不祥也;老者不教,幼者不学,俗之不祥也;圣人伏匿,天下之不祥也。故不祥有五,而东益不与焉。《诗》曰:'各敬尔仪,天命不又。'未闻东益之与为命也。"[新序·杂事第五]

【释义】

鲁哀公问孔子说:"我听说向东边扩展住宅是不吉利的,真是这样吗?"孔子说:"不吉利的事情有五种,但向东边扩展住宅这事不包括在内。损害别人而为自己捞取更多的利益,这是自身的不吉利;抛弃年老的妻子而再娶年轻的女子,这是家庭的不吉利;放弃贤士不用而任用不肖的人,这是国家的不吉利;年老的人不教育别人,年幼的人又不学习,这是社会的不吉利;圣明的人逃隐,愚笨的人专权这是天下的不吉利。总之,不吉利的事情有五种,向东边扩展住宅并不包括在内。《诗经》说：'各自威仪要慎重，天命一去不再来。'我没听说过向东边扩展住宅与命运有关系。"

【原文】

孔子北之山戎氏，有妇人哭于路者，其哭甚哀，孔子立舆而问曰："曷为哭哀至于此也？"妇人对曰："往年虎食我夫，今虎食我子，是以哀也。"孔子曰："嘻！若是，则曷为不去也？"曰："其政平，其吏不苛，吾以是不能去也。"孔子顾子贡曰："弟子记之，夫政之不平而吏苛，乃甚于虎狼矣。"《诗》曰："降丧饥馑，斩伐四国。"夫政不平也，乃斩伐四国，而况二人乎？其不去宜哉。［新序·杂事第五］

【释义】

孔子往北要到山戎氏，有妇人在路边哭得非常悲哀，孔子停下车问她："为什么哭得这样哀痛？"妇人说："去年老虎吃了我的丈夫，今年吃了我的儿子，所以伤心哀哭。"孔子说："啊！既然是这样，为什么不离开呢？"妇人回答说："这里的政治不苛严，官吏不残暴，所以我不能离开。"孔子回过头对子贡说："你记住这件事情！如果地方上的政局不平又官吏很苛暴，比猛虎还要厉害呀！"《诗经》说："降下饥馑，万民残伤。"如果地方上的政局不平，就会导致万民残伤，就不仅仅是两个人了。不离开是对的。

【原文】

士尹池为荆使于宋，司城子罕止而觞之。南家之墙，拥于前而不直，西家之潦，经其宫而不止。士尹池问其故，司城子罕曰："南家，工人也，为鞔者也。吾将徙之，其父曰：'吾恃为鞔，已食三世矣，今徙，是宋邦之求鞔者，不知吾处也，吾将不食，愿相国之忧吾不食也。'为是故吾不徙。西家高，吾宫卑，潦之经吾宫也利，为是故不禁也。"士尹池归荆，适兴兵欲攻宋，士尹池谏于王曰："宋不可攻也。其主贤，其相仁。贤者得民，仁者能用人，攻之无功，为天下笑。"楚释宋而攻郑。孔子闻之曰："夫修之于庙堂之上，而折冲于千里之外者，司城子罕之谓也。"［新序·刺奢］

【释义】

士尹池为楚国出使到宋国去，司城子罕宴请他。子罕南边邻居的墙向前突出却不拆了它重新垒直，西边邻居家的积水流经子罕家的院子他却不加制止。士尹池询问这是为什么。司城子罕说："南边邻居家是做鞋的工匠，我要让他搬家，他的父亲说：'我家靠做鞋谋生已经三代了，现在如果搬家，那么宋国人想要买鞋的，就不知道我的住处了，我将不能谋生。希望相国您怜悯我们将无法谋生的难处。'因为这个缘故，我没有让他搬家。西边邻居家院子地势高，我家院子地势低，积水流过我家院子很便利，所以没有加以制止。"士尹池回到楚国，楚王正要发兵攻打宋国，士尹池劝阻楚王说："不可以攻打宋国。它的国君贤明，相国仁慈。贤明的人能得到人民的拥护，仁慈的人别人能为他效力。楚国去攻打它，大概不会有功，而且还要为天下所耻笑吧！"所以楚国放弃了宋国而去攻打郑国。孔子听到这件事后说："在朝廷上修明政治，从而挫败了千里之外的敌人，大概说的是宋城子罕吧！"

【原文】

鲁孟献子聘于晋，宣子觞之三徙，钟石之悬，不移而具。献子曰："富哉家！"宣子曰："子之家孰与我家富？"献子曰："吾家甚贫，惟有二士，曰颜回，兹无灵者，使吾邦家安平，百姓和协，惟此二者耳！吾尽于此矣。"客出，宣子曰："彼君子也，以①养贤为富。我鄙人也，以钟石金玉为富。"孔子曰："孟献子之富，可著于《春秋》。"
〔新序·刺奢〕

【注释】

①养御览四百七十二引作畜。

【释义】

鲁国孟献子出访晋国，韩宣子一连换了三个饮酒的地方。这三个地方都备有全钟编磬，不用现场搬动。孟献子说："您家里真富有啊！"韩宣子说："您看您的家和我的家相比谁更富有呢？"孟献子说："我的家很穷，只有两个士，一个叫颜渊，另一个叫兹无灵，能使我的国家安定，百姓和谐，只有这两个人。我的财富就在这儿。"孟献子走了之后，韩宣子说："孟献子是真正的君子啊，以养育贤人为富有。而我是凡夫俗子，以贮存金玉钟磬为富有。"孔子说："孟献子的富有，可以记在《春秋》里。"

【原文】

孔子见宋荣启期，年老白首，衣弊服，鼓琴自乐。孔子问曰："先生老而穷，何乐也？"启期曰："吾有三乐：天生万物，以人为贵，吾得为人，一乐也；人生以男为贵，吾得为男，二乐也；人生命有殇夭，吾年九十余，是三乐也。贫者士之常，死者人之

终,居常以守终,何不乐乎?"[《新序·御览》三百八十三引]

【释义】

孔子看到荣启期,年纪很大头发全白了,身穿破旧的衣服,弹着瑟唱起歌。孔子问他:"先生年纪大又很贫穷,为什么高兴啊?"荣启期答道:"我的快乐有三个:上天生长万物,只有人最尊贵,我已经能够做人,是第一件快乐的事。人中又以男人最尊贵,我已经是个男人,这是第二件快乐的事。人生难免死于婴儿之时,而我年龄已有九十多岁了,这是第三件快乐的事。贫穷对士人来说是很正常的,死亡是人生的终点。我身处正常状态而等待人生终结,还有什么可忧虑的呢?"

【原文】

赵简子欲专天下,谓其相曰:"赵有犊仇,晋有铎鸣,鲁有孔丘,吾杀三人者,天下可王也。"于是乃召犊仇、铎鸣而问政焉,已即杀之。使使者聘孔子于鲁,以胖牛肉迎于河上。使者谓船人曰:"孔子即上船,中河必流而杀之。"孔子至,使者致命,进胖牛之肉。孔子仰天而叹曰:"美哉水乎!洋洋乎,使丘不济此水者,命也夫!"子路趋而进曰:"敢问何谓也?"孔子曰:"夫犊仇、铎鸣,晋国之贤大夫也。赵简子未得意之时,须而后从政,及其得意也,杀之。黄龙不反于涸泽,凤凰不离其尉罗。故刳胎焚林则麒麟不臻,覆巢破卵则凤皇不翔,竭泽而渔则龟龙不见。鸟兽之于不仁,犹知避之,况丘乎!故虎啸而谷风起,龙兴而景云见,击庭钟于外,而黄钟应于内,夫物类之相感,精神之相应,若响之应声,影之象形,故君子违伤其类者。今彼已杀吾类矣,何为之此乎!"于是遂回车,不渡而还。[《新序·三国志·魏刘廙传》注引]

【释义】

赵简子想独专天下,对他的宰相说:"赵国有犊仇,晋国有铎鸣,鲁国有孔丘,我把这三人杀了,就可以图谋天下了。"于是他把铎鸣、犊仇召来,任命他们为官,后来把他们杀了。又派人去鲁国聘请孔子,用胖牛肉作为礼物在河边迎接孔子。使者对船夫说:"孔子上了船,在河中央就杀了他。"孔子到了,使者表达赵简子的意思,并献上胖牛肉。孔子仰天长叹道:"多么壮美的滔滔河水啊!我孔丘在此无法过河,是命运的安排吧?"子路上前问道:"敢问先生为何这样说呢?"孔子说:"铎鸣、犊仇,是晋国贤良的大夫。赵简子没有显达的时候,与他们一样名闻天下。等到他显达的时候,却把他们杀掉自己做了大官。黄龙不会回到干涸的沼泽,凤凰不会离开爵罗。所以剖腹焚烧幼胎，就不会有麒麟，倾覆鸟巢毁灭卵蛋，凤凰也无法飞翔；为了捕鱼而放干湖泽之水，蛟龙也无法游走。鸟兽对于不仁的事情，尚且知道回避，何况我呢？所以老虎啸叫山谷就会起风，蛟龙兴起景云就会出现，在外面击打庭钟，黄钟就会在里面呼应。同类事物会相互感应，精神会相互呼应，就像声音的回音，身体的影子，所以君子不会做伤害同类的事。现在赵简子已经杀了我的同类，我为什么还要去呢？"于是回到车里。没有渡河而是返回了。

【原文】

孔子曰："圣人虽生异世，相袭若规矩。"[《新序·文选》孙子荆为石苞与孙皓书注引]

【释义】

孔子说："圣人虽然生在不同的年代，但都承袭相同的规矩。"

【原文】

孔子谓曾子曰："君子不以利害义，则耻辱安从生哉！官怠于宦成，病加于少愈，祸生于怠惰，孝衰于妻子。察此四者，慎终如始。"[《新序》薛据《孔子集语》引]

【释义】

孔子对曾子说："君子不会因为利益而舍弃大义，这样，耻辱怎么还能滋生呢？官员会在事业有成时懈怠，疾病会在病情缓和时加重，灾祸会在懈怠懒惰时发生，孝心会因为妻子和儿女而衰退。审察这四方面，慎独就会和开始时一样。"

【原文】

孔子曰："奂乎其有文章，伴乎其无涯际。"[《圣证论》孔晁日《诗·大雅卷·阿疏》引孔晁引孔子曰〇今从玉函山房辑佚书收入《圣证论》]

【释义】

孔子说："文章很有文采，广大没有边际。"

【原文】

仲尼叙书，上谓天谈，下谓民语。兼该男女，究其表里。[《正部论·意林》四

引]

【释义】

孔子作书,向上说是谈论天理,向下说是谈论民情。并且议论男女之间的事,考究他们的外表和内心。

【原文】

仲尼门人哺道醇,饮道宗。[《正部论·御览》四百三引]

【释义】

孔子的弟子向孔子学习的,都是纯朴的初始之道。

【原文】

鲁哀公问于孔子曰:"吾闻君子不博,有之乎?"孔子对曰:"有之。"哀公曰:"何为其不博也?"孔子对曰:"为其有二乘。"哀公曰:"有二乘则何为不博也?"孔子对曰:"为行恶道也。"哀公惧焉。有间曰:"若是乎君子之恶角道之甚也!"孔子对曰:"恶恶道不能甚,则其好善道亦不能甚。好善道不能甚,则百姓之亲之也亦不能甚。《诗》云:'未见君子,忧心惙惙。亦既见止,亦既觏止,我心则悦。'诗之好善道之甚也如此!"哀公曰:"善哉!吾闻君子成人之美,不成人恶。微孔子,吾焉闻斯言也哉!"[说苑·君道]

【释义】

鲁哀公问孔子说:"我听说君子不用下棋做游戏,有这回事吗?"孔子回答说:"有这回事。"哀公又问:"为什么君子不用棋做游戏呢?"孔子回答说:"因为棋里有黑白两道。"哀公问:"有黑白两道为什么就不能用棋做游戏呢?"孔子回答说:"因为怕做坏事。"哀公对此也感到害怕了。过了好一会儿,哀公说:"像这样子,君子讨厌做坏事太厉害了吧!"孔子回答说:"如果不能非常地讨厌坏事,也就不能非常地喜欢好事。如果不非常地喜欢好事,那么百姓就不会特别亲近你。《诗经》说:'没有见到君子,心里一直很忧闷。若是见到了他,若是遇到了他,我心里就会喜悦。'《诗经》里也是这样非常喜欢好事啊!"哀公说:"很好!我听说君子成人之美,不成人之恶,若不是孔子,我哪能听到这样的话呢!"

国学经典文库

孔子家语

孔子言行典籍译注

图文珍藏版

【原文】

虞人与芮人质其成于文王。入文王之境,则见其人民之让为士大夫;入其国,则见其士大夫让为公卿。二国者相谓曰:"其人民让为士大夫,其士大夫让为公卿,然则此其君亦让以天下而不居矣。"二国者,未见文王之身,而让其所争,以为闲田,而反。孔子曰:"大哉文王之道乎! 其不可加矣。不动而变,无为而成,敬慎恭己而虞、芮自平。故《书》曰:'惟文王之敬忌。'此之谓也。"[说苑·君道]

【释义】

虞人和芮人要到文王面前去评理。刚进入文王的境内,就看见文王的百姓谦让如士大夫;再走进他的国都,又看见士大夫谦让如公卿。于是虞国人和芮国人互相说:"文王的百姓谦让如士大夫,士大夫又谦让如公卿,那么,这样的君王也会把天下谦让给别人,自己不做君王。"虞、芮两国来人深感惭愧,虽然没有见到文王,他们却把原来所争执的土地让出来作为闲田,然后各自回去。孔子说:"文王治国的方法真伟大呀! 再没有比这伟大了。没有强迫举动,百姓却随着他变,没有作为,却自有成就,文王敬慎克己才会使虞人和芮人的争端自动平息。因此《尚书》说:'只以文王的恭敬忌讳为榜样。'说的就是这个道理。"

【原文】

楚昭王有疾,卜之曰:"河为祟。"大夫请用三牲焉。王曰:"止。古者先王割地制土,祭不过望。江、汉、睢、漳,楚之望也,祸福之至,不是过也;不谷虽不德,河非所获罪也。"遂不祭焉。仲尼闻之曰:"昭王可谓知天道矣,其不失国,宜哉。"[说苑-君道]

【释义】

楚昭王得病了,占卜的人说:"黄河之神在作怪。"大夫们请求在郊外祭祀。楚昭王说:"不要。古代先王分封土地,祭祀不超越本国的山川。长江、汉水、睢水、漳水,是楚国的大川。祸福的来到,不会超过这些地方。我即使没有德行,也不会得罪黄河之神。"于是就不去祭祀。孔子说:"楚昭王理解大道理。他不失去国家,是当然的了!"

【原文】

孔子曰:"文王似元年,武王似春王,周公似正月。文王以王季为父,以太任为母,以太姒为妃,以武王、周公为子,以泰颠、闳夭为臣,其本美矣。武王正其身以正其国,正其国以正天下,伐无道,刑有罪,一动天下正,其事正矣。春致其时,万物皆及生;君致其道,万人皆及治。周公戴己,而天下顺之,其诚至矣。"[说苑·君道]

【释义】

孔子说:"文王好像元年,武王好像春秋,周公好像正月。文王把王季做父亲,把太任做母亲,把太姒做妃子,武王和周公是他的儿子,泰颠和闳夭是他的大臣,他的本质纯美啊!武王先端正自己的品行,再来治理他的国家,治理好国家再治理天下,征伐无道的人,惩罚有罪的人,他一行动,天下就得到治理,他做的事正确啊!春天按照时节到来,万物都能及时生长,君王尽心尽职,万民都能得到治理。周公克己奉公,天下的人都顺从他,他的诚意到了极顶。"

【原文】

孔子曰:"夏道不亡,商德不作;商德不亡,周德不作;周德不亡,《春秋》不作;《春秋》作而后君子知周道亡也。"[说苑·君道]

【释义】

孔子说:"夏不灭亡,商朝就不会兴起;商朝不灭亡,周朝就不会兴起;周朝不灭亡,就不会编写《春秋》;《春秋》写成以后,君子才知道周道衰亡。"

【原文】

子贡问孔子曰:"今之人臣孰为贤?"孔子曰:"吾未识也。往者,齐有鲍叔,郑有子皮,贤者也。"子贡曰:"然则齐无管仲,郑无子产乎?"子曰:"赐,汝徒知其一,不知其二。汝闻进贤为贤耶?用力为贤耶?"子贡曰:"进贤为贤。"子曰:"然。吾闻鲍叔之进管仲。也闻子皮之进子产也。未闻管仲、子产有所进也。"[说苑·臣术]

【释义】

子贡问孔子说:"如今大臣中谁最贤?"孔子说:"我不清楚。过去,齐国有鲍叔,郑国有子皮,他们都是贤能的人。"子贡说:"然而齐国的管仲,郑国的子产就不算贤人吗?"孔子说:"子贡,你只知其一,不知其二。你听说过推荐贤才的人是贤人呢? 还是为国出力的人是贤人?"子贡说:"为国家推荐贤才的人是贤人。"孔子说:"对呀! 我听说鲍叔推荐管仲,子皮推荐子产,没有听说管仲、子产推荐什么人。"

【原文】

孔子曰:"君子终日言,不遗己之忧,终日行,不遗己之患,唯智者有之。故恐惧所以除患也,恭敬所以越难也。终日为之,一言败之,可不慎乎!"[《韩诗外传》薛据《孔子集语》引]

【释义】

孔子认为:有德行的人每天为人处世,从来不给自己招来忧患,这样的修为,只有智者才能做到。所以说焦虑能给自己免除灾祸,谨慎能给自己避难。长时间所做的努力,很可能被一点小事毁掉,一定要谨慎啊!

【原文】

自古封太山禅梁甫①者,万有余家,仲尼观之不能尽识②。[韩诗史记补三皇本纪引]

【注释】

①《史记・孝武本纪》索引梁甫作梁父。
②同上,引识作绿。

【释义】

自古以来,被称作泰山梁父的人,多得数不过来,孔子不能全部都知道。

【原文】

孔子渡江,见之异众,莫能名。孔子尝闻河上人歌曰①"鸮兮鸽兮,逆毛衰兮,一身九尾长兮,鸽鸮也"。[韩诗广韵五第十三末鸮字注引]

【注释】

①大戴礼十三卢注引作汉诗内传曰:鹈鸽胎生,孔子渡江见而异之。

【释义】

孔子渡江,看见一个与众不同的动物,说不上它的名字。孔子曾经听船上的人说:"鸹啊鸹啊,九尾鸟啊,一个身子九条尾巴,是鸹鸹。"

【原文】

《将归操》者,孔子之所作也。赵简子循执玉帛,以聘孔子。孔子将往,未至,渡狄水,闻赵杀其贤大夫窦鸣犊,喟然而叹之曰:"夫赵之所以治者,鸣犊之力也。杀鸣犊而聘余,何丘之往也? 夫燔林而田,则麒麟不至;覆巢破卵,则凤凰不翔。鸟兽尚恶伤类,而况君子哉?"于是援琴而鼓之云:"翱翔于卫,复我旧居;从吾所好,其乐只且。"〔琴操〕

【释义】

《将归操》是孔子写的。赵简子带着玉帛,聘请孔子到赵国。孔子启程,还没到赵国,在渡狄水的时候,听说赵简子杀了贤明的大夫窦鸣犊,孔子长叹一声:"赵国之所以能长治久安,是窦鸣犊的功劳啊,杀了他,聘请我,我能有什么作为呢? 如果把燔林毁了,开垦成田地,那么麒麟就不会来了,把鸟巢毁掉,卵就会掉下来,那么凤凰就不会栖息了。鸟兽都能不伤害同类,更何况是有德行的人呢?"于是,孔子弹琴,唱到:"我还是回到卫国吧,那里有我的旧居,还是从事我喜欢的事情吧,那样才快乐。"

【原文】

《猗兰操》者,孔子所作也。孔子历聘诸侯,诸侯莫能任。自卫反鲁,过隐谷之中,见芗兰独茂,喟然叹曰:"夫兰当为王者香,今乃独茂,与众草为伍,譬犹贤者不逢时,与鄙夫为伦也。"乃止车援琴鼓之云:"习习谷风,以阴以雨。之子于归,远送于野。何彼苍天,不得其所。逍遥九州,无所定处。世人暗蔽,不知贤者。年纪逝迈,一身将老。"自伤不逢时,托辞于芗兰云。〔琴操〕

【释义】

《猗兰操》是孔子写的。孔子周游列国,各国诸侯都不能任用他。最后孔子从卫国返回鲁国,在一个山谷中看见芗兰长得很茂盛,长叹一声:"芗兰的香气应该是王者的香气,现在这么茂盛,却与杂草为伍,这就像有贤德的人生不逢时,与山野村夫为伍一样啊!"于是,孔子从车上下来,弹琴唱到:"习习谷风,以阴以雨。之子于归,远送于野。何彼苍天,不得其所。逍遥九州,无所定处。世人暗蔽,不知贤者。年纪逝迈,一身将老。"以芝兰为比喻,悲伤自己生不逢时。

【原文】

《龟山操》者,孔子所作也。齐人馈女乐,季桓子受之,鲁君闭门不听朝。当此之时,季氏专政,上僭天子,下畔大夫,贤圣斥逐,谗邪满朝。孔子欲谏不得,退而望鲁,鲁有龟山蔽之。辟季氏于龟山,托势位于斧柯;季氏专政,犹龟山蔽鲁也:伤政道之陵迟,闵百姓不得其所,欲诛季氏,而力不能。于是抚琴而歌云:"予欲望鲁兮,龟山蔽之。手无斧柯,奈龟山何?"[琴操]

【释义】

《龟山操》是孔子写的。齐国人给季桓子进献了一批美女,季桓子接受了,从此居住深宫,不处理朝政。这个时候,季氏专政,挟天子令诸侯,排斥圣贤的人,整个朝堂充斥着奸佞小人。孔子想进谏,却没办法达到目的,于是就回到了鲁国,鲁国被龟山遮挡着。季氏在齐国当政,就像是龟山遮挡着鲁国一样。孔子想改变这样的情况,驱逐季氏,但力不能及。于是弹琴唱道:"予欲望鲁兮,龟山蔽之。手无斧柯,奈龟山何?"

【原文】

孔子使颜渊执辔,到匡郭外。颜渊举策指匡,穿垣曰:"往与阳虎。"正从此人,匡人闻其言,孔子貌似阳虎,告匡君曰:"往者阳虎,今复来至。"乃令桓魋围孔子,数日不解,弟子皆有饥色。于是孔子仰天而叹曰:"君子固亦穷乎!"子路闻孔子之言悲感,悖然大怒,张目奋剑,声如钟鼓,顾[1]谓二三子曰:"使吾有此厄也!"孔子曰:"由,来!今汝欲斗名,为戮我于天下,为汝悲歌而感之,汝皆和我。"由等唯唯,孔子乃引琴而歌,音曲甚哀,有暴风击拒,军士僵仆。于是匡人乃知孔子圣人,瓦解而去。[琴操]

【注释】

①今本"顾"上有"孔子"二字,无"曰由来"以下十四字。从《御览·人事部》引改。

【释义】

孔子让颜回驾车，到达了匡的城外，颜回拿着马鞭指着匡城说："阳虎曾经到过这里。"匡人听到这句话，以为孔子就是阳虎，就去告诉匡城国君说："以前来过的阳虎，现在又来了。"于是，匡君命令桓魋包围孔子，很长时间都不放行，孔子弟子们都饿得皮包骨头。于是孔子仰天长叹说："君子无路可走了！"子路听见孔子这么悲伤，就怒发冲冠，张大眼睛，手拿宝剑，声如洪钟，环视其他人说："为什么我们有这样的厄运啊！"孔子说："子路，来！现在你想去以争斗闻名，让天下人以为我有杀戮之名。我现在给你做一首歌，你们都来和我。"子路等人连忙答应，孔子开始弹琴唱歌，声调很悲伤，就像是暴风来了，将士们都冻僵卧倒了一样。因此，匡人才知道了孔子是圣人，于是，给孔子放行了。

【原文】

孔[①]子游于腊山，见取薪而哭。长梓上有孤鹈，乃承而歌之。［琴操·北堂书钞一百六十一引］

【注释】

①陈禹谟本作：孔子游于山隅，见梓树上有孤鹈，乃承而歌之。

【释义】

孔子在腊山上游玩，看到砍柴人就很伤心，看见梓树上有一只鹈鸟，就和着鹈鸟的鸣叫而唱歌。

【原文】

孔子游于泰山，见薪者哭，甚哀。孔子问之，薪者曰："吾自伤，故哀尔。"［琴操·艺文类聚三十四引］

【释义】

孔子在泰山游玩，看到砍柴人伤心地哭泣，孔子问对方怎么了，对方说："我感

腊山

叹于自身的辛苦,所以很悲伤。"

【原文】

鲁哀公十四年,西狩,薪者获麟,击之,伤其左足,将以示孔子。孔子道与相逢,见,倪而泣,抱麟曰:"尔孰为来哉!孰为来哉!"反袂拭面,乃歌曰:"唐虞世兮麟凤游,今非其时来何求,麟兮麟兮我心忧!"仰视其人,龙颜日月。夫子奉麟之口,须臾取三卷图,一为赤伏,刘季兴为王。二为周灭,夫子将终。三为汉制,造作《孝经》。夫子还,谓子夏曰:"新主将起,其如得麟者。"[琴操·艺文类聚十引]

【释义】

鲁哀公十四年,西部狩猎,砍柴的人捕获了一只麒麟,伤了它的左脚,想把这只麒麟拿给孔子看。孔子在路上与麒麟相逢,见了之后,很伤心,抱着麒麟说:"你为什么要来,你为什么要来?"用袖子擦泪,歌唱道:"在唐尧虞舜的时候,麒麟和凤凰常常到这个世界上来游,人人都看得见,现在不是唐虞那个时候,你来干什么呢?"看看孔子自己,与麒麟长得很像。孔子有感而发,不一会儿就取出了三卷图画:一是预言,刘季兴即将称王。二是周朝灭亡,孔子即将逝世。三是汉朝将有《孝经》。孔子归来,对子夏说:"新的君主即将升起,就像得到麒麟一样。"

【原文】

槃操又名息陬操,其辞曰:"干泽而渔,蛟龙不游;覆巢毁卵,凤不翔留。惨予心悲,还原①息陬。"[琴操·绎史孔子类记一引]

【注释】

①《古诗源》一引原作"辕"。

【释义】

槃操又叫息陬操,歌词是:"把湖水弄干了来捕鱼,蛟龙就不会游来,把鸟巢翻转过来,毁掉其中的卵,凤凰就将飞走,永不回返。"

【原文】

孔子曰:"书之重,辞之复。呜呼!不可不察,其中必有美者焉。"[《公羊解诂》僖公四年疏云《春秋》说之文]

【释义】

孔子说："词语反复,哎呀!不能不留心啊,其中一定有关好的一面。"

【原文】

孔子曰:"知①和而和,不以礼节之,亦不可行也。"[《公羊解诂》宣公九年]

【注释】

①《论语·学而篇》以此为有子言。

【释义】

孔子说:"为和谐而和谐,不以礼来节制和谐,也是不可行的。"

【原文】

孔子曰:"皇象元,逍遥术,无文字,德明谥。"[《公羊解诂》成公八年疏云《春秋》说之文〇古微书收入春秋纬说题辞〇玉函山房辑佚书收入春秋辑元命苞]

【释义】

孔子说:"帝王的品德已经实行起来,实行逍遥之术,没有文字,德行很盛名。"

【原文】

孔子曰:"三皇设言民不违,五帝画像世顺机,三王肉刑揆渐加,应世黠巧奸伪多。"[《公羊解诂》襄公二十九年疏云《孝经》说之文〇玉函山房辑佚书收入孝经纬鈎命诀]

【释义】

孔子说:"三皇的言行,人民不会违背,五帝的思想,世世代代传下来。三王设立的刑法比较多,是因为世上的奸诈之徒比较多。"

【原文】

颊谷之会,齐侯作侏儒之乐,欲以执定公。孔子曰:"匹夫而荧惑于诸侯者,诛!"于是诛侏儒,首足异处。齐侯大惧,曲节从教。[《公羊解诂》定公十年疏日家

【释义】

　　颊谷大会上，齐侯拿侏儒取乐，想把侏儒献给定公。孔子说："一个人向诸侯进行媚惑，应该杀！"于是，杀了侏儒。齐侯大惊，从此循规蹈矩。

【原文】

　　郈，叔孙氏所食邑；费，季氏所食邑。二大夫宰吏数叛，患之，以问孔子。孔子曰："陪臣执国命，采长数叛者，坐邑有城池之固，家有甲兵之藏故也。"季氏说其言而堕之。[《公羊解诂》定公十二年疏云《春秋》说有此文]

【释义】

　　郈，是叔孙氏的封地，费，是季氏的封地。二位大夫的大臣经常叛乱，他们很忧虑，就来请教孔子。孔子认为："诸侯的大臣执行命令而叛变，是因为他们的封地很坚固，士兵很充足。"于是季氏照着孔子所说的，把这些都毁掉了。

【原文】

　　夫子素案图录，知庶姓刘季当代周，见薪采者获麟，知为其出，何者？麟者，木精；薪采者，庶人燃火之意，此赤帝将代周。[《公羊解诂》哀公十四年疏云盖见中候]

【释义】

　　孔子从谶纬之学中得知刘季会取代周王朝，他看见砍柴人捕获麒麟，所以知道原因。麒麟是树木的精华，薪柴是大众用以燃烧的材料，这说明赤帝将取代周朝。

【原文】

　　得麟之后，天下血书鲁端门曰："趋作法，孔圣没，周姬亡，彗东出。秦政起，胡破术。书记散，孔不绝。"子夏明日往视之，血书飞为赤鸟，化为白书，署曰：《演孔图》，中有作图制法之状。[《公羊解诂·哀公十四年疏》云："《演孔图》之文也。"]

【释义】

　　猎获麒麟之后，有用血书写成的文字从天而降，掉到鲁国端门上："赶快做事情吧,孔子将要去世,大周朝将要灭亡,彗星从东方升起。秦始皇将要统一天下,文字记录等都会散失,但孔子的学术不会灭亡。"第二天,孔子的学生子夏到端门去看,血书飞起来变成了红色的鸟,变成了一张图,上面标识说:"《演孔图》,上面画着孔子画图来描画政治方略的模样。"

【原文】

孔子自因鲁史记而修春秋,制素王之道。[《公羊传·卢钦序(左氏传)序疏引》]

【释义】

孔子自己以鲁国的历史为主线而编撰了《春秋》一书,成就了素王的思想学术体系。

【原文】

孔子以四科教士,随其所喜,譬如市肆,多列杂物,欲置①之者并至。[桓子《新论》,《意林》三引]

【注释】

①置,恐买之误。

【释义】

孔子用四门学科的知识教授给学生们,顺从他们的喜好。就像在市场上一样,多多摆放各种物品,要购买物品的人就都来买了。

【原文】

孔子曰:"阳三阴四,位之正也。三者东方之数,东方日之所出,又圆者径一而开三也。四者西方之数,西方日之所入,又方者径一而取四也。言日月终天之道。故易卦六十四,分上下,象阴阳也。奇偶之数,取之于乾坤。乾坤者,阴阳之根本;坎离者,阴阳之性命。分四营而成易,十有八变而成卦。卦象定吉凶,明得失,降五行,分四象,顺则吉,逆则凶,故曰吉凶悔吝生乎动。又曰明得失于四序,运机布度,其气转易,主者亦当,则天而行,与时消息,安而不忘亡,将以顺性命之理,极耆龟之源,重三成六,能事毕矣。分天地乾坤之象,益之以甲乙壬癸,震巽之象配庚辛,坎离之象配戊己，艮兑之象配丙丁，八卦分阴阳、六位、五行，光明四通，变易立节。天地若不变易，不能通气。五行迭终，四时更废，变动不居，周流六虚，上下无常，刚柔相易，不可以为典要，惟变所适。吉凶共列于位，进退明乎机要。易之变化，六爻不可据，以随时所占。"［京氏易传下］

【释义】

孔子说："阳爻居三，阴爻居四，这是正位。从五行生数图得出东对应三，东方是太阳升起的地方。又因为天圆的直径为一，其周长则约为三。西对应四，西方是太阳落下的地方。且地方的边长为一，其周长则为四。所谓'日月终天之道'，像阳三阴四一样相对相分。所以易卦六十四卦，分上下两经，象征阴阳。奇偶之数，生成乾坤卦爻之象。乾和坤，是阴阳的根本；坎和离，是阴阳的性命。要经过四次经营，才能成为《易经》的一变，积十八变而完成一卦。卦象能够定吉凶之事，明得失之理，产生五行，分为四象，顺应的话就是吉，违背的话就是凶，所以说人一动，就会发生或吉、或凶、或悔、或吝的结果。又说从阴阳、六位、五行、星宿中能明白得失，运筹帷幄精心布置，精气就会转入易中，主者承担下来，那么天道就会运行，随时间的推移而兴盛衰亡，自身保全时不忘记消亡，就会顺应生命的规律，探究占卜用的蓍龟的含义，两个三爻的单卦相重成为六爻，事情就成功了。乾坤二分天地阴阳之术，又分甲乙壬癸，庚阳入震，辛阴入巽，戊阳入坎，己阴入离，丙阳入艮，丁阴入兑，八卦分阴阳、六位、五行，光明四通八达，易就成为节气。天地如果不变化，就不能循环变动。五行不循环，四时不更替，其表现形式变化多端，充满整个宇宙，上下无常，刚柔相互变动，对这些变化，都不可把它看死，要把这一根本规律看成是不断变化的。吉凶都有可能，进退要看准时机。易的变化，不能完全依据六爻，要随时占卜。"

【原文】

孔子易①云："有四易：一世二世为地易，三世四世为人易，五世六世为天易，游魂归魂为鬼易。八卦鬼为系爻，财为制爻，天地为义爻，福德为宝爻，同气为专爻。龙德十一月在子，在坎卦，左行。虎刑五月午，在离卦，右行。甲乙庚辛天官，申酉地官。丙丁壬癸天官，亥子地官。戊己甲乙天官，寅卯地官。壬癸戊己天官，辰戌地官。静为悔，发为贞，贞为本，悔为末。初爻上，二爻中，三爻下，三月之数以成。一月初爻三日，二爻三日，三爻三日，名九日。余有一日，名曰闰余。初爻十日为上旬,二爻十日为中旬,三爻十日为下旬。三旬三十,积旬成月,积月成年。八八六十四卦,分六十四卦,配三百八十四爻,成万一千五百二十策,定气候二十四,考五行于运命。人事天道,日月星辰,局于指掌。吉凶见乎其位,系乎吉凶,悔吝生乎动。寅中有生火,亥中有生木,巳中有生金,申中有生水,丑中有死金,戌中有死火,未中有死木,辰中有死水。土兼于中。建子阳生,建午阴生,二气相冲,吉凶明矣。积算随卦起宫,乾坤震巽坎离艮兑,八卦相荡,二气阳入阴,阴入阳,二气交互不停,故曰生生之谓易。天地之内,无不通也。乾起巳,坤起亥,震起午,巽起辰,坎起子,离起丑,艮起寅,兑起申。于六十四卦,遇王则吉,废则凶,冲则破,刑则败,死则危,生则荣。考其义理,其可通乎!分三十为中,六十为上,三十为下,总一百二十,通阴阳之数也。新新不停,生生相续,故淡泊不失其所,确然示人。阴阳运行,一寒一暑,五行互用,一吉一凶,以通神明之德,以类万物之情。故《易》所以断天下之理,定之以人伦而明王道。八卦建五气,立五常,法象乾坤,顺于阴阳,以正君臣父子之义。故《易》曰:元亨利贞。夫作《易》所以垂教,教之所被,本被于有无。且《易》者,包备有无。有吉则有凶,有凶则有吉,生吉凶之义,始于五行,终于八卦。从无入有,见灾于星辰也;从有入无,见象于阴阳也。阴阳之义,岁月分也;岁月既分,吉凶定矣。故曰八卦成列,象在其中矣。六爻上下,天地阴阳运转,有无之象,配乎人事。八卦仰观俯察,在乎人,隐显灾祥,在乎天,考天时,察人事,在乎卦。八卦之要,始于乾坤,通乎万物。故曰《易》,穷则变,变则通,通则久。久于其道,其理得矣。卜筮非袭于吉,唯变所适,穷理尽性于兹矣。"[京氏易传下]

【注释】

①困学记闻引"易"字在"云"下。

②汉魏从书本"起"下有"卯"字。

【释义】

孔子评论《易经》说:"《易经》有四种:每宫首卦的一、二世卦叫地易,三、四世卦叫人易。五世六世叫天易,游魂归魂叫鬼易。八卦中,鬼为系爻,财为制爻,父母为义爻,子孙为窦爻,兄弟为专爻。阳气十一月在子中气冬至,在坎卦,向左旋顺行。阴气在五月午中气夏至,在离卦,向右旋顺行。甲乙庚辛在天官,申酉在地官。丙丁壬癸在天官,亥子在地官。戊己甲乙在天官,寅卯在地官。壬癸戊己在天官,辰戌在地官。静为外卦,发为内卦,内卦是根本,外卦是末端。初爻居上,二爻居中，三爻居下，三月的时间就形成了。每个月初爻主三天，二爻主三天，三爻主三天，一共九天。还有一天，就叫闰余。初爻的十日为上旬，二爻的十日为中旬，三爻的十日为下旬。三旬三十天，积旬成月，积月成年。八八六十四卦，配上三百八十四爻，成为一万一千五百二十策，来制定二十四节气，考察五行的运命。人事天道、日月星辰统统纳入其中，就像放在手掌中一样。吉凶与位置有关系，与吉凶相联系，凡是一动，就会发生或吉、或凶、或悔、或吝的结果。寅中有生火，在东方，亥中有生木，在北方，巳中有生金，在南方，申中有生水，在西方，丑中有死金，在北方，戌中有死火，在西方，未中有死木，在南方，辰中有死水，在东方。土居在中间位置。十一月建子阳气生发，五月建午阴气生发，二气相冲突，吉凶就很明了了。积算随八卦起宫，乾、坤、震、巽、坎、离、艮、兑，八卦相互震荡，阳气进入阴气，阴气进入阳气，相互混杂，所以说生生不息就叫易。天地之间，这个道理都通用。乾起巳，坤起亥，震起午，巽起辰，坎起子，离起丑，艮起寅，兑起申。在六十四卦中，遇到王就吉祥，被废就会凶险，冲击就会击破，受刑就会失败，死亡就会危险，生存就会光荣。仔细考究其中的道理，就会发现是通顺的：三十个数为中，六十个数为上，三十个数为下，总共一百二十，是通阴阳的数字。新鲜的事物不停息，新生的事物相接续，所以淡泊就不会失去居所，以刚强坚定的面貌示人。阴阳运行，寒暑交替，五行互用，凶吉相继，以通晓上天神明的旨意，表达万物的感情。所以《易经》才能够判断天下的道理，制定人伦，而张扬王道。八卦建立五气，树立五常，取法乾坤，顺于阴阳，以端正君臣、父子之间的礼仪。所以《易经》说：开始，亨通，利益，通正。创作《易经》是为了教诲百姓，教诲遍及的地方，包括有形的和无形的。而且《易经》包含有形和无形的东西。有吉祥的就有凶险的，有凶险的就有吉祥的，《易经》里蕴涵的吉祥和凶险的含义，起源于五行，终止于八卦。星辰的运行，告人以灾异，真是有形可见的。阴阳的变化，消息盈虚是无形可见的。阴阳的变化，规定一年节气的区分。节气区分了，人事的吉凶就定下来了。所以说八卦形成出现，各自有其所代表的象。一卦六爻，周流上下，告人天地阴阳的运转，有形和无形的天象，配合人事。八卦观测天象的变化，主要在于人，告人以灾祥在于天，考察天时的变化，观察人事的吉凶，就在于卦。八卦的精要，起始于乾坤，贯通于万物。所以说《易经》，事情发展到了尽头，就要转变，有了转变才会通达，能通达才能持久发展下去。长久地研究它，就会明白其中的道理。卜筮并非承袭于吉，只是通过变化来适应，所穷尽的是通过《易》所包含的道德内容的天人之性。"

【原文】

夫子曰:"八卦因伏羲,暨于神农。重乎八纯,圣理元微,易道难究。迄乎西伯父子,研理穷通,上下囊括,推爻考象,配卦世应,加乎星宿,局于六十四所,二十四气,分天地之数,定人伦之理,验日月之行,寻五行之端。灾祥进退,莫不因兹而兆矣。故考天地、日月、星辰、山川、草木、虫鱼、鸟兽之情状,运气生死休咎,不可执一隅。故曰:易含万象。"[京氏易积算法困学纪闻引]

【释义】

孔子说:"八卦始于伏羲,神农加以改进。重视八纯卦,圣明的道理很微妙,易经的真相很难穷究。等到西伯姬昌父子,悉心钻研,穷通极理,囊括上下,推演考究爻象,给世爻、应爻配卦,加上星宿,局限于六十四个地方,二十四个节气,区分天地的运数,制定人间伦理,检验日月运行,查询五行的端倪。灾祸、吉祥、前进、后退,都能从中得到预示。所以考察天地、日月、星辰、山川、草木、虫鱼、鸟兽的情况、运气、生死、休咎,不可局限于一处。所以说:易经里包含世间万象。"

【原文】

仲者,中也。尼者,和也。言孔子有中和之德,故曰仲尼。[《孝规安昌侯说·孝经开宗明义章疏引》,刘瓛述张禹之义。]

【释义】

"仲",是中的意思。"尼",是和的意思。说的是孔子有中和的美德,所以叫仲尼。

【原文】

邱为聚,尼为和。[《孝经义疏·孝经开宗明义章疏引》梁武帝以为。○今从《玉山山房辑佚书》收入《孝经义疏》]

【释义】

"邱",是聚集的意思。"尼",是中和的意思。

【原文】

孔子有疾,哀公使医视之:医曰:"子居处饮食何如?"孔子曰:"丘春居葛笼,夏

居密阳,秋不风,冬不炀,饮食不匮,饮酒不勤。"医曰:"是良药也。"[《公孙尼子》,《御览》二十一又七百二十四引]

【释义】

孔子生病了,哀公派医生去探望。医生说:"您起居饮食怎么样?"孔子说:"我春天住在用葛草建造的屋子里,夏天居住在浓荫遮蔽不见阳光的地方,秋天吹不到风,冬天不干燥,饮食不缺乏,喝酒不频繁。"医生说:"这就是良药啊!"

【原文】

孔子作《春秋》,正春正秋,所以重历也。[《洪范五行传》,《御览》十六引]

【释义】

孔子编撰《春秋》,以立春所在月为正月,也以立秋所在月为正月。所以历法重复了。

【原文】

鲁哀公祖载其父,孔子问曰:"宁设桂树乎?"哀公曰:"不也。桂树者,起于介子推。子推,晋之人也。文公有内难出国之狄,子推随其行,割肉以续军粮。后文公复国,忽忘子推,子推奉唱而歌,文公始悟。当受爵禄,子推奔介山,抱木而烧死。国人葬之,恐其神魂賨于地,故作桂树焉。吾父生于宫殿,死于枕席,何用桂树为?"[《丧服要记》,《水经注》六引]

【释义】

鲁哀公用柩载车上行祖祭之礼,将要安葬他的父亲,孔子问他:"难道您要选用桂树吗?"哀公说:"不是的,用桂树做柩,起源于介子推。子推,是晋国人。晋文公遇到内乱逃出晋国跑到狄国,子推跟随他一起赶路,割下自己身上的肉来接续代替已经吃完的粮食。后来晋文公恢复了君主的地位,疏忽遗忘了子推,子推恭敬地唱和诵读,晋文公才刚刚想起来。正要接受爵位俸禄之时,子推跑到介山之中,抱着树被烧死了。晋国人埋葬他,怕他的神灵魂魄降落到地下,因此用桂树给他做棺柩。我的父亲生在宫殿之中,死在枕席之上,为什么要用桂树做灵柩呢?"

【原文】

昔者鲁哀公祖载其父,孔子问曰:"宁设五谷囊乎?"哀公曰:"不也。五谷囊者,起伯夷叔齐,不食周粟而饿死首阳山,恐魂之饥,故作五谷囊。吾父食味含哺而死,何用此为?"[《丧服要记》,《艺文类聚》八十五又《御览》七百四引]

【释义】

从前,鲁哀公将要安葬他的父亲,孔子问他:"难道您要选用五谷囊吗?"鲁哀公说:"不是的。五谷囊起源于伯夷叔齐,他们因为不吃大周朝的粮食而在首阳山中饿死,人们怕他们的魂魄饥饿,因此作了五谷囊。我的父亲吃了味道鲜美的东西,口中含着食物死去的,用这个干什么?"

【原文】

鲁哀公葬父,孔子问曰:"宁设菰庐乎?"哀公曰:"菰庐起太伯,太伯出奔,闻古公崩,还赴丧,故作菰庐,以障其尸。吾父无太伯之罪,何用此为?"[《丧服要记》,《御览》五百四十八引]

【释义】

鲁哀公要安葬他的父亲,孔子问他:"难道您要选用菰庐吗?"鲁哀公说:"菰庐起源于太伯,太伯出逃,听到古公死了,返回来奔丧,所以制作了菰庐,用来遮蔽尸体。我的父亲没有太伯的罪过,用这个干什么?"

【原文】

鲁哀公葬父,孔子问曰:"宁设桐人乎?"哀公曰:"桐人起于虞卿。虞卿,齐人。遇恶继母,不得养父,死不能葬,知有过,故作桐人。吾父生得供养,何桐人为?"[《丧服要记》,《御览》五百言五十二引]

【释义】

鲁哀公将要安葬自己的父亲,孔子问他:"难道您不选用桐人吗?"鲁哀公说:"桐人起源于虞卿。虞卿,是齐国人。碰到了凶恶的继母,不能够赡养父亲,父亲死了也不能够将其安葬,知道自己有错误,因此制作了桐人。我的父亲生前得到了很好的赡养,用桐人干什么?"

【原文】

鲁哀公葬其父,孔子问曰:"宁设魂衣乎?"哀公曰:"魂衣起宛荆。宛荆于山之下①，道逢寒死，友人羊角哀往迎其尸，魂②神之寒，故作魂衣。吾父生服锦绣，死于衣被，何用魂衣为？"[《丧服要记》，《御览》八百八十六引]

【注释】

①疑有脱文，即左伯桃事。

②魂，疑恐之讹。

【释义】

鲁哀公将要安葬自己的父亲，孔子问他："难道您不选用魂衣吗？"鲁哀公说："魂衣起源于宛荆。宛荆在山下面，行路途中被冻死了，他的朋友羊角哀去接回他的尸体，怕魂魄神灵寒冷，因此制作了魂衣。我的父亲生前穿的是锦绣织成的衣服，死的时候穿着衣服，盖着被子，用魂衣干什么？"

【原文】

昔者鲁哀公祖载其父，孔子问曰："宁设三桃汤乎？"答曰："不也。桃汤者，起于卫灵公。有女嫁楚，乳母送新妇就夫家，道闻夫死，乳母欲将新妇还，新妇曰：'女有三从，今属于人，死当卒哀。'因驾素车白马进到夫家，治三桃汤以沐死者，出东门北隅，礼三终，使死者不恨。吾父无所恨，何用三桃汤焉？"[《丧服要记》，《御览》九百六十七引]

【释义】

鲁哀公将要安葬自己的父亲，孔子问他："难道您不选用三桃汤吗？"回答说："不用。桃汤，起源于卫灵公。他的女儿要嫁到楚国，奶娘送新娘到丈夫家去，路上听说丈夫死了，奶娘想带着新娘回来，新娘说：'女人要遵守三从，现在嫁给人家，人家死了应该完成哀悼。'于是驾白车白马进入丈夫家中，制作三桃汤来给死者沐浴，从东门北墙角出去，数次行礼完毕，使死者没有遗憾。我的父亲没有什么遗憾，为什么要用三桃汤？"

【原文】

鲁哀公葬父，孔子问："宁设衰门乎？"哀公曰："衰门，起于禹。禹治水，故表①其门间，以纪其功。吾父无功，何用此为？"[《丧服要记》，《御览》五百四十八引]

【注释】

①衰表之讹。

【释义】

鲁哀公将要安葬自己的父亲,孔子问他:"难道您不选用衰门吗?"鲁哀公说:"衰门起源于大禹。大禹治理水患,因此标志他家的门庭,来纪念他的功德。我的父亲没有什么功德,用这个干什么?"

【原文】

孔子览史记,就是非之说,立素王之法。[《左氏传解诂·左氏传序疏》引贾达《春秋序》,今从《玉函山房辑佚书》,收入《左氏传解诂》]

【释义】

孔子阅读历史记载,凭借是非的说法,建立了素王的学术体系。

【原文】

孔子自卫反鲁,考正礼乐,修《春秋》,约以周礼,三年文成。致麟麟感而至,取龙为水物,故以为修母致子之应。[《左氏传解诂·左氏传哀公十四年疏》引贾达,服虔颖容等皆以为。○今从《玉函山房辑佚书》收入《左氏传解诂》]

【释义】

孔子从卫国返回鲁国,考订修正礼乐,编撰《春秋》,以周礼为规范,写了三年终于完成。以致麒麟受到感应而出现了,认为龙是水中的事物,因此认为是编撰母亲的事情而招致了孩子的到来的感应。

【原文】

仲尼自卫反鲁,修《春秋》,立素王。丘明为素臣。[《左氏传》杜预《序》]

【释义】

孔仲尼从卫国返回鲁国,编撰《春秋》,建立了素王的学术体系。左丘明是素臣。

【原文】

仲尼修《春秋》，皆承策为经。丘明之传，博采众记。[《左氏传·隐公七年》杜预注]

【释义】

孔仲尼编撰《春秋》，都是根据官方书籍编修经典。左丘明的《春秋左氏传》，是广泛地采用众多的记录而成书的。

【原文】

孔子曰："天子之德，感天地，洞八方。以化合神者称皇，德合天者称帝，德合仁义者称王。"[《七经义纲》,《初学记》九引]

【释义】

孔子说："天子的德行，感应天地，洞悉八方。凭借造化匹配神灵的称为皇，品行匹配天道的称为帝，品行匹配仁义的称为王。"

【原文】

孔子对①子张曰："男子三十而娶，女子二十而嫁。女②二十而通织红绩纺之事，黼黻文章之美。不若是，则上无以孝于舅姑，下无以事夫养子也。"[《尚书大传·唐传》]

【注释】

①《通典》五十九引无"对子张"三字。
②《周礼媒氏疏》无"女二十而"四字。

【释义】

孔子对子张说："男人三十岁就要娶妻，女子二十岁就要嫁人。女子二十岁就要掌握纺纱织布的技能，懂得怎样制作衣服上的华美花纹。如果不是这样，就向上不能孝顺公婆，向下不能服侍丈夫养育孩子。"

【原文】

孔子曰："舜，父顽母嚚，不见室家之端，故谓之鳏。"[《尚书大传·唐传》]

【释义】

孔子说:"舜这个人,父亲母亲都很愚蠢顽固,没有家庭的感觉,所以称他是鳏。"

【原文】

武丁祭成汤,有飞雉升鼎耳而雊。武丁问诸祖己,祖己曰:"雊者,野鸟也,不当升鼎。今升鼎者,欲为用也。远方将有来朝者乎?"故武丁内反诸己,以思先王之道,三年,编发重译来朝者六国。孔子曰:"吾于《高宗肜日》,见德之有报之疾也。"[《尚书大传·殷传》]

【释义】

武丁祭祀成汤,有飞雉降落在鼎耳的上面鸣叫。武丁以这件事询问祖己,祖己说:"雉,是野鸟,不应该降落到鼎上。现在落在鼎上,是想要被任用。远方将要有前来朝见您的人吗?"因此,武丁从内心反省自己,来思索过去统治者的治国方法,三年内,编着发辫而又语言不通的蛮夷来朝觐的有六个国家之多。孔子说:"我在《高宗肜日》中看到了对帝王功德的回报是多么迅速啊!"

【原文】

孔子曰:"文王得四臣,丘亦得四友焉。自吾得回也,门人加亲,是非胥附与?自吾得赐也,远方之士日至,是非奔辏与?自吾得师也,前有辉后有光,是非先后与?自吾得由也,恶言不入于门,是非御侮与?文王有四臣以免虎口,丘亦有四友以禦侮。"[《尚书大传·殷传》]

【释义】

孔子说:"文王得到四位贤臣,我这里也得到四位朋友。自从我得到颜回,门人更加亲近,这不是使疏远者相亲附吗?自从我得到端木赐,远方的人们每天都有来的,这不是从远方过来趋附吗?自从我得到颛孙师,前后都有面子,这不是前后相继吗?自从我得到子由,难听的话再也进不了门了,这不是抵御外来的欺侮吗?文王因为有了四位贤臣而脱离了危难,我也因为有了四位朋友而能够抵御外来的欺侮。"

【原文】

孔子曰:"吾于《洛诰》见周公之德,光明于上下,勤施四方,旁作穆穆,至于海表莫敢不来服,莫敢不来享,以勤文王之鲜光,以扬武王之大训,而天下大治。故曰圣之与圣也,犹规之相周,矩之相袭也。"[《尚书大传·周传》]

【释义】

孔子说:"我在《洛诰》中看到了周公的功德,上对君下对民都光明无私,勤政施于四方,诸侯远方宾客都很恭敬,以至于海外偏远之地的人都没有敢不来臣服的,没有敢不来上供的,来帮助保持周文王的光明,来发扬周武王的圣哲的教言,从而天下非常安定。所以说圣人和圣人之间,就像法规一样互相补充,就像标准方针一样承袭。"

【原文】

《书》曰:"高宗梁暗,三年不言。"何谓梁暗也?《传》曰:"高宗居倚庐,三年不言,百官总己以听冢宰而莫之违。"此之谓梁暗。子张曰:"何谓也?"孔子曰:"古者君薨,王世子听于冢宰,三年不敢服先王之服,履先王之位,而听焉。以民臣之义则不可一日无君矣,不可一日无君犹不可一日无天也;以孝子之隐乎,则孝子三年弗居矣。故曰:义者,彼也。隐者,此也。'远彼而近此,则孝子之道备矣。"[《尚书大传·周传》]

【释义】

《尚书》中记载:"高宗梁暗,三年不说话。"什么是梁暗呢?《传》解释说:"高宗守丧时居住在简陋的棚屋里,三年不说话,百官总摄自己的职责听从冢宰的安排而没有人违抗。"这就是梁暗的意思。子张问:"这是什么意思?"孔子说过:"古时候君王去世,王的世子听从冢宰的,三年都不敢穿先王的衣服,登先王的位子,只是听从。以人民臣子的大义来说,不可以一天没有君主,不可以一天没有君主就像不可以一天没有上天一样。对于孝子的伤痛来说,则孝子三年不能好好居住。所以说,义,是远处的事。伤痛,是近处的事。以远处的事为后,近处的事为先,那么孝子的道义就完备了。"

《尚书》书影

【原文】

子①张曰："尧舜之王，一人不刑而天下治，何则？教诚而爱深也。今一夫而此被五刑。"子龙子曰："未可谓能为书。"孔子曰："不然也。五刑有此教。"[《尚书大传·周传》]

【注释】

①《路史后纪》十一《陶唐纪》："'子张'作'子贡'，'曰'下有'传云'二字。"

【释义】

子张说："尧舜治理国家，不给一个人加以刑罚而天下安定，这是为什么？是因为教诲诚恳而爱民深切。现在一个人就会犯数种罪行。"子龙子说："不可以说能够被记载下来。"孔子说："不是这样的。犯数种罪行只用一种刑罚。"

【原文】

孔子曰："古之刑者省之，今之刑者繁之。其教，古者有礼然后有刑，是以刑省也。今也反是，无礼而齐之以刑，是以繁也。"《书》曰："伯夷降典礼，折民以刑，谓有礼然后有刑也。"又曰："兹殷罚有伦，今也反是，诸侯不同听，每君异法，听无有伦，是故知法难也。"[《尚书大传·周传》]

【释义】

孔子说:"古时候刑罚简单,现在刑罚繁多。其中的道理是,古时候先有礼仪规范后有刑罚,所以刑罚简单。现在和原先相反,没有礼仪规范而都用刑罚来规范,所以刑罚繁多。"《尚书》中记载:"伯夷先用典章礼仪来规范,然后才用刑罚来使民众服从,说的是先有礼仪规范然后才用刑罚。"又记载:"原来殷商的刑罚有理有序,现在和原先相反,诸侯的治理方法各不相同,每个君主都有不同的法条,治理没有条理和次序,因此想要懂得法理非常困难。"

【原文】

子曰:"吴、越之俗,男女同川而浴,其刑重而不胜,由无礼也。中国之教,内外有分,男女不同椸枷枷,不同巾栉,其刑重①而胜,由有礼也。语曰:'夏后氏不杀不刑,罚有罪而民不轻犯。'"[《尚书大传·周传》]

【注释】

①重当作轻。

【释义】

孔子说:"吴、越之地的风俗,男女可以在同一条河里沐浴,他们的刑罚重但不能够服众,是因为没有礼仪。中原地方的教化,是内外有区别,男女不能用同一个衣架,不能用同一把梳子,刑罚重而能够服众,是因为有礼仪。古语说:'夏后氏不杀人,不滥用刑,处罚有罪的人,人们也不轻易犯罪。'"

【原文】

子曰:"今之听民者,求所以杀之。古之听民者,求所以生之。不得其所以生之之道,乃刑杀,君与臣会焉。"[《尚书大传·周传》]

【释义】

孔子说:"现在听取民众的意见,是为了探究为什么杀人。古时候听取民众的意见,是为了探究怎样使人活命。不知道怎样使人活命的方法,就用刑杀的办法,是君主与群臣认真商议的结果。"

【原文】

子曰:"古之听民者,察贫穷,哀孤独,矜寡,宥老幼,不肖无告,有过必赦,小过勿增,大罪勿累,老弱不受刑,有过不受罚。是故老而受刑谓之悖,弱而受刑谓之暴,不赦有过谓之贼,率过以小谓之枳,故与其杀不辜,宁失有罪;与其增以有罪,宁失过以有赦。"[《尚书大传·周传》]

【释义】

孔子说:"古时候听取民众意见的人,体察贫穷的人,可怜孤独的人,同情寡居的人,对老人和小孩儿都很宽容,遇到不肖的人也不告发,有错误的人必然赦免,小错误不让它扩大,大罪过也不累计惩罚,老人和弱者不受刑罚,有错的人也不受罚。因此老人受到刑罚就是悖谬的,弱者受到刑罚就是暴虐的,不赦免偶有过失的人就是残害人。因为小过而罗织罪名的就是陷害人,因此与其杀无辜的人,宁可错失有罪的人;与其增加人的罪行,不如错失过错而赦免他们。"

【原文】

子曰:"听讼者虽得其情,必哀矜之。死者不可复生,断者不可复续也。"[尚书大传·周传]

【释义】

孔子说:"审案的人虽然了解了罪行的实际情况,但是必然怜悯他。死去的人不可以重获生命,断折的东西不可以再重新接上。"

【原文】

孔子如卫,人谓曰:"公甫不能听讼。"子曰:"非公甫之不能听狱也。公①甫之听狱也,有罪者惧,无罪者耻,民近礼矣。"[《尚书大传·周传》]—薛据《孔子集语》卷下引无"公甫之听狱也"六字。

【释义】

孔子到卫国去,别人说:"公甫不能审案。"孔子说:"不是公甫不能审案。公甫审案的时候,有罪的人惧怕他,没有罪的人觉得羞耻,国民懂得礼仪啊!"

【原文】

子曰:"心之精神是谓圣。"[《尚书大传·略说》]

【释义】

孔子说:"心灵精神上的高尚才称得上是真正的高尚。"

【原文】

子曰:"君子不可以不学,见人不可以不饰。不饰无貌,无貌不敬,不敬无礼,无礼不立。夫远而光者,饰也;近而逾明者,学也。譬之圬邪,水潦集焉,菅蒲生焉,从上观之,谁知非源水也!"[《尚书大传·略说》]

【释义】

孔子说:"君子不可以不学习,会见他人不可以不修饰。不修饰就没有好的外貌,没有好的外貌就是对人不够尊敬,不尊敬就是没有礼数,没有礼数就不能立足。远观其人,衣着亮丽,光彩照人,这是外在的审美,是修饰;通过接触、共事、交谈,使人感到有内在的美,是修养,是学习。就好像水边的堤岸,积水聚集在上面,水草生长在上面,从上面看,谁知道那不是源头的水呢。"

【原文】

子张曰:"仁者何乐于山也?"孔子曰:"夫山者,嵩然高。嵩然高则何乐焉?夫山,草木生焉,鸟兽蕃焉,财用殖焉。生财用而无私为焉,四方皆伐①焉,每无私予焉②,出云风③,以通乎天地之间,阴阳和合,雨露之泽,万物以成,百姓以飨。此仁者之所以乐于山者也。"[《尚书大传·略说》]

【注释】

①《文选·头陀寺碑》注引"代"作"伐"。

②同上引,无"焉""每"二字。

③《御览》三十八引"夙"作"雨"。

【释义】

子张问:"仁者为什么喜欢山呢?"孔子说:"山,高高的样子。高高的样子有什么可喜欢的呢？山，草木在其中生长，鸟兽在其中聚集，人的财物用度也从中产生。产生财务用度而没有自私的行为在其中，四方的人都来到山中砍伐，每次都是无私给予，产生云和风，来沟通天地之间，阴阳中和契合，有雨水花露的润泽，万物才能成形，百姓才能享用。这就是仁者喜欢山的原因。"

【原文】

子贡曰："叶公问政于夫子，子曰政在附近而来远；鲁哀公问政，子曰政在于论臣；齐景公问政，子曰政在于节用。三君问政，夫子应之不同，然则政有异乎？"子曰："荆之地广而都狭，民有离志焉，故曰在于附近而来远。哀公有臣三人，内比周以惑其君，外障距诸侯宾客以蔽其明，故曰政在论臣。齐景公奢于台榭，淫于苑圃，五官之乐不解[①]，一旦而赐人百乘之家者三，故曰政在节用。"［《尚书大传·略说》］

【注释】

①解当作懈。

【释义】

子贡问："叶公向夫子询问治国的方法，您说治国的方法在于依附近处的人，招来远方的人；鲁哀公询问治国的方法，您说治国的方法在于对待评价臣子；齐景公询问治国的方法，您说治国的方法在于节约用度。三个国君询问治国的方法，您回答他们的各不相同，难道是治国的方法有不同之处吗？"孔子说："荆这个地方地域广阔而国都狭小，国民有分离的想法，因此说治国的方法在于依附近处的人，招来远方的人。鲁哀公有三个臣子，对内联合起来蛊惑他们的君主，对外阻塞诸侯宾客来遮掩君主的眼光，因此说治国的方法在于对待评价臣子。齐景公花很多钱建筑楼台轩榭和池苑猎场，注重身体感官的享受，一天之内有很多次赏赐别人百乘的家私，因此治国的方法在于节约用度。"

【原文】

东郭子思问于子贡，曰："夫子之门，何其杂也？"子贡曰："夫隐括之旁多枉木，良医之门多疾人，砥砺之旁多顽钝。"夫子闻之，曰："修道以俟天下，来者不止，是以杂也。"［《尚书大传·略说》］

【释义】

东郭子思问子贡，说："孔夫子的门人为什么那么杂乱呢？"子贡说："矫正邪曲的器具旁边有很多弯曲的木条,好医生门内有很多病人,磨刀石旁边有很多钝器。"孔子听说了,说:"修明道德来等待天下之人,来人没有停止过,所以杂乱。"

【原文】

子夏读《书》毕,见夫子。夫子问焉:"子何为于《书》?"对曰:"《书》之论事也,昭昭若日月之明,离离若参辰之错行。上有尧舜之道,下有三王之义。商所受于夫子者,志之弗敢忘也。虽退而穷居河济之间,深山之中,壤室编蓬为户,于中弹琴咏先王之道,则可发愤慷慨矣。"[《尚书大传·略说》]

【释义】

子夏读完了《尚书》,拜见孔子。孔子问他:"你为什么要读《尚书》?"子夏回答说:"《尚书》记载的事件,光明灿烂像太阳、月亮的光辉,明亮耀眼像星星交错在天空中。前有尧舜治理天下的原则,后有三王开创天下的主张。凡是我从先生这里学习的《尚书》篇章,牢记在心不敢遗忘。即使退隐穷居河济之间、深山之中,垒个土屋、用蓬草编成门户,常常在此弹琴以歌颂先王之道,就可以勤奋学习慨叹世事。"

【原文】

子夏读《书》毕,孔子问曰:"吾子何为于《书》?"子夏曰:"《书》之论事,昭昭若日月焉,所受于夫子者,弗敢忘。退而穷居河济之间,深山之中,壤室蓬户,弹琴瑟以歌先王之风,有人亦乐之,无人亦乐之。上见尧舜之道,下见三王之义,可以忘死生矣。"孔子愀然变容曰:"嘻!子殆可与言《书》矣。虽然见其表,未见其里,窥其门,未入其中。"颜回曰:"何谓也?"孔子曰:"丘常①悉心尽志以入其中,则前有高岸,后有大溪,填填正立而已。《六誓》可以观义,《五诰》可以观仁,《甫刑》可以观诚,《洪范》可以观度,《禹贡》可以观事,《皋陶谟》可以观治,《尧典》可以观美。"[《尚书大传·略说》]

【注释】

①常与尝通。

【释义】

子夏读完了《尚书》。孔子问他:"你为什么要读《尚书》?"子夏回答说:"《尚书》记载的事件，光明灿烂像太阳、月亮的光辉，我从先生这里学习的东西，都不敢忘记。即使退隐穷居河济之间、深山之中，垒个土屋、用蓬草编成门户，常常在此弹琴以歌颂先王之道，有人理解我，我觉得快乐，无人理解我，我也觉得快乐。上有尧舜治理天下的原则，下有三王开创天下的主张，可以让人忘记生死。"孔子突然变了脸色说："啊！你现在可以谈论《尚书》了。然而你还只看到了它的外表，还没有看到里面的内容。只从门外窥看，还没进入房子里面。"颜渊说："怎么这么说呢？"孔子说："我曾经专心致志地探索，已经进入到里面，看见前面有高耸的河岸，后面有幽深的峡谷，它里面如此清凉，我就在那里久久站立。《六誓》可以观道义，《五诰》可以观仁德，《甫刑》可以观戒律，《洪范》可以观君主法度，《禹贡》可以观政事，《皋陶谟》可以观典章教化，《尧典》可以观礼乐之美。"

【原文】

子曰："参！女以为明主为劳乎？昔者舜左禹而右皋陶，不下席而天下治。"[《尚书大传·略说》]

【释义】

孔子说："参！你以为贤明的君主很劳累吗？从前舜左边有禹，右边有皋陶，自己不下席，而天下就被治理得井井有条。"

【原文】

子夏读《书》毕，见于夫子。夫子问焉："子何为于《书》？"子夏对曰："《书》之论事也，昭昭如日月之代明，离离若星辰之错行，上有尧舜之道，下有三王之义。商昕受于夫子，志之于心，弗敢忘也。虽退而岩居河济之间，深山之中，作壤室，编蓬户，尚弹琴其中，以歌先王之风。则可以发愤慷慨，忘己贫贱。有人亦乐之，无人亦乐之，而忽不知忧患与死也。"夫子造然变色曰："嘻！子殆可与言《书》矣。虽然见其表，未见其里也。"颜渊曰："何为也？"子曰："窥其门而不入其中，观其奥藏之所在乎？然藏又非难也。丘尝悉心尽志以入其则，前有高岸，后有大溪，填填正立而已。是故《尧典》可以观美，《禹贡》可以观事，《咎繇》可以观治，《洪范》可以观度，《六誓》可以观义，《五诰》可以观仁，《甫刑》可以观诚。通斯七观，《书》之大义举矣。"[《尚书大传》孙星衍《孔子集语》四引]

【释义】

子夏读完了《尚书》。孔子问他："你为什么要读《尚书》?"子夏回答说："《尚书》记载的事件,光明灿烂像太阳、月亮的光辉,明亮耀眼像星星交错在天空中。前有尧舜治理天下的原则,后有三王开创天下的主张。我从先生这里学习的东西,都牢记在心里,不敢忘记。即使退隐穷居河济之间、深山之中,垒个土屋、用蓬草编成门户,常常在此弹琴以歌颂先王之道。就可以勤奋学习慨叹世事,忘掉贫贱,有人理解我,我觉得快乐,无人理解我,我也觉得快乐,可以让人忘记忧患和生死。"孔子突然变了脸色说:"啊!你现在可以谈论《尚书》了。然而你还只看到了它的外表,还没有看到里面的内容。"颜渊说:"怎么这么说呢?"孔子说:"只从门外窥看,不进入房子里面,哪里知道东西放在什么地方呢?然而要知道藏着的东西也并不是难事。我曾经专心致志地探索,已经进入到里面,看见前面有高耸的河岸,后面有幽深的峡谷,它里面如此清凉,我就在那里久久站立。《尧典》可以观礼乐之美,《禹贡》可以观政事,《咎繇》可以观治理,《洪范》可以观君主法度,《六誓》可以观道义,《五诰》可以观仁德,《甫刑》可以观戒律。如果把这七篇读通了,那么就知道《尚书》的大义了。"

四、经书所载孔子言行

【原文】

子曰:"易,其至矣乎!"[易·系辞上]

【释义】

孔子说:"《易经》,说出了最高明的道理!"

【原文】

"鸣鹤在阴,其子和之。我有好爵,吾与尔靡之。"子曰:"君子居其室,出其言善,则千里之外应之,况其迩者乎?居其室,出其言不善,则千里之外违之,况其迩者乎?言出乎身,加乎民,行发乎迩,见乎远。言行,君子之枢机,枢机之发,荣辱之主也。言行,君子之所以动天地也,可不慎乎?"[易·系辞上]

【释义】

"鹤在树荫下啼叫,其子能和声响应,我有好的爵位,将与你一同治理。"孔子说:"君子住在家里,说出有道理的言论,则千里之外的人也会响应,何况是他身边的人呢?如果说出的言论没有道理,那么千里之外的人也会违背他,何况是他身边的人呢?言语是从自己口中发出,而百姓都能听到,行为是从近处着手,而远处也会看到。言行是君子处世的关键枢纽,一发动,就关系到获得光荣还是受辱。言行正是君子感动天地的关键,能不谨慎吗?"

【原文】

"同人,先号咷而后笑。"子曰:"君子之道,或出或处,或默或语,二人同心,其利断金;同心之言,其臭如兰。"[易·系辞上]

【释义】

"志同道合的人,先是痛哭,后又大笑。"孔子说:"君子之道,是该出世就出世,该隐退就隐退,该沉默就沉默,该说话就说话。二人同心,其锋利可以切断金属。心意一致说出的话,气味犹如兰花那样幽香。"

【原文】

"藉用白茅,无咎。"子曰:"苟错诸地而可矣。藉之用茅,何咎之有?慎之至也。夫茅之为物薄。而用可重也。慎斯术也以往,其无所失矣。"[易·系辞上]

【释义】

"用白茅垫在祭祀品下面,没有灾难。"孔子说:"祭祀品放在地上就可以了,底下还要垫上白茅,会有什么灾难呢?真是谨慎到极点了呀!茅草是纤薄之物,但用处很大。如果能如此谨慎行事,必能无所错失了。"

【原文】

"劳谦,君子有终,吉。"子曰:"劳而不伐,有功而不德,厚之至也,语以其功下人者也。德言盛,礼言恭,谦也者,致恭以存其位者也。"[易·系辞上]

【释义】

"有功劳而又谦虚的君子,最终有吉利的结果。"孔子说:"有功劳而不夸耀,有功绩而不自以为德,真是忠厚到极点了。这是说那些有功劳但仍谦虚待人的人呀!德行讲求盛明,礼仪讲求恭敬,谦虚正是表现恭敬以保存自己的职位。"

【原文】

"亢龙有悔。"子曰:"贵而无位,高而无民,贤人在下位而无辅,是以动而有悔也。"[易·系辞上又文言]

【释义】

"龙升得太高,反而有所后悔。"孔子说:"尊贵而没有实位,高高在上却失去民心,贤德之人在下位而不来辅佐,因此一有所行动便生悔恨了。"

【原文】

"不出户庭,无咎。"子曰:"乱之所生也,则言语以为阶。君不密,则失臣;臣不密,则失身;几事不密,则害成;是以君子慎密而不出也。"[易·系辞上]

【释义】

"不出门庭,是没有灾难的。"孔子说:"扰乱的产生,是言语以为阶梯。国君不保密,就会失去臣子。臣子不保密,则失去性命。机密的事情不保密,就会造成灾害。所以君子是谨慎守密而不随便说话。"

【原文】

子曰:"作《易》者,其知盗乎?《易》曰:'负且乘,致寇至。'负也者,小人之事也;乘也者,君子之器也。小人而乘君子之器,盗思夺之矣!上慢下暴,盗思伐之矣!慢藏诲盗,冶容诲淫。《易》曰:'负且乘,致寇至。'盗之招也。"[易·系辞上]

【释义】

孔子说:"作《易经》的人,大概知道强盗的心理吧?《易经》说:'背负着东西坐在车上,势必会招致盗寇。'背着东西,本是小人的工作,车子是君子代步的工具。小人坐在君子的工具上,强盗就想抢夺它了。在上位的人傲慢,在下位的人暴敛,强盗就会想侵犯他。不藏好财富,就会招来盗寇的偷盗,女人过于妖冶,就会招来坏人的淫辱。《易经》说:'背着东西坐在车上,就会招来强盗。'正是说明招致寇盗的原因呀!"

【原文】

子曰:"知变化之道者,其知神之所为乎!"[易·系辞上]

【释义】

孔子说:"了解变化道理的人,大概也知道神的所作所为吧!"

【原文】

《易》有圣人之道四焉:以言者尚其辞,以动者尚其变,以制器者尚其象,以卜筮者尚其占。是以君子将有为也,将有行也,问焉而以言,其受命也如响,无有远近幽深,遂知来物。非天下之至精,其孰能与于此。参伍以变,错综其数,通其变,遂成天下之文;极其数,遂定天下之象。非天下之至变,其孰能与于此。《易》,无思也,无为也,寂然不动,感而遂通天下之故。非天下之至神,其孰能与于此。夫《易》,圣人之所以极深而研几也。唯深也,故能通天下之志;唯几也,故能成天下之务;唯神也,故不疾而速,不行而至。子曰"《易》有圣人之道四焉"者,此之谓也。
[易·系辞上]

【释义】

《易经》展示了圣人的四种道:言语方面会崇尚它的言辞,行动方面会崇尚它的变化,制造器具方面会崇尚它的图像,筮卦方面会崇尚它的占卜。所以君子将有作为,有所行动的时候,探问它,会得到准确的应答,如同回音,无论远近幽深,都可以得知将来事物的变化。不是天下最精深者,谁能如此呢?用三和五来演变,错综其数字的推演,通达其中的变化,终于成就天下的形态。推究数字的变化,就能肇定天下的物象。不是天下最神奇变化者,谁能如此呢?《易经》本身是没有思虑的,是没有作为的,寂静不动的,受到感应就能通达天下的事故。不是天下最神奇美妙者,谁能如此呢?《易经》是圣人探求、研究神机莫测的一门大学问。正因为它的幽深,所以能通达天下人的心志,正因为它的神机莫测,故能成就天下的一切事务,正因为它的神妙,所以它不匆忙却反应快速,不行走而能到达。孔子说"《易经》展示了圣人的四种道",指的就是这些。

【原文】

子曰:"夫《易》何为者也? 夫《易》开物成务,冒天下之道,如斯而已者也。是

故圣人以通天下之志，以定天下之业，以断天下之疑。"［易·系辞上］

【释义】

孔子说："《易经》是作什么的呀？《易经》可以开创万物，成就功业，包括天下一切的道理，如此而已。所以圣人用它来通达天下人的心志，肇定天下的事业，决断天下一切的疑问。"

【原文】

《易》曰："自天祐之，吉，无不利。"子曰："祐者，助也。天之所助者，顺也；人之所助者，信也。履信思乎顺，又以尚贤也。是以自天祐之，吉，无不利也。"［易·系辞上］

【释义】

《易经》说："从上天获得祐助，吉祥而无不利。"孔子说："祐是帮助的意思，上天所帮助的是能顺大道的人。人们所帮助的是诚信的人。履守诚信并且顺从大道，又能崇尚贤能的人，所以获得上天的祐助，吉祥而无不利。"

【原文】

子曰："书不尽言，言不尽意，然则圣人之意，其不可见乎？"子曰："圣人立象以尽意，设卦以尽情伪，系辞焉以尽其言，变而通之以尽利，鼓之舞之以尽神。"［易·系辞上］

【释义】

孔子说："文字不能完全表达言语，言语不能完全表达心意，那么圣人的心意就不能被了解了吗？"孔子说："圣人树立象数的规范来表达心意，设置卦象以竭尽万事万物的情态，附上爻辞以表达未能表达的言语，通过卦爻的变化来表现可取的利益，鼓励之，激扬之，以尽量表现神奇奥妙的作用。"

【原文】

《易》曰："憧憧往来，朋从尔思。"子曰："天下何思何虑？天下同归而殊途，一致而百虑，天下何思何虑？"［易·系辞下］

【释义】

《易经》说:"摇曳不定地来来去去,朋友会跟从你的想法。"孔子说:"天下万物有什么样的想法呢? 天下万物都是一样的结局但却是不一样的道路,有同样的目标但却有千百种考虑,普天之下有什么样的想法呢?"

【原文】

《易》曰:"困于石,据于蒺藜,入于其宫,不见其妻,凶。"子曰:"非所困而困焉,名必辱。非所据而据焉,身必危。既辱且危,死期将至,妻其可得见耶?"[易·系辞下]

【释义】

《易经》说:"困在石头中,倚在蒺藜上,回到家中,看不到妻子,不会有好的结果。"孔子说:"不该受困的地方却受困了,声誉一定会被玷污。不该倚靠的地方却倚靠了,自身一定会不安全。既被玷污还不安全,死期就要来到了,怎么可能看到他的妻子呢?"

【原文】

《易》曰:"公用射隼,于高墉之上,获之,无不利。"子曰:"隼者禽也,弓矢者器也,射之者人也。君子藏器于身,待时而动,何不利之有? 动而不括,是以出而有获。语成器而动者也。"[易·系辞下]

【释义】

《易经》说:"王公去射在高高的城墙上的鹰,擒获它就无所不利。"孔子说:"鹰是飞禽,弓箭是武器,放出箭的是人。君子身上带着武器,等候时机便行动,这怎么会没有益处呢? 行动时运用自如,一行动就有收获,这是强调练好了才行动。"

【原文】

子曰:"小人不耻不仁,不畏不义,不见利不劝,不威不惩;小惩而大诫,此小人之福也。"《易》曰:"屦校灭趾,无咎。"此之谓也。[易·系辞下]

【释义】

孔子说:"小人不知羞愧就不会行仁,无所畏惧就不会行义,没有看到好处不会听从,不受到威胁就不会戒止;惩罚的程度浅便防备,程度深便警惕,这是小人的顺利之处。"《易经》说:"进行比较停止踪迹,没有过失。"说的就是这个意思。

【原文】

子曰:"危者,安其位者也;亡者,保其存者也;乱者,有其治者也。是故,君子安而不忘危,存而不忘亡,治而不忘乱;是以身安而国家可保也。"《易》曰:"其亡其亡,系于苞桑。"[易·系辞下]

【释义】

孔子说:"不安全的,是那些安居其位的人;灭亡的,是那些保住生存的人;叛乱的,是那些有功绩的人。因此,君子在平稳的时候不能忘记危险,在存在的时候不能忘记灭亡,在安定的时候不能忘记动乱,只有这样,才能使自身稳定,国家才能够存留。"《易经》说:"想到灭亡了,要灭亡了,这样才能系在桑树上。"

【原文】

子曰:"德薄而位尊,知小而谋大,力小而任重,鲜不及矣。《易》曰:'鼎折足,覆公㻛,其形渥,凶。'言不胜其任也。"[易·系辞下]

【释义】

孔子说:"品德不够深厚却地位尊贵,缺乏智慧却谋求大事,力量不够却担当重任,很少不拖累自己。《易经》说:'鼎足折断,王公的美食洒了出来,自己也被弄脏了,有凶险。'所说的就是不能胜任的意思。"

【原文】

子曰:"知几其神乎?君子上交不谄,下交不渎,其知几乎!几者,动之微,吉凶之先见者也。君子见几而作,不俟终日。《易》曰:'介于石,不终日,贞吉。'介如石焉,宁用终日?断可识矣。君子知微知彰,知柔知刚,万夫之望。"[易·系辞下]

【释义】

孔子说:"知道事情隐微的先机应该说很神妙了吧?君子与在上位的人交往不谄媚,与在下位的人交往不傲慢,大概就算知道事情的先机了吧!所谓先机,是变动发生之前的征兆,也就是吉祥或凶险出现之前的先兆。君子能够看到先机而采取行动,不会整天等着。《易经》说:'比石头还耿介,不用一整天,就能够吉祥。'既然比石头还耿介,怎么会等待一整天呢? 一定有他独到的见解。君子知道隐微的先机又能察明,知道柔顺又懂得刚健,因此才能成为万众仰望的人物。"

【原文】

子曰:"颜氏之子,其殆庶几乎? 有不善未尝不知;知之,未尝复行也。《易》曰:'不远复,无祗悔,元吉。'"[易·系辞下]

【释义】

孔子说:"颜回大概接近君子的要求了吧? 有错误很快就能察觉,察觉后便不再去做。《易经》说:'走得不远就返回,没有什么悔恨,最是吉祥。'"

【原文】

子曰:"君子安其身而后动,易其心而后语,定其交而后求。君子修此三者,故全也。危以动,则民不与也;惧以语,则民不应也;无交而求,则民不与也。莫之与,则伤之者至矣。《易》曰:'莫益之,或击之,立心勿恒,凶。'"[易·系辞下]

【释义】

孔子说:"君子先稳定自身之后再作为,心情平静了再讲话,建立了交情再求人。君子能够遵循这三种方法,就不会受到损伤。在不安全的时候作为,民众就不会参与;心情害怕而去讲话,民众就不会响应;没有交情而求人,民众就不会帮助。没有人帮助他,损害的人便来到了。《易经》说:'没有帮助他,却有人打击他,下定的决心不能持久,不会有好结果。'"

【原文】

子曰:"乾坤,其《易》之门邪?"[易·系辞下]

【释义】

孔子说:"乾卦和坤卦,是进入《易经》的门吗?"

【原文】

"潜龙勿用。"何谓也? 子曰:"龙,德而隐者也。不易乎世,不成乎名。遁世无

闷,不见是而无闷;乐则行之,忧则违之;确乎其不可拔,潜龙也。"〔易·文言〕

【释义】

"潜龙勿用。"这是什么意思?孔子说:"龙,有高尚的品德但又隐藏。不为世俗所动摇,不在世上留下名字。远离人世就没有了烦闷,这是因为什么都看不见了,所以就没有了烦闷。高兴了就去做,忧愁了就离开。这的确是坚韧不拔,是真正的潜龙呀!"

【原文】

"见龙在田,利见大人。"何谓也?子曰:"龙,德而正中者也。庸言之信,庸行之谨,闲邪存其诚,善世而不伐,德博而化。《易》曰:'见龙在田,利见大人。'君德也。"〔易·文言〕

【释义】

"巨龙出现在田野,利于出现大人。"这是什么意思?孔子说:"龙,品德优秀而且立身中正。大人说到做到,日常活动谨慎有节,防止出现邪恶的言行并保持诚挚,行为良好而不自夸,道德广博而能感化天下。《易》说:'巨龙出现在田野,利于出现大人。'这是君主的德行。"

【原文】

"君子终日乾乾,夕惕若,厉无咎。"何谓也?子曰:"君子进德修业,忠信,所以进德也。修辞立其诚,所以居业也。知至至之,可与几也。知终终之,可与存义也。是故,居上位而不骄,在下位而不忧。故乾乾,因其时而惕,虽危无咎矣。"〔易·文言〕

【释义】

"君子每天自强不息,晚上也一样小心谨慎,以避免错误。"这是什么意思?孔子说:"君子进德修业,因为忠贞守信,所以能增进品德,因为言辞真诚,所以能开创基业。知道该做的事就去努力做,这叫作先见之明。知道不该做的事就不做,可以保存道义。所以,居上位者不骄傲,居下位者不烦恼。所以居于上位者要随时反省自己,才能避免灾祸!"

国学经典文库

孔子家语

孔子言行典籍译注

图文珍藏版

【原文】

"或跃在渊，无咎。"何谓也？子曰："上下无常，非为邪也。进退无恒，非离群也。君子进德修业，欲及时也，故无咎。"［易·文言］

【释义】

"龙做好准备再飞跃，就不会有太大的危险。"这是什么意思？孔子说："人生起伏无常，不是妖邪的原因。处于顺境或是逆境的情况都会有，不是说你和别人不一样。君子应该修炼德业，及时去做，这样就没什么大问题了。"

【原文】

"飞龙在天，利见大人。"何谓也？子曰："同声相应，同气相求。水流湿，火就燥；云从龙，风从虎。圣人作，而万物覩，本乎天者亲上，本乎地者亲下，则各从其类也。"［易·文言］

【释义】

"龙在天上飞，与大人见面是有利的。"这是什么意思？孔子说："同类声音互相感应，同样的气息互相求合。水向湿处流，火向干处烧；云彩随着龙吟而出，山风随着老虎的咆哮而生。圣人发奋，而万物显明。依存于天的亲近于上，依存于地的亲近于下，各以类聚从而发挥作用。"

【原文】

《那》，祀成汤也。微子至于戴公，其间礼乐废坏，有正①考甫者，得《商颂》十二篇于周之大师，以《那》为首。［毛诗那序］①郑笺云：正考甫，孔子七世祖。

【释义】

《那》，专门用来祭祀成汤。微子到戴公期间，礼崩乐坏，正考父从周朝的大师那里得到殷商亡佚的十二篇颂诗，以《那》为首。

【原文】

始冠，缁布之冠也。大古冠布，齐则缁之。其緌也，孔子曰："吾未之闻也，冠而敝之可也。"［仪礼·士冠礼］

【释义】

第一次加冠用缁布冠。太古时戴白布冠,祭祀斋戒则染成黑色。关于这种冠缨下的绥饰,孔子说:"我没有听说过这种冠有绥饰。"

【原文】

公仪仲子之丧,檀弓免焉,仲子舍其孙而立其子,檀弓曰:"何居?我未之前闻也。"趋而就子服伯子于门右,曰:"仲子舍其孙而立其子,何也?"伯子曰:"仲子亦犹行古之道也。昔者文王舍伯邑考而立武王,微子舍其孙腯而而立衍也。夫仲子亦犹行古之道也。"子游问诸孔子,孔子曰:"否,立孙。"[礼记·檀弓上]

【释义】

公仪仲子去世了,檀弓用免礼来吊丧,公仪仲子舍弃了嫡孙而立庶子。檀弓说:"为什么呢?我从未听过这样的礼仪。"于是请教大门右侧的子服伯子,说:"公仪仲子舍弃了嫡孙而立庶子,为什么呢?"伯子说:"仲子行的是古代的礼法:从前文王舍弃了长子伯邑考而立武王,微子也不立嫡孙而立其弟弟衍。仲子行的是古代的礼法。"后来子游问孔子,孔子说:"不对,应该立嫡孙。"

【原文】

子上之母死而不丧,门人问诸子思曰:"昔者子之先①君子丧出母乎?"曰:"然。""子之不使白也丧之,何也?"子思曰:"昔者吾先君子无所失道,道隆则从而隆,道污则从而污,伋则安能?为伋也妻者,是为白也母,不为伋也妻者,是不为白也母。"[礼记·檀弓上]①孔疏云:先君子谓孔子也。

【释义】

子上的母亲去世了,子上没有服丧。门人问子思说:"从前老师的祖先为母亲服丧吗?"子思说:"是的。""老师不让子上为母亲服丧,为什么呢?"子思说:"以前我的祖先没有失礼的地方,该隆重的地方就隆重,不隆重的地方就不隆重,我怎么能不如此呢?是我的妻子,就是白的母亲,不是我的妻子,就不是白的母亲。"

【原文】

孔子曰:"拜而后稽颡,颓乎其顺也,稽颡而后拜,颀乎其至也。三年之丧,吾从

其至者。"［礼记·檀弓上］

【释义】

孔子说："先拜而后稽颡,合乎礼,先稽颡而后拜,合乎情。对于三年之丧,我认为应该合乎情。"

【原文】

孔子既得合葬于防,曰:"吾闻之,古也墓而不坟。今丘也,东西南北之人也,不可以弗识也。"于是封之,崇四尺。孔子先反,门人后,雨甚,至,孔子问焉,曰:"尔来何迟也?"曰:"防墓崩。"孔子不应,三,孔子泫然流涕曰:"吾闻之:古不修墓。"［礼记·檀弓上］

【释义】

孔子把父母亲的灵柩合葬在一起,说:"我听说,古代只有墓没有坟。如今我四海为家,不能不做个标记。"于是堆了土堆,高四尺。孔子先回去了,弟子们还在那儿。下大雨了,弟子们回去了,孔子问:"你们为什么回来晚了?"弟子说:"担心土堆坍塌了。"孔子沉默了一会儿,弟子们再三说,孔子流泪说:"我听说:古代是不堆土的。"

【原文】

孔子哭子路于中庭,有人吊者,而夫子拜之,既哭,进使者而问故。使者曰:"醢之矣。"遂命覆醢。［礼记·檀弓上］

【释义】

孔子在院子里哭子路,使者来凭吊,孔子就拜谢。哭完后,问报丧的使者情况。使者说:"被人剁成肉酱了。"孔子于是把肉酱倒掉了。

【原文】

孔子少孤,不知其墓,殡于五父之衢,人之见之者皆以为葬也,其慎也,盖殡也。问于郰曼父之母,然后得合葬于防。［礼记·檀弓上］

【释义】

孔子年幼时父亲就去世了,所以不知道父亲的墓是深葬还是浅葬,看到的人都以为已经安葬了。母亲死后，为使父母合葬，谨慎起见，母亲的灵柩暂殡。后来问邹地的老人，得知是浅葬，才把父母合葬在防。

【原文】

鲁人有朝祥而莫歌者，子路笑之。夫子曰："由，尔责于人，终无已夫？三年之丧，亦已久矣夫？"子路出，夫子曰："又多乎哉？逾月则其善也。"［礼记·檀弓上］

【释义】

鲁国有人早晨举行丧祭，下午就唱歌，子路嘲笑他们。孔子说："由，你责备别人，总是没完吗？三年的丧期，的确挺长的。"子路离开后，孔子说："三年真的很长吗？再过一个月唱歌就好了。"

【原文】

南宫縚之妻之姑之丧，夫子诲之髽曰："尔毋从从尔，尔毋扈扈尔。盖榛以为笄，长尺而总八寸。"［礼记·檀弓上］

【释义】

南宫縚妻子的姑姑去世了，孔子告诉她髽的系法："不要系得太高，不要系得太大。用榛做簪子，长一尺，头发垂下八寸。"

孟献子禫，县而不乐，比御而不入。夫子曰："献子加于人一等矣。"［礼记·檀弓上］

【释义】

孟献子禫祭后，乐器悬挂但不演奏，妻妾陪同但不入寝。孔子说："孟献子确实超人一等。"

【原文】

孔子既祥，五日弹琴而不成声，十日而成笙歌。［礼记·檀弓上］

【释义】

孔子祥祭后，五天内弹琴不成曲调，十天后吹笙才成曲调。

【原文】

子路有姊之丧,可以除之矣,而弗除也。孔子曰:"何弗除也?"子路曰:"吾寡兄弟而弗忍也。"孔子曰:"先王制礼,行道之人皆弗忍也。"子路闻之,遂除之。[礼记·檀弓上]

【释义】

子路为姊妹服丧,期满可以脱掉丧服了,但他不脱。孔子说:"为什么不脱呢?"子路说:"我没有兄弟,所以不忍心。"孔子说:"先王制定礼仪,崇尚仁义的人都不忍心。"子路听后,就脱掉丧服。

【原文】

伯鱼之母死,期而犹哭。夫子闻之,曰:"谁与哭者?"门人曰:"鲤也。"夫子曰:"嘻,其甚也!"伯鱼闻之,遂除之。[礼记·檀弓上]

【释义】

伯鱼的母亲去世了,服丧一年后而痛哭。孔子听到哭声,说:"谁在哭?"门人说:"鲤在哭。"孔子说:"哎,已经过礼了。"伯鱼听说后,就不再哭了。

【原文】

伯高之丧,孔氏之使者未至,冉子摄束帛乘马而将之。孔子曰:"异哉,徒使我不诚于伯高。"[礼记·檀弓上]

【释义】

伯高家有丧事,孔子的使者还没到,冉子就带着帛和马去吊丧了。孔子说:"这不一样,只会表示我对伯高没有诚意。"

【原文】

伯高死于卫,赴于孔子。孔子曰:"吾恶乎哭诸?兄弟,吾哭诸庙,父之友,吾哭诸庙门之外,师,吾哭诸寝,朋友,吾哭诸寝门之外,所知,吾哭诸野。于野则已疏,于寝则已重。夫由赐也见我,吾哭诸赐氏。"遂命子贡为之主,曰:"为尔哭也,来者拜之。知伯高而来者,勿拜也。"[礼记·檀弓上]

【释义】

伯高死在卫国，发讣告给孔子。孔子说："怎么哭呢？兄弟，我就在宗庙哭。父亲的朋友，我就在庙门外哭。老师，我就在正房哭。朋友，我就在正房门外哭。一般认识的人，我就在郊外哭。在郊外哭显得太疏远，在正房哭显得太隆重。通过子贡介绍我们见面的，那就到子贡的正房哭吧！"于是任命子贡为丧主，说："因为你而哭，你就拜谢。因为伯高而来的，你就不用拜谢了。"

【原文】

子夏丧其子而丧其明，曾子吊之，曰："吾闻之也，朋友丧明则哭之。"曾子哭，子夏亦哭，曰："天乎！予之无罪也！"曾子怒，曰："商，女何无罪也？吾与女事夫子于洙泗之间，退而老于西河之上，使西河之民，疑女于夫子，尔罪一也。丧尔亲，使民未有闻焉，尔罪二也。丧尔子，丧尔明，尔罪三也。而曰'女何无罪与'？"子夏投其杖而拜，曰："吾过矣！吾过矣！吾离群而索居，亦已久矣。"［礼记·檀弓上］

玉龙佩饰

【释义】

子夏死了儿子，又失明了，曾子来凭吊，说："我听说，朋友失明了应该哭的。"曾子哭了，子夏也哭了，说："天啊！我没有罪呀！"曾子生气了，说："商，你怎么没有罪？我和你在洙泗之间服侍老师，你退回西河安度晚年，使西河的人以为你跟老师一样，这是你的第一个罪过。你的父母去世了，百姓没有听说，这是你的第二个罪过。你的儿子去世了，你又失明了，这是你的第三个罪过。你怎么能说你没有罪过呢？"子夏丢下手杖跪倒，说："我错了！我错了！我离群索居，已经很久了。"

【原文】

孔子之卫，遇旧馆人之丧，入而哭之哀。出，使子贡说骖而赙之。子贡曰："于门人之丧，未有所说骖，说骖于旧馆，无乃已重乎？"夫子曰："予乡者入而哭之，遇于一哀，而出涕，予恶夫涕之无从也。小子行之。"［礼记·檀弓上］

【释义】

孔子去卫国，遇到以前的馆人去世了，于是进去致哀哭泣。出来后，让子贡把拉车的马解下一匹，送给馆人的家人。子贡说："对于门人的丧事，从来没听说送马的，送马给馆人，是不是太隆重了？"孔子说："我刚才进去致哀，遇到这种悲哀的事，也流泪哭泣了。我讨厌流泪而没有表示的行为。你还是去办吧！"

【原文】

孔子在卫，有送葬者，而夫子观之，曰："善哉为丧乎！足以为法矣！小子识之。"子贡曰："夫子何善尔也？"曰："其往也如慕，其反也如疑。"子贡曰："岂若速反而虞乎？"子曰："小子识之，我未之能行也。"［礼记·檀弓上］

【释义】

孔子在卫国，有人送葬，孔子观看着，说："送葬的人做得很好！你们可以效仿。你们记住啦。"子贡说："您为什么如此称赞？"孔子说："送葬时思念切切，返回时迟疑不前。"子贡说："那还不如赶紧回来举办仪式呢？"孔子说："你说得对，我倒疏忽这一点了。"

【原文】

颜渊之丧，馈祥肉，孔子出受之，入弹琴而后食之。［礼记·檀弓上］

【释义】

颜渊办丧事，送来了祭肉，孔子出去收下了，进来后弹完琴才吃祭肉。

【原文】

孔子与门人立，拱而尚右，二三子亦皆尚右。孔子曰："二三子之嗜学也，我则有姊之丧故也。"二三子皆尚左。［礼记·檀弓上］

【释义】

孔子和门人站立着，拱手致敬时右手在外，几个门人也跟着右手在外。孔子说："你们的好学精神很好，我是因为有姊妹去世，所以才尚右。"于是几个门人都尚左了。

【原文】

孔子蚤作,负手曳杖,消①摇于门,歌曰:"泰山其颓乎!梁木其坏乎!哲人其萎乎!"既歌而人,当户而坐。子贡闻之,曰:"泰山其颓,则吾将安仰?梁木其坏、哲人其萎,则吾将安放?夫子殆将病也。"遂趋而人。夫子曰:"赐,尔来何迟也?夏后氏殡于东阶之上,则犹在阼也,殷人殡于两楹之间,则与殡主夹之也,周人殡于西阶之上,则犹宾之也。而丘也殷人也,予畴昔之夜,梦坐奠于两楹之间。夫明王不兴,而天下其孰能宗予?予殆将死也。"盖寝疾七日而没。[礼记·檀弓上]

【注释】

①消摇,释文云:又作逍遥。考文云:古本作逍遥。

【释义】

孔子早起,背着手拖着拐杖,逍遥地在门外唱道:"泰山要塌了。栋梁要坏了。哲人要枯萎了。"唱完后进入屋子,对着门口坐着。子贡听后,说:"泰山塌了,我们敬仰什么呢?栋梁坏了,哲人枯萎了,我们怎么办?恐怕你生病了。"孔子说:"赐,你来的怎么这么迟?夏后氏时,死者殡于东阶之上,表示死者在主位。殷朝时,死者殡于两楹之间,介于主人和客人之间。周朝时,死者殡于西阶之上,处在客人的位置。现在没有明君出现,天下谁会让我坐在尊位呢?我快要死了。"七天后孔子果然病逝了。

【原文】

孔子之丧,门人疑所服。子贡曰:"昔者夫子之丧颜渊,若丧子而无服,丧子路亦然。请丧夫子,若丧父而无服。"孔子之丧,公西赤为志焉,饰棺墙,置翣,设披,周也,设崇,殷也,绸练设施,夏也。[礼记·檀弓上]

【释义】

孔子去世了,门人商量用什么丧服。子贡说:"从前老师对于颜渊的丧事,好像是儿子的丧事但没有用丧服,对子路也是如此。对于老师,也应该像父亲的丧事但不必穿丧服。"孔子的丧事,公西赤为灵车做标志,设帷帐,放置翣,设置锦带,这是周朝的礼法,设置旌旗,这是殷朝的礼法,旗杆上有白色的带子,这是夏朝的礼法。

【原文】

子夏问于孔子曰:"居父母之仇,如之何?"夫子曰:"寝苫枕干,不仕,弗与共天下也。遇诸市朝,不反兵而斗。"曰:"请问居昆弟之仇如之何?"曰:"仕弗与共国,衔君命而使,虽遇之不斗。"曰:"请问居从父昆弟之仇如之何?"曰:"不为魁,主人能,则执兵而陪其后。"[礼记·檀弓上]

【释义】

子夏问孔子说:"对于父母之仇,应该怎么办?"孔子说:"晚上睡草垫,带着防身之器,不做官,与仇人不共戴天。在路上遇到,立刻与他交战。"子夏问:"对于兄弟之仇怎么办?"孔子说:"不与仇人在一国共事,如果奉命出使他国,即使遇上了也不与之争斗。"子夏问:"对于叔辈、堂兄辈之仇怎么办?"孔子说:"不带头去做,如果亲人去报仇,就应该带上兵器去协助。"

【原文】

孔子之丧,二三子皆经而出,群居则经,出则否。[礼记·檀弓上]

【释义】

孔子死后,弟子们都穿着丧服去送葬,大家在一块时还穿着丧服,出去时就脱了。

【原文】

子路曰:"吾闻诸夫子:丧礼,与其哀不足而礼有余也,不若礼不足而哀有余也;祭礼,与其敬不足而礼有余也,不若礼不足而敬有余也。"[礼记·檀弓上]

【释义】

子路说:"我听老师说:丧礼,与其悲哀不足而礼节周到,不如礼节不足而悲痛有加;祭礼,与其尊敬不足而礼节有余,不如礼节不足而尊敬有余。"

【原文】

子夏既除丧而见,予之琴,和之而不和,弹之而不成声,作而曰:"哀未忘也。先王制礼,而弗敢过也。"子张既除丧而见,予之琴,和之而和,弹之而成声,作而曰:

"先王制礼,不敢不至焉。"[礼记·檀弓上]

【释义】

子夏脱掉丧服去见孔子,孔子给他琴,他调琴而不和谐,弹琴而不成曲调,说:"丧亲之哀还没消去。先王制定的礼法不能有失。"子张脱掉丧服去见孔子,孔子给他琴,他调琴而和谐,弹琴而成曲调,说:"先王制定的礼法不能不到最高境界。"

【原文】

弁人有其母死而孺子泣者,孔子曰:"哀则哀矣,而难为继也。夫礼,为可传也,为可继也,故哭踊有节。"[礼记·檀弓上]

【释义】

弁人的母亲去世了,他像孩子似的痛哭。孔子说:"确实应该悲哀,但很难持续下去。礼法是要能传播的,能持续下去的,所以哭踊要有尺度。"

【原文】

孔子曰:"之死而致死之,不仁而不可为也;之死而致生之,不知而不可为也。是故竹不成用,瓦不成睐,木不成斲,琴瑟张而不平,竽笙备而不和,有钟磬而无簨虡,其曰明器,神明之也。"[礼记·檀弓上]

【释义】

孔子说:"送死者安葬而把他看成是死人,这是不仁的,不可行的。送死者安葬而把他看成是活人,这是不明智的,也是不可行的。所以竹子不能用藤编的,陶器不能有光泽,木器要不加修饰,琴瑟张开而没调音律,竽笙备齐而音律未调,有钟磬但没有悬挂的架子,称为明器,是把死者看成是神明。"

【原文】

有子问于曾子曰:"问丧于夫子乎?"曰:"闻之矣:丧欲速贫,死欲速朽。"有子曰:"是非君子之言也。"曾子曰:"参也闻诸夫子也。"有子又曰:"是非君子之言也。"曾子曰:"参也与子游闻之。"有子曰:"然。然则夫子有为言之也?"曾子以斯言告于子游。子游曰:"甚哉!有子之言似夫子也。昔者夫子居于宋,见桓司马自为石椁,三年而不成,夫子曰:若是其靡也,死不如速朽之愈也。死之欲速朽,为桓司马言之也。南宫敬叔反，必载宝而朝，夫子曰：若是其货也，丧不如速贫之愈也。丧之欲速贫，为敬叔言之也。"曾子以子游之言告于有子，有子曰："然。吾固曰非夫子之言也。"曾子曰："子何以知之?"有子曰："夫子制于中都，四寸之棺，五寸之椁，以斯知不欲速朽也。昔者夫子失鲁司寇，将之荆，盖先之以子夏，又申之以冉有，以斯知不欲速贫也。"［礼记·檀弓上］

【释义】

有子问曾子说："你听老师说过关于丢失官位的事吗?"曾子说："听说过：丢失了就迅速贫困，死后要迅速腐朽。"有子说："这不是君子说的话。"曾子说："我听老师说过这话。"有子又说："这不是君子说的话。"曾子说："我和子游一起听老师说的。"有子说："对。那是不是针对某些情况说的?"曾子把这些话告诉了子游。子游说："不错! 有子的话有点像老师的话。从前老师在宋国，看见桓司马为自己做石椁，三年没有完成，老师说：太奢侈了，死后还是迅速腐朽吧! 死后迅速腐朽，是针对桓司马说的。南宫敬叔失位后又复得，带着礼物去见国君，老师说：用这么多礼物去复位，失位后还不如迅速贫困。失位后迅速贫困，是针对南宫敬叔说的。"曾子把子游的话告诉了有子。有子说："对。我就说过这不是老师的本意。"曾子说："你怎么知道的?"有子说："老师任中都宰时制定制度，棺为四寸，椁为五寸，可知人死后不想迅速腐朽。从前老师失去鲁国司寇的职位，想到楚国去，先派子夏去，又派冉有去打听，可见老师失位后还不想迅速贫困。"

【原文】

夫子曰："始死，羔裘玄冠者，易之而已。"羔裘玄冠，夫子不以吊。［礼记·檀弓上］

【释义】

孔子说："人刚死，穿羔裘戴黑冠，是要改变的。"面对羔裘黑冠，孔子不吊唁。

【原文】

子游问丧具，夫子曰："称家之有亡。"子游曰："有无恶乎齐?"夫子曰："有，毋过礼。苟亡矣，敛首足形，还葬，县棺而封，人岂有非之者哉?"［礼记·檀弓上］

【释义】

子游问丧礼的器具。孔子说："要与家里有无相符。"子游说："家庭财力不一样,怎么统一呢?"孔子说:"财力强的,不要超过礼制的标准。如果家里贫穷,用衣服裹住身体就可以安葬,用绳子悬着放入墓里。人们还能非议吗?"

【原文】

孟献子之丧,司徒旅归四布,夫子曰:"可也。"[礼记·檀弓上]

【释义】

孟献子办完丧事后,其门人把剩余的钱财还给捐赠者了,孔子说:"做得对。"

【原文】

子夏问诸夫子曰:"居君之母与妻之丧,居处言语饮食衍尔。"[礼记·檀弓上]

【释义】

子夏问孔子说:"居国君之母或妻子之丧,居住习惯、言语、饮食都和平时一样。"

【原文】

宾客至,无所馆。夫子曰:"生于我乎馆,死于我乎殡。"[礼记·檀弓上]

【释义】

宾客来了,没有地方住。孔子说:"宾客来了,活着就在我家住,死了,我就给他殡葬。"

【原文】

孔子之丧,有自燕来观者,舍于子夏氏。子夏曰:"圣人之葬人,与人之葬圣人也?子何观焉?昔者夫子言之曰:吾见封之若堂者矣,见若坊者矣,见若覆夏屋者矣,见若斧者矣,从若斧者焉。马鬣封之谓也。今一日而三斩板,而已封,尚行夫子之志乎哉。"[礼记·檀弓上]

【释义】

孔子办丧事,有人从燕国来观看,住在子夏家。子夏说:"这是圣人安葬别人,还是别人安葬圣人?你为什么来观看?以前老师说过:我见过像堂一样的封土,见过像坊一样的封土,见过夏朝的屋顶,见过斧形的封土,我赞从斧形的封土。也就是所说的马鬣封。现在一天筑三板土,已经封顶了。我是在实现老师的愿望。"

【原文】

鲁哀公诔孔丘曰:"天不遗耆老,莫相予位焉。呜呼哀哉,尼父!"〔礼记·檀弓上〕

【释义】

鲁哀公哀悼孔子说:"上天不留给我这个老人,不辅佐我。悲痛呀,尼父!"

【原文】

孔子恶野哭者。〔礼记·檀弓上〕

【释义】

孔子讨厌在野外哭丧。

【原文】

殷既封而吊,周反哭而吊,孔子曰:"殷已悫,吾从周。"〔礼记·檀弓下〕

【释义】

殷朝人在下葬后哀悼,周朝人在返回后再哀悼。孔子说:"殷朝人太质朴,我顺从周朝人。"

【原文】

殷练而祔,周卒哭而祔,孔子善殷。〔礼记·檀弓下〕

【释义】

殷朝人练祭后再祔祭,周朝人哭后就祔祭,孔子赞成殷朝人的做法。

【原文】

孔子谓"为明器者,知丧道矣,备物而不可用也"。哀哉,死者而用生者之器也! 不殆于用殉乎哉?〔礼记·檀弓下〕

【释义】

孔子认为"明器,表示明白死去的道理,是活人为死者准备的东西,但死者不能用"。可悲呀,死者用活人的东西,不是接近于用活人殉葬了吗?

【原文】

孔子谓"为努灵者善",谓"为俑者不仁",殆①于用人乎哉。[礼记·檀弓下]

【注释】

①监、毛本"殆"上有"不"字,石经同,岳同,嘉靖本、同卫氏集说同。

【释义】

孔子认为"用草扎成的马车好",认为"用木头做的俑者不好",因为跟人很像。

【原文】

(子游)曰:"闻诸夫子:主人未改服,则不经。"[礼记·檀弓下]

【释义】

子游说:"我听老师说:如果主人不换衣服,吊丧的人不用加麻制的孝服。"

【原文】

子张曰:"司徒敬子之丧,夫子相,男子西乡,妇人东乡。"[礼记·檀弓下]

【释义】

子张说:"司徒敬子的丧事,老师担任礼相,男人向西站着,女人向东站着。"

【原文】

穆伯之丧,敬姜昼哭,文伯之丧,昼夜哭。孔子曰:"知礼矣。"[礼记·檀弓下]

【释义】

穆伯死后,他的妻子敬姜只在白天哭。后来她的儿子文伯死了,她白天夜里都哭。孔子说:"懂礼节。"

【原文】

子张问曰:"《书》云:高宗三年不言,言乃讙。有诸?"仲尼曰:"胡为其不然也?古者天子崩,王世子听于冢宰三年。"[礼记·檀弓下]

【释义】

子张问:"《尚书》说:高宗居丧三年不理政事,一理政事大家很高兴。有这回事吗?"孔子说:"怎么能不这样呢? 古代天子驾崩,太子居丧期间由冢宰听政三年。"

【原文】

子路曰:"伤哉贫也! 生无以为养,死无以为礼也。"孔子曰:"啜菽饮水,尽其欢,斯之谓孝。敛手足形,还葬而无椁,称其财,斯之谓礼。"[礼记·檀弓下]

【释义】

子路说:"贫穷真让人伤心。生时不能供养,死时不能尽礼节。"孔子说:"即使喝粥饮水,让父母欢心,这就是孝。去世时还能遮住手足,埋葬时没有棺椁,只要尽自己的财力,就是礼。"

【原文】

仲遂卒于垂,壬午犹绎,《万》人去《籥》。仲尼曰:"非礼也。卿卒不绎。"[礼记·檀弓下]

【释义】

仲死于垂地,壬午举行绎祭,用《万》舞,取消了《籥》。孔子说:"不符合礼节。卿大夫去世不能举行绎祭。"

【原文】

战于郎,公叔禺人(中略)与其邻重①汪踦往,皆死焉。鲁人欲勿殇重汪踦,问于仲尼。仲尼曰:"能执干戈以卫社稷,虽欲勿殇也,不亦可乎?"[礼记·檀弓下]

【注释】

①郑注云:"重"皆当为"童"。

【释义】

鲁国与齐国在郎交战,公叔禺人和邻居少年汪踦一起上战场,结果战死。鲁国人安葬汪踦时想不用未成年人的礼节,就向孔子请教。孔子说:"汪踦能拿起武器保卫国家,现在不用未成年人的礼节安葬他,不是很好吗?"

【原文】

工尹商阳与陈弃疾追吴师,及之,陈弃疾谓工尹商阳曰:"王事也,子手弓而可。"手弓。"子射诸。"射之,毙一人,张弓。又及,谓之,又毙二人。每毙一人,掩其目,止其御曰:"朝不坐,燕不与,杀三人,亦足以反命矣。"孔子曰:"杀人之中,又有礼焉。"[礼记·檀弓下]

【释义】

工尹商阳与弃疾一起追击吴国军队,追上后,弃疾对工尹商阳说:"王命在身,你可以拿出弓箭了。"工尹商阳拿出弓箭。弃疾说:"你向他们射击吧!"工尹商阳射出箭后,杀死一人,把弓箭收起来了。又追上后,让他射,又杀死两人。每射死一人,工尹商阳都捂住自己的眼睛,并且阻止他的御手说:"早晨上朝时没资格坐,燕礼时没资格上堂,现在射杀三人,可以回去复命了。"孔子说:"杀敌适度,很合乎礼节。"

【原文】

夫子之母名徵在。[礼记·檀弓下]

【释义】

孔子的母亲名叫"徵在"。

【原文】

孔子过泰山侧,有妇人哭于墓者而哀,夫子式而听之,使子路问之曰:"子之哭也,壹似重有忧者。"而曰:"然!昔者吾舅死于虎,吾夫又死焉,今吾子又死焉。"夫子曰:"何为不去也?"曰:"无苛政。"夫子曰:"小子识之。苛政猛于虎也。"[礼记·檀弓下]

【释义】

　　孔子经过泰山旁边，有妇人在坟墓处哀哭，孔子停下车仔细听，让子路过去问："你哭得这么伤心，好像有很大的忧愁。"妇人说："对。从前我公公被老虎咬死了，我丈夫也被老虎咬死了，现在我儿子也被咬死了。"孔子说："为什么不离开这里呢？"妇人说："这里没有苛政。"孔子说："你们记住了，苛政比老虎还凶狠。"

【原文】

　　延陵季子适齐，于其反也，其长子死，葬于嬴博之间。孔子曰："延陵季子，吴之习于礼者也。"往而观其葬焉。其坎深不至于泉，其敛以时服，既葬而封，广轮掩坎，其高可隐也。既封，左袒，右还其封，且号者三，曰："骨肉归复于土，命也。若魂气则无不之也，无不之也。"而遂行。孔子曰："延陵季子之于礼也，其合矣乎！"［礼记·檀弓下］

【释义】

　　延陵季子到齐国，返回时，长子死了，埋葬在嬴博之间。孔子说："延陵季子是吴国精通礼数的人。"于是前往观看葬礼。坟墓深度不到泉水，盛敛时穿的都是平常的衣服，埋葬后封土，仅能掩盖墓穴，高度也伸手可及。封土后，袒露左臂，向左绕行哭了三次，说："骨肉回归大地，这是天命。魂魄则无处不在，无处不在。"于是离开了。孔子说："延陵季子的礼数很恰当。"

【原文】

　　仲尼之畜狗死，使子贡埋之，曰："吾闻之也：敝帷不弃，为埋马也；敝盖不弃，为埋狗也。丘也贫，无盖，于其封①也，亦予之席，毋使其首陷焉。"［礼记·檀弓下］

【注释】

　　①郑注云："封"当为"窆"。

【释义】

　　孔子的狗死了，让子贡埋葬了，说："我听说：破的帷布不扔，可以用来埋马；破的车盖不扔，可以用来埋狗。我很穷，没有车盖，埋狗，就用席子吧，不要让它直接进土里。"

【原文】

阳门之介夫死,司城子罕入而哭之哀。晋人之觇宋者反报于晋侯曰:"阳门之介夫死,而子罕哭之哀,而民说,殆不可伐也。"孔子闻之曰:"善哉觇国乎!《诗》云:凡民有丧,扶服救之。虽微晋而已,天下其孰能当之?"[礼记·檀弓下]

【释义】

阳门的守卫死了,司城子军前去吊唁并痛哭。晋国派往宋国的探子向晋侯报告:"阳门的守卫死了,而子罕哭得很伤心,人们很满意,最好不要攻打它。"孔子听说后说:"好一个探子!《诗经》中说:凡人民有灾祸,总是去救助。这样的力量比晋国还强大,天下谁敢去讨伐呢?"

【原文】

孔子之故人曰原壤,其母死,夫子助之沐椁。原壤登木曰:"久矣!予之不托于音也。"歌曰:"狸首之班然,执女手之卷然。"夫子为弗闻也者而过之,从者曰:"子未可以已乎?"夫子曰:"丘闻之:亲者毋失其为亲也,故者毋失其为故也。"[礼记·檀弓下]

【释义】

孔子的老朋友叫原壤,他的母亲死了,孔子帮他料理丧事。原壤拍着棺材说:"我很久没演奏音乐了。"唱道:"棺木华丽,条纹细腻。"孔子只当作没听见。随从说:"你不跟他断交吗?"孔子说:"我听说不能因为一点过失而失去亲人,所以也不能因为一点过失而跟朋友断交。"

【原文】

孔子曰:"卫人之祔也离之,鲁人之祔也合之。善夫!"[礼记·檀弓下]

【释义】

孔子说:"卫国的葬礼是夫妇的棺材不在一起,鲁国的葬礼是夫妇的棺材在一起,还是鲁国的风俗好。"